동남아시아史

후루타 모토오 지음 | 장원철 옮김

AK

일러두기

1. 이 책의 외국 인명·지명·서명은 국립국어원 외래어 표기법에 따르되 되도록 현지음대로 표기하는 것을 원칙으로 했다.

2. 중국의 인명·지명·서명은 20세기를 기준으로 삼아, 이전 시기는 이해의 편의를 고려해 우리 한자음으로 표기하고, 이후 시기는 되도록 중국어 발음으로 적되 필요한 경우 한자를 병기했다. 따라서 같은 한자라도 달리 표기하는 경우가 있다. 예) 雲南: 운남, 윈난.

3. 일본의 인명·지명·서명은 과거와 현대의 구분 없이 일본어 표기법에 따라 표기하는 것을 원칙으로 하되, 필요한 경우에 한자를 병기했다.

4. 동남아시아의 경우에 베트남·인도네시아·말레이시아·필리핀은 되도록 현지음대로 표기하였다. 특히 한자 문화권에 속하는 베트남의 경우 독자의 이해를 돕기 위해 한자를 병기했다. 나머지 국가들의 경우에도 현지음대로 표기하되 모두 라틴 자모를 병기하는 것을 원칙으로 했다.

5. 책 제목은 겹낫표(『』), 영화나 노래 제목은 〈 〉로 표시하였으며, 이외의 인용, 강조, 생각 등은 따옴표를 사용했다.

6. 본문의 저자 주석은 모두 중괄호(())로 표시했다.

7. 본문의 각주는 모두 옮긴이의 주로 독자의 이해를 돕기 위해 비교적 상세히 달았다.

8. 이 책은 산돌과 Noto Sans 서체를 이용하여 제작되었다.

차례

1강 청동기 문화와 초기 국가의 형성: 선사 시대~9세기   9
  Ⅰ. 동남아시아 지역의 특징   11
  Ⅱ. 청동기 문화와 초기 국가   17
  Ⅲ. 고대 국가군의 전개   29

2강 중세 국가의 전개: 10세기~14세기   39
  Ⅰ. 동남아시아 중세를 규정하는 요인   41
  Ⅱ. 농업 국가에서 발전했던 중세 국가   44
  Ⅲ. 교역 국가의 새로운 전개   67
  Ⅳ. 전환기로서의 13~14세기   74

3강 교역 시대: 15세기~17세기   81
  Ⅰ. '교역 시대'의 배경   83
  Ⅱ. '교역 시대'의 신흥국   92
  Ⅲ. 새로운 외래 상인의 활약
     – 포르투갈·스페인·일본·네덜란드   101
  Ⅳ. '교역 시대'의 대륙부 국가들   114
  Ⅴ. 말레이·이슬람 세계의 전개   126

4강 동남아시아의 근세: 18세기~19세기 전반　　131

　Ⅰ. 동남아시아 근세를 규정하는 요인들　　133
　Ⅱ. 대륙부 근세 국가의 전개　　148
　Ⅲ. 유럽 세력의 변화　　166
　Ⅳ. 조미아　　174

5강 식민지 지배에 의한 단절과 연속: 19세기 후반~1930년대①　　177

　Ⅰ. 동남아시아의 근대 - 단절과 연속　　179
　Ⅱ. 식민지 지배의 확립과 싸얌의 근대화　　184
　Ⅲ. 동남아시아 경제의 재편성　　204

6강 민족주의의 발흥: 19세기 후반~1930년대 ②　　219

　Ⅰ. 민족주의와 식민지　　221
　Ⅱ. 민족주의의 전개　　230
　Ⅲ. 국제 공산주의 운동과 동남아시아　　268

7강 2차 세계대전과 동남아시아 여러 나라의 독립
: 1940년대~1950년대　　273

　Ⅰ. 2차 세계대전과 동남아시아　　275
　Ⅱ. 일본의 전쟁　　281
　Ⅲ. '일본을 이용한 독립'에서 '자력에 의한 독립'으로
　　　- 버마와 인도네시아　　293
　Ⅳ. 반일과 '일본을 이용한 독립'의 착종 - 베트남　　309
　Ⅴ. 적대감에 둘러싸인 일본 - 필리핀과 타이　　316
　Ⅵ. 서로 다른 대일 감정 - 말라야와 싱가포르　　323
　Ⅶ. 인도네시아 독립전쟁과 1차 인도차이나전쟁　　326
　Ⅷ. 독립과 새로운 국제 질서　　338

8강 냉전에 주체적으로 대응하다: 1950년대 중반~1970년대 중반 349

Ⅰ. 냉전 구조와 동남아시아 351
Ⅱ. 베트남전쟁 361
Ⅲ. 개발과 독재 384
Ⅳ. 말레이시아의 결성과 싱가포르의 독립 405
Ⅴ. 아세안의 결성 412

9강 경제 발전·아세안 10·민주화: 1970년대 중반~1990년대 419

Ⅰ. 냉전 체제 붕괴에서 포스트 냉전기로 421
Ⅱ. 캄보디아 분쟁에서 아세안 10으로 433
Ⅲ. 개발독재의 종식과 개혁의 모색 442

10강 21세기 동남아시아 469

Ⅰ. 지구적 과제와 동남아시아 471
Ⅱ. 아세안 공동체 발족 479
Ⅲ. 각국의 현황 494
Ⅳ. 맺음말에 가름하여 – 코로나 사태와 동남아시아 522

주요 참고문헌 532
옮긴이 후기 542

동중국해　일본

타이베이　난세이제도　오키나와섬

타이완

둥사군도

루손 해협

루손섬

필리핀

마닐라

세부

레이테섬

네그로스섬

민다나오섬

삼보앙가　다바오

술루군도

셀레베스해

마까사르 해협

술라웨시

말루꾸 해협

할마헤라섬

말루꾸군도

마까사르

암본

반다해

딜리

동티모르

티모르해

아라푸라해

뉴기니

태평양

미크로네시아 연방

팔라우

〈도판 출전 일람〉

1강 표제지·8강 표제지······저자 제공
2강 표제지·3강 표제지·5강 표제지······123RF
4강 표제지·7강 표제지······Wikimedia commons
6강 표제지······ 편집부 촬영
9강 표제지······ Getty Images
10강 표제지······https://www.officialgazette.gov.ph

지도 1······『이와나미 강좌 동남아시아사岩波講座 東南アジア史』 제1권 271쪽(후카
미 스미오深見純生 논문)의 지도 등을 바탕으로 만듦.
지도 2······ 같은 책 2권 31쪽(모모키 시로桃木至朗 논문)의 지도를 바탕으로 만듦.
지도 3······ 같은 책 2권 117쪽(후카미 스미오 논문)의 지도를 바탕으로 만듦.
지도 4······ 같은 책 3권 27쪽(야지마 히코이치家島彦一 논문)의 지도 등을 바탕으로
만듦.
지도 5······ 같은 책 2권 239쪽(이시이 요네오石井米雄 논문)의 지도를 바탕으로 만듦.

지도 제작 (책의 첫머리 지도, 지도 1~6) 마에다 시게미前田茂實

1강
청동기 문화와
초기 국가의 형성:
선사 시대~9세기

동남아시아 농업의 상징인 물소(베트남의 동호Đông Hồ 목판화)

	동남아시아	세계
BCE 5세기		인도에서 불교 성립
BCE 4세기 무렵	동 선 문화 확산되다	
BCE 202		한 제국(~A.D. 220)
BCE 111	한 무제, 남월南越 멸망시키다	
A.D. 1세기 말?	푸난扶南 건국	
192	임읍林邑 건국	
3세기 무렵	힌두교 성립	
320	굽타 왕조(~550)	
589		수조隋朝의 중국 통일
7세기 전반		이슬람교 성립
618		당조唐朝(~907)
679	당, 안남도호부 설치	
7세기 후반	의정義淨, 리비자야 방문	
8세기 중엽	자바에서 사이렌드라 부상	
~9세기 전반	보로부두르 사원 건립	
802	캄보디아, 앙코르 왕조 성립	

Ⅰ. 동남아시아 지역의 특징

1. 동남아시아 범위

동남아시아Southeast Asia[1)]는 오늘날의 국가로 말하자면 미얀마·타이[태국]·캄보디아·라오스·베트남·말레이시아·싱가포르·인도네시아·동티모르[티모르-레스떼][2)]·브루나이·필리핀의 11개 나라로 이루어진 지역이다.

이 가운데 동티모르를 제외한 10개국은 아세안ASEAN [동남아시아 국가 연합][3)] 가맹국으로, 아세안은 동남아시아로서의 결속을 국제 정치 무대에서 과시하고 있다.[4)] 이렇듯 아세안이 동남아시아 전역을 포괄하게 된 것은 1990년대 이르러서의 일로 이때까지의 동남아시아는 결속감

---

1) '동남아시아SEA, Southeast Asia'라는 명칭의 유래에 대해서는 7강 주석 4)를 참조. 이 밖에도 영어로는 'Further India' 'Ultraindia' 또는 'Little China'라는 명칭이 쓰였고, 한자로는 '南洋' '南方'이라는 전통적 명칭 이외에 '東南亞'라는 명칭이 일반적으로 쓰이고 있다.

2) 영어 약칭으로 '동티모르East Timor', 포르투갈어로는 '티모르-레스떼Timor-Leste'로 일컬어진다.

3) 동남아시아 국가연합ASEAN은 영어 'Association of South-East Asian Nations'의 앞 글자를 따서 만든 말로 이후에는 '아세안'으로 번역한다.

4) 동티모르는 2011년에 아세안 가입을 신청했으나 여러 사정으로 실현되지 못했고, 2022년에 정식 가입이 실현되는 것을 목표로 삼고 있다. 11개국 이외에 파푸아뉴기니 Papua New Guinea도 가입을 추진하고 있다.

이 없었던 지역이었다.

동남아시아는 자연 지리상으로는 대류부[5][미얀마·타이·캄보디아·라오스·베트남]와 도서부島嶼部[6][말레이시아·싱가포르·인도네시아·동티모르·브루나이·필리핀]로 나뉜다. 대류부에는 히말라야산맥에 이어지는 다섯 줄기의 산맥[7]이 뻗어있고, (미얀마의) 에야워디Ayeyarwaddy[이라와디Irrawaddy]강·쌀라윈Salween[땅르윈Thanlwin]강·(타이의) 짜오프라야Chao Phraya강·(인도차이나반도의) 메콩Mekong강·(베트남의) 홍강[sông Hồng, 紅河] 등과 같은 큰 강들이 흐르고 있다. 이러한 큰 강들은 풍요한 평야 지대를 만들었고, 그것을 기반으로 한 국가를 성립시키기도 했지만, 산맥을 넘어서는 통일 국가는 끝내 생겨나기 어려웠다.

한편으로 도서부는 말레이Malay반도와 크고 작은 무수한 섬들로 이루어졌다. 동남아시아의 바다는 인도양과 태평양이라는 대양 둘을 연결하는 세계의 교차로crossroad로 옛날부터 교역이 번성했으나, 다도해를 횡단하는 규모의 통일 국가 또한 생겨나기 어려웠다.

---

5) 예전에는 동남아시아 본토라고도 했는데, 아시아 대륙과 연결되는 인도차이나반도와 말레이반도로 이루어진다. 영어로는 'Mainland Southeast Asia'라고 한다.
6) 영어로는 'Maritime Southeast Asia'라고 한다.
7) 아라칸Arakan[여카잉Rakhine]산맥·테나세림Tenasserim[떠닝따이Tanintharyi]산맥·페차분Phetchabun산맥·당렉Dangrek산맥·쯔엉선Trường Sơn[안남安南]산맥을 가리킨다.

전근대 시기에 이 지역에는 스리비자야Srivijaya나 앙코르Angkor 왕조 등, 오늘날 국가의 경계를 뛰어넘어서 광대한 지역에 영향력을 끼쳤던 제국이 출현한 적도 있었지만, 지리적 조건의 제약을 받았던 탓에 오늘날 동남아시아 전역에 영향력을 미치는 정치 권력은 형성되지 못했다. 서구 열강에 의한 식민지 지배도 미얀마·말레이시아·싱가포르·브루나이를 영국, 베트남·캄보디아·라오스를 프랑스, 인도네시아를 네덜란드, 동티모르를 포르투갈, 필리핀을 처음에는 스페인, 그 후에 미국이라는 식으로, 서로 다른 종주국들에 의한 통치가 이루어졌다.

종교적으로도 다양해서, 오늘날 동남아시아 국가들의 국민 대다수가 신앙하는 종교를 살펴보면, 미얀마·타이·캄보디아·라오스가 남방 상좌부上座部 불교[8][출가해 엄격한 수행을 쌓음으로써 도를 깨닫고자 한다], 베트남이 대승불교[수행자뿐만 아니라 대중까지도 깨달음으로 이끌고자 한다], 싱가포르가 대승불교·도교, 말레이시아·인도네시아·브루나

---

8) 석가모니 사후 불교 교단은 계율을 둘러싸고 출가자 개인의 해탈을 목적으로 하는 '상좌부Theravada'와 출가·재가에 관계없이 구제를 강조하는 '대중부Mahāsāṃghika'로 나뉘게 된다. '상좌'는 '고승이 앉는 자리', '상좌부'는 '장로의 사상'이라는 뜻으로 '상좌부 불교'는 이후 남방의 스리랑카로 전해져 주로 대륙부 동남아시아 지역으로 전파되어 '남방불교' '근본불교' '소승불교'라고도 일컬어진다. 현재는 '상좌부 불교'가 '소승불교'를 대체하는 이름으로 쓰이는 추세이다. 이에 반해 '대중부'는 대승불교로 발전하여 주로 북방의 동북아시아 지역으로 전파되어 '북방불교'로 불리게 되었다.

이가 이슬람교[9], 필리핀·동티모르의 경우는 가톨릭교가 우세한 형편이다.

동남아시아 주민 대다수는 인종적으로 남방계 몽골로이드Mogoloid에 속하는 사람들이지만, 언어적으로는 좀 더 다양한 편으로 말레이어·인도네시아어·필리핀어[10] 등을 포함한 오스트로네시아Austronesia어족[11], 베트남어·캄보디아어를 포함하는 오스트로·아시아Austroasia어족[12], 버마어 등의 중국-티베트Sino-Tibet어족·타이어 등의 따이·까다이Tai-Kadai어족[13]에 속하는 사람들이 분포하고 있다.

---

9) '이슬람Islam'은 '절대 순종한다'라는 뜻으로, 이슬람 신도가 자기 종교를 일컫는 말이고, 이슬람 신도를 가리키는 '무슬림Muslim'이라는 말은 '절대 순종하는 이'라는 뜻이다.
10) '타갈로그Tagalog어'를 가리킨다.
11) 'austro'는 라틴어로 '남쪽', 'nesia'는 그리스어로 'nesos'(섬)에서 유래한 말로 '남쪽의 섬'이라는 의미이다. 이 어족의 사람들은 대만 근처에서 동남아시아 도서부 지역으로 남하했던 것으로 추정되는데, 이후에 동쪽으로 하와이까지 이르는 폴리네시아 지역, 서쪽으로는 마다가스카르까지 이르는 광대한 지역에 걸쳐 분포하고 있다. 언어학적으로는 인도네시아·폴리네시아·멜라네시아의 3개 아역亞域으로 구분된다고 한다.
12) 'Austroasia'는 '남아시아'라는 뜻으로, 동남아시아의 몽어Hmong·크메르(캄보디아)어·베트남어 이외에 인도차이나반도의 소수민족이 사용하는 언어의 총칭으로 쓰인다.
13) 따이·까다이어족은 타이Thai어와 라오Lao어 및 중국 소수민족의 여러 언어를 포함하는 까다이 어파Kra languages를 포괄하는데, 종래에는 중국-티베트어족에 포함된 것으로 보는 견해도 있었다.

2. 동남아시아를 연결하는 것

이렇듯 '결속감이 없는' 동남아시아를 서로 연결하는 공통성으로는 어떤 것이 있을까? 첫째는 벼농사[稻作]를 짓는다는 사실이다. 동남아시아에서 벼농사가 시작되었던 것은 BCE2000년기年紀[14]로 추정되는데, 그 후에 쌀은 오늘날에 이르기까지 동남아시아 식문화의 밑바탕을 이루고 있다. 그렇지만 현재 최대의 벼농사 지대인 메콩강·짜오프라야강·에야워디강의 델타 지대가 개발되었던 것은 근대 이후의 일이었으며, 당시까지 벼농사의 중심은 하천 중유역中流域[15]의 평야 지역과 분지였다. 이러한 도작 농업은 동남아시아에 있어서 국가를 형성하는 하나의 기반이 되었다.

동남아시아를 연결하는 또 하나의 공통성은 해역海域에 형성되었던, 동서양을 이어주는 교역망이다. 이러한 동서 교역로를 연결하는 상업 거점이 되었던 것이, 대체로 하천의 강어귀에 형성되었던, '항시港市'로 불렸던 항구 도시였다. 이러한 '항시'는 하천을 통해 배후지에 열대

---

14) BCE2000년에서 BCE1000년까지의 시기로 현재로부터 3~4000년 전에 해당한다.
15) 강에서 상류와 하류의 중간 지대를 가리킨다.

산물의 집산지를 두고, 바다를 이용해 동서양의 교역을 연결해주었다. 여기에서 '항시국가港市國家'[16]로 불렸던, 교역에 기반을 두었던 국가가 형성·발전해 갔다.[17]

농업 국가가 '항시'를 영역 내에 포섭하거나, 반대로 '항시국가'가 농업 지대를 지배하려 했던 일도 있었으므로, 양자를 엄격히 구별할 수는 없으나, 동남아시아사에서는 이렇듯 각각 육역陸域과 해역海域에 기반을 둔 국가들의 흥망성쇠가 그 자체의 역동성을 형성해왔다고 보아도 좋을 것이다. 조금 단순화시키면 중국·인도, 그리고 후에는 이슬람 세계와 유럽 같은 거대한 외부 시장이 번영하면 '바다의 동남아시아', 곧 교역 국가가 발전했고, 전란 등으로 거대한 외부 시장이 침체하면 '육지의 동남아시아', 곧 농업 국가가 부상했다. 그러한 과정이 반복되면서 동남아시아 역사를 이룩해왔다. 또한 농업·교역을 지탱하는 벼농사와 선박 기술의 진화는 동남아시아사에 커다란 영향을 끼쳤다고 하겠다.

---

16) 동남아시아의 전근대국가는 대부분 왕도王都에 교역항을 가지고 있었다. 그중에는 내륙의 농업 지대에 도움을 두었던 경우도 있지만, 거의 교역항을 두고서 양자 사이에 긴밀한 관계를 구축했다. 이같이 교역항을 불가분의 구성 요소로 하는 교역 중심형 국가를 이러한 이름으로 부르게 되었다.

17) 이러한 '항시국가'는 일반적으로 말레이반도-믈라까 해협(말레이반도 서부 연안과 수마트라섬 동부 연안 지역)-쟈바섬 북부 연안-깔리만딴(보르네오)섬 연안 지역 등에 다수의 소규모 도시국가 형태로 존재했던 것으로 보인다.

Ⅱ. 청동기 문화와 초기 국가

1. 동 선 문화와 싸 후인 문화

BCE2000년기에는 현재의 베트남 북부에 풍 응우엔 Phùng Nguyên 문화[18]로 불리는 신석기 문화가 출현했고, BCE1500년 무렵에는 금속기를 가지게 되었다. 이러한 기반 위에서 BCE5세기 무렵에 (중국의) 운남雲南[19] 지역에서 동고銅鼓(청동 북)[20]를 받아들여, 동남아시아를 대표하는 청동기 문화인 동 선 문화가 성립되었다. '동고'는 중국 남부에서 베트남 북부, 나아가 메콩강 유역, 말레이반도, 쟈바Jawa섬[21] 등지에까지 널리 퍼지게 되었다.[22]

---

18) BCE2000년에서 BCE1500년 무렵까지로 보고 있다.

19) 동쪽으로는 일본, 서쪽으로는 인도 동북부에 걸쳐있는 이른바 조엽수림照葉樹林 문화권의 중심으로, 동고의 기원지로 알려져 있다. 양쯔강 하류에서 성립했던 벼농사도 운남 지역을 경유해서 동남아시아로 전파되었던 것으로 보고 있다.

20) 구리로 테두리를 두른 작은 북을 가리킨다.

21) 인도네시아어로는 '자와'로 읽고, 영어로는 '자바'로 읽지만 이 책에서는 '쟈바'로 표기한다.

22) 이른바 동 선 양식의 동고가 버마·보르네오·필리핀을 제외한 동남아시아 전역에서 출토되었다는 점에서 이전에는 동남아시아 금속기 문화 전체를 동 선 문화로 불렸지만, 오늘날에는 지역별로 독자성을 규명하는 일에 힘을 쏟고 있다.

이러한 동 선Đông Sơn 문화[23]와 같은 시기에, 현재의 베트남 중부에는 싸 후인Sa Huỳnh 문화[24]로 불리는 별개의 금속기 문화가 번영하고 있었다. 싸 후인 문화는 옹관甕棺과 결상玦狀 귀걸이[25] 등의 독특한 장식품으로 알려져 있는데, 남중국해를 건너서 필리핀 등지에까지 분포되어있는, 오스트로네시아 계통의 해양민海洋民이 그 주된 담당층이었던 문화였다.

그런데 동 선의 동고는 하천·항만·내륙 도로 등의 교통 요충지에 있는 유력자 무덤에서 대량으로 출토되고 있다. 이것은 두 가지 사실을 말해준다. 하나는 동고가 부와 권력의 상징, 곧 위신재威信財[26]였던 것으로 추정되고, 그것을 사용하는 사회에서는 이미 수장제首長制가 확립되었다고 생각할 수 있다. 다른 하나는 동남아시아는 이미 이 시기로부터 교역망으로 연결되었다는 사실이다. 이것을 토대로 하여 동남아시아의 초기 국가가 발전해가는 것이다.

---

23) BCE1000년에서 A.D.100년 무렵까지로 보고 있는데, 일반적으로 동 선 문화의 담당 세력을 '고월인古越人'(현재의 베트남 다수 민족인 킨족京族의 조상)이라고 부르고 있다.
24) BCE1000년에서 A.D.200년 무렵까지로 보고 있다.
25) 고리형의 둥근 귀걸이를 가리킨다.
26) 문화인류학 용어로 왕과 같은 권력자의 권위·권력을 상징하는 동경銅鏡·보검과 같은 재물을 말한다.

2. 초기 국가 형성에 커다란 영향을 미쳤던 외부 세계 동향

　동남아시아 초기 국가의 형성에 커다란 영향을 미쳤던 외부 세계 동향으로는, 우선 동남아시아에 인접한 중국과 인도에서 강력한 왕조가 형성되었다는 사실을 지적해야만 하겠다. 중국에서는 BCE221년 진秦의 시황제에 의한 통일에 이어, BCE202년에서 A.D.220년까지 지속되었던 한漢 제국[전한·후한]이 출현했다. 특히 한 제국은 BCE111년에 무제가 남방에 군대를 보내어, 오늘날 광저우廣州에서 베트남 북부에 걸친 영역을 지배했던 남월南越을 멸망시키고, 베트남 북부·중부에 교지交趾·구진九眞·일남日南[27]의 3개 군군을 설치했다. 동 선 문화의 담당층으로 초기 국가 형성에 노력했던 사람들이, A.D.40~42년에 일어난 쯩씨 자매Hai Bà Trưng의 반란[28]

---

27) 이때 한은 남월을 멸망시키고 그 지역에 7개 군을 설치했는데, 4개 군은 지금의 중국 영토, 나머지 3개 군은 지금의 베트남 영토에 설치했다. 이들 3개 군은 베트남어로는 '자오 찌' '끄우 쩐' '녓 남'으로 불렸다. 참고로 한이 한반도에 이른바 한사군漢四郡을 설치했던 것은 이로부터 3년 후인 BCE108년의 일이다.

28) A.D.40년에 당시 교지 태수 소정蘇定의 폭정에 대항하여 쯩 짝(Trưng Trắc, 徵側)과 쯩 니(Trưng Nhị, 徵貳) 자매가 중심이 되어 토착 지배층이 전면적으로 들고 일어난 대규모 저항 운동으로 A.D.43년 후한 광무제가 파견한 마원馬援에 의해 진압당하고 말았다. 이렇듯 베트남 역사에서 여성이 지도자가 되었던 반란 운동으로 A.D.248년에 구진 지방에서 찌에우 어우(Triệu Ẩu, 趙嫗)가 당시 중국 오나라에 대해 일으켰던 반란이 또한 유명하다.

등, 뿌리 깊은 저항을 보였지만 이윽고 한의 지배 체제에 편입되어갔다. 베트남 북부 홍강 델타 지대에 설치되었던 교지군交趾郡은 동남아시아 델타로서는 예외적으로 이른 시기에 도작지대로 개발되었고, 중국·남방을 연결하는 교역로의 요충지로도 번영했다.

남방의 구진군九眞郡·일남군日南郡도 남중국해 교역의 요충이었다고 추정되는데, 한 제국의 출현으로 활성화되었던 남해 교역의 지부로서 기능하게 되었다. 중국 쪽 자료에는 159년·161년에 천축국天竺國(인도)의 사절[29], 166년에는 '대진왕안돈大秦王安敦'(로마황제 마르쿠스 아우렐리우스 안토니우스Marcus Aurelius Antonius)의 사자[30]가, 어느 경우에나 모두 바닷길을 통해서 일남군에 도달해서 한에 조공을 바쳤다고 기록되어있다. 후한이 쇠퇴하는 2세기 말경에는 일남군이 임읍林邑[31]으로 중국의 지배에서 벗어

---

29) 『후한서後漢書』 「서역전西域傳」에 '환제 연희 2년(159)·4년(161)에 (천축국天竺國 사절이) 여러 차례 일남 변방에서 공물을 바쳤다至桓帝延熹二年·四年, 頻從日南徼外來獻'고 되어있다.

30) 같은 책, 「서역전」에 '환제 연희 9년(166)에 대진 국왕 안돈이 사자를 보내어 일남 변방에서 상아·코뿔소 뿔·바다거북을 헌상했다. 처음으로 통교를 했다至桓帝延熹九年, 大秦王安敦遣使, 自日南徼外, 獻象牙·犀角·玳瑁, 始乃一通焉'라고 되어있으나, 바로 뒤이어 '그러나 상표上表하여 갖다 바친 공물이 별달리 진귀한 물건이 아니니, 사람들이 전문傳聞한 바가 과장된 것이 아닌가 한다. 其所表貢, 並無珍異, 疑傳者過焉'라고 의문을 나타내고 있다.

31) 후한 말(2세기 말) 중국 본토가 군웅할거의 시대로 접어들자, 한의 지배 영역의 최남단인 일남군 상림현象林縣에서 현지인 관리 쿠 리엔(Khu Liên, 區連)이 참족을 거느리고 반란을 일으켜 왕국을 세우고서 명칭을 '상림읍象林邑'을 줄여서 '임읍'으로 정했다고 한다. 이후 중국 사서에는 '占波'·'環王'·'占城'·'黯城' 등의 여러 표기가 등장한다.

나 자립하게 된다.

후한이 멸망한 후에 중국은 위진남북조 시대라는 분열의 시대를 맞이하게 된다. 여기에 종지부를 찍었던 것이 수조隋朝에 의한 중국 통일(589년)과 그에 뒤이은 당조唐朝의 성립(618~907년)이었다. 수당 제국의 성립은 동남아시아 교역의 발전을 촉진시켰다.

한편으로 인도에서는 굽타Gupta 왕조(320~550년)의 성립이 커다란 의미를 지니게 된다. 굽타 왕조는 흔히 인도 고전 문화를 완성했던 왕조로 알려져 있고, 3세기에 종교로서 성립했다고 일컬어지는 힌두교를 국가 종교로 지정하는 한편 바라문[32]의 언어인 싼쓰끄리뜨어를 공용어로 삼아 싼쓰끄리뜨 고전 문화를 각 지역에 넓힘으로써 남인도의 인도화=싼쓰끄리뜨화를 진척시켰다. 또한 대승불교가 힌두교의 영향을 받아서 비밀의 교의·의례를 스승에서 제자에게로 전수하는 밀교로서 전개되기에 이르렀다.

동남아시아의 '인도화Indianazation'로 일컬어지는 현상은 인도적印度的 왕권 개념에 근거한 힌두교·대승불교의 신앙, 『라마야나Ramayana』『마하바라따Mahabharata』 같

---

32) 싼쓰끄리뜨 '브라만brāhmaṇa'의 음역어. 고대 인도의 사성四姓 가운데 가장 높은 승려계급. 인도의 종교·문화·학문의 주역인 이들에 의해 바라문교가 형성되었다.

은 힌두교 서사시 및 프라나Prana 신화의 수용, 고전 인도 법전(다르마샤스트라Dharmasutras)의 준수, 산스크리트어에 의한 표현 등으로 이루어진 문화복합을 수용하는 것이었는데, 이러한 '인도화'는 거의 같은 시기에 굽타 왕조에서 진행·전개되었던 문화현상이라 하겠다. 요컨대 인도 아대륙亞大陸 내부의 '인도화'와 동남아시아의 '인도화'는 동시 병행으로 이루어졌던 것이다.[33]

이러한 동남아시아 바다에서 계절풍을 활용한 항해[34]가 정착되었던 것은 4세기 무렵의 일로 추정되고 있다.

---

33) 이러한 '인도화' 학설은 프랑스 동양학자 조르주 세데스George Cœdès가 『인도차이나와 인도네시아의 인도화한 국가들Les États hindouisés d'Indochine et d'Indonésie』(1948)이라는 저서에서 체계화하고 주장했다. 그는 이 책에서 ①인도적 왕권 개념, ②힌두교·대승불교 신앙, ③힌두교 서사시 및 프라나 신화의 수용, ④고전 인도 법전 준수, ⑤싼쓰끄리뜨어 등 인도 문명 기원의 다섯 요소의 조직적 수용이 서력기원 무렵부터 시작되었고, 그러한 과정에서 동남아시아에 있어서 고대국가의 형성이 촉진되었다고 주장했다. 그의 이러한 이론은 동남아시아 연구의 초석을 놓았던 정설로 높게 평가받았으나, 1970년대 후반부터는 전형적인 타율 사관으로 비판받기에 이르렀다. 현재의 정설은 동남아시아에 있어 인도 문명 기원의 다섯 요소의 수용은 세데스의 주장처럼 서력기원 전후가 아니라 4~5세기 무렵에 이뤄졌고, 아울러 이전부터 동남아시아 역내의 교역 활동을 통해 부를 축적하며 형성되었던 정치적 통합체의 지배 권력층이 자발적·선택적으로 수용했다는 쪽, 곧 '자체 인도화self-Indianazation'였다는 방향으로 수정되고 있다. 아울러 최근에는 '인도화한 국가Indianized state'라는 용어보다 '인도계 국가Indic state'라는 용어를 사용하는 추세이다. 이에 반해 BCE111년부터 939년까지 10세기 이상 중국의 지배를 받았던 북부 베트남의 경우는 '중국화Sinicization'의 영향을 받았다고 볼 수 있다.
34) 1세기 중엽 기록인 『에리트레아해 안내기The Periplus of the Erythraean Sea』에 따르면 그리스인 조타수 히팔루스Hippalus가 아라비아인에게서 인도양 계절풍의 변화에 관한 지식을 입수, 홍해와 인도를 잇는 항로를 발견했다고 해서 이러한 계절풍에는 '히팔루스의 바람'이라는 명칭이 붙게 되었다고 한다. 이른바 '히팔루스의 바람'은 곧 계절풍인 몬순monsoon을 가리키는데, 몬순이라는 말은 '계절'을 뜻하는 아라비아어 'mausim'에서 유래한 것으로 여름 6~10월에는 남서풍, 겨울에는 북동풍이 인도양에서 불어온다는 사실을 가리키는 것이다.

413년 바닷길을 통해 인도에서 귀국했던 중국 승려 법현 法顯의 『불국기佛國記』[35]는 동남아시아 바다에서 계절풍을 이용한 항해가 이루어졌다는 사실을 기록한 최초의 자료라 하겠다. 이러한 항해술의 발달에 힘입어 외부 세계가 동남아시아에 끼치는 영향력도 점차 커지게 되었다.

3. 푸난

동남아시아의 초기 국가 형성에 대해 이전에는 인도 문명의 도래가 결정적 역할을 했던 것으로 생각해왔다. 오늘날 캄보디아에서 베트남 남부에 걸치는 메콩강[36] 하류 유역에 1세기경 성립했고[그 존재가 확인되었던 것은 3세기 중국 삼국시대 오吳나라에 조공을 통해서였다], 7세기 무렵까지 해

---

35) 달리 『고승법현전高僧法顯傳』이라고 한다. 법현 이후로 인도에 유학 왔던 불교 승려에 의한 여행 기록으로는 7세기 중엽 현장玄奘의 『대당서역기大唐西域記』, 7세기 후반 의정義淨의 『남해기귀내법전南海寄歸內法傳』『대당서역구법고승전大唐西域求法高僧傳』, 8세기 혜초의 『왕오천축국전』 등이 유명하다.

36) 중국 칭하이青海성에서 발원하여 운남과 미얀마·타이·라오스·캄보디아·베트남을 거쳐 남중국해로 흐르는 강으로, 메콩강이라는 이름은 타이어에서 유래한다. 베트남어에서도 '메콩Mê Kông'강이라고 전체를 지칭하지만 특별히 베트남을 통과하는 구간에 한해서는 '끄우롱Cửu Long(九龍)'강이라고 부르며, 크메르어로는 톤레 톰Tonle Thom강('tonle'는 '강', 'thom'은 '크다'는 뜻)이라고 부른다.

양 네트워크의 중심으로 번영했던 푸난Funan[扶南][37]이
라는 나라가 있었다.[38] 중국의 사서에 수록된 푸난의 건
국 신화에 따르면 푸난 사람들은 본래 나체로 살았고, 유
엽柳葉이라는 여왕이 통치하고 있었다. 여기에 남쪽에
있는 '변경의 나라'[39]에서 '귀신을 섬기는' 혼전混塡[카운딘
야Kaundinya]이 와서 유엽을 아내로 삼고 의복을 가져와
서 나라를 다스렸다[40]고 되어있다. 이전에는 이 '혼전'이

37) 민족 계통, 국명의 원음原音에 대해 여러 설이 분분하다. 보통 '푸난'은 고대 크메르
어 왕호王號인 'kurung bnam'[왕+산=산의 왕·지배자]이 국명으로 오해되어 중국에서 한자로
'扶南'으로 표기된 것으로 보인다. 이때의 산은 힌두교에서 가장 신성시하는 신들이 사는
메루Meru산을 가리키는데, 싼쓰끄리뜨어 미칭인 'su'를 붙여 수메루 산(수미산須彌山)이라
고 한다. 'bnam'과 '프놈phnôm'은 같은 어원으로 현 캄보디아 수도 프놈펜Phnom Penh['펜
(부인의) 언덕'이라는 뜻]이라는 이름도 여기에서 유래한다고 보는 설이 있다.
38) 3세기 중엽 오나라는 당시 북부 베트남인 교주交洲[쟈오 쩌우Giao Châu]를 지배하던 사
섭士燮[시 니엡Sĩ Nhiếp] 정권을 무너뜨리고, 해상 교역로를 확보할 목적으로 교주자사交
洲刺史 여대呂岱가 주응朱應·강태康泰 두 사신을 남방의 푸난에 파견했다. 이들이 돌아와
『푸난이물지扶南異物志』(주응) 『오시외국전吳時外國傳』 『푸난토속전扶南土俗傳』(강태) 등의 책
을 남겼는데, 이들 문헌을 통해 고대 캄보디아의 역사가 알려지게 되었다.
39) 『남제서南齊書』는 '격국激國', 『양서梁書』는 '교국徼國', 『진서晉書』는 '외국外國', 『남사』는
'격국激國'으로 각각 표기하고 있는데, '교국徼國'이 맞는 것으로 보아야 하겠다.
40) 푸난의 건국신화는 중국 정사 『남제서』 『양서』 『진서』 등에 전하는데, 이것을 요약한
내용이 『남사南史』 권78 열전 제69 「이맥夷貊 상」에 다음과 같이 기록되어있다.
  "푸난국 풍속은 본래 나체에 문신을 하고, 머리를 풀어 헤친 채 옷을 만들지 않았다. 여
인을 왕으로 삼았는데, 유엽柳葉이라 불렸다. 나이는 어렸으나 건강하여 마치 남자 같았
다. 그 남쪽에 격국激國이라는 나라가 있었고, 귀신을 섬기는 자가 있어 이름을 혼전混塡
이라 했다. (혼전은 어느 날) 신이 준 활을 가지고 상인의 배에 올라 바다에 나아가는 꿈을
꾸었다. 혼전은 새벽에 눈을 뜨자마자, 바로 사당으로 달려갔는데, 신수神樹 아래에서 활
을 얻었다. 바로 꿈을 좇아 배를 타고 바다로 나아갔는데, 마침내 푸난의 외읍外邑에 들
어갔다. 유엽의 무리가 배가 오는 것을 보고, 가서 탈취하고자 했다. 혼전이 바로 활을
당겨 그들의 배를 향하여 쏘니, 화살이 (배의) 한쪽 면을 뚫고 지나가 유엽의 시자侍者에까
지 미쳤다. (이에) 유엽은 크게 두려워해 온 무리를 거느리고 혼전에게 항복했다. 혼전이
이에 유엽에게 천으로 관두의貫頭衣를 만들어 입는 법을 가르쳐, 더는 몸을 드러내지 않
게 되었다. 마침내 그 나라를 다스렸는데, 유엽을 맞이해 아내로 삼고, 아들을 낳아 왕으
로 분봉分封한 것이 일곱 읍邑이었다."

라는 인물을 인도에서 왔던 종교가宗教家로 보고서, 인도의 영향이 푸난의 건국과 '문명화'를 가져다주었다는 식의 해석이 이루어졌다.[41]

하지만 최근에는 '변경의 나라'가 인도를 가리킨다는 확증이 없고, 푸난과 인도의 접촉은 4세기에 시작되었다고 보기 때문에, 이러한 건국 신화를 '인도화'에 의한 건국의 근거로 간주해서는 안 되고, 푸난의 국가 형성은 동남아시아의 독자적 움직임으로 이해해야 한다는 주장이 힘을 얻고 있다.

현재의 베트남·캄보디아 국경 지대에 있는 옥 에오 Óc Eo[42]는 푸난의 외항이었던 것으로 추정되는데, 로마 금화·힌두교 신상·한경漢鏡[43]·일출日出 및 트라이던

〔扶南國俗本躶, 文身被髮, 不製衣裳, 以女人爲王, 號曰柳葉, 年少壯健, 有似男子, 其南有激國, 有事鬼神者字混塡, 夢神賜之弓, 乘賈人舶入海, 混塡晨起卽詣廟, 於神樹下得弓, 便依要乘舶入海, 遂至扶南外邑, 柳葉人衆見舶至, 欲劫取之, 混塡卽張弓射其舶, 穿度一面, 矢及侍者, 柳葉大懼, 擧衆降混塡, 塡乃敎柳葉穿布貫頭, 形不復露, 遂君其國, 納柳爲妻, 生子分王七邑〕.

41) 일반적으로 푸난은 동남아시아 최초로 인도 문화를 받아들인 국가로 인식되고 있다. 남인도에도 유사한 내용의 설화가 전해진다고 하고, 예를 들어 캄보디아 등의 건국 신화에서는 토지의 신 나가Naga(힌두교의 뱀신)의 딸 소마Soma 혹은 메콩강 용녀龍女 니앙 니억Neang Neak이라든가, 인도에서 온 브라만인 카운딘야 또는 프레아 타옹Preah Thaong 등으로 남녀 주인공이 설정되어있기도 하다.

42) 고대 크메르어로 '수정水晶의 강'이라는 뜻으로, 'Oc Eo' 'OcEo' 'Oc-Eo' 'Oc-èo' 등으로 표기된다. 옥 에오 유적에 대해서는 1940년대에 프랑스 고고학자 루이 말르레Louis Malleret 등에 의한 발굴 조사가 시작되었다. 최근에는 2018년부터 한국과 베트남의 공동 발굴 조사가 이루어졌고, 2019~2020년에 한국의 서울·목포 등지에서 옥 에오 문화 전시회가 개최되었다.

43) 중국 전한前漢·신新·후한後漢 시대의 청동 거울을 통칭하는 말로, 한경은 한국·일본 등지에서도 많이 출토되었다.

트trident 은화 등의 출토품은 '바다의 실크로드'를 활용한 동서 교역과 동남아시아 역내 교역으로 푸난이 번영을 누렸던 정황을 말해준다. 또한 당시까지는 멀라까Malacca 해협이 교역의 주요 항로가 되지는 못한 상태였고, 인도와 중국 간의 무역은 말레이반도를 육로로 횡단하는 형태로 이루어졌고, 말레이반도의 동쪽 연안에 있던 차이야Chaiya 등지가 교역의 중계지로 번성했다. 푸난은 이러한 중계지도 지배했던 것으로 추정되고 있다. 또한 푸난을 건국했던 사람들은 종래에는 크메르 계통으로 생각해왔으나, 최근에는 오스트로네시아 계통으로 보려는 설도 제기되고 있다.

이러한 푸난을 포함한 동남아시아 지역에 인도 문명의 영향이 크게 미치게 되었던 것은 4세기 이후의 일로서, 5세기에 접어들면 남인도 계통의 문자를 사용한 싼쓰끄리뜨어 비문이 각지에 건립되기에 이르렀다. 이것은 계절풍을 이용한 동서 교역이 가능하게 되었다는 사실과도 연관되는 동향으로 판단해볼 수 있겠다.

교역 활동의 활성화, 교역망의 확산 추세에 힘입어 각지에서 출현한 '항시국가'의 지배자들은 대내적으로는 지배자로서의 정통성을 과시하는 동시에, 대외적으로 경쟁 상대인 항시와의 차별화를 꾀하기 위해, 앞다퉈 힌두교와 대승불교 등의 인도 고등 문명을 받아들였다고 생각할 수 있다. 다만 이러한 '인도화'는 이상과 같은 지배 계급을 중심으로 한 것으로, 카스트제도 등 사회 구조 전반에 영향을 미치는 경우는 받아들이지 않았다.[44]

4. 임읍

2세기 말에는 일남군으로 한의 지배하에 놓여있었던 오늘날의 베트남 중부에서, 중국 자료에서 '임읍林邑'으로 불렸던 국가가 자립하게 된다. 임읍은 영내의 산지에서 침향沈香으로 대표되는 향료가 산출되었고, 남중국해와 타이만[45]을 연결하는 교역을 통해 번영했다. 싸 후인 문화를 기반으로 성립했다고 여겨지고, 오스트로네시아계

---

44) 카스트제도가 동남아시아 사회에 정착하지 못했던 이유 중의 하나는 카스트제도가 성립하기 위해서는 다양한 구성 인원으로 이루어진 인구의 집적이 전제되어야 하나, 동남아시아는 기본적으로 소인구小人口 사회였다는 점이 지적되고 있기도 하다. 참고로 인도네시아에서 인도 문명의 영향이 가장 강한 지역인 발리 지역 등에서는 형식적이기는 하나 카스트제도가 있다고 알려져 있다.
45) 달리 '태국만' '싸얌만Gulf of Siam'이라고 한다.

의 참Cham 족〔占族〕이 세운 국가로 추정되고 있다. 건국 초기에는 중국 문명의 영향이 강했을 것으로 보이는데, 4세기 말 이후에는 '인도화'가 진행되고, 참파Champa[46]라는 국명을 쓰게 되자, 중국 쪽에서의 호칭도 '환왕環王' '점성占城'으로 바뀌게 되었다.[47]

---

46) 베트남어로는 'Chăm Pa', 한자로는 '占波' '占城'으로 표기한다. 참파는 임읍 시대부터 1835년 판두랑가에서 멸망하기에 이르기까지 약 1800년 동안 존속했던 동남아시아 최장수 국가의 하나였다.

47) 중국 문헌에서는 8세기 후반~9세기 전반에 걸쳐서 '환왕', 그 이후에는 '점성'으로 불리게 되었다. '환왕'의 원명은 불분명하고, '점성'은 '참파푸라Champapura'〔占波城〕의 약칭으로 보인다.

III. 고대 국가군의 전개

7세기는 동남아시아 역사의 전환점이 되었다. 중국에서는 수가 통일을 달성하고, 뒤이은 당의 발전에 힘입어 거대한 중국 시장이 출현하게 되었고, 동서 교역이 활성화되었다. 이것은 멀라까 해협의 이용을 촉진시켰고, 이 해협을 지배함으로써 점으로 이어지던 항시국가가 아니라 해상 교역로의 광대한 영역에 패권을 확립했던 스리비자야가 출현했다. 또한 이 시기에 인도에서 새로운 농법이 도입되어서, 건조한 대륙부 평원 지대[48]에서도 벼농사를 할 수 있게 됨으로써 캄보디아 평원·동북 타이·짜오프라야강 중유역·버마 평원에서의 국가 형성이 진전을 보게 되었다.

---

48) 건조도가 높은 사바나savanna 기후 지역인 상 버마·베트남 중남부 같은 지역은 연평균 강수량이 700밀리미터 정도에 불과하다.

1. 스리비자야

멀라까 해협 지역에 670년대에 출현한 국가가 스리비자야Srivijaya로 중국 자료에서는 '실리불서室利佛逝'로 표기되어있다. [49] 멀라까 해협이 동서 교역의 주요 항로가되었던 것은 말레이반도를 육로로 횡단하던 종래의 루트가 쇠퇴했다는 것을 의미하는데, 따라서 그에 의존하던 푸난의 쇠퇴를 초래했고, 그에 대신해 대두했던 나라가 스리비자야였던 것이다. 하지만 이러한 교역로의 변화에 대응하여 푸난 세력이 이전에 살던 땅을 버리고서 멀라까 해협 지역으로 거점을 옮겼을 가능성도 생각해볼 수 있다. 스리비자야의 중심 세력은 훗날 말레이인으로 이어지는 오스트로네시아 계통의 사람들이었다고 추정된다.

7세기에 인도 해로를 통해 왕복했던 중국 승려 의정義淨은 687년 귀로에 스리비자야의 도읍 믈라유Melayu에 도착했다. [50] 이 믈라유라는 곳은 오늘날 수마뜨라섬의

---

49) 스리비자야의 건국 연대는 분명치 않은데, '실리불서'는 670년 무렵부터 742년까지의 시기를 가리킨다.

50) 당대의 승려 의정(635~713)은 불법佛法을 구하기 위해 북인도의 날란다Nalanda로 해로를 통해 가는 도중에 671년·687년·694년 세 차례에 걸쳐 스리비자야를 방문했다.

〈지도1〉 고대국가(7~9세기)

빨렘방Palembang으로 보려는 설이 가장 유력하다. 스리
비자야는 이곳과 말레이반도 서부 연안의 끄다Kedah에
도 거점을 두고서, 멀라까 해협의 교역권을 장악했다.

스리비자야의 통치 구조는 왕궁이 중심에 위치하고,
왕도·주변부·속국이라는 네 겹의 동심원 구조로 되어있
다. 속국에도 마찬가지로 왕도·주변부의 구조가 존재했

다. 연구자들은 본존本尊[51]을 중심으로 모든 부처가 그 주변에 모여있는 불교의 세계관이라 할 만다라Mandala에, 이러한 해역海域 동남아시아의 정치 질서를 비유하고 있다.[52]

스리비자야는 8세기 후반에 이르면 쟈바섬에 기원을 두고 있는 사이렌드라Sailendra 왕가의 지배하에 편입되게 된다.[53] 사이렌드라 왕가가 스리비자야의 지배자이기도 했다는 사실은 리고르Ligor 비문(775)[54]으로 불리는 싼쓰끄리뜨 비문에 의해 전해지고 있다. 한편으로 참파나 캄보디아의 비문 자료, 베트남의 한적漢籍 자료에도 또한 이 시기에 '쟈바'의 세력이 대륙부에까지 영향을 미쳤다

---

51) 불교에서 석가모니불을 주되는 부처로 이르는 말이다.

52) 이른바 '만다라'론은 월터즈Wolters가 1982년에 제창한 이론으로, 동남아시아의 쌍계제Bilateral descent 사회를 기반으로 해서, 사회적 지위는 혈연만으로 결정되지는 않았고, 왕은 언제나 탁월한 카리스마 성향을 과시하면서 타인을 매혹하는 행위를 통해서 (신민을) '지배'했다고 주장했다. 따라서 그러한 왕의 지배는 일대一代에 한정되었고, 그 세력 범위인 '만다라' 또한 늘어남과 줄어듦을 거듭하였다. 한편으로 왕의 '만다라' 주변에는 여타 유력자의 세력 범위인 '만다라'가 병존했고, 그것들의 영역은 서로 겹치기도 했다. 대개 4~8세기에 걸쳐 형성되는 '만다라 국가'의 대표격인 스리비자야와 주변 국가와의 관계를 '만다라'론으로 이해하면, 제1기는 빨렘방에 도읍을 두었던 스리비자야가, 제2기는 말레이반도를 중심으로 한 사이렌드라 왕가 지배하의 스리비자야가, 제3기에는 초기에 끄다가, 다음에 촐라 왕조 원정 이후는 끄다에서 독립했던 멀라까 해협 항시국가 중에서 가장 강력했던 잠비가 각각 중심이 되는 '만다라'를 형성해 주변의 여러 '만다라'에게 영향력을 미쳤던 것이라고 이해할 수 있다. 2강 주석 59) 참조.

53) 이 기간은 8세기 후반에서 9세기에 걸친 시기이다.

54) 타이 남부, 말레이반도 중북부 차이야Chaiya 근처에서 발견된, 싼쓰끄리뜨어 비문에 사이렌드라 왕가의 이름도 등장한다. 이 비문을 '리고르 비문'이라고도 하는데, 이 지역 나콘시탐마랏Nakhon Si Thammarat을 중심으로 존재했던 왕국을 유럽인이 예전에 리고르라고 불렀기 때문이다. 또한 비문에 쓰인 싼쓰끄리뜨어는 북인도의 나가리Nagari 문자가 아닌 카위Kawi 문자로 새겨져 있다.

는 사실을 기록하고 있다. 이때의 '쟈바' 세력 실체는 스리비자야를 지배했던 사이렌드라였다고 추정된다.

2. 사이렌드라와 쟈바

쟈바섬은 열대 우림이 대부분을 차지하는 도서부 지역에서, 예외적이라 할 정도로 건조가 심하지 않은 몬순 기후의 영향을 받는 비옥한 화산섬으로 수전水田 농업에는 최적지였다. 이러한 중부 쟈바의 농업 기반을 배경으로 등장했던 것이 고古 마따람Mataram 왕국[55]으로 불렸던 세력이었다.

이러한 쟈바 지역에서 8세기 이후에 대두했던 세력이 앞서 언급한 사이렌드라Sailendra[56] 왕가이다. 사이렌드라에 관해서는 인도 기원설·푸난 기원설·쟈바 기원설

---

55) '고 마따람 왕국Kerajaan Mataram Hindu'은 쟈바섬 욕야까르따Yogyakarta 주변에서 8~9세기에 번영했던 힌두 왕국으로 16세기 이후의 '마따람 왕국'과 구별키 위해 명칭에 '고古'를 붙이는 것이 일반적이다.
56) 싼쓰끄리뜨어에서 'saila'는 '산', 'indra'는 '왕·지배자'라는 뜻으로 '사이렌드라'는 '산의 왕가王家' 혹은 '산악의 영주'라는 의미를 지닌다. 이런 이름이 앞서 'kurung bnam'(왕+산=산의 왕)에서 유래하는 '푸난'의 경우와 유사하다 해서 푸난의 세력 일부가 중부 쟈바로 이주해서 사이렌드라를 세웠다고 보는 학자도 있다. 인도네시아어로는 '왕사 사이렌드라 Wangsa Sailendra'로 불리고 있다.

등 여러 가지 논의가 분분한 형편이다. 어쨌든 사이렌드라는 당시 인도 북부 벵골Bengal 지방에서 사용되었던 초기의 데바나가리Devanagari[57] 문자와 대승불교를 쟈바에 도입했다. 사이렌드라는 8세기 후반에서 9세기 전반에 걸쳐서 보로부두르 사원Candi Borobudur[58]이라는 거대한 대승불교 사원을 건립하고 있다. 그 후에 사이렌드라는 스리비자야를 지배하기에 이르렀고, 한때 도서부 지역에서 쟈바라는 농업 (생산력의) 기반과 멀라까 해협에서의 해상 교역로 양쪽을 모두 장악했지만, 쟈바에서는 9세기 중반경에 이르러서 산쟈야Sanjaya 왕가에게 흡수·지배당하고 말았다. [59]

---

57) '나가리nagari'는 '나가라nagara' 곧 '도시의 문자'라는 뜻이다. 여기에 '신'이란 뜻인 '데바deva'가 접두어로 붙어 신성시된 것이 '데바나가리'란 이름의 유래이다. 고대 인도에서 발달한 문자로, 음절 문자와 알파벳의 특징을 두루 갖췄으며, 싼쓰끄리뜨어·빨리Pali어 등을 표기하는 데 쓰였다.

58) '보로부두르'는 싼쓰끄리뜨어로 '산 위의 절'이라는 뜻이다. 불교 건축물로는 세계에서 가장 거대한 규모를 자랑하는 이 사원은 사이렌드라 왕가의 전성기인 776년 다라닌드라Dharanindra 왕(재위 ?~792) 치세에 건설이 시작되어 825년 사마라뚱가Samaratungga 왕(재위 792~835) 때에 완성되었다. 1006년 인근 머라삐Merapi 화산의 폭발로 사원이 사라졌던 상태에 있던 1814년에, 당시 영국 동인도회사의 부지사 자격으로 쟈바를 통치했고, 훗날 싱가포르를 건설한 영국의 토머스 래플스Thomas Raffles에 의해 발견되었다. 보로부두르 사원은 1991년 유네스코 세계문화유산으로 등재되었다.

59) 산쟈야 왕가는 힌두교를 신봉했는데 850년경에 라까이 삐까딴Rakai Pikatan 왕이 사이렌드라의 공주와 결혼하게 되고, 856년에 다시 중부 쟈바를 실질적으로 장악하며 마따람을 성공적으로 부활시켰다. 그는 자신이 이룬 승리를 기념하기 위해 보로부두르 사원에 견줄 수 있는 쁘람바난 힌두사원Candi Prambanan을 인근에 축조했는데, 욕야까르따에 남아있는 이 사원 역시 1991년 유네스코 세계문화유산으로 등재되었다.

3. 첸라

크메르인이 세웠다는 첸라Chenla〔진랍眞臘〕는 6세기에 현재의 라오스 참빠싹Champassak 지방에서 시작했다. 그 왕인 파바바르만Bhavavarman 1세는 푸난 왕의 손자라는 설도 제기되고 있다. 7세기 초엽 이싸나바르만 Isanavarman 1세 시대에는 거의 현재의 캄보디아 전역에 해당하는 영토[60]를 지배하기에 이르렀고, 푸난을 압도하는 세력을 구축했다. 650년경에 즉위했던 자야바르만 Jayavarman 1세[61]의 치하에서 그 판도는 캄보디아에서 메콩 델타에까지 미치게 되었다. 당시의 첸라는 각 지역에 소왕小王·속왕屬王이 '푸라pura'라고 불렸던 성곽 도시에서 할거하는 분절적 사회였다. 681년 자야바르만 1세 사후에는 지방 세력이 대두했고, 그 후로 약 2세기 동안에 걸쳐서 해안부·메콩 델타를 중심으로 한 수첸라〔水眞臘〕와, 캄보디아 서북부·동북 타이를 중심으로 한 육첸라〔陸眞臘〕로 대립·분열하는 시대가 이어졌다.

---

60) 첸라 시대부터 이 지역을 '깜부쟈Kambuja' 또는 '캄푸치아Kampuchea〔깜부쟈의 나라〕'라고 불렀는데, 현재의 국명 캄보디아는 여기에서 유래한다.
61) '자야바르만'은 싼쓰끄리뜨어로 '승리의 수호자' '승리의 방패'라는 뜻으로, 이름 뒤에 나오는 'varman'은 '방패' '갑옷'의 의미로 '수호자'를 비유한다. 앙코르 왕조의 군주들 이름에는 종종 '바르만'이라는 붙어있는 경우가 많은 편이다.

4. 뾰

  에야워디강 유역에는 1세기 무렵부터 10세기에 걸쳐서 뾰Pyu〔驃〕[62]라고 불리던 집단의 세력이 번영했다. 뾰는 각 지역에 원형 혹은 타원형의 성곽 도시 유적[63]을 남기고 있고, 밭농사와 소규모 관개 벼농사를 기반으로 한 사회를 형성하고, 인도에서 불교와 힌두교를 수용했다. 또한 뾰의 유적에서는 역내에서 제조된 은화들도 출토되고 있다. 이러한 은화는 국제 교역에서 사용되었을 것으로 추정되는데, 당시에 뾰가 교역에도 깊숙이 관여했다는 사실을 말해주고 있다.

---

62) 달리 '剽'라고도 하는데, 중국 역사서 『신당서新唐書』 등에 관련 기사가 나온다.
63) 2014년 세계문화유산으로 등재된 '뾰 고대도시군Pyu Ancient Cities'은 에야워디강 유역 일대를 지배했던 뾰족이 남긴 유산으로 통일국가가 아닌, 여러 성시城市가 연합하는 형태였던 것으로 보인다. 대표적인 곳으로 에야워디 델타의 상부에 위치한 스리 크세트라Sri Ksetra〔3~10세기〕, 중앙 평원부에 위치한 할린지Halingyi〔3~9세기〕·베익따노Beikthano〔1~5세기〕 등 유적이 세 군데 있다.

5. 타와라와디

쨔오프라야강 유역과 오늘날의 동북 타이에는, 6세기 후반부터 11세기 초엽에 걸쳐서 몬Mon족이 타와라와디 Dvaravati[64]라는 국가를 형성했다. 타와라와디도 뼈와 마찬가지로 타원형의 성곽 도시 유적을 남기고 있고, 은화가 출토됨으로써 교역과 깊은 연관을 맺고 있었음을 보여준다. 동북 타이에서는 제염과 제철이 이루어졌고, 역외 지역으로도 수출이 되고 있었다. 타와라와디에서도 농경이 행해지고는 있었지만, 주요 도시는 농업 쪽보다는 해상 혹은 하천을 통한 교역과 밀접한 관련을 맺고 있었다. 타와라와디는 독자적 양식의 불상을 남기고 있고, 상좌부 불교의 강한 영향이 있었음을 엿볼 수 있다.

---

64) 달리 '드와라와띠'라고도 하는데, 중국 문헌에는 '墮羅鉢底' '杜和鉢底' '婆羅波提' '墮和羅' 등으로 표기되고 있다. 일반적으로 '타와라와디 왕국Dvaravati Kingdom'으로 부르고 있으나, 오늘날에는 10세기에 크메르왕국에 점령당할 때까지 몬족과 라와족Lawa이 이룩한 불교 문명으로 해석하려는 경향이 생겨나서 '타와라와디 문명Dvaravati Civilization'으로 부르는 학자도 있다.

2강
중세 국가의 전개:
10세기~14세기

앙코르와트Angkor Wat

	동남아시아	세계
938	베트남, 중국으로부터 독립	
960		송조宋朝(~1279)
10세기 후반 ~11세기 전반	삼불제三佛齊의 번영	
1009	베트남, 리李 왕조 성립	
1019	쟈바, 끄디리 왕조 아이르랑가 왕 즉위	
1044	버마, 버간 왕조 아노야타 왕 즉위	
1113	캄보디아, 수르야바르만 2세 즉위, 앙코르와트 건설 개시	
1206		몽골제국 흥기
1222	쟈바, 싱하사리 왕조 성립	
1225	베트남, 전陳 왕조 성립	
1271		원조元朝(~1368)
13세기 후반	각 지역에 몽골·원군元軍 침공	
1292	싸얌, 람캄행 대왕 비문碑文	
1293	쟈바, 마쟈빠힛 왕국 성립	
13세기 말	수마뜨라의 이슬람화 시작되다	
1351	싸얌, 아유타야 왕조 성립	
1368		명조明朝(~1644)
1400	베트남, 호 왕조 성립	

Ⅰ. 동남아시아 중세를 규정하는 요인

10~11세기 이후로 동남아시아에는 중세 국가군이 등장한다. 그 배경에는 몇 가지 외부적 요인이 있었다.

우선 서쪽 방면에서 7세기에 이슬람이 성립하자, 광대한 이슬람 제국을 배경으로 인도양에서의 무슬림 상인들 활동이 활발해졌다. 특히 8세기 아바스Abbās 왕조[1]가 성립한 이후에, 무슬림 상인의 활동 범위는 인도양에서 남중국해까지 넓어지게 되었고, 180톤 정도의 화물을 적재한 대형 다우dhow선[2]이 원양 항해에서 활약하게끔 되었다.

한편 중국에서는 당의 쇠퇴로 말미암은 혼란기를 거치고 난 뒤 10세기에 송이 중국을 통일했다. '당송唐宋 변혁'[3]이라는 용어가 보여주듯이, 이 시기는 중국사의 커다란 전환기로, 귀족이 몰락하고 신흥 지주가 대두했으

---

1) 우마이야Umayya 왕조의 뒤를 이은 이슬람 두 번째 세습 제국으로, 750~1258년 동안에 동방 이슬람 세계를 지배했는데, 중세 이슬람의 황금시대로 일컬어진다.
2) 인도양·아라비아해에서 활약했던 대형 목조 범선으로 삼각형의 큰 돛을 단 것이 특징이다.
3) 동양학에 있어 이른바 교토학파 창시자의 한 사람으로 독자적인 문화사관에 입각해 중국사 시대 구분론을 주장했던 나이토 고난內藤湖南의 '당송변혁론'은 당 이전과 송 이후는 시대 양상이 크게 다르다고 하면서, 이 시기를 중국사의 일대 전환기로 파악했다. 그에 따라 송 이후의 시기를 '근세'로 규정했는데, 이러한 시대 구분의 입장은 이후 커다란 영향력을 지니면서 교토학파의 대표적 학설로 발전했다.

며, 과거 관료제에 의한 황제 독재 체제가 성립했다. 또한 농업 생산력을 배경으로 상공업도 번영했고, 남해를 통한 교역도 더한층 발전했다. 중국의 정크Junk선[4]이 남해로 진출케 되었던 것도, 9~10세기에 일어났던 일로 일컬어지고 있다. 화물 적재량이 200~300톤 정도 되는 거대한 정크선이 출현함으로써 도자기 무역이 번성하게 되었다. 당대에는 다우선이 광저우廣州까지 찾아와 남중국해는 다우선의 바다가 되었지만, 10세기 이후로는 중국 정크선과 무슬림 상인의 다우선이 말레이반도의 항구에서 만나게 되었고, 이곳이 동서가 서로 만나는 교역지로서 번영을 이루게 되었다. 이렇듯 동서 양쪽에 걸쳐있다는 요인에 힘입어 10세기 이후에 교역 활동은 커다란 발전을 이루게 되었다.

고대의 동남아시아는 교역로의 점과 선을 지배한 외향형外向型 국가의 역사라고 할 수 있었다. 그러다가 당이 쇠퇴하고 남해를 통한 교역이 일시적으로 후퇴했던 9~10세기에 이르면 베트남의 홍강 델타, 캄보디아·동북

---

4) 고대부터 오늘날까지 중국에서 이용되는 목조 범선으로 원양에서도 대형 정크선이 항행을 했다. 한자로는 '戎克(船)'으로 표기한다. 본래 배를 뜻하는 한자 '船chuán'이 전와되어 동남아시아 플라유어에서 'jōng'으로, 이것이 다시 전와되어 스페인어·포르투갈어 '훙코junco', 프랑스어 '종끄jonque'로 되었던 데서 유래했던 말로 알려져 있다.

타이·버마 내륙부의 건조지대Dry Zone 평원, 쟈바분지 등과 같이 비교적 인구가 조밀한 농업 지대를 기반으로 한 내향형內向型 국가가 홍성케 되었고, 이들 국가가 그 후 교역의 발전 시대에 대처해가게 되었다. 베트남이 중국에서 자립하게 되었던 사실 등은 그 전형적 사례라 하겠다. 이러한 가운데 대륙부에서는 그 후로 현재에까지 이르는 국가 형성의 주요한 담당층이 될 사람들이 주도하는 국가 형성이 본격화되기에 이른다.

Ⅱ. 농업 국가에서 발전했던 중세 국가

1. 베트남의 자립에서 리 왕조, 쩐 왕조로

당은 7세기에 현재의 베트남 북부에 안남도호부安南都護府[5]를 설치하고서 지배했는데, 그 세력이 쇠퇴했던 860년대에 이르러 운남雲南에 있던 남조南詔[6]가 안남도호부를 공격했고,[7] 이후 중국이 베트남 북부를 실효적으로 지배하는 상황은 끝이 나고 말았다. 항해 기술의 발전

---

5) 당은 안남도호부와 함께 안동安東·안북安北·선우單于·안서安西·북정北庭 도호부 등 모두 도호부 6개를 설치·운영했다. 안남도호부는 679년에 설치했고, 참고로 고구려를 멸망시킨 뒤 668년에 평양에 안동도호부를 설치했다가 676년에 요동으로 철수했다.

6) 남조(653년~902년)는 티베트-버마어족에 속하는 이족彝族·백족白族이 운남에 세웠던 왕국으로 '조詔'는 '왕'의 뜻으로 '남쪽의 왕'이라는 뜻이다. 당과 토번吐蕃 사이에서 독자적 발전을 이루었는데, 최전성기인 9세기 중엽에는 쓰촨四川은 물론 동남아시아 버마·타이·라오스·캄보디아 등지에도 세력이 미쳤고, 도시국가였던 퓨를 공격하여 그 주민들을 운남으로 강제 이주시켰다고도 한다. 남조가 902년 멸망한 뒤에 다시 '대리국大理國'으로 부흥했다가, 1253년에 몽골에게 멸망당했다.

7) 859년 남조는 당시의 왕인 세룡世隆이 황제를 칭하고 국호를 대례국大禮國으로 바꾸었다. 862년 남조는 안남의 내부 세력과 결탁하여 당시 교주(하노이)의 안남도호부를 공격했다. 이후 866년까지 이어진 싸움은 864년 당이 파견한 고병高騈에 의해 남조군이 격퇴됨으로써 끝을 맺었다. 당은 안남도호부를 폐지하고 정해군靜海軍을 신설하여 고병을 절도사로 임명했다. 이후 중국에서는 황소黃巢의 난(875-884)이 일어나 국내 정치가 혼란에 빠짐으로써 베트남에 대한 당의 실효적 지배는 사실상 끝이 나고 말았다. 참고로 황소의 난이 일어났을 적에 고병은 토벌 총책임자에 임명되었는데, 신라의 최치원崔致遠이 그의 휘하의 종사관으로 『격황소서檄黃巢書』를 지으면서 활약을 벌였던 일은 너무나 잘 알려진 사실이다. 문집 『계원필경桂苑筆耕』에 실린 「보안남록이도기補安南錄異圖記」와 같은 베트남에 관한 최치원의 관심과 글은 아마도 고병에게서 영향을 받았던 것으로 보인다.

으로 중국의 화남華南 지역에서 베트남 중부 참파의 항구 까지 직항이 가능해졌고, 베트남 북부의 중계 교역상의 가치가 줄어버린 상황도 중국 지배의 이완을 불러왔다.

당이 멸망한 후 오대십국五代十國의 시기에 베트남 지역 토호 세력의 자립적 움직임은 더욱 강화되었고, 938년에는 응오 꾸옌(Ngô Quyền 吳權)이 광동廣東에 있던 남한南漢의 군대를 물리치고서, 왕을 자칭했다.[8] 현재의 베트남에서는 이 일을 계기로 중국으로부터 자립이 이루어졌던 것으로 인식하고 있다. 그 후에 '십이사군十二使君'이라는 토호 세력의 항쟁을 평정했던 딘 보 린(Đinh Bộ Lĩnh 丁部領)은 968년에 황제를 자칭하고서, '다이 꼬 비엣'(Đại Cồ Việt 大瞿越)이라는 국호를 정했다.[9]

이러한 베트남의 자립을 이끌었던 세력이 어떤 집단인가에 대해서는 아직도 석연치 않은 구석이 많은 편이다. 베트남 북부에서 중국 지배에 앞서서 번영했던 동 선 문화의 담당 세력을 '동 선 인'이라고 부른다면, 현재의 베

---

8) 응오 꾸옌이 남한의 수군을 물리친 유명한 바익 당강(sông Bạch Đằng 白藤江) 전투의 승리는 베트남이 오랜 중국의 지배에서 벗어나 독립으로 가는 길에서 하나의 역사적 이정표가 되었다.

9) 일반적으로 베트남 역사학계는 응오 꾸옌이 베트남의 독립을 쟁취했다는 쪽으로 평가를 하는 편이다. 하지만 그가 황제를 칭하지 않았고, 중국 연호를 그대로 사용했다는 점에서 이를 불완전한 독립으로 보는 견해가 꾸준히 제기되어왔고, 그러한 연장선상에서 외국의 학계에서는 딘 보 린에 이르러서야 비로소 독립이 완성되었다고 보는 견해가 일반적이라 하겠다.

트남에서는 10세기 베트남 독립의 주도 세력은 1000년 이상 지속되었던 중국의 직접 지배하에서 중국의 영향을 강하게 받았으면서도 완전히 동화되지 않았던 '동 선 인'이었다고 보고 있다. 이에 반해 독립의 담당층은 중국에서 이민을 와서 토착화했던 세력으로 보려는 견해도 있다. 아마도 '중국화한 동 선 인'과 '토착화한 중국인' 양쪽 모두가 담당 세력으로서, 이들이 그 후의 베트남인(현재의 베트남 다수 민족인 킨족京族[10])으로 점차 바뀐 것으로 보는 편이 타당하겠다.

1000년 이상이나 중국의 지배가 이어졌던 것이므로 독립 당시 베트남에 있어 중국의 영향은 여전히 강했다고 생각하기 십상이다. 하지만 실상은 그렇지도 않아서 10세기 베트남은 중국적인 중앙집권 국가와는 거리가 상당히 멀었고, 군주 개인의 카리스마가 힘을 발휘하며, 정해진 왕위 계승 규정 따위도 존재하지 않았던 '동남아시아적 국가'였다.

그러한 베트남에게 중국적 국가 체제 도입의 길을 택하게끔 했던 것은 다름 아닌 중국으로부터의 위협 때문이었다. 중국을 다시 통일한 송은 980년에는 딘 보 린 사

---

10) '비엣족越族'이라고도 한다.

후 베트남 왕위 계승을 둘러싸고 일어난 혼란을 틈타서 침공했고, 그 후에도 베트남을 재정복하려고 기회를 엿보고 있었다. 이러한 상황에서는 왕위 계승 규정이 없기 때문에 끊임없이 왕위 계승 다툼이 일어나는 것은 곤란한 일이라고 하겠다. 그래서 1009년에 성립한 리 왕조〔Triều Lý 李朝〕는 큰아들이 왕위를 계승한다는 규정을 세움으로써 1225년까지 존속하는, 베트남 역사에 있어 최초의 장기長期 왕조가 될 수 있었다.

리 타이 또〔Lý Thái Tổ 李太祖, 재위 1009~1028〕[11]는 1010년에 그때까지의 도읍이었던 호아 르〔Hoa Lư 華閭〕에서 홍강 델타의 중심이던 탕 롱〔Thăng Long 昇龍〕[12]으로 천도를 단행했다. 리 왕조는 기본적으로는 불교 왕조였지만 대승불교 이외의 베트남 토착의 '신령들'도 왕권의 신성화에 활용되었다.[13] 1072년에 공자孔子를 제향하는 문묘文廟가 세워졌는데, 이것도 실상은 이용 가능한 종교는 무엇이든 활용코자 했던 정책의 구현이었다고 하겠다. 안정된 왕조로서 리 왕조는 그 국제적 지위를 향상시켰으며,

---

11) 리 꽁 우언〔Lý Công Uẩn 李公蘊〕이라고도 한다.
12) 지금의 하노이〔Hà Nội 河內〕에 해당한다.
13) 『대월사기전서大越史記全書』를 저술한 역사가 웅오 시 리엔〔Ngô Sĩ Liên 吳士連〕은 일찍이 리 타이 또에게 '노자를 좋아하는 폐단〔好老之累〕'이 있다고 비판했다. 또한 쑨이펑孫亦平 교수는 『동아시아 도교 연구東亞道敎硏究』(2014)에서 '(베트남의) 리 왕조는 200여 년이 넘는 통치 동안 유·불·도 삼교를 모두 중시하는 정책을 시행했다'라고 평가하고 있다.

1054년에는 '다이 비엣'(Đại Việt 大越)이라는 국호로 자칭했고, 1174년에는 송으로부터 '안남국왕安南國王'이라는, (중국이) 외국 군주에게 주는 칭호를 받았다. 리 왕조 이후의 베트남 왕조도 계속하여 다이 비엣이라는 국호를 답습했다(1804년까지).[14]

리 왕조 시대에도 여전히 각 지방에는 재지호족이 할거하고 있는 상태였다. 또한 홍강 델타의 벼농사도 대규모의 제방 공사가 필요치 않은, 지형과 기후에 맞춤한 소규모 개발이라는 식의, 이른바 '농학적 적응'(토목 공사를 필요로 하는 '공학적 적응'에 대해, 자연환경에 적합한 품종의 채용 등, 농학적 수법으로 환경에 적응하는 벼농사)이 주류를 이루었다.

본래 리 왕조는 계속 내향형 농업 국가로 일관했던 것은 아니어서, 남해 교역이 번성함에 따라 참파와 인접했을 뿐만 아니라, 산맥을 넘어 동북 타이·남부 라오스·캄보디아와도 긴밀하게 연결되었던 응에 안(Nghệ An 乂安)·하 띤(Hà Tĩnh 河靜) 지역의 여러 항구의 경영에도 힘을 쏟았으며, 참파와 첸라(앙코르Angkor 조)와도 종종 충돌을 빚었다.

---

14) 1804년 이후로는 '베트남'(Việt Nam 越南)이라는 국호를 사용하게 되었다. 4강 주석 39) 참조.

〈지도2〉 다이 비엣과 참파

　어쨌든 리 왕조의 통치하에서 오래도록 평화가 지속되었던 것은 인구의 증대로도 이어졌다. 그러나 이렇듯 늘어나는 인구를 당시까지의 농업(생산력)으로는 먹여 살릴 수 없었던 사정과 함께, 지방 세력 간의 항쟁이 격화되면서 리 왕조는 멸망했다.

　뒤이어 성립했던 쩐 왕조(Triều Trần 陳朝)는 하제정부사河堤正副使라는 관직을 설치해서, 홍강 델타에서의 대규모 제방 건설에 착수했다.[15] 이렇게 함으로써 당시까지 수확량이 적은 (건기乾期에 해당하는) 겨울·봄 농사만 가능했던 저습지에서도, 수확량이 더욱 많은 (우기에 해당하는) 여름 농사를 지을 수 있게 되었고, 연해 지역에서도 방조제를 쌓아 간척을 행함으로써, '공학적 적응'의 벼농사가 전개되기에 이르렀다. 이것을 기반으로 해서 쩐 왕조는 지방의 요지를 왕족이 장악·지배하는 체제를 구축하게 되었다. 지방에 장원庄園(Điền trang 田庄)을 소유한 왕족은 유랑민을 노비로 삼아서 개간에 투입했는데, 이러한 왕족의 '가노家奴' '가동家僮'들이, 1257년과 1284~1285년, 1287~1288년의 세 차례에 걸친 몽골제국, 원조元朝의 침공 당시에 몽골 군대와 맞싸우는 군사력의 중핵이 되었다. 왕족인 쩐 흥 다오(Trần Hưng Đạo 陳興道)[16]는 몽골군을 물리치는 데 혁혁한 공적을 세웠던 장군으로 후세에

---

15) 13세기 중엽부터 쩐 왕조는 농업 생산력을 늘리기 위해 홍강 델타의 범람원과 연안 습지에 대한 대규모 개척 시대에 접어들게 된다. 이를 위해 하천 제방 건설·유지 및 관리를 책임지는 '하제정부사'라는 관직을 각 지역에 두는 한편 각 촌락을 하나의 단위로 하여 총연장 200킬로미터에 달하는 정이제鼎耳堤라는 대규모 제방 건설에 착수·완성하게 된다. 쩐 왕조 시기에 보이는 이러한 국가 주도의 대규모 제방의 건설은 쩐 왕조 왕족 지배 체제의 경제적 기반으로 작용하기도 했다.

16) 1228~1300. 쩐 왕조의 황족·무장. 본명은 쩐 꾸옥 뚜언(Trần Quốc Tuấn 陳國峻)으로 '흥 다오興道'는 후에 주어진 왕호王號(興道王)이다. 여러 차례 몽골 침입을 뛰어난 군략軍略으로 물리친 공적과 황제에게 충성을 다했던 행적 등으로 현대 베트남에서 가장 존경을 받는 역사적 영웅이라고 할 수 있다. 사후에는 도교道敎의 주신으로 받들어져 민중 사이에 신앙의 대상으로도 인기가 높다고 한다.

민족적 영웅으로 (오늘날까지도) 추앙을 받게 되었다.

쩐 왕조는 상황제上皇制를 채택함으로써 왕위 계승 다툼을 막는 한편으로 관료제 정비에도 착수하여, 17회에 걸친 문관을 등용키 위한 과거 시험[17]을 실시했다. 이러한 제도를 통해서 14세기에 접어들게 되면 문인 관료 역할이 증대했고, 유교의 영향력도 점차 커지게 되었다.

2. 앙코르 왕조의 농업 생산력과 도성

쩐라를 세웠던 크메르인이, 육쩐라·수쩐라의 분열 상태를 극복했던 것은 802년에 자야바르만Jayavarman 2세가 앙코르 지방[18]에서 즉위하고 난 이후에 이르러서였다. 이후 14세기 중엽까지 앙코르 지방에 지속되었던 왕조를 앙코르 왕조[19]라고 일컫는다.

---

17) 베트남에서의 최초의 과거는 리 왕조의 4대 임금 년 똥(Nhân Tông 仁宗)의 치세인 1075년에 실시되었고, 이후 1919년에 이르러 과거제가 폐지되기까지 844년 동안 유지되었다.
18) 푸난·쩐라 초기의 정치적 중심은 메콩강 유역에 있었지만, 9세기 말부터 15세기 전반까지는 대체로 앙코르 지역에 도읍이 건설되었다.
19) 달리 '크메르Khmer 왕조'라고도 하는데, 802년 건국되어 약 600년간 지속되었던 왕조이다.

자야바르만 2세[재위 802~850]는 770년경에 '쟈바'에서 귀국했던 것으로 알려져 있다.[20] 이전에는 이 '쟈바'라는 곳이 인도네시아 '쟈바'를 가리킨다고 보았던 설이 유력했으나, 근년에 이르러서 캄보디아에 가까운 인도차이나반도 지역을 가리킨다는 설도 제기되고 있다. 그가 802년에 즉위했다는 사실은 스독 칵 톰Sdok Kak Thom 비문에 기록되어있는데, 싼쓰끄리뜨어와 고대 크메르어로 새겨진 이 비문에서, 왕은 싼쓰끄리뜨어로는 '데바라자Devaraja'[신들의 왕], 고대 크메르어로는 '캄라텐 자갓 타 라자kamraten jagat ta raja'[수호정령의 왕 중의 왕)[21]로 불리고 있다. 이것은 토착 정령신앙을 힌두교의 틀 안에 편입시키는 것으로, 왕권의 신격화를 꾀하고 있음을 보여준다고 하겠다.

앙코르 지역에서 도성 건설이 본격화되었던 것은 9세기 말부터인데, 호국 사원인 앙코르와트Angkor Wat[22]를 건립했던 것은 수르야바르만Suryavarman 2세[재위 1113~

---

20) 774~787년 사이에 사이렌드라가 수첸라를 여러 차례 공격했을 적에 자야바르만 2세는 어린 왕자로 볼모로 잡혀가서 쟈바에서 성장한 뒤에 귀국했다고 알려져 있다.
21) 영어로는 'Lord of the Universe who is King'으로 번역하는데, '신들의 왕이자 세상의 지배자'와 같은 존재라는 뜻이다. 이러한 '캄라텐 자갓 타 라자'는 일반적인 왕을 가리키는 '캄라텐 프다이 카롬kamraten phdai karom'[낮은 땅의 지배자]과는 구분된다고 한다.
22) 앙코르와트는 크메르어로 '사원의 도읍'이라는 뜻을 지니며, 동남아시아 최대 규모의 건축 유적으로 알려져 있다. 동서 1.5킬로미터, 남북 1.3킬로미터의 해자로 둘러싸여 있고, 바깥쪽의 제일 회랑은 동서 200미터, 남북 180미터의 사각형으로 모든 벽면은 부조 조각으로 가득 채워져 있다. 캄보디아의 국가적 상징으로 1863년에 제정된 첫 번째 국기부터 현재의 국기에 이르기까지, 모든 국기에 들어가 있다. 세계적인 관광지로 1992년 유네스코 세계문화유산으로 등재되었다.

1150?)였다. 그 후에 앙코르 도성은 1177년에 참파에 의해 공격·점령되었는데, 이 참파 군대를 물리쳤던 자야바르 만 7세[재위 1181~1218?]가 (천도하여) 새로운 도성 앙코르톰 Angkor Thom과 그 중심부에 호국사원 바욘Bayon[23]을 건립했다. 자야바르만 7세의 치하에 앙코르 왕조의 지배 영역은 최대로 확장되어, 북쪽으로는 오늘날 라오스 중부, 서쪽으로는 중부 타이로부터 말레이반도에까지 미쳤고, 동쪽으로도 일시적이었지만 참파를 병합하기도 했다. 40년 가까운 치세 동안, 불교 우대 정책을 행해서[24], 힌두교 사원이었던 앙코르와트가 불교 사원으로 사용되기에 이르렀고, 앙코르톰의 바욘 사원도 불교 사원으로 건립되었다.

하지만 그 후에 1243년에 즉위했던 자야바르만 8세는 힌두교를 중시했고, 그의 치세에는 불상을 파괴하는 폐불廢佛 사건도 발생했다. 이러한 종교 분쟁과 과도한 건설 사업으로 인한 (재정의) 피폐, 싸얌Siam인[현재의 타이인. 20세기 '타이Thai'라는 국호를 채용하기 전에는 '싸얌Siam'이라

---

23) 크메르어 발음으로 '바욘'으로 읽는다고 하는데, 'ba'는 '아름답다'는 뜻이고, 'yon'은 '(천상의) 탑'을 뜻한다고 한다. 일반적으로 학계에서는 '앙코르와트가 크메르의 고전 양식 이라면, 바욘은 크메르(미술의 최전성기)의 바로크 양식이다'라고 평가하고 있다.

24) 크메르 왕국의 전성기를 이끌었고, 가장 위대한 왕으로 일컬어졌던 자야바르만 7세 는 크메르 군주들 가운데 몇 명 안 되는 대승불교 신자였다.

고 표기)[25]의 대두 등으로 말미암아, 왕조의 세력은 점차 쇠퇴해간다. 14세기 중엽 이후에는 싸얌인의 아유타야 Ayutthaya 조에 의한 공격을 받았고, 15세기에는 앙코르의 도성을 최종적으로 포기하기에 이르렀다.[26]

앙코르 왕조의 번영을 떠받쳤던 기반은 앙코르 지방의 농업 생산력이었다. 거대한 저수지 등의 수리 시설로, 126,000톤의 벼의 수확이 가능했고, 약 60만 명의 인구를 부양할 수 있었다는 연구도 발표되었다. 실제로도 앙코르 도성 주변 인구는 40~50만 명에 달했다고 알려져 있는데, 그것을 뒷받침할 만큼 집약적인 농업 기반이 존재했다.

하지만 앙코르 왕조의 왕위는 불안정하기 짝이 없어서, 802년부터 14세기 중엽까지 왕위에 올랐던 스물여섯 명 군주 가운데, 여덟 명만이 선왕의 자식이나 동생들이었다. 그 밖의 경우는 순전히 군주 자신의 개인적 카리스마

---

25) 근대 타이의 명칭인 '싸얌Siam'은 쑤코타이 시대로부터 비롯되었다. 중국에서는 13세기 말부터 '섬暹' '섬라暹羅'로 표기했다. 본래 캄보디아 사람들이 타이족을 '싸얌'이라고 불렀다고 하는데, 이 명칭이 16세기 포르투갈을 통해 유럽에 알려져 그 후로 서양에서는 타이를 '싸얌'이라고 부르게 되었다. 20세기 전반까지 '싸얌'을 국명으로 사용하다가, 1939년에 이르러 '타일랜드Thailand'('자유로운 땅'의 뜻)로 바꾸었다.
26) 1431년 아유타야 왕국에 의한 앙코르 왕조 멸망과 그로 인해 앙코르를 포기했던 시기부터 1863년 프랑스에 의해 캄보디아가 보호국화 되었던 시기까지를 역사에서는 흔히 '캄보디아의 암흑시대Dark age of Cambodia' 또는 '포스트 앙코르 시대Post-Angkor period'라고 부르고 있다.

와 실력으로 왕위를 쟁취했던 경우로 이들이 혈통상으로 선왕과 먼 친척뻘이라는 식의 주장은 신빙성이 없는 억지에 불과했다. 혈통에 의존치 않고 순전히 개인의 자력으로 왕위를 획득했던 군주에게는, 종교적 신성성이 그 무엇보다 중요한 의미를 지니게 되었고, 신격화된 왕으로 새로운 도성과 그 중심에 진호국가鎭護國家[27]를 위한 새로운 사원 및 왕궁을 건립하는 책무를 떠안게 되었다. 이렇듯 전왕들보다 더욱 뛰어난 건조물을 지음으로써 신민들을 복속시켜야만 했던, 왕위를 둘러싼 격렬한 경쟁적 환경이 앙코르 왕조의 거대한 건축물들을 출현케 했다.

앙코르 왕조는 도성과 각지를 연결하는 간선 도로를 정비했다. '모든 길은 앙코르로'라는 식의 구조는, 앙코르 도성이라는 거대한 메트로폴리스에 부를 집중시키기 위한 장치였지만, 경제적 합리성보다는 정치적·군사적 힘이 좀 더 크게 작용했던 것이다. 향료 등의 유력한 교역 상품은 각지에서 일단 앙코르로 집적하여서, 그다음에 톤레 삽Tonle Sap호[28]와 메콩강을 통해서 중국으로 운

---

27) 불교와 같은 종교에서 교법에 따라 재앙을 진압하여 나라를 지키는 일을 가리킨다.
28) 캄보디아 서쪽에 위치한 동남아시아 최대의 호수로 크메르어로 'tonle'는 '강', 'sap'은 '거대한 담수호'라는 뜻이다. 현재도 세계 최대 규모인 100만 명 이상의 수상생활자가 거주하고 있고 호수 주변까지 합치면 300만 명 이상의 인구가 거주한다고 한다. 앙코르와트가 호수 서북쪽 기슭에 위치하고 있다.

반했다. 이러한 구조는 해상 교역이 더욱 활발해지고, 각 지역이 바다 쪽으로 더욱 합리적인 접근 통로를 찾게끔 되자, 붕괴하지 않을 수 없었다. 13세기 이후 짜오프라야 강 연안의 타이계 세력의 자립, 앙코르 왕조의 쇠퇴는 이 러한 배경에서 일어났던 사태의 변화였다.

3. 상좌부 불교 국가 버간

버마에서는 9세기에 운남의 남조南詔의 공격으로 쀼족 의 도시국가가 멸망한 이후에 북방에서 버마족이 남하하 게 된다. 그들이 버마 내륙부 건조지대의 논벼[水稻] 관개 농업을 기반으로 해서 건국했던 것이 버간Pagan[29] 왕조 였다.

그 역사적 존재가 확실시되는 최초의 왕은 아노야타 Anawrahta[재위 1044~1077?]라는 인물이다. 아노야타는 남

---

29) 과거 영국에 의해 '파간'으로도 불렸던 버간의 본래 이름은 빨리어로 '아리마뜨나뿌 라Arimaddanapura[적을 모두 물리친 도시]였다고 한다. 도시 전체가 세계문화유산인 버간 유 적은 인도네시아 보로부두르 사원, 캄보디아의 앙코르와트와 더불어 세계 3대 불교 유 적으로 일컬어진다.

방의 몬족이 세운 항시港市 따톤Thaton을 함락하는 등의 군사 행동을 통해 버간의 판도를 에야워디강 하류 유역까지 확대하는 한편 몬족에게서 상좌부 불교를 흡수했다. 11세기 중엽 무렵까지 버간에서 믿고 신앙했던 것은 밀교적 색채가 강한 대승불교로, 아리Ari로 불렸던 그 승려 집단은 결혼하는 신부에 대해 초야권을 주장하거나, 음주와 육식 등의 행위를 일삼았다고 일컬어졌다.[30] 아노야타가 행했던 것은 기존의 권위를 추방하고, 새로운 질서의 확립을 요구하는, 국가 통일의 요청에서 생겨났던 일종의 종교 개혁이라 하겠다. 이후 버간의 왕은 '보살'로 간주되었고, 왕도 버간에는 수많은 불탑〔파고다 pagoda〕[31]이 건립되어, '파고다 건립자들의 왕조'〔建寺王朝〕라고 불릴 정도였다.[32] 하지만 밀교계 대승불교의 영향은 그 후에도 뿌리 깊게 남아있었다.

---

30) '아리 불교Ari Buddhism'는 7세기경 북부 인도에서 전래된 것으로 보이는데, 일종의 밀교적 성향을 띠었으며, 그 위에 낫Nat 신앙·뱀신 나가naga 신앙·힌두교 등이 한데 혼합된 마술 수행 집단으로 알려져 있다.

31) 일반적으로 '파고다'는 미얀마어로 알려져 있으나, 미얀마어에서는 탑을 가리켜 'ze-di' 또는 'payā'라는 말을 사용한다고 한다. 미얀마 사람에게 파고다는 석가가 열반한 이래로 석가를 대신한 것으로서 '석가가 거주하는 집'이라고 믿었으며, 이러한 파고다를 세우는 일이야말로 '인생 최대의 공덕'으로 파고다를 세움으로써 윤회전생에서 벗어날 수 있다고 믿었던 것이다.

32) 버간의 지배자들은 대체로 파고다〔불탑〕를 건립하는 데 많은 힘을 쏟았다. 그래서 버간 왕조를 보통 '파고다 건립자들의 왕조'라고도 했다. 전설상으로 한때 400만 기에 이르렀다는 불탑의 수는 현재도 5,000기 정도가 남아있는 것으로 알려져 있다.

버간 왕조를 밑받침했던 것은 대규모의 관개 시설이었는데, 그러한 시설은 일단 완성되면 시설의 유지·관리는 그 지방의 세력이 담당했으므로, 대규모 관개 시설을 보유한 지방의 자율화는 곧 왕실로부터의 이반을 초래하게 되었다. 설상가상으로 연안 지대에서는 몬족의 국가가 부활했고, 동부 샨Shan고원에서는 타이계 세력의 자율화가 진척됨에 따라 버간에게서 점차 이반했다. 그러한 와중에 13세기 말에는 운남을 수중에 장악했던 원군元軍의 공격을 받아서, 버간 왕조는 사실상 멸망의 위기에 봉착했으며, 버마는 점차 분열의 시대를 맞이하게 되었다.

4. 끄디리 왕조에 의한 향신료 교역의 장악

바다 쪽으로 시선을 돌리면 쟈바에서는 사이렌드라가 중국 시장이 폐쇄됨으로 인해서 쇠퇴해버리자, 중부 쟈바의 분지 국가인 고 마따람 왕국이 산쟈야 왕가의 통치하에서 다시 부활했다. [33] 10세기 전반의 신독Sindok 왕(재위 929~947)은 왕도를 브란따스Brantas강[34] 유역의 동부 쟈바로 천도했다. [35] 이 신독 왕으로부터 13세기 끄르따자야Kertajaya 왕까지의 시대가 '끄디리Kediri 왕조'라고 불리고 있다.

동부 쟈바로 나라의 중심을 옮긴 것은 브란따스강 유역의 풍부한 농업 생산력이 왕국의 경제적 기반을 담보한다는 이점과 동시에 남중국해·인도양을 잇는 동서 교역의 기간 노선에 적극적으로 참여를 모색해보려는 움직임으로도 해석할 수가 있겠다. 신독 왕은 고 마따람 왕국의 기존 왕들과 마찬가지로 시바Shiva 신을 믿는 힌두교도였지만, 밀교적 색채를 지녔던 대승불교와도 관계를 맺고 있었다.

10세기 말에 등장한 다르마왕사Dharmawangsa 왕은 말레이반도 방면의 삼불제三佛齊(뒤에서 다룰 예정이다)를 공격하기도 하고, (중국) 송에 조공 사절을 파견하는 등, 교역

---

33) 앞서 언급했듯이 856년 산자야 왕가의 삐까딴이 중부 쟈바의 지배권을 되찾아 마따람을 부활시켰으며, 그는 이를 기념해 쁘람바난 사원을 건설했다.

34) 비교적 짧은 하천이 많은 쟈바 지역에서 솔로Solo강에 이어서 두 번째로 가장 긴 강에 속한다.

35) 역사가들은 동부 쟈바로 천도한 이후의 마따람의 역사를 중부 쟈바 시절의 고 마따람 왕국과 구분키 위해 천도를 행한 신독을 산쟈야 왕가의 마지막 왕으로 보고, 이후의 시기를 그의 왕호를 따서 '이사나Isyana 시대'라고 부른다.

과 관련해 적극적인 대외 행동을 취했다. 이러한 동부 쟈바의 통일을 이루었던 인물은 (그의 조카인) 아이르랑가 Airlangga 왕[재위 1019~1051]이었다. 아이르랑가 왕 시대의 비문에는 항시港市의 외국인 거주민으로 인도·동남아시아 각지에서 온 사람들이 거명되어있어서, 이들을 연결하는 거래와 교역이 매우 활발했음을 보여주고 있다. 왕은 브란따스강 하류에 대규모 제방을 쌓는 등 유역의 농업 생산을 뒷받침하는 개발을 진행하는 한편 쟈바해 동쪽의 해상 교역권交易圈을 동서 해상 교역망에 직결시키는 역할을 담당했다.[36]

11세기에는 중국·유럽에서 말루꾸군도Maluku Islands[37]의 특산물인 정향丁香[38] 등 향신료[39] 수요가 폭발적으로 증대했던 시대였다. 특히 남송南宋이 성립했던 12세기 이

---

36) 연구자에 따르면 아이르랑가 왕 치세의 궁정에서는 이른바 '외래 문명의 지방화'가 나타났다고 한다. 본래 동남아시아 고전 문학의 원류는 인도 굽타 왕조 시대[2세기 후반~6세기 중반]에 완성된 『라마야나』 『마하바라따』와 같은 서사시의 절대적 영향을 받았다고 하겠는데, 이 시기에 『마하바라따』의 일부를 차용한 쟈바어 서사시가 창작되었고, 그 줄거리는 아이르랑가 왕과 비슷한 주인공이 활약하는 내용이라는 것이다.

37) 당시 유럽인들에게는 '몰루카스Moluccas'로 알려져 있었다.

38) 말린 정향의 꽃이 녹슨 못의 모양과 닮았다 하여 '丁子' '丁字'라고도 했고, 달리 '계설향鷄舌香' '백리향百里香'이라는 별명이 있다. 프랑스어로도 못을 뜻하는 '끌루clou'로 불렸는데, 영어의 '클로브clove'는 여기서 유래한다.

39) 일반적으로 식물의 열매·뿌리·줄기·잎·꽃 등으로 맵거나 향기로운 맛을 음식물에 더하는 양념감을 말한다. 그러나 엄밀히 구분하면 향료香料는 정향·육두구 등을 말하고, 여기에 후추·고추·겨자·계피·생강·마늘·깨·파 등을 더한 것이 향신료이다. 유럽인들이 향신료에 열광했던 이유는 향신료가 음식 맛을 좋게 하고 향을 높여주었으며, 육류의 누린내와 생선 등의 비린내를 없애주었기 때문이다.

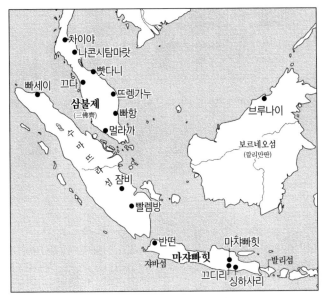

〈지도3〉 인도네시아 해역

후로는 중국인 상인들이 동서 교역에 참여하는 수가 늘어나서, 끄디리와의 직접적인 조공 무역, 민간 교역도 크게 발전했다. 중국 쪽의 자료에 기록된 끄디리의 수출품에는 말루꾸군도의 정향, 반다군도Banda Islands[40]의 육두구肉荳蔲〔너트멕nutmeg〕, 티모르Timor섬[41]의 백단향白檀香

---

40) 말루꾸군도의 일부를 이루고 있는데, 육두구와 같은 향신료의 세계 유일의 생산지로서 유명하다.
41) 동쪽을 뜻하는 인도네시아어 'timur'에서 유래했다.

등, 쟈바섬 이외의 물품도 다량으로 포함되어있었다. 이 것은 당시의 끄디리가 쟈바섬 동쪽의 교역권에 있어 1차 집산지 역할을 하고 있음을 보여주는 것으로, 11~12세기 의 쟈바는 재배지를 장악하고서, 그 세력이 멀라까 해협 동부의 열대 도서부의 대중국 교역을 독점하고 있었음을 보여준다고 하겠다.

5. 싱하사리(마쟈빠힛) 왕국과 쟈바 고전문화

끄디리 왕조는 1222년에 멸망했고, 이어서 싱하사리 Singhasari[42] 왕조가 성립했다. 싱하사리 왕조는 끄디리 왕조의 사업을 계승하여, 쟈바섬 이외 지역에 대한 적 극적인 세력 확장 정책을 추진하는 바람에, 원조元朝와 의 관계가 매우 악화되었다. [43] 이윽고 1292년 원군이 침

42) '싱오사리Singosari'라고도 하며 70년으로 끝난 단명한 왕조이다. 하지만 역사적으로 는 오늘날 인도네시아 국가 공동체의 원형이라 할 마쟈빠힛 왕국의 기초를 다진 국가로 서 중요하게 평가받고 있다.
43) 싱하사리 왕조의 마지막 왕인 꺼르따나가라Kertanagara는 쟈바섬을 넘어 인도네시아 군도 전체를 아우르는 통합 정책을 추진했다. 그의 이러한 팽창 정책은 당시 원의 쿠빌 라이 칸과 마찰을 빚게 되었고, 1289년 싱하사리에 왔던 원의 사신에게 코·귀를 자르는 형벌을 가해 돌려보냄으로써, 결국 1292년 원의 침공을 초래하게 되었다.

입해 왔을 적에는 왕이 반란자들에 의해 살해당하는 등의 혼란에 빠지고 말았다. [44] 이러한 혼란을 극복하고서 1293년 마쟈빠힛Majapahit 왕국이 수립되었다.

마쟈빠힛 왕국은 가쟈마다Gajah Mada[45]가 재상을 지냈던 14세기 중반에 최전성기를 맞아, 적극적인 대외 (군사) 행동을 전개하여, 수마뜨라Sumatra섬·보르네오Borneo〔깔리만딴Kalimantan)[46]섬·말레이반도 및 발리섬에서 반다Banda해 주변의 섬들까지 지배를 확대하여, 한창때는 오늘날의 인도네시아 영토 전역과 말레이반도 중남부 지역까지 판도를 넓혔다. 이러한 마쟈빠힛의 행동은 국가가 관리하는 조공 무역 이외의 무역을 인정치 않았던 중

---

44) 원군이 쳐들어오기 전에 동부 쟈바에서는 이전에 싱하사리에게 멸망했던 끄디리 세력이 반란을 일으켰고, 소요의 와중에 꺼르따나가라 왕은 살해당했다. 이윽고 1293년에 그의 사위인 라덴 비쟈야Raden Wijaya는 원군 원정군을 설득해 끄디리 반란 세력을 진압하고서, 뒤이어 원정군을 쟈바에서 몰아내는 데에도 성공했다. 인도네시아 역사에서 몽골의 침입을 물리친 민족적 영웅으로 추앙받는 비쟈야는 이윽고 마쟈빠힛 왕국을 수립했다.

45) 1290~1364. 마쟈빠힛 왕국의 재상. 제4대 하얌 우룩Hayam Wuruk 왕을 보좌해 왕국을 최전성기로 이끌었던 명재상으로 평가받는다. 재임 당시 강력한 권한을 행사해 법제를 정비하고 국정 전반을 지휘하는 한편 군인 출신으로 재능을 발휘해 팽창주의 정책을 통해 발리섬을 비롯한 주변 지역을 정복하여 역사상 최대의 판도를 이루었다. 오늘날 인도네시아에서는 가쟈마다는 역사적 위인으로 추앙받고 있으며, 욕야카르따에는 그의 이름을 따서 설립된, 인도네시아 최고最古의 대학인 가쟈마다 대학Universitas Gadjah Mada)이 있다.

46) 영어·네덜란드어로 '보르네오섬'이라고 하는데, 이 명칭은 섬의 북단에 있는 '브루나이Brunei 왕국'에서 유래한 것이다. 따라서 '보르네오'라는 지명은 서양 사람들이 '브루나이'라는 지명을 바꾸어 불렀던 것이다. 말레이시아에서는 섬 전체를 보르네오라고 부르지만, 인도네시아에서는 '깔리만딴Kalimantan'이라고 부르고 있다.

국 명조明朝의 해금령海禁令[47]에 대응코자 한 것으로, 도
서부를 대표하는 국가로서 중국의 명에 대해 활발한 조
공 무역을 전개하려 했던 것이다. 명의 홍무제洪武帝[재위
1368~1398] 시대에 삼불제[빨렘방으로 추정]가 명의 황제에게
책봉冊封[중국 황제에게서 주변 나라들의 지배자가 왕 등의 칭호를 하
사받고서, 명목적인 군신 관계를 맺는 일]을 요청하고 명이 이에
응했던 일에 마쟈빠힛이 분노하여, 명의 사자를 사로잡
아 살해해버린 사건이 일어났다.[48] 이것은 삼불제의 왕

47) '해금海禁'은 '하해통번지금下海通蕃之禁[바다로 나아가 외국과 통교하는 것을 금지함]의 약어로
일반적으로 중국의 명·청 시대 개인의 사적 해외 도항이나 해상 교역을 금지했던 정책
을 가리킨다. 1371년 명의 홍무제는 중화주의에 따라 주변 여러 나라와 책봉 관계를 맺
고서 나라 간의 무역 거래는 조공 관계로만 제한시켰다. 곧 해금 정책은 조공 체제를 유
지하기 위한 전제였다. 그 결과 일반인의 해상 진출과 외국인과의 사적 교역은 금지되었
다. 16세기 후반[1567]에는 부분적으로 해금이 완화되었으나 일본과의 교역은 이후에도
임진왜란 등의 여파로 명나라 말까지 공식적으로 허용되지 않았다. 명에 뒤이은 청淸 역
시 1655년 이후 대만의 정성공鄭成功 등 명나라 유신의 해상 세력에 대항키 위해 해금 정
책을 견지했다. 그 후 대만을 차지한 정씨 세력을 견제하기 위해 역으로 대륙을 봉쇄하
는 천계령遷界令을 1664~1681년 사이에 실시했는데 이는 해금 정책의 극단적 경우라 하
겠다. 대만의 정씨 세력이 항복한 후에는 일시적으로 외국과의 통상 및 외국 선박의 내
항을 허가했지만, 18세기에 접어들어 또다시 전통적인 해금 정책으로 복귀했다. 이윽고
1757년에는 광동 한 곳만 유럽 선박의 내항을 제한적으로 허가했으나, 아편전쟁 이후에
는 광동 이외의 여러 항구도 개방했다. 마침내 1868년에 이르러 일반인의 해외 도항이
정식으로 허가되기에 이르렀다.

48) 이와 관련된 기사가 『명사明史』 권324 「열전」 외국 5 삼불제三佛齊에 다음과 같이 실려
있다.
"홍무 9년[1376]에 달마사나아자怛麻沙那阿者가 죽자 아들 마나자무리麻那者巫里[Maharaja
Wuri]가 뒤를 이었다. 이듬해에 (마나자무리는) 사신을 보내 코뿔소·흑곰·화계火鷄[타조]·흰
원숭이·붉은색 가장자리의 앵무새·구통龜筒 및 정향丁香·미뇌米腦 등의 물품을 바쳤다.
사신이 아뢰기를, '왕위를 계승한 왕자가 감히 자의로 즉위하지 않고 조정에 명을 청합
니다'라고 하니, 천자는 그 의로움을 칭찬하고서 사신에게 명하여 인장을 가지고 가서
조서를 내려 삼불제국 왕으로 책봉했다. 당시 조와[자바, 마쟈빠힛]가 강대하여 이미 삼불
제를 위세로써 정복하여 부속국附屬國으로 예속시켰는데, 천조天朝가 마나자무리를 국왕
으로 책봉하여 자기와 대등하게 되었다는 소식을 듣고 크게 분노해, 사람을 보내어 조정

이 명에게서 책봉을 받게 되면, 독립국의 왕으로 인정을
받아서 조공을 독자적으로 행할 권리를 획득하는 사태를
마쟈빠힛이 꺼려서 벌인 행동이라고 볼 수 있다. 이리하
여 마쟈빠힛은 압도적인 해군력에 의지해 동남아시아 해
역의 쌀·향료 등의 교역권을 확보하고 조공 무역을 독점
했다.

마쟈빠힛은 브란따스강 하구 항구에 가까운 브란따스
델타에 도읍을 정하고서, 제염과 바띡batik('쟈바 사라사'로도
불리는, 납염蠟染 직물)[49] 등의 수출용 수공업을 통해서 번영
을 누렸다. 또한 『데사와르나나Desawarnana』[50]와 『빠라

의 사신을 유인해 그들을 가로막고서 살해했다. 하지만 천자도 (군대를 보내어) 죄를 묻지
못했고, 그 나라(삼불제)도 더욱 쇠약해져 조공 사절도 마침내 오지 않게 되었다."

〔九年, 恒麻沙那阿者卒, 子麻那者巫里嗣. 明年遣使賈犀牛·黑熊·火鷄·白猴·紅綠鸚鵡·龜筒及丁香·米腦諸
物. 使者言, 嗣不敢攝立, 請命於朝. 天子嘉其義, 命使臣齎印, 敕封爲三佛齊國王. 時爪哇强, 已威服三佛
齊而役屬之, 聞天朝封爲國王與己埒, 則大怒, 遣人誘朝使邀殺之. 天子亦不能問罪, 其國益衰, 貢使遂絶〕

49) 인도네시아 직물을 대표하며 '쟈바의 영혼'으로 불리는 '바띡batik'은 일반적으로 쟈바
어 'ambatik(작은 점을 그리다)'에서 나온 것으로 알려져 있다. 참고로 일본어 '사라사サラサ'도
'꽃무늬 등을 흩뿌리다'라는 고대 쟈바어 'srasah'가 포르투갈어 'saraça'를 매개로 해 일본
어에 들어왔다는 설이 있다. 본래 바띡을 만드는 전통은 인도네시아·말레이시아·싱가
포르·인도·스리랑카·필리핀 등 여러 나라에 있으나 특히 인도네시아와 말레이시아의
바띡이 유명하다. 이로 말미암아 2009년 유네스코 무형문화유산 등재를 둘러싸고 인도
네시아는 말레이시아와 바띡 소유권 문제로 심각한 갈등을 빚었다. 인도네시아에서는
이후 매년 10월 2일을 '바띡의 날'로 정하고, 공무원은 매주 두 번씩 바띡을 입고 출근하
는 등, 국가적으로 '바띡 내셔널리즘'이 생겨나는 계기가 되었다고 알려져 있다.

50) '왕국의 기록' 또는 '지방의 묘사'라는 뜻으로 해석되는 제명을 가진 역사서로, 달리
『나가르끄르따가마Nagarakretagama』로도 불렸는데, '국가 조직에 관한 학술' 또는 '신성한
전통에 따른 국가 건립 역사'라는 뜻이다. 1365년 승려·궁정시인인 쁘라빤짜Prapanca가
13세기 전반 싱하사리 왕조로부터 14세기 후반 마쟈빠힛 왕국이 번영했던 사실을 초자
연적 서사시 형식을 빌려 고대 쟈바어로 기록한 작품이다. 동시대 쟈바 역사를 연구하는
데 있어 가장 귀중한 사료로 평가받으며, 2013년 유네스코 세계기록유산에 등재되었다.

라톤Pararaton』[51]과 같은 현지어로 쓰인 역사 서술도 출현하는 등 쟈바 고전 문화의 난숙기를 출현케 했다. 바띡 외에도 가믈란Gamelan[선율 타악기를 중심으로 하는 합주 음악]·와양wayang[그림자 인형극][52]과 같은, 현대 쟈바를 대표하는 문화의 원형도, 이 시대에 생겨났던 것으로 여겨지고 있다. 쟈바 지역 최대의 대승불교이자 힌두교 왕국이었지만, 근세적 국가로서의 양상도 지니고 있었다. 그러나 이윽고 명이 국가에 의한 무역 독점을 더는 유지할 수 없게 되고, 해금이 완화되어 민간 교역이 다시 부활했고, 그 와중에 멀라까가 대두하게 되는 15세기에 이르러서는 점차 쇠퇴하게 되었다.

---

51) '제왕諸王의 서'라는 뜻으로 저자 불명의 산문 역사서로, 내용은 싱하사리와 마쟈빠힛 왕조 역대 왕들의 전기로 1222년부터 1420년까지의 역사를 기록하고 있다.
52) 2003년 유네스코 무형문화유산에 등재되었다.

III. 교역 국가의 새로운 전개

1. 삼불제의 대외 공세

멀라까 해협 주변에서는 10세기 이후 중국 쪽 자료에서 언급하는 삼불제三佛齊가 빈번히 중국에 조공하고 있었다.[53] 이 삼불제라는 나라는 7세기에 성립했던 스리비자야가 그대로 14세기까지 존속했던 거대한 교역 제국으로서, 그 도읍은 수마뜨라섬에 있었는데, 11세기 후반까지는 빨렘방, 그 이후로는 잠비Jambi[54]였다고 알려져왔었다. 하지만 수마뜨라섬에는 문헌 자료에서 묘사되는 정도의 대국에 어울리는 유적이 존재치 않는다는 사실에서, 근년에는 삼불제는 스리비자야의 뒤를 잇는 국가를 포함해, 멀라까 해협 주변에 존재했던 여러 소국을 통틀어 일컬었던 명칭으로 간주하게 되었다.[55]

---

53) 중국 쪽 사료에는 7세기 중엽 당대唐代에 처음으로 등장했고, 송·명 양대에 걸쳐 조공을 비롯한 왕래 기록이 가장 많이 기재되어있다.

54) 한자로는 '占碑' '占卑' '詹卑'로 표기한다.

55) 이 분야의 고전적 연구인 중국의 역사지리학자 펑청쥔馮承鈞의 『중국남양교통사中國南洋交通史』(1936년 초판)에 근거해서 중국 역사 문헌에 나타난 '삼불제三佛齊' 관련 기사들을

정리해보면 다음과 같다.

* 7세기 중엽, 당 태종 정관貞觀 21년(647), 이리비국已利鼻國이 중국에 와서 조공을 바쳤다. 이리비국은 삼불제국三佛齊國 가운데 중국 역사서에 가장 일찍 나타난 국명이다. 당 고종 영휘永徽 원년(650) 불서국佛逝國이 건타리국乾陀利國Kantoli(Kandali?, 수마뜨라 동남쪽)을 멸망시키고 일어났다. 7세기 말엽 당 고종 함형咸亨 2년(671) 고승 의정義淨이 불서국佛逝國에 가서 불경을 구했고, 6개월 동안 그곳에 머물렀다.

* 10세기 초엽 당 소종昭宗 천우天祐 원년(904)에 중국 문헌에서 '삼불제三佛齊'라고 고쳐 부르고 있는데, 당시에 '빨렘방勃林邦'을 도읍으로 삼고 있었다. '삼불제三佛齊'는 아라비아어 'Zabaj(황금의 땅)와 쟈바어 'Samboja'의 대역음이다.

* 10세기 말엽 북송 송태조宋太祖 건륭建隆 원년(960), 2년(961)에 삼불제국 국왕 실리대하리단悉利大霞里壇(Seri Kuda Haridona?)이 사신을 보내 방물方物(특산물)을 바쳤고, 3년(962) 3월, 3년 12월에 국왕 실리오야室利烏耶(Seri Wuja?)가 사신을 보내어 방물을 바쳤다. 개보開寶 7년(974)에 상아·유향·장미수薔薇水·만세조萬歲棗·백사탕白砂糖 등을 바쳤다. 태평흥국太平興國 5년(981)에 삼불제 국왕 하지夏池Haji가 사신 차룽미茶龍眉를 보내 진공進貢했다. 송태종宋太宗 순화淳化 3년(992)에 동쟈바국東爪哇國(끄디리 왕국)이 강대해져, 쟈바섬을 통일하고 그 세력을 발리섬까지 확장했다. 이윽고 삼불제와 전쟁을 벌여 삼불제의 도읍 빨렘방勃林邦을 병탄하니, 삼불제는 잠비詹卑로 도읍을 옮겼다. 삼불제와 끄디리 왕국의 싸움의 결과는 끄디리 왕국의 패배로 끝났는데, (끄디리의) 마지막 국왕 목라영穆羅茶(다르마왕사Dharmawangsa) 왕은 (1016년에) 피살되었다.

* 11세기 송 진종眞宗 함평咸平 6년(1004)에 삼불제 국왕 사리주라무니불마조화思離咮囉無尼佛麻調華SrIcuIamanivarmadeva가 송 진종을 위해 본국에 절을 짓고 축수祝壽한다고 하니, 이에 송 진종이 '승천만수承天萬壽'(의 사액과) 종을 하사했다. 천희天禧 원년(1017)에 삼불제 국왕이 사신을 보내 진주·상아를 바쳤다. 송 인종仁宗 천성天聖 6년(1029)에 삼불제 국왕 실리첩화室離疊華Srideva가 사신을 보내 진공했다. 송 신종神宗 희녕熙寧 10년(1078)에 사신 지화가라地華伽羅Devakala를 보내 진공하니, 그를 보순모화대장군保順慕化大將軍에 제수했다.

* 11세기 송 신종 원풍元豊 2년(1079) 7월 3일에 삼불제 잠비占卑 사신 군타필라群陀畢羅·타방아리陀亞里가 와서 방물을 진공하니, 송 신종은 백은 10,500냥을 하사하고, 군타필라群陀畢羅를 영원장군寧遠將軍, 타방아리를 보순낭장保順郎將에 제수했다. 송 철종哲宗 원우元祐 3년(1089)에 12월에 사신을 보내 방물을 진공했다. 원우 5년(1091)에 사신 피말皮襪을 보내 다시 진공하니, 피말皮襪을 회원장군懷遠將軍에 봉했다.

* 13세기 초엽 송대宋代 천주泉州 시박제거市舶提擧(복건福建 시박제거 겸직) 조여괄趙汝适이 남송 보경寶慶 원년(1225)에 『제번지諸蕃志』를 지어 삼불제국에 대해 상세히 기술했다. 그에 따르면 당시 삼불제국은 세력이 강성해서 15개의 속국을 두었다고 했는데, 그들 속국의 이름은 빠항蓬豊Pahang·뜨렝가누登牙儂Terengganu·랑까수까凌牙斯加Langkasuka(빠다니Pattani?)·끌란딴吉蘭丹Kelantan·베르낭佛羅安Bernang·땀브랄링가單馬令Tambralinga〔나콘시탐마랏Nakhon Si Thammarat?〕·그라히加羅希〔그라히Grahi=차이야Chaiya〕·빨렘방白林馮Palembang·순다新拖Sunda·캄파르監篤Kampar·라무리藍無里Lamuri·실론細蘭Silan〔실론Ceylon〕·이루딘감日羅亭Yirudingam〔시력정柴歷亭=느그리 슬랏Negeri Selat(해협의 나라)?〕·잠매潛邁〔크메르Khmer?〕·바딱拔沓Battak 등이었다.

* 13세기 중엽 삼불제는 실론細蘭에 원정을 행했으나 실패했고, 이후에 국력이 점차 쇠퇴했다. 삼불제가 이 지역에서 일찍이 강대한 세력을 떨쳤으므로, 1397년 마쟈빠힛 왕국에게 멸망당한 뒤에도 이 지역에 망명해있던 화인華人 양도명梁道明이 삼불제 왕으로

68

삼불제의 지리적 범위는 말레이반도 중부 이남, 수마 뜨라섬의 북단으로부터 멀라까 해협의 연해 지역, 서부 쟈바, 그리고 서보르네오 지역 등으로 서아시아·남아시 아 및 쟈바와 중국 사이의 교역로를 지배하고 있었다. 송 대 중국에서는 동남아시아산의 침향과 서아시아산의 유 향乳香[56] 등의 향료가 주요 수입품이었는데, 그 대부분은 삼불제를 경유해서 중국에 수입되었다.

10세기 말에 삼불제는 쟈바의 끄디리에게서 공격을 받 게 되었다. 쟈바가 동서 교역에 적극적으로 관여하게 되 었던 시기에, 삼불제는 중국 및 남인도의 촐라Cola 왕조 와의 관계를 돈독히 했다. 삼불제와의 관계를 강화했던 촐라 왕조는 1025년에는 대규모의 군사 원정을 단행해, 까따하Kataha(끄다Kedah)와 스리비자야를 지배하는 사이 렌드라 왕가의 왕을 포로로 잡은 것 이외에, 말레이반도 북부에서 멀라까 해협의 양안 지역을 따라서 10여 곳을 정복했다. 촐라는 멀라까 해협의 지배에 착수했고, 그 결

추대되어 군대를 거느리고 마쟈빠힛 왕국에 대항했다. 양도명이 삼불제를 통치하던 기 간에 중국의 복건·광동 지역에서 대규모 군민軍民이 이 지역에 망명해왔으므로 명조 영 락제永樂帝 3년(1405)에 영락제가 사신을 파견해 명조에 투항·조공하게 했다. 이후 삼불제 지 역은 명에게 조공을 바쳤고, 이윽고 헌종憲宗 성화成化 6년(1470)에 멀라까滿刺加에게 멸망 당했다.
56) 열대 식물인 유향수乳香樹의 분비액을 말려 만든 수지로 약재·방부제 따위로 쓰인다.

과 벵골Bengal만은 촐라 세력이 지배하는 내해內海로 변하고 말았다. 멀라까 해협에는 끄다에 촐라의 중심 거점이 설치되었고, 그곳에서부터 중국 측 자료에 '삼불제주련국三佛齊注輦國'[삼불제촐라국]이라는 이름으로 중국에 조공 사절이 파견되었다. 하지만 촐라의 이러한 해역 지배는 1070년 무렵에는 약화되기 시작했고, 이윽고 삼불제 지역에서는 수많은 세력이 경합을 벌이는 상황이 일어나게 되었다.

12세기는 쟈바의 끄디리 왕조 세력의 대두로 삼불제의 해상 교역 지배력은 더욱 약화되었던 시기였다. 13세기에 접어들어 중국 쪽 자료에 단마령單馬令[57]으로 표기되어있는 나콘시탐마랏Nakhon Si Thammarat 세력이 삼불제 지역에서 세를 불렸고, 13세기 중반에는 2회에 걸쳐 실론Ceylon을 침공하기도 했다. 13세기 후반에는 수마뜨라 내륙부에서 발달했던 믈라유Melayu[58] 세력이 말레이반도 중부에까지 영향을 미치게 되었고, 이윽고 삼불제를 대표하는 세력이 되었다. 13세기부터 14세기에 걸쳐서는 북쪽에서 말레이반도 쪽으로 진출을 꾀했던 싸얌인

---

57) 타이 남부, 말레이반도 중부의 '땀브랄링가Tambralinga'를 가리킨다.
58) '잠비Jambi'를 가리킨다.

세력과 믈라유, 즉 삼불제가 대립하게 되었고, 점차 싸얌의 세력이 확대되어가는 모양새였다. 설상가상으로 쟈바 마쟈빠힛 왕국의 공세 또한 더해져서, 삼불제는 1377년 명에 대한 조공을 마지막으로, 역사의 무대에서 자취를 감추고 말았다.[59]

2. 뿌리 깊은 참파 세력

참파는 당말唐末 이후로 중국에서는 '점성占城'[60]으로 불렸다. 성지聖地 미 썬Mỹ Sơn[61]과 도성 짜 끼에우Trà Kiệu, 이후의 도읍인 인드라푸라Indrapura〔동즈엉Đồng-dương 同陽〕 등, 10세기까지는 현재 베트남의 중부 꽝남Quảng Nam〔廣南〕성에 본거지를 두었는데, 리 왕조의 베트남이 건국된

59) 근래의 서구 학자들 연구에서는 스리비자야에 대해 두 가지 입장이 존재한다. 하나는 스리비자야가 7세기부터 13세기까지 지속했으며 후반기에는 약체화되었다고 본다. 다른 견해는 스리비자야가 7세기부터 11세기까지 존재하며, 촐라 왕조의 원정 이후에는 사실상 존재하지 않는다고 보는 입장이다. 둘 다 스리비자야는 11세기에 이르러 쇠퇴했던 것으로, 조르주 세데스 이후로 7세기 후반부터 14세기 후반까지 강력한 대국으로 존속했다는 견해를 부정하고 있다. 1강 주석 52) 참조.
60) '점성占城'은 '참파푸라Champapura'〔占波城〕의 약칭으로 보인다.
61) 베트남 중부 꽝남Quảng Nam성에 있는 고대 참파의 힌두교 사원들이 있는 유적지로, 현재 7~13세기에 걸쳐 축조된 40기 정도의 건축물이 남아있다. 1999년에 유네스코 세계문화유산으로 등재되었다.

이후로는 남진하는 압력이 점차 거세어져 참파의 중심지는 남쪽의 비자야Vijaya〔현재의 빈 딘Bình Định[62]〕성〕로 옮겨가게 되었다.

참파는 통일된 왕국이라기보다는 반半 독립적 지방 세력들의 느슨한 연합체라는 성격이 강했다고 하겠다. 기존 연구에서는 8~10세기를 최전성기로 보고서, 비자야 시대는 베트남의 남진 정책과 앙코르 제국의 번영 등에 참파가 압도되었던 쇠퇴기로 보려는 경향이 강한 편이었다. 하지만 1177년에 참파왕 자야 인드라바르만Jaya Indravarman 4세가 앙코르를 급습해 한때 점령했던 일도 있었고, 14세기 후반 비나수오르Binasuor 왕[63] 치세에 이르러서 1371년과 1376년·1378년의 세 차례에 걸쳐 베트남 수도 탕 롱〔하노이〕을 습격·유린함으로써, 쩐 왕조를 멸망 일보 직전까지 몰고 가는 등, 주변 국가들과의 항쟁에서도 일진일퇴를 거듭하던 상황이었다. 한때 참파가 앙코르에 병합되었던 적도 있지만, 이 같은 상황은 참파

---

62) 한자로는 '平定'으로 표기한다.
63) 베트남 역사에서는 '쩨 봉 응아'〔Chế Bồng Nga 制蓬峨〕라고 불리며, 베트남 민간 설화에서는 흔히 '붉은 왕'으로 알려져 있다. 1377년 비자야를 침공했던 쩐 왕조 9대 왕 주에 똥〔Duệ Tông 睿宗〕을 죽임으로써 쩐 왕조 멸망의 결정적 계기를 제공했다. 베트남과는 달리 중국 명과는 우호 관계를 유지했는데, 중국 역사서에는 '阿答阿者'〔응오 타 용오 쵸Ngo-ta Ngo-tchö〕로 표기되어있다. 1390년에 베트남 탕 롱을 공격하기 위해 북진하다가 전사함으로써 참파와 베트남 쩐 왕조 사이의 30년 전쟁은 막을 내렸다.

를 구성하는 지방 권력이 그때그때 세력이 강한 쪽을 추수했던 탓에 역학 관계가 격변했던 것처럼 보였던 현상이지, 실제로 참파의 세력권이 대폭 감소하는 일은 결코 일어나지 않았다.

남송 시대 중국 사료에는 동남아시아 방면으로 가는 데는 참파가 가장 가깝고, 광저우에서 배를 타고서 여드레 정도면 도착한다고 되어있다. 항해 기술의 발달로 중국 남방의 항구를 출발한 배가 예전처럼 베트남 북부에 기항할 필요가 없게 되었던 것이다. 이제는 참파까지 직항이 가능하게 됨으로써 남중국해 교역에 있어 참파의 우위는 확고부동해졌다. 특산물인 침향에 더하여 14세기에 이르러 수출용 도자기[64]와 면포의 생산도 활성화되었다. 이러한 사정을 감안해서 근년에는 14세기를 참파의 전성기로 보아야 한다는 견해도 새롭게 제기되고 있다.

---

64) 최근 비자야 부근 도요지 발굴 등을 통해 참파가 14세기부터 수출용 도자기 생산을 시작해, 17세기경까지 청자·갈유도褐釉陶 등을 생산·수출했다는 사실이 밝혀졌다. 참파 도자기는 동시대 베트남·싸얌 도자기와 더불어 일본에서 이집트에 이르는 넓은 범위에 걸쳐서, 특히 동남아시아 도서부에서 대량으로 발견되고 있다. 이는 명의 해금 정책으로 말미암아 중국산 도자기의 부족 현상이 나타나자 당시 대륙부 국가들이 세계 시장을 향해 도자기 수출을 추진했다는 사실을 말해준다.

IV. 전환기로서의 13~14세기

13세기가 동남아시아에 있어 커다란 전환기가 되었다
는 것이 이전의 동양사 연구에서는 유력한 설이었다. 그
러한 입장에서는 동남아시아에 대한 몽골제국(원조)의 침
략65)과 원의 운남 지배로 인해 대규모로 남하했던 타이
계 여러 종족의 '비등沸騰'으로 말미암아 이 지역의 정치
질서가 크게 바뀌었다고 생각했다. 요컨대 힌두교와 대
승불교를 신봉하고, 싼쓰끄리뜨어로 자기표현을 행했던
'인도화Indianazation되었던 국가들'의 시대가 종언을 고

---

65) 몽골의 5대 칸인 쿠빌라이 칸은 1260년 즉위 이래 1271년 원조元朝를 선포하던 시기
전후로 동남아시아 국가들에 동맹이나 조공 관계를 요구했다. 그러한 와중에 육로로는
베트남·버간, 바닷길로는 참파·쟈바에 대해 군사 원정을 시도했다. 우선 전 왕조의 베
트남에 대해서는 1257년·1284년·1287년 세 차례 침략했으나, 민족의 영웅 전 흥 다오
등의 활약으로 실패에 그쳤다. 1293년 4차 침공을 추진하다가 쿠빌라이 칸의 사망으로
중단되고 말았다. 참파에 대해서는 1281년 원이 참파에 행중서성行中書省을 설치해 남방
국가들을 통치하려 시도했으나, 참파가 이를 거부하자 1282년 해로를 통해 침공했으나
전쟁이 지구전 양상으로 바뀌어 1284년 원군은 철수했고, 이윽고 1285년 참파는 원에
조공을 바쳤다. 이어서 인도네시아 쟈바섬의 싱하사리 왕국과는 꺼르다나가라 왕과 외
교적 마찰을 빚은 끝에 1292년 정벌을 단행했으나, 왕이 사망하는 바람에 계획이 틀어져
버렸다. 결국 왕의 사위이자 마쟈빠힛 왕국의 건설자인 라덴 비자야에게 패퇴하여 철수
하고 말았다. 마지막으로 버간 왕조에 대해서는 1271년 조공을 바칠 것을 요구했으나,
이를 거부했던 버간과의 사이에 1277~1284년에 걸쳐 소규모 전투를 벌이다가, 1287년
쿠빌라이의 손자가 이끌고 온 원정군에 의해 버간이 함락당함으로써 버간 왕조는 사실
상 붕괴하고 말았다. 1301년 버간 왕조의 멸망 이후 혼란에 빠진 버마를 실효 지배하려
고 다시 쳐들어갔던 원군은 샨Shan족 세력 등의 완강한 저항에 부딪혀 고전하다가 1303
년에 완전 철수하고 말았다.

하고, 그에 대체해 남방 상좌부 불교와 이슬람을 신봉하고, 현지어와 빨리어 등으로 표현하는 시대[66]로 이행했다고 보는 것이다. 하지만 이러한 설은 몽골제국의 파괴력을 지나치게 과대평가한 것이며, 대규모 타이계 종족들의 남하 사태[67]가 크메르인과 몬족을 일거에 배제했다는 식으로 보는 것은 지나치게 단순화된 도식적 판단이라는 등의 다양한 비판이 제기되어왔다.

　오늘날에는 몽골제국의 세계사적 의의를 파괴 쪽에 두기보다는, 유라시아 대륙에 대제국이 출현함으로써 동서

---

66) 상좌부 불교는 스리랑카부터 몬족의 국가들을 경유해 동남아시아 대륙부에 전파되었다. 버마에는 11세기 중엽 버간 왕조 시대, 타이에는 13세기 후반 쑤코타이 왕국 시대, 캄보디아에는 마찬가지로 13세기 후반 앙코르 제국 시기, 그리고 라오스에는 14세기 후반 란 쌍Lan Xang 왕국 시기에 각각 전파되어 이후 오랜 시기에 걸쳐 사람들에게 수용되었다. 이렇듯 동남아시아 대륙부에 있어서 광범위하게 상좌부 불교가 수용되고 한편으로 그를 통해 정치적 통합을 진행하는 국가들이 나타나고, 그러한 종교와 함께 사용되는 언어가 싼쓰끄리뜨어에서 빨리어로 바뀌었던 현상을 놓고서, 이전에 조르주 세데스가 '인도화'라고 정의했던 것과 구별해서 '빨리화Pali-ization'(상좌부 불교화Therava Buddhization)라는 용어로 사용하기도 한다. 이러한 '빨리화'했던 국가의 정의로는 ①상좌부 불교의 수용, ②불교적 왕권 개념의 채용, ③왕권 신화의 창작, ④빨리어 성문법의 편찬, ⑤빨리어의 사용과 같은 다섯 요소를 국가 편성 원리로 채용했던 국가를 가리킨다고 하겠다.

67) 타이Tai족에는 타이 중남부의 싸얌Siam족(싼족의 일부로 '가장 위대한 싼'이라는 뜻)·라오스와 타이 북부의 라오족Lao·미얀마 북동부의 샨족, 그리고 중국 운남에 본거지를 두고 미얀마·라오스·타이 북부·베트남 등지에 거주하는 루騾족 및 운남 타이족 등이 포함된다. 13세기 중엽 남조南詔(대리大理)가 몽골에 멸망당하던 시기 전후로 운남의 타이족들이 인도차이나반도로 대규모로 이동했고 그중 일부가 타이 중부에 정착해 건국했던 나라가 쑤코타이 왕국이다. 1259년 또 하나의 타이족 국가인 란나타이Lannathai 왕국(치앙마이 왕국)이 건설되어 쑤코타이 왕국과 우호 관계를 유지했다. 이후에도 몽골의 거듭되는 침략과 버간 왕조의 지배권이 약화된 틈을 타서 미얀마 북동부의 샨족들이 대거 남하하는 사태가 이어졌다. 이들의 이주는 유럽의 게르만족 이동에 비교될 정도로 미얀마뿐만 아니라 대륙부 동남아 전역에 걸쳐 커다란 영향을 끼쳤다. 1229년 미얀마 북서부와 인도 사이의 앗쌈Assam 지역에 아홈Ahom 왕조를 세우는가 하면, 1351년에는 타이에 싸얌Siam 왕조(아유타야 왕국)를 건설하기에 이르렀다.

교역의 활성화, 특히 유라시아 전역을 잇는 바닷길을 통한 교역·교류권이 완성되었고, 그것이 훗날 '근대 세계사'의 개막으로 이어진다는 측면을 좀 더 중시하게 되었다.

　세계사적으로도 '위기'라는 점에서는 14세기 쪽이 훨씬 심각했던 것으로 판단된다. 14세기에는 유라시아 대륙의 수많은 지역에서 페스트가 대유행했다.[68] 중국 또는 중동이 발생원이었다고 추정되지만, 그것이 유럽까지 확산된 데는 몽골제국에 의해 유라시아 대륙의 동서를 연결하는 교역이 발전했기 때문이었다. 이러한 페스트 역병 재난에 지구 한랭화까지 겹치는 통에, 14세기 후반에는 유라시아 대륙 전역에서 위기가 발생했다. 동남아시아에서 일어난 사태로 이러한 지구 한랭화와 밀접히 결부될 가능성이 높은 사례는 14세기 중엽 쩐 왕조 베트남에서 빈발했던 기근[69]과 그에 뒤따른 사회적 혼란상이라 하겠다. 한편으로 동북 타이와 캄보디아 서북부 건조지대의 평원이 역사의 정식 무대에서 자취를 감추었던 정

---

68) 14세기 유라시아 대륙에서 발생한 역병 페스트의 유행은 인류 역사상 가장 많은 사람이 죽었던 팬데믹으로 기록되었다. 유럽에서만 당시 총인구의 30~60퍼센트가 목숨을 잃었다고 추정하는 연구도 있다. 그 결과 역병 사태 이전 4억 5천만 명 정도로 추산되던 세계 인구는, 14세기를 거치며 3억 6천만~4억 명 정도로 줄었다는 수치도 제기되고 있다.
69) 연구에 따르면 14세기 북부 베트남 지역에 열네 번의 홍수와 열한 번의 심한 가뭄이 일어났다고 한다.

황도, 무엇인가 생태 환경의 변화와 연관이 있었을 것으로 추정되고 있다.

어쨌든 동남아시아사에 있어서도 13~14세기가 분수령이라고 하겠는데, 내륙부에 있던 농업 국가의 도읍에 정치 권력의 힘을 동원해서 물자를 집적하던 중세적 국가는 종언을 고하게 되었다. 그리고 마자빠힛이나 다음에 언급할 아유타야Ayuthaya 왕국처럼 강어귀 근처 바다에 접근하기 쉬운 곳에 도읍을 두고서, 농작물 수출이 가능한 농업적 기반 및 공예 물품·수공업 제품 등의 수출 산업을 보유하고, '교역 시대'(다음 강의 참조)에 대해 경제적 합리성에 근거하여 대응할 수 있는 근세 국가 쪽으로 동남아시아사의 주역이 교체되어갔던 것이다.

베트남에서는 14세기 혼란의 와중에서 홍강 델타 남쪽의 산지대 타인 호아(Thanh Hóa 淸化) 지방 출신 인재들이 관료·무인 세력으로 등장했다. 타인 호아 출신의 무장 호 꾸이 리(Hồ Quý Ly 胡季犛)[70]는 참파의 비나수오르 왕을 물리치고서, 델타 지대의 쩐 왕조 왕족의 대토지 소유를 해체하는 한편 관료 제도를 정비함으로써 중앙 집권적

---

70) 원래 이름은 레 꾸이 리(Lê Quý Ly 黎季犛)였으나 1400년 즉위하고 나서 호(Hồ 胡) 씨로 성을 바꾸었다.

국가 체제를 완성하려고 했다.[71] 1400년에 호 꾸이 리는 제위를 찬탈해 호胡 왕조[72]를 세웠으나, 이러한 상황 변화는 적극적인 대외 정책을 추진했던 (중국) 명의 개입을 초래했고, 호씨 정권은 1407년에 막을 내리고서 이후 20년에 걸친 명의 직접 통치가 이루어졌다. 몽골 침입 이후 쩐 왕조부터 호 왕조에 이르는 이 시대에는 과거 관료제와 연결되는 유교의 영향력이 점차 확대되는 한편 역사서 편찬[73] 및 쯔놈(chữ Nôm 字喃)[74]으로 불리는, 한자에서 만들어진 베트남 고유 문자의 사용[75] 등, 민족의식의 발전이 두드러진다고 하겠다.

13~14세기에는 또한 점차 세력을 확대해갔던 타이계

---

71) 호 꾸이 리의 개혁은 쩐 왕조 후기로부터 성장했던 관료층의 지지를 얻었는데, 왕족의 토지·노비 소유 제한 등은 이후 레 왕조의 중앙집권체제의 선구적 조치로 평가받고 있다.

72) 베트남 역사에서는 호 왕조(Hồ Triều 胡朝)로 불리고, 국호도 다이 응우(Đại Ngu 大虞), 도읍도 타인 호아로 바꾸었으나, 2대 7년의 단명 왕조로 끝나고 말았다.

73) 역사서 『대월사기大越史記』의 편찬이 레 반 호우(Lê Văn Hưu 黎文休)에 의해 이루어졌는데, 이 역사서에 대한 개정·추보는 이후 18세기까지 지속적으로 이루어졌다.

74) 베트남에서는 13~14세기 무렵에 이르러 한자 구성법을 응용한 '쯔놈字喃'이라는 특수한 문자를 써서 본격적으로 자국어 표기에 사용하기 시작했다. '쯔놈'이란 '입말〔喃〕+문자〔字〕'라는 뜻으로 한자가 '쯔뇨字儒〔학자의 문자라는 뜻임〕'라고 불리는 것에 대립하는 호칭으로 달리 '꾸옥 엄〔quốc âm 國音〕'이라고도 한다. 일반적으로 쯔놈에는 한자를 그대로 모양을 차용借用하는 경우와 한자의 뜻과 관계없이 그 소리만을 빌리는 '가차假借'의 경우가 있다고 한다. 비유하자면 한국의 이두·향찰이나 일본의 만요가나萬葉假名와 비슷하게 음音·훈訓을 모두 사용하고, 추가로 형성 원리에 따라 기존 한자로 나타낼 수 없는 베트남 고유어를 표기하기 위해 새 글자를 만들었다고 하겠다.

75) 호 꾸이 리 자신이 쯔놈을 장려하면서 『서경書經』을 일부를 쯔놈으로 번역하기도 했고, 즉위한 후에는 쯔놈을 조정의 공식 문자로 채택했다. 이렇듯 군주가 국가의 법령을 한문이 아닌 쯔놈으로 작성케 한 사례는 호 꾸이 리 이외에 18세기 떠이 선(Tây Sơn 西山) 시기의 꽝 쭝(Quang Trung 光中) 황제밖에 없었다.

여러 종족이, 몽골군의 버마·북부 타이로의 진출, 버간 왕조의 해체, 앙코르 제국의 쇠퇴 등의 여러 요인을 잘 활용하면서 독자적인 국가 건설을 추구했다. 우선 1240년 무렵에 현재의 타이 중앙부에서 쑤코타이Sukhothai[76]의 싸얌인이 앙코르 제국에서 벗어나 자립하려는 움직임을 보이면서, 쑤코타이 왕조를 수립하고 상좌부 불교를 도입했다. 이 왕조는 13세기 말 (3대 왕) 람캄행Ram Khamhaeng 대왕[재위 1279~1298][77] 시대에 전성기를 맞이했다고 일컬어진다. 이러한 쑤코타이 왕조를 전후해서 북부 타이의 란나Lanna[치앙마이Chiang Mai], 라오스의 란쌍Lan Xang[루앙 프라방Luang Phrabang], 짜오프라야 델타의 아유타야 등의 타이계 여러 정권이 수립되었다. 1351년에 건립된 아유타야 왕조는 인도양·싸얌만 양쪽에 모두 접근 가능한 지리적 이점을 살려서 해역으로 세력 확대

---

76) '쑤코타이'는 '행복의 아침'이라는 뜻이다.

77) 타이의 왕 가운데 최초로 대왕의 칭호로 불렸던 람캄행 대왕은 오늘날 '라이쓰타이'로 불리는 타이 문자를 창제한 위대한 왕으로 일컬어진다. 람캄행 대왕이 1283년에 크메르 문자를 바탕으로 타이 문자를 고안해냈음을 알려주는 증거로는 '람캄행 대왕 비문King Ram Khamhaeng Inscription'이 유명한데, 흥미로운 것은 이 비문의 발견 과정이다. 곧 훗날 라마 4세가 되는 몽꿋 왕자가 출가해 승려 생활을 하던 시기인 1833년에 고도 쑤꼬타이에서 발견했던 것으로 알려져 있고, 이후에 그 비문을 본격적으로 연구·판독한 학자는 당시 방콕의 국립 도서관장이던 프랑스 동양학자 조르주 세데스였다. 사료가 절대적으로 부족한 타이 역사, 특히 '비문 속의 세계'로 불리는 쑤코타이 왕조의 역사를 알려주는 가장 중요한 기록물로 2003년에 유네스코 세계기록유산으로 등재되었으나, 최근에 와서는 비문의 진위를 둘러싸고 학술적 논쟁이 치열하게 벌어지고 있는 형편이다.

에 나섰으며, 말레이반도에서는 플라유와 대립했다.

한편으로 도서부에서는 이슬람의 확대라는, 새로운 변화가 시작되었다. 동남아시아에서 최초로 이슬람을 받아들였던 세력은 13세기 말 수마뜨라섬 북단의 빠세이Pasai 왕국의 지배자였다고 일컬어진다. 그 후로 이슬람은 서서히 도서부 전 지역으로 퍼져나갔는데, 이렇듯 도서부 왕국의 지배자들 사이에 이슬람 수용의 움직임이 확산된 것은, 인도양에 세력을 넓혀가는 무슬림 상인들이 교역망과 연결되는 쪽이 자신들에게 막대한 이익을 가져다준다고 판단했던 결과라고 생각할 수 있다. 이러한 이슬람화Islamization의 움직임은 15세기 멀라까Malacca 왕국이 출현함으로써 본격화하게 된다.

3강
교역 시대:
15세기~17세기

멀라까 왕궁(복원)

	동남아시아	세계
1400 무렵	멀라까 왕국 성립	
1405~1433	정화鄭和 남해 원정	
15세기		이탈리아, 르네상스, 향신료 수요 증가
1428	베트남, 레 왕조 성립	
1453		오스만 튀르크, 비잔틴제국을 멸망시키다
1471	레 왕조 다이 비엣大越, 참파 비자야 공략	
1498		바스코 다 가마, 바닷길로 인도에 도착
1511	포르투갈, 멀라까 점령	
1526		무갈 제국(~1858)
1527	베트남, 막 왕조 성립	
1539	버마, 따웅우 왕조 버고에 천도, 버마 재통일	
1567		명조, 해금을 완화
1569	따웅우 왕조 버마, 아유타야 공략	
1571	스페인, 마닐라 건설	
1590	싸얌, 나레쑤언 왕 즉위, 독립 회복	
1602		네덜란드, 동인도회사 설립
17세기 전반	각지에 일본인 집단 거류지 번영	
1619	네덜란드 바타비아 건설	
1620~1670년대	마따람 왕국, 중·동부 자바를 지배	
1627~1672	베트남, 찐씨 정권과 응우옌씨 정권 간의 항쟁 격화	
1639		일본의 쇄국 완성
1641	네덜란드, 멀라까를 포르투갈에서 빼앗다	
1644		청조淸朝의 중국 지배(~1911)
1656	싸얌, 나라이 왕 즉위	
1667	네덜란드, 마까사르를 복속시키다	

Ⅰ. '교역 시대'의 배경

1. 세계경제의 확대와 은의 시대

15세기 후반부터 17세기 전반은 세계적인 경기 확장의 시대로 동남아시아의 교역도 그런 분위기 속에서 커다란 발전을 이루었다. 이 시대는 동남아시아사에서는 '교역 시대'라고 일컬어지고 있다.

이 시기에 세계적 규모의 경제 발전이 이루어졌던 배경에는 몇 가지 요인을 들 수 있다. 우선 첫 번째로 앞 강의에서 언급했던 한랭화가 얼마간 진정되었고, 지구 기온이 다시금 온난화를 향하게 되어, 농업 생산이 발전하고 사회 상황도 안정을 되찾을 수 있게끔 되었다. 이런 가운데 1300년 3억 6천만~4억 명에서, 1400년에는 3억 5천만~3억 7400만 명으로 하락했던 세계 인구 또한 증가 추세로 바뀌어서, 1500년에는 4억 2500만~4억 6천만 명, 1600년에는 5억 4500만~5억 7900만 명으로 늘어났다.

두 번째로 경제 발전에 힘입어 세계 각지의 도시들에

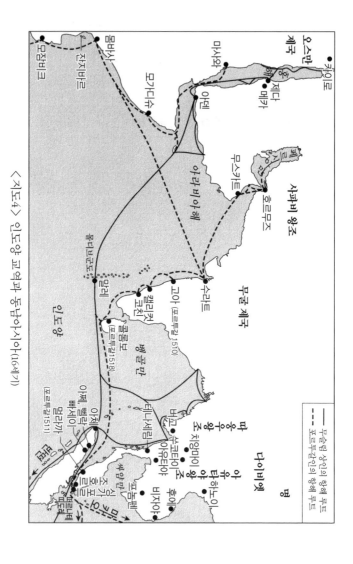

〈지도4〉 인도양 교역과 동남아시아(16세기)

— 무슬림 상인의 항해 루트
---- 포르투갈인의 항해 루트

오스만 제국
카이로
제다
메카
마사와
아덴
모가디슈
젠지바르
몸바사
모잠비크

사파비 왕조
바스라
호르무즈
무스카트

아라비아 해
무갈 제국
수라트
고아 (포르투갈1510)
캘리컷
코친
콜롬보
빵공만
몰디브군도
물레
테니세림

인도양

이채
이쩨 빨루
믄락이
반다르 라마
(포르투갈1511)
아쩨
시악
조호르
말라까
세마랑
조빠라

바고 슈코타이
아유타야
이야온다
아유 타이노이
치앙마이
후에
비자야

따응우 왕조
아유 타이
따이

다이비엣
명

84

는 그 나름대로 경제력을 지닌 도시민들이 출현했고, 그것을 반영하듯 대량 소비 물자가 중요한 교역품으로 등장했다. 생사·비단·도자기 및 후추 같은 향신료는 예전에는 왕후 귀족 등 한정된 사람들만이 찾던 사치품[1]이었지만, 이 시대에 접어들면 좀 더 광범위한 계층의 사람들이 일상적으로 사용하는 상품이 되었다.

14세기 중엽에는 유럽 세계에서 동남아시아 생산 향신료에 대한 수요 증가를 배경으로, 이탈리아의 베네치아Venezia[2]가 로마 교황의 허가를 얻어서, 이집트에서 시리아에 걸치는 지역을 지배했던 맘루크Mamluk 왕조[3]와 통상 협정을 맺고 있었다. 그에 따르면 동남아시아 산물은 인도양에서 페르시아만이나 홍해로 들어와서, 그 후에는 육로를 통해 지중해로 운반하게끔 되어있었다. 그러나 15세기에는 오스만Osman 왕조[4]가 비잔틴제국을 멸망시

---

1) 참고로 '검은 황금'으로 불렸던 향신료 후추는 원산지와 비교해 유럽에서는 100배 이상의 값으로 거래되었으며 그 결과 후추 한 줌의 가격이 신발 장인 일 년치 임금에 맞먹을 정도였다고 한다.
2) 영어로는 '베니스Venice'로 불린다.
3) 수니파 이슬람 왕조로 1250~1517년까지 존속했으며, 도읍을 카이로에 두었다.
4) 중앙아시아에서 서아시아의 아나톨리아Anatolia로 이주했던 튀르크Türk인이 13세기 말에 건국했다고 알려져 있다. 이후 14세기~20세기 초까지 유럽 동남부와 서아시아·북아프리카 대부분에 걸친 광대한 지역을 통치했던 수니파 이슬람 제국으로 달리 '터키Turkey 제국' 또는 '오스만 튀르크Osman Türk'로 불렸다. 영미권에서는 '오토만Ottoman'이라고 한다.

키고, 이집트부터 소아시아Asia Minor[5] 지역에 이르는 지역을 지배하게 되었기 때문에 이 땅을 경유해서 동남아시아 산물을 수입하는 일이 여의치 않게 되고 말았다. 그래서 스페인·포르투갈·네덜란드·영국 등 유럽 세력들이 직접 아시아의 생산품을 입수할 수 있는 항로를 찾기 시작했던 것이, 이른바 '대항해 시대'[6]의 시작이었다. 유럽 세력의 참여에 의한, 동남아시아 교역 담당층의 다변화는 교역량과 상품 다양성의 확대를 한층 더 촉진하게 되었다.

이 시대에 동남아시아의 가장 유력한 수출품으로 떠올랐던 것이 후추(胡椒)였다. 후추의 원산지는 남인도[7]였지만, 1405년 무렵에 북 수마뜨라에 묘목을 들여와서 동남아시아 각 지역에서 재배를 시작했다. 이후 본래 동남아시아 원산이었던 정향·육두구에 더하여 이 지역은 후

---

5) 아시아 서쪽 끝에 있는 흑해·에게해·지중해에 둘러싸인 반도로 '아나톨리아'라고도 한다. 예로부터 아시아와 유럽을 잇는 중요한 통로였다.

6) 기존에 쓰이던 '(지리상의) 대발견 시대'(Age of Discovery, Age of Exploration)라는 용어가 다분히 유럽인의 시각을 반영하는 용어로 비판을 받으면서, 그에 대체해 '대항해 시대'라는 용어를 쓰기 시작했다. 구체적으로는 1415년~1648년 사이의 기간을 가리키는 것으로 볼 수 있다. 참고로 최근에는 라틴 아메리카의 경우도 기존의 '신대륙의 발견'이 아니라 '두 세계의 만남Encuentro de dos Mundos'이라는 새로운 용어로 바꾸어 사용하는 추세이다. 라틴 아메리카는 물론 스페인·미국 등에서도 콜럼버스가 아메리카 대륙에 도착했던 일을 기념해서 매년 10월 12일을 '두 세계 만남의 날Día del encuentro de dos Mundos'로 지정해 경축하고 있다.

7) 인도 남부의 말라바르Malabar가 원산지로 알려져 있다.

추에서도 중요한 원산지가 되었던 것이다.[8] 후추 수출이 정점에 이르렀던 1670년대에는 동남아시아로부터 추계로 연간 6,000톤의 후추가 유럽으로, 2,000톤이 중국으로 수출되었다고 한다.

이러한 '교역 시대' 동서 무역은 바닷길이 주류였으며, 그것이 동남아시아에 있어 교역을 발전시켰다. 이것은 몽골제국이 14세기 무렵에 이르러 몇 개의 나라로 쪼개지고, 그 여파로 아시아·유럽 사이의 육로를 통한 교통이 곤란해졌던 상황에 더해, 13~14세기에 나침판의 보급이 확대되고 장거리 항해의 확실성이 증가했던 사정도 관계가 있었을 것으로 보인다.

세 번째로 이렇듯 활성화된 교역 활동은 당시 신대륙·일본 양대 산지에서 공급되는 대량의 은을 결제 수단으로 활용함으로써 더욱더 촉진되었다. 1600년 전후로 연간 25~50톤 정도 신대륙에서 생산된 은이 마닐라 Manila를 경유해서, 또한 50~80톤 정도의 일본 은이 중국으로 유입되었다고 일컬어졌다. 여기에 신대륙에서 생산된 은으로 포르투갈 상인에 의해 마카오 Macao를 경유

---

8) 동남아시아에서는 인도네시아의 서부 쟈바와 수마뜨라에서 많이 재배되었는데, 이렇게 생산된 후추는 서부 쟈바의 항구 반뜬Banten을 통해서 유럽으로 수출되었다.

해 들어왔던 은의 양을 더하면, 매년 중국에 유입되는 은의 양은 100~150톤 정도에 달했을 것으로 추정하는 견해도 있다.[9] 교역의 양상은 이전의 특정 상품의 상호 교환의 형태에서 국제 통화로서 은을 사용하는 형태로 변화했다. 이처럼 대량의 은이 유통되면서 구매력을 떠받치고, 공통 결제 수단으로 기능했던 전반적 정황은 교역 활동을 한층 더 발전시켰다.

2. 경합하는 여러 세력들

15세기 전반에 일어난 교역 활성화에 대응해서 적극적인 외교 정책을 펼쳤던 것은 중국의 명이었다. 곧 영락제

---

9) '수은 합금법Mercury Amalgamation'으로 불리는 신기술이 1570년대에 개발되어 은의 생산이 더욱 늘어나게 되어, 매년 신대륙 은 산출량이 200톤, 한편으로 일본에서 200톤 정도가 산출되었던 것으로 추정된다. 따라서 중국 생사·비단을 구입하기 위해 매년 전 세계에서 생산되는 은의 절반가량이 중국으로 흘러 들어갔다.

永樂帝[10]가 파견했던 정화鄭和[11]의 대함대의 원정 활동을 통해 명이 관리하는 조공무역 체제에 남중국해로부터 인도양에 걸치는 광대한 지역이 편입되었다. 동남아시아에서는 베트남 레 왕조(Nhà Lê 黎朝)[12]·싸얌 아유타야 왕조·쟈바 마쟈빠힛 왕국이 번영했고, 이윽고 명의 후광을

10) 1360~1424. 성조成祖 영락제는 명의 3대 황제로 본명은 주체朱棣이고 재위 기간은 1402~1424년이다. 태조 홍무제 넷째 아들로 연왕燕王에 봉해져 북평北平에 있었다. 1399년 조카 건문제가 제왕諸王 폐지를 단행하자 이에 반발해 거병하고서 '정난靖難의 사師'라고 칭했다. 이윽고 남경에 입성해 황제에 즉위하고서 연호를 영락永樂이라고 했다. 이후 곧바로 구정권 세력을 숙청하고 환관을 중용하여 환관 부서인 동창東廠이 설립되는 등의 권한 확대가 이루어졌다. 대외적으로 홍무제의 쇄국주의 정책을 바꾸어 적극 방위 혹은 영토 확장을 꾀했다. 영락제의 그러한 대외 정책은 원대 초기 황제들을 방불케 하는 것으로, 그는 우선 몽골과의 전쟁을 위해 수도를 북평으로 옮기고서 북경北京으로 이름을 바꾸었다. 다음으로 남방에 대해서는 1406년 베트남을 병합했다. 1405년부터 도합 일곱 차례—마지막 원정은 선덕제宣德帝 시대이다—에 걸쳐 측근인 환관 정화로 하여금 함대를 이끌고서 남양南洋을 원정토록 했다. 정화의 원정은 동남아시아에서 아프리카 동부 해안에 이르기까지 30여 개국에 걸쳐 이루어졌다. 이윽고 1410년부터 1424년까지 다섯 차례에 걸쳐 영락제 자신이 몽골의 오이라트 부근까지 직접 원정을 행했다가 다섯 번째 원정에서 돌아오던 도중 유목천楡木川에서 병사했다.

11) 1371~1433. 운남 곤양昆陽의 회족回族 무슬림 출신으로 본명은 마문화馬文和였다. 어릴 적 이름이 삼보三保였던 관계로 흔히 삼보태감三保太監(三寶太監)으로 불렸다. 일찍이 환관으로 입궁했다가 훗날 영락제가 되는 연왕에게 발탁되어 태감에 이르렀고 이윽고 정鄭 성을 하사받았다. 1405년 영락제의 명령으로 왕홍경王弘景 등과 함께 2만7천 명의 대함대를 이끌고서 남양으로 갔다가 1407년에 귀국했다. 이러한 첫 번째 항해에는 64척의 큰 배와 225척의 작은 배가 동원되었다. 정화의 원정은 이후 1433년에 이르기까지 28년 동안에 전후 7차에 걸쳐 이루어졌다. 매번 평균 20개월이 소요되는 일곱 차례의 항해를 통해 여러 나라를 방문해서, 군주들에게 조공을 바치도록 요구했으며 몇몇 나라 국왕은 명의 조정을 방문하기도 했다. 그들은 4차 원정 이후로는 페르시아만의 호르무즈 Hormuz, 심지어 아프리카 연안의 잔지바르Zanzibar, 홍해 입구의 아덴 등지에까지 도달했다고 알려져 있다. 정화는 이러한 일곱 차례 원정에서 전 세계 30여 개국을 탐험했던 것으로 알려졌으나, 그의 사후에 그러한 업적은 무시되어 그가 작성했던 항해도 역시 당시 병부상서 유대하劉大夏에 의해 불태워지고 말았다고 한다. 하지만 오늘날에도 정화는 '삼보태감'이라는 이름으로 동남아시아 각지의 중국계 주민들에 의해 신앙의 대상으로 여겨지고 있다. 정화의 대원정에서 100년이 지난 후에 유럽에서 대항해 시대가 본격적으로 시작되었다.

12) 베트남 역사에서는 보통 1428~1527년의 후기 레 왕조 전기(Lê sơ triều 黎初朝)와 1533~1789년의 후기 레 왕조 복벽기(Hậu Lê triều 後黎朝)로 구분한다.

업고서 '교역 시대' 동남아시아의 상징이라고 해야 할 멀라까 왕국이 흥하여 크게 번성했다.

하지만 15세기 후반부터 명의 대외 정책은 급속히 소극적 방향으로 선회했고, 이후 남중국해와 인도양 교역은 명의 국가적 관리에서 벗어나 다양한 세력들이 경합을 벌이는 장이 되어버렸다. 베트남에서는 레 왕조가 쇠퇴하고, 16세기 전반에는 막 왕조(Mạc Triều 莫朝)[13]가 수립되었는데, 레 왕조의 부흥을 꾀하는 세력과의 내부 항쟁이 지속되었다. 쟈바에서는 15세기 후반에 마쟈빠힛 왕국이 쇠퇴하면서 수많은 항시국가들이 자립하려는 동향을 보였는데, 1511년 포르투갈이 멀라까를 점령한 이후에는 이전의 집산 기능이 각지로 분산되었다. 유통량이 줄어들었던 중국산 도자기를 대체해 베트남·타이·버마산 도자기가 국제 시장에 대량으로 수출되었고, 류큐琉球 왕국이 중국과 일본·동남아시아 간의 중계 무역으로 번영하는 등의 현상이 나타나게 되었다.

16세기 후반 이후로는 신대륙의 은을 확보했던 유럽

---

13) 막 당 중(Mạc Đăng Dung 莫登庸)이 수립했던 왕조로 1527~1592년 동안 북부 베트남을 지배했다.

세력과 이와미石見 은광[14]을 보유한 일본이 동남아시아 교역에 참여하게 된다. 북방 몽골 세력의 군사적 위협[15]과 남방 후기 왜구 세력의 발호[16]로 1550년대에 심각한 위기 국면에 처해있던 중국의 명도 그러한 난관을 간신히 극복하고 1560년대 말경에는 해금 정책을 대폭적으로 완화했다. 중국인 상인의 동남아시아에로의 도항이 허용되었고, 포르투갈·스페인이 중국·일본에 교역 거점을 확보하는 등, 동중국해까지를 포괄한 아시아 해역에서의 '교역 시대'는 그 전성기를 맞이하게 되었다. 이 시대에는 버마의 따웅우Taungoo 왕조와 같이, 교역을 통한 이익과 유럽 세력에게서 얻은 군사력을 결합시켜 강대한 세력을 구축했던 사례도 나타났다. 이러한 '교역 시대'의 번영은 일본과 신대륙에서의 은 생산량이 감소하는 17세기 중엽까지 지속되었다.

---

14) 센고쿠戰國 시대 후기인 1520년대부터 개발, 에도시대 전기에 걸쳐서 채굴되었던 일본 최대의 은광이다. 당시 조선에서 전해졌다고 알려진 회취법灰吹法과 같은 생산 기술 혁신에 힘입어 최전성기에는 전 세계 은 생산의 30퍼센트 정도를 산출했던 것으로 추정되고 있다. 2007년에 유네스코 세계유산으로 등재되었다. 일본어로는 '이와미 긴잔石見 銀山'으로 불린다.

15) 북방에서는 몽골 세력의 알탄 칸Altan Khan이 종종 침략을 일삼아, 1550년 6월에는 북경 근처까지 쳐들어 와서 북경을 포위한 적도 있었다. 중국사에서는 '경술庚戌의 변'이라고 일컫는다.

16) 1550년대 왜구는 중국의 강소江蘇·절강 지역에서 크게 맹위를 떨쳤다. 대표적 왜구 세력으로는 나가사키長崎 고토五島 열도를 본거지로 했던, 신안新安 출신 중국인 왕직王直과 서해徐海 등이 이끌었던 해상 세력이 있었다. 밀무역과 해적질을 일삼던 이들 세력은 군단을 형성할 정도였고, 명 왕조는 이들을 왜구로 보았지만, 실상은 중국인·일본인 등이 뒤섞인 혼성 집단이었다.

II. '교역 시대'의 신흥국

1. 동서 교역의 요충지 멀라까 왕국

동남아시아에 '교역 시대'가 도래했음을 상징적으로 보여주는 것은 멀라까 왕국이 동서 교역의 요충지로서 번영했다는 사실이다. 멀라까 왕국은 1400년경 수마뜨라 빨렘방의 왕자[17]가 쟈바 마쟈빠힛 왕국의 압력을 피해 멀라까 해협을 건너가서 건국했다고 알려져 있다. 아유타야와 마쟈빠힛 왕국 등의 압박을 받으면서 존망의 위기에 처했던 멀라까 왕국을 구원해준 것은 다름 아닌 남양南洋 원정길에 나선 정화였다. 1405년부터 1433년까지 (28년 동안) 7회에 걸쳐서, 동남아시아에서 남아시아, 멀리는 아라비아 반도 및 동아프리카에까지 미쳤던 원정길에서 멀라까는 정화 함대의 보급 기지 역할을 맡는 한편, 명의 조공국이 됨으로써 스스로의 독립을 지킬 수 있었

---

17) 스리비자야 왕자 빠라메스바라Paramesvara라는 인물로 마쟈빠힛의 공격을 받고서 처음 뜨마섹Temasek(싱가포르)에 피신해있다가 이윽고 1403년 멀라까 왕국을 세웠다고 한다.

다. 그 후로 15세기 후반에는 인도양 향신료 무역의 확대에 힘입어 전성기를 맞이하게 되었다.

멀라까가 번영했던 배경에는 몇 가지 요인이 있었다. 그 당시까지 동남아시아를 경유해 중국과 인도 사이를 왕복하려면 계절풍 방향이 바뀔 때까지 '(배가) 순풍을 기다리는' 시간까지 포함해서 약 2년 정도가 소요되었다. 하지만 멀라까를 중계항으로 삼아, 그곳에서 중국 제품과 열대 산물, 서방의 물품 등을 교환하면 남중국해의 정크선이 인도양까지 항해하거나, 인도양의 다우선이 중국까지 굳이 갈 필요가 없었고, 항해 기간도 종래에 비해 절반가량이면 충분했다. 예를 들어 (중국의) 정크선은 북동 계절풍이 부는 시기의 말기쯤(3월경)에 멀라까에 도착해, 상품을 현지 상인들에게 팔아넘긴 뒤 서방의 물품을 다시 싣고서 남서 계절풍이 불기 시작할 시기(5월경)에 중국에 되돌아오면 되는 일이었다.

또한 유럽 시장에서 늘어나는 후추 수요를 감당하는 데도 말레이반도 서쪽 연안에 위치한 멀라까가 적임지였고, 게다가 15세기 초엽부터 재배가 확대되었던 북 수마뜨라의 후추 생산을 독점할 수가 있었다. 말루꾸군도(향신료 군도)도, 쟈바 북부 연안의 항시들도, 멀라까를 경유하지 않으면 향신료를 서방에 수출할 길이 없었던 것이다.

멀라까 왕은 인도 북서부 구자라트Gujarat의 무슬림 상인들과의 관계를 강화하기 위해 이슬람으로 개종했다.[18] 이후로 동남아시아 항시국가 수장들의 이슬람 수용이 급속히 진행되었고, 동남아시아 해역의 이슬람화 Islamization가 본격적으로 진척되게 되었다.[19]

대외적으로 개방되었던 멀라까 왕국의 특성을 반영해서, '샤반다르Syahbandar'[20]로 불렸던 네 명의 항무 장관직이 설치되었다. ①구자라트, ②벵골·버마·수마뜨라, ③말루꾸군도·보르네오, ④중국·류큐·참파라는 식으로, 지역별로 관할이 나뉘었고, 각각의 지역 출신인 외래 상인이 장관직에 임명되어, 외래 상인들의 접대와 원활한 무역 진행의 임무를 맡게 되었다.

멀라까 왕국에서 상업은 전적으로 외래 상인 및 그들과 손잡은 지역 상인들이 맡고, 정치는 국왕과 그 신하인 귀족들이 담당한다는, 일종의 역할 분담이 이루어졌다.

---

18) 이후 멀라까에서는 5대 국왕 무자파르 샤Muzaffar Shah 치세(1446~1459)에 이르러 이슬람교가 확고하게 정착했던 것으로 알려져 있다.
19) 일반적으로 동남아시아에서 가장 먼저 이슬람이 전파된 곳은 북부 수마뜨라 아쩨 Aceh 지역으로 알려져 있다.
20) 본래 페르시아어로 '항구의 왕'이라는 뜻으로, '항무港務 장관' '항만 장관'으로 번역한다. 중세 이후 인도양 일대에서 널리 보였던 직책으로, 본래 항시에서 내항하는 외국인들에 대해 영사 업무와 무역 관리 등을 담당했다.

국왕은 자기 신하가 상인이 되어 무역을 하면서 부를 축적해, 이윽고 자신에게 대항하는 세력이 되는 상황을 꺼렸던 것이다. 이러한 역할 분담은 여타 동남아시아 항시 국가에서도 볼 수 있었던 현상이다.

해협에 면해있던 멀라까 왕국은 군사적으로는 매우 취약한 편이었다. 1511년 포르투갈에 점령당함으로써[21] 그 번영의 양상은 갑자기 단절되고 말았다.[22] 하지만 포르투갈의 군사 행동은 무슬림 상인들의 심한 반발을 초래했고, 그 결과 멀라까가 기존에 유지해왔던 인도네시아 해역 교역망의 일극一極 집중화 체제를 계승하지는 못했다. 멀라까가 담당해왔던 집산 기능은 멀라까 왕이 도피했던 조호르Johor[23]와 수마뜨라의 아쩨 등, 각 지역의 항시로 분산되어, 이후 다극적인 교역망이 형성·전개되기에 이르렀다.

---

21) 포르투갈의 해군 제독이자 식민지 건설자로 유명한 아폰수 드 알부케르크Afonso de Albuquerque가 지휘하는 군대에게 점령당했다. 그는 1510년 인도의 고아Goa, 1511년 멀라까를 점령하고, 이후 말루꾸군도의 암본Ambon섬과 티모르 등지에도 상관을 설치하는 등, 포르투갈의 향신료 무역망의 건설·발전에 주도적인 역할을 맡았다. 1515년 해상에서 병사했다. 과일로 유명한 알폰소 망고Alphonso mango는 그의 이름에서 유래한 것으로 알려져 있다.

22) 동남아시아사에서 1511년은 유럽인들이 동남아시아에 본격적으로 진출했던 중요한 해로서, 그 첫걸음이 멀라까에서 시작되었다.

23) 말레이반도 최남단에 위치하고 있다.

2. 아유타야 왕조의 흥망

타이 중앙부에 14세기 중엽에 수립되었던 아유타야의 역사는 16세기 후반 한때 버마에 복속했던 시기[24]를 경계로 해서 전기·후기로 구분되는데, 전기를 따로 아요타야Ayothaya로 부르는 경우도 있다.

아유타야Ayutthaya[25]는 인도양·싸얌만 양쪽에 모두 접근할 수 있는 지리적 이점을 살리면서, '교역 시대'에 크게 발전했다. 경제적으로는 아유타야 주변에서 발달했던 부도浮稻[26] 재배를 비롯한, 짜오프라야강 주변의 도작 농경 사회에 대한 지배를 기반으로 삼았지만, 동시에 소방목蘇方木[27]〔붉은색 염료〕 등의 내륙 산품을 수출하는 항시

24) 아유타야와 버마 사이에 계속되었던 전쟁은 흔히 영국과 프랑스의 백년전쟁에도 비유될 정도이다. 16세기 중반 버마가 강성해지면서 1548년부터 전쟁이 시작되었고, 1569년에 한때 버마의 속국이 되었다가 1584년에 비로소 독립했다. 하지만 이후 18세기경에 이르러 아유타야는 쇠퇴하기 시작해 1767년 버마와의 전쟁에서 패하여 멸망하고 말았다.
25) '불멸의 제국'이란 뜻의 이름을 가진 이 왕조는 417년간 존속하여 타이 역사에서는 가장 오랜 역사를 지니고 있다. 그런데 아유타야 왕조를 개창한 우텅Uthong 왕(라마티버티 Ramathibodi 1세)의 출신 배경에 대해서는 중국인 후예라는 설, 또는 짜오프라야강 유역의 롭부리Lopburi 왕가 또는 쑤판부리Supanburi 왕가와 관련이 있다는 등의 여러 설이 분분한 편이다. 어쨌든 이러한 논의는 아유타야 왕국의 건국과 관련해서 중국과의 관계 설정이 매우 중요한 문제임을 보여준다고 하겠다.
26) '수면 위를 떠다니는 벼'라는 뜻으로 달리 '부유도浮遊稻'라고도 한다. 깊은 물속에서 자라는 벼로 동남아시아의 큰 강 하류 지역에 적응한 품종으로, 우기에 물이 깊어지면 갈대 줄기처럼 자라는 특성이 있다. 타이·미얀마·베트남 등지에서 재배된다.
27) 인도·말레이시아에서 주로 자라며 염색 원료·한약재 등으로 쓰인다. 특히 목심 부분에 포함된 색소를 원료로 적색 계통 염료가 되는 '소방蘇芳'이 나온다. 한자로는 달리 '蘇方' '蘇枋' 등으로 표기하는데 말라유어 'sapang'에서 유래했다고 한다.

로서의 성격도 지니고 있었다. 타이 북부로 연결되는 짜오프라야강과, 동북 타이로 이어지는 빠삭Pasak강의 합류 지점에 자리 잡은 아유타야는 삼림 자원의 집산지로도 안성맞춤이었다. 게다가 아유타야는 바다에서 짜오프라야강을 100킬로미터 정도 거슬러 올라간 곳에 위치했던 까닭에 해적 등의 공격을 방어하기에 용이했다. 동시에 표고차가 없어서 바다 간만차를 이용한 선박 항행이 가능했으므로 해상 교역로와 연결하기에도 알맞은 교역 거점으로 번영하게 되었다.

아유타야는 쑤코타이를 병합했고[28], 나아가 동북부를 지배하던 첸라까지도 공격해서, 1431년에는 왕도인 앙코르를 함락시켰고, 말레이반도에도 진출했다. 말레이반도에서는 한때 멀라까 왕국을 속국화한 것 이외에, 서쪽 연안의 메르귀Mergui[29]=테나세림Tenasserim[30] 지역까지 세력하에 두고서, 벵골만에 접근하는 통로를 확보했다.

전기 아유타야 왕국의 교역상대로는 중국·류큐가 중요한 위치를 차지했다. 명이 해금 정책을 선포하고서, 중국인의 대외 교역을 제한했던 16세기 전반까지의 시기

---

28) 1438년에 쑤코타이는 아유타야 왕국에 병합되었다.
29) '메익Myeik'이라고도 부른다.
30) '떠닝다이Taninthaye'를 가리킨다.

〈지도5〉 전기 아유타야의 지배 영역 확대

에, 적극적으로 중계 무역을 행했던 류큐 왕국에 아유타
야는 중요한 교역 상대였다. 류큐 선박은 중국산 도자기
를 아유타야까지 운반하고서, 대신 타이산 소방목과 후
추를 조달해왔다. 소방목·후추는 류큐가 명에 조공을 바
칠 적에 사용되었다. 류큐 왕국의 외교 문서를 정리한
『역대보안歷代寶案』에는 아유타야 왕실에 의한 독점적 교
역 관리가 이루어지고 있다는 사실이 기록되어있다. 또
한 15세기 전반까지 아유타야에서는 교역으로 얻게 되

는 이익을 왕실 소유로 독점하기 위한 행정기구가 존재했다는 사실도 알려지게 되었다.

아유타야 왕권은 상좌부 불교를 신봉했고, 왕은 불교를 통해 자신의 권위를 보장 받는 대신에 불교의 수호자로 승단 조직(상가Sangha)[31]을 보호했다. 또한 왕의 가신들에게는 싹디나Sakdi Na[32] 제도에 근거해, 관직에 따라서 토지를 할당하는 등의 집권적인 행정 개혁도 시도했다. 하지만 실제로는 중앙의 왕권과 유사한 지배 조직을 거느리면서, 상당한 정도의 자율성을 누렸던 지방들을 산하에 거느리는 만달라 구조를 여전히 유지했던 것으로 추정되고 있다.

1569년 이웃나라 버마 따웅우 왕조에게 굴복해서, 한때 속국이 되지만 1590년에 나레쑤언Naresuan 왕(재위 1590~1605)에 의해 독립을 회복했다. 나레쑤언 왕은 말레이반도 서부 연안의 거점을 탈환해서, 인도양·남중국해를 연결하는 중계지로서의 기능을 회복시켰다.

17세기경에는 포르투갈·네덜란드·프랑스·일본 등 세계 각지에서 상인들이 도래했고, 아유타야는 유럽과 동

---

31) 한자로는 '승가僧伽'로 표기한다.
32) 'Sakdi'는 '논', 'Na'는 '힘'의 뜻으로 '논의 힘'이라는 말로 농지를 가리킨다. 싹디나 제도는 쑤코타이 시대에 만들어져서 아유타야 왕국에 이르러 더욱 체계화되었다.

아시아를 잇는 국제 교역항으로 번영의 극에 달했다. 아유타야에 일본인 집단 거류지[33]가 형성되었고, 야마다 나가마사山田長政[34]가 활약했던 때도 바로 이 시기였다. 17세기 후반 나라이Narai 왕〔재위 1657~1688〕 치세에는 서양과의 관계도 더욱 돈독해져서, 영국 통역으로 아유타야에 왔던 콘스탄틴 풀콘Constantine Phaulkon[35]은 왕의 신임을 얻어 권세를 휘둘렀고, 프랑스 세력도 풀콘을 통하여 궁정에 진출했다. 그러나 나라이 왕의 사후에는 풀콘도 처형을 당했고, 외국인 상인들 가운데에서 네덜란드가 한때 우위를 점하기는 했으나, 그 후로는 타이 쌀의 수입으로 사이가 밀접해졌던 중국과의 관계가 강화되었다. 왕조 말기에 이르러서는 내란이 계속되었는데, 1767년에 결국 버마 따웅우 왕조의 침공을 받고서 400여 년에 걸친 오랜 역사에 종지부를 찍고 말았다.

---

33) 재팬 타운의 일종으로 일본어로는 '니혼마치日本町'라고 불렸다.
34) ?~1630. 일본인 모험가. 통칭은 니자에몬仁左衛門이다. 에도시대 전기에 싸얌의 일본인 집단 거류지를 중심으로 동남아시아에서 활약했다. 17세기 초 쏭탐Songtham 왕이 즉위하는데 협력했고, 스페인 함대의 침공을 물리치는 등의 공적을 세웠다고 한다.
35) 1647~1688. 본래 그리스인으로 왕의 총애를 얻어, 타이 궁정의 최고위 관직인 프라클랑Phrakhlang〔재정장관〕에까지 올랐던 인물이다. 가톨릭 신자인 그는 프랑스와 손잡고서, 왕을 개종시킨 뒤 타이를 그리스도교 국가로 만들려는 계획까지도 세웠다. 하지만 이후 반대 세력의 저항에 부딪혀 실패했고, 쿠데타가 일어나는 등 일련의 사태 속에 타이 내 외국인들은 소수의 네덜란드인을 제외하고서 모두 추방당하고 말았다.

III. 새로운 외래 상인의 활약
-포르투갈·스페인·일본·네덜란드

1. 포르투갈

동남아시아에 최초로 진출했던 유럽 세력은 16세기 포르투갈이었다. 희망봉을 거쳐서 인도양으로 진출했던[36] 포르투갈은 인도 서부 해안 고아Goa에 거점을 구축했다. 포르투갈의 목적은 동남아시아의 후추를 비롯한 향신료 교역을 독점하려는 것으로[37], 1511년 향신료 집산지인 멀라까를 점령하고 나서 이윽고 말루꾸군도에도 진출했다.[38] 마찬가지로 태평양 쪽에서 이 지역에 진출해왔던 스

---

36) 1487년 포르투갈 항해가 바르똘로메우 디아스Bartolomeu Dias가 아프리카 최남단 희망봉을 돌아서 인도양에 진입했으며, 1497년 바스코 다 가마Vasco Da Gama가 드디어 인도에 도착해서, 1498년 인도에서 후추를 가지고서 귀국했다.

37) 향신료 교역의 주력은 쟈바·멀라까 해협 지역의 후추, 떠르나떼Ternate가 중심인 협의의 말루꾸군도의 정향, 반다군도의 육두구(너트멕·메이스mace)였다. 말루꾸와 반다 등을 합쳐서 광의의 말루꾸 또는 향신료 군도라고 불렀다. 이들 향신료는 15세기 초까지는 중국이 주요 수입국이었다. 이후 멀라까에서 유럽으로 향신료를 운반해갔던 집단은 주로 서북 인도 구자라트 등지의 무슬림 상인들로 이들은 대가로 인도산 면포와 교환했다. 16세기 이후 등장한 포르투갈은 향신료 등의 유통을 관리하는 한편 선박들에 대해 항행 허가증 발행 및 함대 순시 활동 등을 통해 선박들이 포르투갈 세력권의 항시에 기항할 것을 강제하는 등의 영해화領海化 정책을 실시하기도 했다. 하지만 포르투갈의 이러한 향신료 교역 독점은 역부족으로 결국 실패하고 말았다.

38) 포르투갈이 멀라까를 점령하고, 이윽고 말루꾸군도를 확보함으로써 기존의 동방 무역망을 붕괴시켰던 것은 세계사적으로도 새로운 변화를 초래하는 대변동을 일으켰다고 할 수 있다.

페인과는, 1529년 사라고사 조약Treaty of Zaragoza을 통해서 세력 범위를 확정 짓고서, 말루꾸군도를 확보했다. [39]

포르투갈은 자체 군사력을 배경으로 각지에 상관商館으로 불리는 상업·군사 거점을 두고서, 고아-멀라까-마카오-히라도平戸라는 해역 네트워크를 구축했다. 특히 마카오에서 중국산 생사를 히라도(훗날의 나가사키長崎)에 가지고 가서, 대금으로 일본 은을 가지고 돌아가는 무역[40]은 포르투갈에 커다란 이익을 가져다주었다. 하지만 포르투갈은 막대한 양에 달하는 향신료 교역을 독점할 정도의 힘은 없었고, 멀라까의 점령도 앞서 언급했듯이 향신료의 집산 거점을 분산시키는 결과만을 불러왔을 뿐이었다.

그러한 와중에 포르투갈인은 현지에 정착해서 상업 활동에 종사하는 동시에, 총포·대포 등의 무기 제조와 조

---

39) 당시 포르투갈 국왕 후안Juan 3세와 스페인 초대 국왕 카를로스Carlos 1세(신성로마제국 카를Karl 5세) 사이에 사라고사에서 맺어졌던 조약이다. 내용은 말루꾸군도 귀속 문제를 해결키 위한 것으로, 결과적으로 포르투갈이 스페인에 배상금을 물고서 말루꾸군도를 차지했다. 동시에 포르투갈 영역이던 필리핀에 대해서는 스페인 영토로 인정키로 했다. 이보다 35년 전인 1494년에도 두 나라는 교황 알렉산데르Alexander 6세의 중재로, 대서양 한가운데 자오선을 경계로 해서 서쪽은 스페인, 반대인 동쪽은 포르투갈 영역으로 인정하는 내용의 토르데시야스Tordesillas 조약을 체결한 바 있다. '사라고사'는 스페인 북동부 아라곤 지방의 도시이고, '토르데시야스'는 스페인 중북부 지방에 있는 고장의 이름이다.
40) 1571년 포르투갈 선박이 나가사키에 기항했는데, 이를 기점으로 마카오와 히라도(나가사키) 사이의 정기 항로가 열리게 되었다. 이 항로를 통해 포르투갈 상인은 일본에서 생산되는 은을 마카오를 통해 중국으로 수출하는 역할을 담당하게 되었다.

작에 숙달되어있다는 이점[41]을 살려서 버마·싸얌 등, 특히 동남아시아 대륙부 지배자들의 용병으로서 활약하기도 했다.

국가로서의 포르투갈은 16세기 말경에는 쇠퇴했고, 향신료 교역의 거점도 17세기 초엽에 네덜란드에게 빼앗겨버렸지만, 포르투갈인은 현지화하여 사무역에 종사하는 상인으로 계속해서 세력을 유지했다.

2. 스페인

스페인은 신대륙에서 태평양을 거쳐서 필리핀에 진출했다.[42] 1565년에는 태평양을 횡단하는 항로가 개설되었고, 1571년에는 초대 필리핀 총독 레가스피Legazpi가 마닐라를 점령하고서, 그곳에 스페인령 필리핀의 수도를

---

41) 참고로 임진왜란 당시 맹위를 떨쳤던 일본의 조총鳥銃의 경우도, 본래 1543년 당시 중국 영파寧波로 향하던 포르투갈 무역선이 규슈九州의 다네가시마種子島에 표착함으로써 일본에 처음 전래되었던 것이다. 거기에서 유래해 일본어로 화승총을 '다네가시마'라고 일컫게 되었다.

42) 1519년 스페인 왕의 명령으로 마젤란Magellan이 지구 일주 항해를 하던 도중, 1521년 필리핀 세부Cebu섬에 도착했다가 현지 부족장에게 살해당하고 만다. 이윽고 스페인으로 되돌아간 그의 일행을 통해서 필리핀의 존재가 알려지게 되었고, 1565년 레가스피가 지휘하는 스페인 해군이 파견되어 필리핀을 정복하게 된다.

설치했다.

　앞에서 이미 논의했듯이, 당시 중국에서는 은에 대한 수요가 늘어나고 있었다. 그러한 중국 시장에 은을 공급해주는 한편으로 신대륙 시장에서 수요가 늘던 생사·실크·도자기 등 중국산 물품을 획득하기 위해, 마닐라를 중계지로 해서 스페인 상인에 의한 갈레온galeón 무역[43]과 복건福建 상인이 운항하는 정크선 무역이 결합하게 되었다.[44] 아시아에 유입되었던 스페인 은화(스페인 달러dólar español)[45]는 해역 아시아의 공통 통화로 근대에 이르기까지 유통되었던 것이다.

　마닐라는 성새城塞 도시로 성안에는 스페인 사람, 성밖에는 중국인 거주지가 형성되어있었다. 인디오Indio로

43) '갈레온선'은 16세기 후반에서 18세기 무렵까지 주로 스페인과 신대륙 간의 항해에 쓰였던 대형 범선으로, 이 경우에는 마닐라와 멕시코의 아카풀코Acapulco 사이를 항행했다. 이러한 '갈레온 무역'은 달리 '아카풀코 무역'이라고도 했는데, 이후 약 250년 동안 계속되었다.

44) 포토시Potosí 은광을 비롯한 남미 신대륙에서 산출되는 은의 경우는 아카풀코·마닐라를 잇는 태평양 정기 항로를 통해 마닐라로 운반되고, 다시 복건을 거쳐서 중국으로 유입되었다. 그 결과 1570년대에 중국 복건 지역은 은銀 단위 경제로 완전히 전환되었다.

45) '8레알 은화'는 스페인어로 '레알 데 아 오초Real de a ocho', 영어로 '스페인 달러Spanish dollar'로 불렸다. 또한 견고하다고 해서 '두로duro'라고 불리기도 했고, '페소Peso'로 불리기도 했다. 지름 약 38밀리미터, 무게 27~27.5그램의 은화 동전으로 국제 유통·거래에서 기축 통화로 널리 통용되었다. 또한 18세기 후반까지 유럽·아메리카·동아시아 지역에서 통화로 쓰였으며, 미국에서도 19세기 중반까지 주요 통화로 사용되었고 이후 미국 달러 발행의 모델이 되었다. 한편 이러한 은만이 중국이 유일하게 수입했던 외국 상품으로, 상인들이 스페인 은화 무게·가치를 확인·각인했던 관계로 수많은 스페인 달러에 한자 각인이 찍히게 되었다. 스페인 달러 규격은 이후 동아시아 무역에서도 기준으로 쓰였으며, 중국 최초의 원圓 동전은 스페인 달러와 같은 규격으로 만들어졌다고 한다.

불렸던 필리핀 '원주민'은 스페인과 중국인의 하인과도 같은 존재들이었다.[46] 이러한 세 종류의 사회는 문화 구조적으로 상호 무관계한 상태로 존재했고, 마닐라는 이후에 식민지 시대에 있어 확산되는 복합적인 사회 구조의 신생면을 개척하게 되었다.

본래부터 항시 마닐라와 배후지의 관계는 소원했으므로, 스페인의 통치 범위는 루손Luzon섬·비사야Visayas군도의 평야 지대에 한정되었고, 이슬람의 영향이 강했던 남부 지역(민다나오Mindanao섬·술루Sulu군도)은 스페인의 지배에 편입되지 않았던 것이다.[47]

3. 일본

16세기 후반에 명은 해금령을 완화했지만, 왜구 세력

---

46) 스페인이 필리핀을 식민 통치했던 시기를 전후해서 필리핀에는 전통적으로 마을 단위인 바랑가이barangay, 이후에는 바리오barrio로 불렸던 공동체 단위만이 존재했었다. 이들 단위를 중심으로 '인디오'로 불렸던 필리핀 원주민은 식민지 당국의 가혹한 징세와 매년 40일에 달하는 강제 노역(뽈로poro)에 시달려야만 했다. 그런데 스페인 메스티소 Mestizo와 중국인은 그러한 노역에서 면제되었다.
47) 실제로 스페인은 19세기에 이르기까지 남부 지역 및 내륙 고지부高地部에 대한 지배권을 확립하지 못했다.

의 거점으로 간주되었던 일본과는 어떠한 교역 루트도 공식적으로 인정치 않았고, 일본인의 중국 내항과 중국인의 일본 도항을 여전히 금지했다. 그러한 조치는 도요토미 히데요시豐臣秀吉의 조선 침략(임진왜란) 이후에도 계속 유지되었다. 이러한 교역의 틈을 메꾸면서 막대한 이익을 챙겼던 쪽이 포르투갈이었다.

일본 전체를 통일했던 도요토미 히데요시와 도쿠가와 이에야스德川家康는 왜구가 아님을 표시하는, 일본의 통치자가 공인하는 주인장朱印狀[48]을 내어준 교역선, 즉 주인선朱印船 무역에 착수했다. 일본 선박의 중국 기항은 여전히 불가능한 상태였으므로 주인선의 주된 행선지는 동남아시아였다. 그곳에서 주인선은 동남아시아의 열대 산품(소방목·상어가죽shagreen·녹비鹿皮·침향 등) 및 명의 해금을 계기로 생산량이 늘어났던 동남아시아산 도자기와 견직물 등 수공예품을 구하는 한편으로 중국 무역선과 '데아이出會 무역'[49]을 통해서 중국산 생사·도자기 등을 입수했

---

48) 일본 센고쿠戰國 시대 이후, 통치자 쇼군將軍의 붉은 인주 도장이 찍힌 공문서로 해외 무역 허가증을 뜻한다.

49) 일반적으로 주인선 무역은 동남아시아 각국과 행하는 무역을 가리키고, '데아이出會 무역'은 그러한 주인선 무역의 일부로서 중국의 명과 비공식적으로 행했던 무역을 가리킨다. 일본 역사에서는 흔히 14~16세기 무로마치室町 시대에 명과 공식적으로 이루어졌던 감합勘合 무역이 단절된 이후로 16~17세기에 일본·중국 사이에 이루어지던 무역 형태로 보고 있다.

던 것이다. 일본에서는 은·동·칠기 등을 수출하였다.

마닐라·호이안(Hội An 會安)[50]·아유타야·뽀냐루Ponhalu 〔캄보디아〕 등, 주인선이 머물렀던 주요 기항지에는 일본인 집단 거류지가 형성되었다.[51] 호이안은 뒤에서 다루겠지만, 당시에 남북으로 분열되어있던 베트남 남부 지역을 지배·통치하던 응우옌(Nguyễn 阮) 씨 정권이 운영하던 항구였다.[52] 그런데 1604~1635년까지의 시기에 발행되었던 356통의 주인장 가운데 75통이 이곳을 행선지로 하는 선박에 교부되었을 정도로 당시 주인선이 가장 많이 기항하는 최대의 행선지였다.[53]

동남아시아에 건너갔던 일본인 중에는 상인들 이외에도 유랑민·가톨릭 신자 등, 막번幕藩 체제[54]에서 배제되었던 사람들도 포함되어있었다. 거주지 규모는 마닐라

---

50) 한자 지명으로 '평화로운 만남의 장소'라는 뜻을 가지는데, 베트남어로 본래 '호이안 포Hội An phố' 또는 줄여서 '호이포Hoi-pho'라고 불렸는데, 유럽에 알려졌던 지명인 '퐈이포Faifo'는 여기에서 유래했다. 1999년 베트남 유네스코 세계문화유산으로 등재되었다.

51) 1601년 이후 17세기 후반까지 계속된 주인선 무역을 통해 외국으로 도항했던 인원은 모두 10만 명 정도에 이르렀고, 주된 행선지는 베트남·캄보디아·타이·필리핀, 그리고 대만 등지였다고 한다. 이 중에서 약 1만 명 정도가 동남아시아 현지에 정착하여 집단 거류지인 '니혼마치日本町'를 형성했다고 알려져 있다.

52) 참고로 남부의 응우옌 씨 정권과 대립하던 북부의 찐 씨鄭氏 정권의 경우에는 북부 최대 무역항 포 히엔(Phố Hiến 鋪憲)이 있었으나, 이후 지금의 하노이에 해당하는 '께쩌-탕롱'(Ké Chợ-Thăng Long)으로 옮기게 된다.

53) 참고로 싸얌(56통)·루손(54통)·동 낀Đông Kinh(49통)·뽀냐루(44통)의 순으로 주인장이 발행되었다고 한다.

54) 일본 에도시대의 무사 계급에 의해 조직된 지배 체제를 가리킨다. 쇼군의 통치 기구인 막부幕府와 지방 영주의 영지인 번藩을 합쳐서 부른 말이다.

가 최대로 3,000명, 그 다음이 아유타야로 1,500명 정도 였다고 알려져 있다. 하지만 1630년대 여러 차례에 걸쳐 행해진 쇄국령鎖國令[55]으로 인해 일본인의 해외 도항이 금지되었던 관계로, 17세기 후반에 이르게 되면 각지의 일본인 거류지들도 쇠퇴하고 말았다.

4. 네덜란드

1602년 연합동인도회사[56]를 설립하여, 동남아시아로 진출할 채비를 갖추었던 네덜란드는 드디어 인도네시아

---

55) 에도 막부가 스페인·포르투갈 등 가톨릭 국가 상인들의 내항 및 일본인의 동남아시아 방면으로의 도항을 금지하고, 무역을 관리·통제·제한했던 대외 정책을 가리킨다. 1633~1639년 사이에 걸쳐 다섯 차례 쇄국령이 선포되었다. 다만 네덜란드의 경우는 예외를 두었는데, 1641년에 기존의 히라도에서 데지마出島로 상관을 옮겨서 통상을 계속하다가 이 역시 1643년에 단절되고 말았다.

56) 정식 명칭은 '네덜란드 동인도회사Vereenigde Oostindische Compagnie', 약칭 'VOC'로 일컬어진다. 아시아 무역과 관련해 난립했던 무역회사들을 정리해서, 1602년 네덜란드에서 설립되었던 세계 최초의 주식회사이다. 본사는 암스테르담, 지점은 쟈바·히라도平戸에 두는 회사 형태였지만 VOC는 일종의 특권特權 회사로 상업 활동뿐만 아니라 조약 체결권·군대 교전권交戰權·식민지 경영권 등을 가진 제국주의 선봉대로서, 또한 동아시아에서 유럽 최대의 세력으로 교역·식민의 방면에서 일대 해상제국을 건설했다. VOC는 200년 가까이 운영되다가 1799년 네덜란드를 점령한 나폴레옹에 의해 해산되었다. 350년 동안 이어졌던 네덜란드 식민 통치 시기를 인도네시아 역사에서는 보통 '네덜란드동인도회사 통치 시대''강제재배제도 시대''윤리정책 시대'의 세 시기로 구분하고 있다. 참고로 영국의 '동인도회사East India Company'는 약칭 'EIC'로 불리며 1600년에 설립되었다.

해역으로의 진출을 개시했다. 1605년에는 포르투갈에서 암본Ambon섬을 빼앗았고, 1611년에는 쟈바섬 서북부 자까르따Jakarta에 상관을 설치하고서, 1619년에는 그곳에서 다시 영국군을 격파하고서 바타비아Batavia로 개명했다. [57) 네덜란드는 선박의 적재 화물을 몰수하거나, 선박 통행을 제한하는 등의 실력 행사를 통해 인도네시아 해역에서의 교역을 바타비아 일극一極 집중 체제로 바꾸려고 시도했다.

1628~1629년 사이에, 내륙 농업사회에 기반을 두고서 중·동부 쟈바에 세력을 확장했던 대국 마따람Mataram 왕국의 바타비아 공략[58)을 막아냈던 네덜란드는, 1641년에는 멀라까 지역을 포르투갈에서 빼앗았고, 이로써 포르투갈 세력은 동남아시아에서 쇠퇴의 사양길에 접어들게 되었다.

---

57) 자까르따가 순다Sunda족 영역에 속했던 시기의 원래 이름은 '순다 끌라빠Sunda Kelapa'였으나, 1527년 드막Demak 왕국의 파따힐라Fatahillah가 포르투갈 세력을 몰아내고서 '위대한 승리'라는 뜻의 '자야카르타Jayakarta'로 개명했다. 1619~1942년에 걸친 식민지 시대에는 '바타비아Batavia'로 불렸는데, 이 명칭은 로마 시대 현재의 네덜란드 지역에 살던 '바타비Batavii'라는 게르만 부족명에서 유래한 네덜란드의 옛 지명에서 따온 것이다. 1942~1972년에 다시 '자까르따Djakarta'로 바꾸어 쓰다가 1972년 개정된 인도네시아 정서법에 근거해서 'Jakarta'로 표기를 바꾸었다. 문헌에 따라서는 '쟈까트라Jacatra'로 표기되기도 하는데, 에도시대 주인선이 왕래했던 시기의 일본에서는 '咬𠺕'라고 표기하고 있다.
58) 마따람 제3대 술탄으로 '위대한 통치자'로 불렸던 술탄 아궁Sultan Agung이 1628~1629년에 걸쳐서 두 차례나 바타비아를 포위·공격했지만 모두 실패하고 말았다.

또한 네덜란드는 중국·일본과의 무역에도 진출했다. 중국에 거점을 확보하지 못했던 네덜란드는 대만 남부에 질란디아Zeelandia 요새[59]를 구축하고서, 이곳을 거점으로 삼아서 중개 무역을 행했다.[60] 도쿠가와 막부에 의한 일련의 쇄국령에 의해 포르투갈 선박의 내항과 일본인의 해외 도항이 불가능해지자, 네덜란드 동인도회사는 나가사키에서의 교역을 통해 동남아시아 생사를 수입하고, 한편으로 일본산 도자기를 수출하는 역할까지 떠맡게 되었다. 이렇듯 일본과의 교역을 통해 획득한 (일본의) 은銀은 동남아시아에서 향신료를 사들이는 데 필요했고, 인도 (남동부) 해안의 코로만델Coromandel 지방의 면포 등 염직물을 구입하는 데도 사용되었다.[61]

---

59) 1624~1634년 동안에 걸쳐 현재의 대만에 해당하는 포르모사Formosa섬 안평安平(현재의 대남臺南)에 건립되었던 요새로 이후 '안평성安平城' '오륜치성奧倫治城(Orange City)' '대만성臺灣城' 등의 명칭으로 불렀다. 1661년 정성공鄭成功 군대에게 함락당해 군대가 철수함으로써 네덜란드의 38년간의 대만 지배는 막을 내렸다.

60) 참고로 『하멜표류기』로 유명한 헨드릭 하멜Hendrik Hamel(1630~1692)은 본래 네덜란드 동인도회사 소속의 선원이자 회계 담당 서기였다. 1653년 스페르베르Sperwer호를 타고 바타비아를 출발해서 일본 나가사키의 데지마出島로 향하던 도중 제주도 인근 해역에서 폭풍을 만나 제주도 해안에 좌초했다. 1653~1666년의 기간 동안 조선에 억류되었다 풀려난 그는 1670년 바타비아를 거쳐 네덜란드에 귀국했는데, 그 사이 하멜은 회사에게 조선 억류 기간 못 받았던 임금을 요구할 목적으로, 이른바 「1653~1666년 기간의 하멜의 항해 일지와 조선 왕국에 대한 기록Hamel's Journal and a Description of the Kingdom of Korea, 1653~1666」이라는 정식 보고서를 제출했다. 이 문서의 원고가 훗날 출판되어서 이른바 『하멜표류기』로 유럽에 알려지게 되었다.

61) 당시 네덜란드 동인도회사의 동아시아에서의 교역 시스템은 동중국해와 벵골만을 연결하며, 중국(생사·비단)→일본(은)→코로만델(면포·염직물)→수마트라·쟈바(후추·향신료)로 이루어진 교역 시스템이었다.

영국과 네덜란드 사이에는 상호 간 대립·갈등을 피하기 위해 양국의 동인도회사를 합병하자는 방안이 1619년에 결정되었으나[62], 말루꾸군도 향신료 교역권의 독점을 노렸던 현지 네덜란드 세력은 1623년 암본 사건[63]을 일으켜 영국 세력을 배제했고, 1660년대 무렵에 이르러서는 말루꾸군도 향신료 생산량의 상당 부분을 지배·확보하게 되었다. 이렇듯 무력을 통해 교역을 독점하려는 네덜란드의 행위는 자유 교역을 유지하려 애쓰던 마까사르Makassar 왕국과 충돌하게 되었다. 양자의 분쟁은 1660년대에 군사 무력 충돌로까지 치달았고, 1667년에 마까사르를 점령[64]했던 네덜란드는 말루꾸군도에서의 향신료 밀수를 봉쇄하는 한편 마까사르의 교역까지도

---

62) 1619년에 두 나라는 협정을 체결하여 동아시아에서 VOC와 EIC 두 회사 간의 경쟁과 적대 행위를 중단하고 심지어 두 회사를 합병하자는 안까지도 제시되었다. 예를 들면 상호 협력하여 공동으로 후추를 구매하되 네덜란드와 영국의 지분을 각각 2대 1로 하자는 방안까지도 제시되었다.

63) 1623년에 일어난 이른바 '암본 학살 사건Amboyna massacre'에서는 현지 VOC 상관장商館長의 명령으로 EIC의 상관을 습격을 당해 상관원 전원이 살해되고 말았다. 거의 400년이 지난 현재까지도 이 학살 사건의 원인과 진상에 대해서 양국 학자들 사이에 의견이 분분한 실정이다. 어쨌든 이 사건의 여파로 영국은 향신료 교역에서 완전히 손을 떼었으며, 이후 동남아시아에서 철수하여 인도 시장을 공략하는 쪽으로 방향을 돌리게 되었다.

64) 달리 고와Gowa 술탄 왕국으로 불렸던 남부 술라웨시Sulawesi의 마까사르(우중빤당 Ujung Pandang)는 16세기 초 동부 인도네시아를 대표하는 교역 중심지로, 동남아시아 도서부에서 가장 규모가 컸던 항시의 하나가 되었다. 또한 자유 무역 정책을 고수했던 고와 술탄 왕국은 당시 이 지역 전체에서 네덜란드의 군사력에 맞설 수 있던 유일한 세력이었다. VOC는 고와 술탄 왕국 내의 강력한 반대 세력이었던 부기스Bugis족과 결탁해서 1666~1667년에 전쟁을 일으켜 고와 술탄 왕국을 완전히 격파함으로써 이후 동부 인도네시아 술라웨시 전체를 장악하게 되었다.

독점하게 됨으로써 동부 인도네시아 전 지역에서의 정치적·군사적 지위를 강화하게 되었다.

서부 수마뜨라에서는 16세기 초엽부터 아쩨 왕국이 세력을 확대하여, 말레이반도에도 진출하는 등의 시도를 행했다. 그러자 1641년에 멀라까를 포르투갈에서 빼앗아 멀라까 해협의 제해권을 장악했던 네덜란드는 우선 아쩨를 압박하여 서부 수마뜨라의 후추 교역의 독점권을 확보했다. 수마뜨라 동부 해안에서는 쟘비 왕국을 폭력적으로 진압해서 1680년대에 이르러 후추 교역을 독점하는 데 성공했다.

쟈바섬에서는 네덜란드를 바타비아에서 군사력을 동원해 내쫓는 일은 힘들다고 판단한 마따람 왕국이 네덜란드에 (그들이 요구한) 쌀과 조선용 목재를 보급하는 등, 유화 정책을 폈다. 그러는 한편으로 쟈바섬 내부에 대한 지배를 확대해 1640년대에는 바타비아와 반뜬Banten 왕국을 제외한 쟈바 전역을 지배하에 두게 되었다. 하지만 1670년대에 이르러 대규모 반란에 직면하게 되었고, 네덜란드의 도움을 받아서 가까스로 반란을 진압할 수 있게 되었다. 이렇게 함으로써 중·동부 쟈바에 대한 마따람의 지배력은 어느 정도 회복했지만, 그 후로 마따람 왕국은 네덜란드의 감시하에 놓이게 되었고, 주요 교역품의 독점권을 빼앗기면서 자주성을 상실한 존재가 되어버리고 말았다. 또한 마지막까지 네덜란드의 압력에 저항하며 자립적인 교역을 전개했던 반뜬 왕국마저도 1680년대에는 네덜란드의 독점적인 교역권에 편입되고 말았다.

이리하여 네덜란드는 인도네시아 해역에 있어서 독점적인 교역권을 확보하게 되었다. 무력을 동원한 교역의 독점은 그때까지 이 해역의 기조였던 자유 교역 체제에 대한 근본적인 부정이라고 하겠다.

Ⅳ. '교역 시대'의 대륙부 국가들

1. 따웅우 왕조에 의한 버마의 재통일

버마에서는 13세기 말 버간 왕조가 멸망한 뒤에, 내륙의 버마족 주체의 잉와Ingwa(아바Ava)[65] 왕조와 해역의 몬족 주체의 버고Bago[66] 왕조가 분립되어있었다. 벵골만 교역이 활성화됨에 따라 버고는 멀라까와 인도 사이에서 중개 무역지로 번성했는데, 이곳에서의 수출품은 북부 버마와 샨고원, 북부 타이 삼림의 임산물 등이었는데, 이것들은 싯따웅Sittang강을 이용해서 버고까지 운반되었다. 이러한 루트의 요충지에 위치했던 곳이 따웅우

---

65) 1364~1555년까지 버마 북부, 에야워디강과 밋응웨Myitnge강이 만나는 지점인 '잉와'를 수도로 하여 건립된 왕조이다. 샨족이 버마에 세웠던 최대의 왕조였지만, 실질적으로 왕조를 지탱했던 세력은 버마족이었다. 학자에 따라서는 전기 샨족 지배자와 후기 버마족 지배자가 통치한 시기로 따로 구분하기도 한다. 달리 '아바 왕조'로도 불렸는데, '아바'라는 이름은 오랫동안 버마 전체를 가리키는 명칭으로도 사용되었다.
66) 1287~1757년까지 버고를 수도로 해서, 에야워디강 유역의 남부를 지배했던 왕조이다. 샨족이 건국했다고 전해지나 사실상 몬족의 국가로 간주되고 있다. 이 지역에는 11세기 초까지 몬족 국가였던 따톤Thaton 왕국이 있었는데, 따톤이 버마족 국가인 버간 왕조에게 정복당한 뒤에 13세기 말에 몬족의 국가가 다시 일어난 것에 대해서는 불분명한 점이 많다. 그런데 15세기경의 버고 왕조는 과거의 몬족 국가와는 성질이 전혀 다르다고 알려져 있다. 달리 '바고'('페구Pegu'라고도 한다.

Taungoo로 15세기 말에는 버마족 사이에서 잉와 세력이 점차 쇠퇴하고, 따웅우 세력이 대두하게 되었다.

제2대 뜨빈슈웨티Tapinshwehti〔재위 1531~1550〕[67] 왕의 치세에 따웅우 왕조의 세력은 강대해져, 항시국가들에 대한 식량 공급을 무기로 에야워디·델타를 지배하에 두게 되었다. 더 나아가 1539년에는 버고를 정복하고서 그곳으로 천도함으로써 버간 왕조가 붕괴한 뒤 250년 만에 버마를 재통일하게 되었다.

샨고원·북부 타이·북부 라오스 등지에서 산출되는 임산물을 버고에 집적하려고 했던 따웅우 왕조는, 물자 반출 루트를 둘러싸고서 아유타야 왕조와 항쟁을 거듭하게 되었다. 제3대 버인나웅Bayinnaung〔재위 1551~1581〕 왕의 치세인 1569년에 아유타야를 공략해서, 북서쪽 마니푸르Manipur〔인도〕부터 북동쪽의 치앙마이와 위양짠Wieng chan[68], 남동쪽의 아유타야까지에 이를 정도로 판도를 넓혔다.

하지만 그 후 버고는 토사 퇴적물 등으로 인해 항시로

---

67) 재위 기간 중에 주변의 버고·잉와 등을 공격·점령해 버마를 통일했던 군주로 알려져 있다. 버간 왕조의 아노야타 왕과 더불어 버마족을 대표하는 왕으로도 평가받고 있다.
68) '비엉짠'으로도 읽는데, 싼쓰끄리뜨어로 '백단향白檀香의 도시' '달의 도시'라는 뜻이다. 프랑스가 라오스를 식민 통치한 시기 이후로 '비엔티안Vientiane'으로 불렸다.

서의 기능을 잃었고, 벵골에 있던 서양 여러 나라의 상관商館들도 버고를 거치지 않고서 벵골만을 가로질러 멀라까와 직접 연결됨으로써, 국제 교역망에서 버고의 지위는 크게 하락하고 말았다. 16세기 말에 따웅우 왕조는 일단 명맥이 끊겼다가[69], 17세기 초엽에 버인나웅 왕의 아들인 나웅얀 민Nyaungyan Min에 의해 나웅얀 왕조〔후기 따웅우 복고 왕조〕로 다시 부활했다. 이 왕조는 도읍을 잉와로 옮기고, 기반을 평원부로 다시 되돌려서 내륙 쪽으로 세력을 더욱 확장했다. 17세기 중반에는 아유타야를 비롯한 인국들과도 안정된 관계를 맺고서, 전성기를 맞이했다. 산간 분지 지대에 위치했던 타이계 소국가들은, 샨이나 란나Lanna〔치앙마이〕가 버마의 지배하에 놓여있던 반면에 라오스의 란 쌍Lan Xang은 아유타야와 힘을 합쳐서 버마에 대항하면서 세력을 유지했다.

---

69) 버고를 중심으로 하던 따웅우 왕국이 분열하여 따웅우·딴리엔Thanlyin·잉와·여카잉 Rakhine 등의 작은 왕국으로 나뉘어졌다.

2. 베트남-레 왕조에서 내란의 시대로

1428년에 베트남의 독립을 회복하고 성립되었던 레 왕
조에서는 대명 항쟁을 주도하며 왕조를 개창했던 레 러
이〔Lê Lợi 黎利〕[70]와 동향으로 타인 호아〔Thanh Hóa 淸化〕 지
방 출신의 '개국공신'들과 이들 세력을 억제해 황제 권력
을 확대하려는, 과거 시험을 통해 등용된 인물들 중심의
홍강 델타 출신 세력 간의 대립·갈등으로 인해 불안정한
정세가 지속되었다.

레 왕조의 지배는 제4대 타인 똥〔Thánh Tông 聖宗〕[71]의
치세에 이르러 어느 정도 안정되었다. 레 왕조는 오랜 전
쟁으로 유민이 되었던 백성을 홍강 델타 하류의 미개간
지에 입식入植하여, 싸〔xã 社〕[72]로 불리던 행정 마을 단위
로 농민을 등록하고, 공전公田〔官田〕으로 불렸던 국유 농
지를 분배해 경작토록 했다.[73] 싸社는 납세·부역·징병을

---

70) 달리 레 타이 또〔Lê Thái Tổ 黎太祖〕라고도 하며, 재위 기간은 1428~1433년이다.
71) 재위 기간은 1460~1497년으로, '광순중흥光順中興'으로 일컬어지는 그의 치세는 레
왕조 최전성기로 평가받고 있다.
72) 지역의 자율적 사회 집단으로 촌락에 해당하는 '싸社'의 명칭은 리 왕조 시기부터 나
타나는데, 15세기 이후로는 납세 단위이자, 공전公田의 분급分給 단위 및 향시鄕試 단위
등으로 활용되고 하급의 재판권까지도 부여되었다고 한다.
73) 레 왕조의 균전제均田制는 중국의 경우와는 내용을 다른 것으로 유명하다. 곧 공전을
촌 단위로 해서, 촌민의 지위·신분에 따라 세밀히 규정한 몫에 따라 나누고, 수년마다 다
시 분배를 했다. 따라서 동일한 지위라도 거주하는 촌이 다르면 분배 면적이 달라지는
이러한 제도는, 타이계 분지민盆地民 사회에서도 유사한 예가 있다고 한다.

행하는 단위로도 기능했다. 균질적인 소농에 기반을 두는 농촌 공동체가 형성되었고, 이러한 사회를 유지하기 위한 유학(주자학)의 보급과 황제가 독재를 할 수 있게 하는 과거 관료제도 및 여조형률黎朝刑律[74]로 대표되는 법 제도의 정비도 이루어졌다.

과거 시험은 타인 똥의 치세에 정기적으로 시행되기에 이르렀고, 과거 출신 관료의 명수도 늘어나고 조정 안에서의 지위도 확대되어갔다. 이러한 과거 시험 합격자 가운데에는 지역적으로 홍강 델타 출신자가 역시 커다란 비중을 차지했다.

대외적으로는 레 왕조는 자신들의 다이 비엣大越을 '중화제국'화하기 위해, 라오스의 란 쌍 왕국의 정벌[75]에 나서는 등, 주변에 위세를 과시하는 군사 행동을 일으켰다. 그런데 타인 똥이 1470~1471년에 참파에 대해서 직접 친정에 나섰던 일은 그때까지 약탈을 위해 행했던 경우와는 달리 분명히 참파 정복을 의도했던 군사적 행동이었다. 비자야 이북 지역을 모두 다이 비엣에게 빼앗긴 참

---

74) 달리 '국조형률國朝刑律'이라고도 하는데, 베트남에서 가장 오래된 성문법으로, 여성의 재산권을 보장하고, 이혼 청구권을 인정하는 등의 특색 있는 내용이 있는 것으로 알려져 있다.

75) 1479년 타인 똥은 직접 군대를 거느리고 란 쌍을 공격해서 도읍 루앙 프라방을 함락하고 더 서쪽까지 진격했다고 알려져 있다.

파는 현재의 닌 투언(Ninh Thuận 寧順)·빈 투언(Bình Thuận 平順) 지역에 위치한 판두랑가Panduranga[76]로 그 중심을 옮기게 되었다. 이로써 다이 비엣과 참파의 국력이 서로 맞서며 대항하던 상황은 종지부를 찍게 되었다. 다이 비엣의 참파에 대한 이러한 공략은 때마침 도래했던 '교역 시대'에 남중국해 교역의 요충지로 부상했던 현재의 베트남 중부를 지배하려는 의도가 있었던 것으로 생각해볼 수 있겠다.

이 시기 명의 해금 정책으로 인해 중국제 도자기 수출량은 크게 줄었지만, 국제 시장에서 도자기 수요가 줄어들었던 것은 아니었다. 이것은 베트남에 있어서는 좋은 기회였다 하겠다. 홍강 델타의 남 사익(Nam Sách 南策) 지방 등에서 생산된 베트남 청화백자[77](흰 바탕에 쪽빛 무늬를 넣어 구은 자기)가 레 왕조 시기에 대규모로 수출되었다.

타인 똥 시대에 과도하게 추진되었던 중앙집권화는 타

---

76) 참파의 장군 보 찌 찌(Bồ Trì Trì 逋持持)는 지금의 판 랑-탑 참Phan Rang-Tháp Chàm에 해당하는 판두랑가로 달아나 참파 왕을 칭하면서 이후 다이 비엣에게 신하로서 조공을 바치겠다고 약속했다. 이후에 참파는 이곳에서 다이 비엣의 번속국藩屬國으로 1835년까지 존속했다.

77) 청화백자는 본래 중국 원·명대에 경덕진景德鎭에서 대량으로 만들어졌는데, 베트남에는 쩐 왕조가 다스리던 14세기 말에 전해졌던 것으로 추정된다. 애초에는 중국 청화자기를 모방했으나, 이후 베트남 특유의 청화자기가 생산되어 15~16세기에 필리핀·인도네시아 등지에 대량으로 수출되고 있다. 베트남에서는 '호아람'(Hoa Lam 華藍)이라고 했으며, 에도시대 일본에서는 '안난토安南陶'로도 불렸다.

인 똥의 사망을 계기로, 그동안 과거 출신 관료의 약진으로 세가 움츠러들었던 타인 호아 세력이 반격을 시작하는 등, 조정 내의 항쟁이 격화되는 혼란상을 불러오게 되었다. 그와 같은 상황에서 1527년에는 남 사익 지방의 무인 출신인 막 당 중(Mạc Đăng Dung 莫登庸)이 새로운 왕조인 막 왕조(Mạc Triều 莫朝)를 세움으로써 레 왕조는 단절되고 말았다.

그러나 홍강 델타에 기반을 두었던 막씨莫氏 정권의 권력에 대해 타인 호아 세력의 무장 응우옌 낌(Nguyễn Kim 阮淦)은 레 왕조의 후예를 옹립하며 라오스에서 막씨 정권에 대해 반기를 들었다. 타인 호아 세력의 중심 권력은 응우옌 낌의 사후에는 찐(Trịnh 鄭) 씨에게로 넘어갔고, 찐 씨는 1592년에 하노이를 점령하고 레 왕조를 부활시켰다.[78]

---

78) 이렇게 부활한 레 왕조는 명의 승인을 받기 위해 1597년 책봉사 풍 칵 코안(Phùng Khắc Khoan 馮克寬)을 북경에 파견했다. 당시에 이미 70대 고령의 그가 북경에서 젊은 30대 조선 사신 이수광李睟光을 만나서 교유했던 일화는 한국·베트남 교류의 역사에서 가장 유명한 사건으로 알려져 있다. 이수광은 귀국해서 북경에서 풍 칵 코안과 문답했던 대화와 시들을 모아 『안남국사신창화문답록安南國使臣唱和問答錄』이라는 책을 엮었는데, 이 책은 당시 조선 사회에 일종의 베트남 붐을 일으킬 만큼 크게 화제가 되었다고 한다. 또한 이 책에 붙어있는 정사신鄭士信·이준李埈 등의 발문에서 진주晉州 출신의 조완벽趙完璧이라는 인물이 언급되는데, 그는 1597년 정유재란 당시 일본에 포로로 끌려가 이후 피로인被擄人 신분으로, 당시 남방 무역을 하던 교토의 거상巨商 스미노쿠라 료이角倉了以를 수행해, 1604~1607년 사이에 베트남을 세 차례 방문하는 등, 한국·베트남 교류사에서 최초로 베트남에 갔던 인물로도 알려지게 되었다.

그 후 막 씨 정권은 중국 국경 부근의 까오 방(Cao Bằng 高平)으로 피난해서, 그곳을 근거지로 삼아 1677년까지 찐 씨鄭氏 정권에 대한 저항을 계속했다. 그 사이에 응우옌 낌의 아들 응우옌 호앙(Nguyễn Hoàng 阮潢)이 꽝 빈(Quang Bình 光平)에서 꽝 남(Quảng Nam 廣南)에 걸치는, 현재의 베트남 중부 지역에 할거하면서 반독립 정권을 수립했다. 이것을 역사에서는 꽝 남의 응우옌 씨阮氏 정권이라고 일컫게 되었다.

북부 지역도 실제 권력은 찐 씨가 장악했지만, 표면상의 입장은 쭈어(chúa 主)로 불렸던 찐 씨나 응우옌 씨 모두 레 왕조의 존재를 인정하는 편이었다.[79] 이리하여 다이비엣은 2개의 정권(까오 방의 막 씨 정권을 합치면 3개의 정권)이 대치하는, 분열의 시대에 접어들었다. 1627~1672년 사이에 양자 사이에는 간헐적으로 전쟁이 계속되었다.[80]

꽝 남의 응우옌 씨 정권과 북부의 찐 씨 정권은 모두 국제 무역에 적극적으로 관여했다. 우선 응우옌 씨 정권

---

79) 이 시기에 레 왕조의 황제는 '부어'(vua 皇帝·國王)로 불리며 다이 비엣大越의 유일한 지배자로 인정되었지만, 그 지위는 일본 막부幕府 정권에서의 일왕처럼 실권이 없는 의례적 지위였을 뿐이었다. 실제 권력은 막부의 쇼군처럼, 황제를 대신한 권력자였던 '쭈어'(chúa 主)가 장악하고 있었다.
80) 모두 일곱 차례의 싸움이 있었는데, 전쟁은 군사력이 월등한 찐 씨가 주로 공세를 취하는 양상이었다.

이 시작했는데, 16세기 말부터 17세기 초에 걸쳐서 중일中日 간 무역이 단절되었던 시기에, 현재의 베트남 중부, 특히 호이안이 중국과 일본의 선박 사이의 '데아이出會 무역'의 장소로 각광을 받게 되었다. 당시 일본에서는 응우옌 씨 정권을 '안남국安南國'이라고 불렀다. 도쿠가와 막부와 안남국 사이에 오간 서신의 왕래를 보면, 1601~1632년 사이에 막부 쪽에서 15통, 안남국 쪽에서 19통에 달했는데, 이는 안남국이 도쿠가와 막부가 아시아 지역에서 가장 빈번히 서신을 교환했던 상대의 하나였음을 알 수 있게 한다.

한편으로 당시 동 낀[Đông Kinh 東京]으로 불렸던 베트남 북부는 명·청 교체기의 혼란으로 인해 중국산 견제품수출이 감소했던 시기에 그에 대체하는 생사·견직물 생산지로서 주목을 받게 되었다. 일본의 쇄국령 이전 시기에는 주인선이, 쇄국령 이후에는 네덜란드 동인도회사의 배가 나가사키를 향해 대량의 베트남산 견제품을 운반해갔다.[81] 하지만 1670년 이후 베트남 북부와 일본 사이의 무역도 쇠퇴하게 된다. 응우옌 씨와 찐 씨의 내란은,

---

81) 북부 베트남에는 포 히엔(Phố Hiến 鋪憲)이 최대 무역항으로 운영되었다. 그 후로 상업적 기능은 지금의 하노이에 해당하는 '께쩌-탕롱'(Kẻ Chợ-Thăng Long)으로 옮겨가게 된다.

이렇듯 일본과의 무역이 가장 성했던 시기, 곧 두 정권이 무역에서도 라이벌이었던 시기에 본격적으로 벌어졌다.

3. 라오스

타이계 라오족의 란 쌍Lan Xang 왕국[82]은 14세기 중엽에 메콩강 중유역中流域에서 건국되었다. 란 쌍은 명에 조공을 바쳤다. 그 후 16세기 후반에는 버마의 따웅우 왕조 제5대 버인나웅 왕에게 침략을 당해서, 한때 복속을 강요당하기도 했다. 하지만 타이계 소국가 중에는 버마에서 가장 멀리 떨어져 있다는 장점으로 인해 인적 자원을 빼앗기는 일은 없는 편이었다. 후기 따웅우 복고 왕조 시기에는 버마에서 공격받는 일도 없어서, 17세기에 란 쌍 왕국은 평화를 누릴 수가 있었다.

란 쌍에는 황금과 안식향安息香[83] 등 서양인의 관심을

---

82) 란 쌍 왕국은 '백만 마리 코끼리의 나라'라는 뜻으로 라오스 역사에 있어서 정체성의 근거가 되는 국가로 인식되고 있다. 중국 문헌에서 한자로는 '老撾' '南掌', 베트남 한적 문헌에서는 '哀牢'(Ai Lao), 그리고 여타 국가에서는 '寮國'으로 달리 표기하기도 한다.
83) 안식향나무의 나무껍질에서 나는 수지樹脂로 향료 또는 식품 첨가물의 방부제 등으로 쓰인다. 타이·라오스 등지에서 나는 싸얌 안식향과 인도네시아에서 나는 수마뜨라 안식향이 있다고 한다.

끄는 산물도 있었지만, 내륙 국가로 교통이 불편했던 까닭도 있고 해서 비교적 무게도 적게 나가는 사치품이 교역의 대상이 되는 편이었다. 아유타야 왕조는 란 쌍 왕국의 교역 활동이 활성화되는 것을 바라지 않아서, 란 쌍의 상인들은 아유타야에서 자유로운 상업 활동이 허용되지 않았고, 다른 외국 상인들과 마찬가지로 상품을 헐값에 아유타야의 지배자에게 팔아넘겨야만 했다. 또한 아유타야는 외국 상인이 란 쌍과 직접 거래하는 일에 대해서도 반대하는 태도를 보였다.

4. 캄보디아

14세기 아유타야 왕조에 의한 공격으로 왕도 앙코르를 포기해야만 했던 이후에도 캄보디아는 메콩강 수계水系와 톤레사프강 수계를 지배할 수 있는 지리적 이점을 활용하면서, 16세기 이후 대일본 무역의 성황에 대응해나갔다. 17세기 초엽 차야쳇싸타Chey Chettha 왕은 톤레사프강 수계의 우동Oudong에 도읍을 건설했고, 그 외항 뽀냐루Ponhalu[84]는 네덜란드인·일본인·싸얌인 등이 모여드는 교역 거점이 되어서, 일본인 집단 거주지도 형성되었다. 그 하류에 있는 톤레사프호와 메콩강의 합류점인 프놈펜은 중국인 상인이 모여드는 항시로 발전하게 되었다.

---

84) 캄보디아 역사에서 後後 앙코르 시기 왕도의 하나였던 우동의 외항으로, 프놈펜 북쪽 약 25킬로미터 정도 거리에 있으며 톤레사프강의 서쪽 기슭에 있는데, 'Ponhea Lu'로 표기하기도 한다. 17세기 우동은 이 항구를 거점으로 톤레사프호수 주변 지역과 프놈펜을 연결하는 교역 활동을 통해 번영을 누렸다고 한다. 그런데 17세기경 이 항구에 일본인 집단 거주지가 있었다는 사실이 네덜란드 문헌에 기록되어있다.

V. 말레이·이슬람 세계의 전개

'교역 시대'를 통해 동남아시아 도서부 연안 일대에는 교역 언어로서의 믈라유Melayu어[85]와 이슬람을 공유하는 교역 세계가 탄생했다. 이것을 '말레이Malay·이슬람 세계'라고 부르고 있다. 이러한 세계의 주도 세력은 민족적으로는 다양한 편이어서, 믈라까 해협 양안의 말레이인 및 아쩨·쟈바·부기스Bugis 등 인도네시아 해역의 여러 민족, 더 나아가 인도와 중동에서 왔던 무슬림 상인까지도 포괄한다고 하겠다.

이미 앞에서 논했듯이, 맨 처음 중심은 믈라까였는데, 믈라까가 포르투갈에 점령당하고 나서는 무슬림 교역망이 확산하게 되어 수많은 항시들이 번영하게 되었다.

말레이반도 남단의 조호르Johor 왕국은 믈라까 왕족의

---

85) 믈라유어는 본래 오스트로네시아 어족에 속하는 언어로, 근세 동남아시아 해역 세계, 특히 향신료 무역의 중심지 믈라까 지역에서 교역상의 공통어로 사용되어왔다. 또한 동남아시아 도서부 항시국가에서는 공용어로서 궁정 문서·외교 문서 등의 작성에도 사용되었다. 당시 동남아시아에서 이슬람의 확산도 이러한 믈라유어를 통해서 이루어진 것으로 알려져 있다. 이후로 현재는 믈라유어가 말레이시아·인도네시아·싱가포르·브루나이 등의 공용어로 사용되기에 이르렀다. 본문에서는 '믈라유'와 영어식 표현인 '말레이Malay'를 문맥에 따라 적절히 번역하기로 한다.

주군·신하들에 의해 건국되는데, 본래 멀라까 왕국의 재건이라는 의미를 지니는 왕국이었다.[86] 하지만 그 세력은 17세기 초엽에는 아쩨 왕국에게 압도당하게 된다.

아쩨 왕국은 16세기에 수마뜨라산 후추의 유통망을 장악하고, 후추 수출을 통해서 멀라까 해협의 교역 중심지로 부상했다. 동남아시아에 있어 이슬람 중심지를 표방하고서, 이슬람을 적대시하는 포르투갈령 멀라까와는 대결 자세를 선명히 하는 한편으로 오스만제국과의 관계 강화를 꾀했다. 아쩨는 1613년에는 조호르의 왕도를 침공하는 등, 조호르 왕국에는 커다란 위협으로 작용했다.

이렇듯 곤란한 처지에 놓였던 조호르를 구원해주었던 것은 네덜란드로, 포르투갈에서 멀라까를 빼앗으려 했던 네덜란드는 조호르와는 협력 관계를 구축하게 되었고, 1641년 멀라까를 차지한 이후[87]에는 조호르와 아쩨 사이의 화해를 중재하기도 했다.

17세기 중엽 이후 아쩨 왕국은 네덜란드에 후추 교역

---

86) 1511년 멀라까 왕국의 마흐무드 샤Mahmud Shah가 포르투갈 세력에 축출당한 뒤 사망했고, 뒤이어 그의 아들 알라우딘 리아얏 샤Alauddin Riayat Shah가 1528년 조호르강 상류에 위치한 쁘깐 뚜아Pekan Tua에 도읍을 정하고 조호르 왕국을 세웠다고 한다.
87) 16~17세기 이 지역에서는 조호르·아쩨 그리고 포르투갈령 멀라까가 멀라까 해협의 제해권을 놓고서 100여 년 동안 치열한 경쟁을 벌였는데, 결국 17세기 중반 네덜란드 동인도회사가 조호르 왕국과 연합하여 포르투갈 세력을 쫓아내게 된다.

독점권을 빼앗긴 채 쇠퇴 일로를 걸었던 반면에 네덜란드로부터 항행 허가증의 무상 급부와 관세 면제 등의 특권을 부여받았던 조호르 왕국은 수마뜨라 동쪽 연안의 일부 항시에까지 지배력을 확대했다. 후추·황금 등 수마뜨라 내륙의 미낭까바우Minangkabau 특산품과 말레이반도산 주석을 국제 시장에 공급하는 역할까지 떠맡으면서, 17세기 후반에는 네덜란드령 멀라까를 능가하는 동남아시아 유수의 항시국가로서 번영을 누리게 되었다.

하지만 네덜란드가 향신료 교역에서 확고한 우위를 점했던 1670년대 말경에는 유럽 시장에서 향신료 가격이 하락하기 시작했다. 세계적 규모에서의 경기 확대가 끝물을 보이고 있었다. 동아시아에서도 일본의 쇄국에 더해 중국에서도 명·청 교체〔1644년〕에 따른 정치적 혼란의 와중에서 해금 체제가 더욱 강화되었다. 1661년에 중국의 청조淸朝는 새로운 왕조에 계속 저항하는 정성공鄭成功의 해상 세력을 억제키 위해 천계령遷界令[88]을 선포하

---

88) 멸망한 명조 유신으로 반청反淸 흐름을 주도하던, 대만의 정성공 및 그 자손들에 대항키 위해 청조가 실시했던 정책으로 해금령의 강화된 형태이다. 기존의 복건·광동 지역을 비롯해 강소江蘇·절강浙江·산동山東을 포함한 다섯 지역에 적용되었다. 주된 내용은 연해沿海 주민을 내륙으로 강제 이주시킴으로써 대만의 정 씨鄭氏 세력과의 일체의 교통·교역을 차단하려는 것이었다. 천계령은 정 씨 세력이 쇠퇴했던 1681년부터 완화되다가, 1684년에 완전히 해제되었다.

고, 해상 봉쇄를 단행했다. 이러한 조치로 인해 남중국해 교역망 전체가 커다란 타격을 입었다. 교역의 쇠퇴 현상은 일시적이기는 했지만, '교역 시대'에는 마침내 마침표가 찍히게 되었다.

4강
동남아시아의 근세:
18세기~19세기 전반

라마 1세 동상(방콕)

	동남아시아	세계
1684		청조, 천계령 완화
1708	막구鄭玖, 하 띠엔의 영주가 되다	
1720년대 후반	쟈바, 커피 의무 공출제도 실시	
18세기 중반 무렵		영국에서 산업혁명 시작되다
1752	버마, 꼰바웅 왕조 성립	
1757	플라시 전투, 영국의 인도 지배 강화	
1767	꼰바웅 왕조 버마, 아유타야 점령	
	싸얌, 딱신이 톤부리 왕조를 일으키다	
1775	오양吳讓, 쏭클라의 영주가 되다	
1776		미합중국 독립 선언
1782	싸얌, 짝끄리가 랏따나꼬신 왕조를 일으키다	
1786	영국, 삐낭 획득	
1788	베트남, 떠이 선 왕조 성립	
1789		프랑스대혁명 발발
1802	베트남, 응우옌 왕조 성립	
1811~1816	영국, 쟈바 점령	
1819	영국, 싱가포르 점령	

Ⅰ. 동남아시아 근세를 규정하는 요인들

1. '바다의 시대'에서 '육지의 시대'로

18세기에서 19세기 전반에 걸친 시대의 동남아시아사는 '교역 시대'의 번영이 종언을 고한 뒤로, 식민지 지배하에 놓이기까지의 틈새 시기로 종래에는 별달리 주목을 받지 못했다. 하지만 근년에 이르러 이 시대를 근현대를 직접적으로 규정하는 여러 요소가 형성되었던 시대, 즉 '근세'로 재평가하려는 움직임이 정착하는 추세라 하겠다.

이러한 재평가의 계기가 되었던 사태의 변화는 20세기 말 이후의 동아시아·동남아시아의 경제 발전이었다. 그로 말미암아 그때까지 지배적이었던 역사관, 곧 정체되어 있던 아시아 사회의 '근대'는 산업혁명을 완수했던 서양을 통해 외부에서 이식된 것이라는 생각을 재검토하게 되었다. 그 결과 아시아사에 있어서 전근대와 근대의 단절이 아닌, 연속성에 관한 관심이 점차 높아지게 되었다.

이 시기 동남아시아사의 전개에 커다란 영향을 미쳤던

첫째 요인은 청조淸朝 중국의 번영과 그에 뒤따른 아시아 역내 교역의 발전 양상이었다. 중국 인구는 18세기 100년 동안에 1억 수천만 명에서 약 3억 명으로 거의 갑절이나 늘어났다. 그러한 인구 증가와 그에 뒤따른 경제적 확대로 인해 중국은 쌀·설탕 등의 식료를 비롯해 은·주석 등의 광물 자원 및 면화 등의 원료를 동남아시아에서 수입하게 되었다. 또한 중국은 유럽에 비단·차 등을 수출함으로써 전세기보다 더욱 많은 양의 은을 대량으로 벌어들이면서, 경제 성장을 촉진하게 되었다.

또한 (대만의) 정 씨 세력을 제압한 뒤에 천계령遷界令이 해제되고〔1684년〕, 중국 시장이 안정되고 다양화됨에 따라 동남아시아와 중국 간의 교역이 더욱 발전하는 한편 중국에서 대규모의 화인華人[1]이 동남아시아로 진출하게 되었다. 그중에는 종래의 중국과 동남아시아를 잇는 무역 상인에 더하여 주석·은·설탕 등 대중국 수출품의 생산에 종사하는 경영자·노동자 계층도 생겨났다. 그러한 이

---

1) 일반적으로 '화인overseas Chinese'은 중국 본토로부터 해외로 이주해 그 나라의 국적을 취득한 중국계 주민을 가리킨다. 그에 반해 국적을 취득하지 않은 경우는 '화교華僑'로, 이주·거주한 나라에서 출생한 화교 후손의 경우는 '화예華裔'로 각각 구별해 부르고 있다. 최근에는 '화교'보다는 '화인'이라는 용어를 쓰는 추세이다. 이 책에서는 문맥에 따라 '중국인' 또는 '화인'으로 적절히 번역하기로 한다. 참고로 화인은 세계 각지에 거주하지만, 그 태반은 동남아시아에 집중적으로 거주했던 관계로, 사회·경제 분야에서의 활동도 동남아시아 지역에서 가장 두드러진 편이다.

유로 인해 이 시대는 '화인의 세기'라고도 불리게 되었다.

둘째 요인은 18세기 중반부터 본격화하는 산업혁명으로 경제력을 갖춘 영국의 진출이었다. 18세기 초엽의 단계에서는 인도의 면직물과 중국의 차 등, 영국의 무역 구조는 아시아 산품에 의존하는 형태였는데, 산업혁명을 거치면서 이제는 영국산 면직물이 인도 등에 수출되게끔 되었다. 1757년 플라시Plassey 전투2)의 승리로 인도 진출을 본격화했던 영국은 중국 시장으로 진출하는 통로로 동남아시아에 관한 관심, 그중에서도 특히 말레이반도와 싱가포르에 관한 관심을 높여가고 있었다. 하지만 중국 시장에서 영국산 면직물의 팔림새는 생각만큼 시원치가 않았고, 19세기 초엽 이후에는 면직물(영국→인도), 아편(인도→중국), 차(중국→영국)의 삼각무역이 이루어지게 되었다.

이것과 관련해 주목할 만한 현상은 유럽·북미에서 17세기 중엽 이후 차·커피를 즐기는 끽차喫茶의 습관이 확산되었다는 것이다. 이것은 동남아시아의 커피·설탕의 증산을 불러오는 동시에 중국차를 광동에서 구입하는 유

---

2) 1757년 6월 벵골 지방 플라시 마을에서 벌어졌던 전투로 영국 동인도회사가 벵골 토후국 및 그를 후원하는 프랑스 동인도회사의 연합군을 상대로 싸워 승리를 거두었다. 영국과 프랑스 간의 식민지 쟁탈전의 와중에 벌어졌던 이 전투에서 승리함으로써 영국은 인도에서의 식민지 지배 정책을 본격화하기 시작했다.

럽 무역업자가 종종 동남아시아 산물을 대금으로 치렀던 까닭에 동남아시아와 중국 간의 관계가 확대되는 결과도 가져오게 되었다.

본래 18세기 후반에서 19세기 초반까지의 시기는, 1776년 미국 독립과 그에 뒤따른 전쟁, 제4차 영국-네덜란드 전쟁(1780~1784년), 1789년 프랑스혁명 때부터 1814~1815년 빈 회의Congress of Vienna 때까지 이어진 프랑스혁명 전쟁French Revolutionary Wars 및 나폴레옹 전쟁 Napoleonic Wars, 1791년 아이티 혁명Haitian Revolution[3]에서 시작되어 1820년대에 정점에 달했던 중남미 여러 나라의 독립 등등의 상황으로 말미암아, 영국을 포함한 유럽의 여러 나라는 아시아 무역에 많은 인력과 자원을 투입할 여유를 가지지 못했었다.

이상에서 말한 정세 속에서 동남아시아 근세에는 다음과 같은 변화들이 발생했다. 우선 수출품 성격에 변화가 생겼는데, 종래에 희소성을 무기로 삼았던 상품이 아니라 중국·유럽 등의 시장에서 대량으로 소비되는 상품들

---

3) 1791~1804년 서반구에서 일어났던 아프리카 흑인 노예 반란 가운데 유일하게 성공했던 최초의 혁명이다. 1793~1794년 노예해방이 이루어졌고, 독립운동의 지도자 투생 루베르튀르Toussaint Louverture의 주도로 독립전쟁을 치렀던 결과로, 1804년에 프랑스 식민지에서 최초로 자유로운 흑인 공화국이 독립해 탄생함으로써 신세계 아프리카인 역사에 있어서 중대한 역사적 전환점이 되었다.

이 주역을 맡게 되었다. 농산물의 경우 이러한 환금작물 cash crop[4] 재배에는 경지의 확보가 필요했으므로, 토지 개발·지배가 커다란 의미를 지니게 되었다. 그 결과 '교역 시대'에 생겼던 '바다의 세계'가 우위를 점하던 상황에서, '육지의 세계'로 우위가 옮겨가는 변화가 일어나게 되었다. 게다가 화인들이 참가함에 따라서 미개척지의 개발이 진행되었고, 다양한 프런티어[5] 공간들이 생겨나던 시대에서 각 지역의 중앙 정권이 점차 강화되어가는 시대로 변화가 이루어지게 된다. 네덜란드 동인도회사의 '(뭍으로의) 상륙'이라고 일컫듯이, 유럽의 향신료 붐이 꺼지면서 경영이 악화하였던 네덜란드 동인도회사도 쟈바 섬 내륙 지대로 지배권을 확대해가는 일에 착수했다. 필리핀을 지배하던 스페인도 갈레온 무역이 쇠퇴하자 환금작물의 개발을 시도했다. 대륙부에서는 혼란을 거쳐서 성립했던 버마의 꼰바웅Konbaung 왕조〔1752년 성립〕, 싸얌의 랏따나꼬신Rattanakosin 왕조〔1782년 성립〕, 베트남의 응우옌 왕조〔1802년 성립〕는 각각 오늘날 미얀마·타이·베트남 판도의 기초가 되는 영역을 지배했다.

---

4) 시장에 내다 팔기 위해 재배하는 농작물을 가리킨다. 이후에는 '환금작물'로 번역한다.
5) 개척지와 미개척지와의 경계선에 있는 지역을 가리킨다.

꼰바웅 왕조와 응우옌 왕조(Nguyễn Triều 阮朝)는 이윽고 영국·프랑스에 복속해가는 왕조이므로, 종래에는 그 취약성에 주목하여, 유럽 열강에 굴복할 수밖에 없던 '쇠퇴기 봉건 왕조'로 여겨지기도 한다. 하지만 오늘날에는 현재의 국토 기반을 닦았다는 측면이 점차 주목받음으로써, 오히려 근대로 이어지는 기초를 세운 시대로 재평가를 받고 있다.

2. '화인의 세기'

앞에서 언급했듯이, 수많은 화인華人들이 동남아시아로 진출했다. 그중에는 벼농사·제당업·광업 등의 생산활동에 종사하는 사람들도 있어서, 화인들의 현지화도 진행되었다.

현지화되었던 이들 화인들은 각각 메스티소Mestizo[필리핀)[6], 바바Baba[7]·쁘라나깐Peranakan[8]〔말레이시아·인도네시아〕, 민 흐엉〔Minh Hương 明鄕〕[9] 등의 명칭으로 불렸다. 쌀을 비롯한 대중국 수출품이 많았던 싸얌에서도 화인 정상政商이 수출품의 생산·교역에 종사하는 화인들과 손잡고서 세력을 확대했다. 1767년 버마의 꼰바웅 왕조에 의해 아유타야 왕조가 멸망한 뒤에 버마군을 내쫓고서 톤부리Tonburi 왕조를 수립한 딱신Taksin은 중국 조주계潮州系 출신으로 이와 같은 화인 세력의 중심인물이었다.

말레이반도 동부 연안의 쏭클라Songkhla에서는 1775년 복건계福建系의 오양吳讓이 딱신에게서 그 지역 통치를 위임받았는데, 말레이반도에 있어 싸얌의 교두보로 남쪽에 위치한 이슬람 제국을 통치하도록 했다. 오양은 원래 제비집 징세관徵稅官[10]으로 이후 8대에 걸쳐서 쏭클라를

6) 스페인어로 '혼혈'을 가리키는 말로, 본래는 백인과 원주민Indio 사이의 스페인계 메스티소에게만 이 용어를 사용했으나, 이후 중국계 혼혈인에게도 호칭을 사용하게 되었다.
7) 현지에서 출생한 중국인 후예를 가리켜 달리 '바바 뇨냐Baba Nyonya'라고도 하는데, '바바'는 남성이고, '뇨냐'는 여성을 가리킨다.
8) 15세기 후반부터 여러 세기에 걸쳐 이주해왔던 중국계 이민의 후예로서, 중국인과 인도네시아 원주민〔쁘리부미Pribumi〕 사이의 혼혈아를 가리킨다.
9) 17~18세기 명조 말기에서 청조 초기에 걸쳐 베트남으로 이주해왔던 중국계 이민의 후손을 가리킨다. 이들은 대부분 훗날 민 흐엉 싸(Minh Hương xã 明鄕社)와 같은 마을을 이루는 형태로 지역에 정착해 베트남 여성과 결혼해 후손을 남김으로써 현지화되었다. 한자로는 달리 '明香'으로도 표기한다.
10) '제비집'〔연와燕窩〕은 바닷가 제비가 해조류를 침으로 다져 만든 것으로 중국 요리의 최고급 식재로 쓰인다. 백색의 것은 '설연雪燕'이라 하여 고급품으로 치고, 회색이나 깃털이 섞인 것은 '모연毛燕'이라 하여 하등품으로 쳤다. '징세관'이라는 뜻은 오양이 딱신의 조정에 세금을 바치고 제비집의 채굴권을 얻었다는 뜻으로 보아야 한다.

통치했지만[11], 영국의 말레이반도 지배가 본격화됨에 따라 그 정치적 의미는 퇴색했다.

베트남 꽝 남의 응우엔 씨 정권 휘하에는 막구鄭玖 등, 청조의 지배에 불만을 품고 중국을 탈출했던 명조 유신들이 이주해왔다. 응우엔 씨 정권은 이들 중국인 세력을 메콩 델타의 개발에 투입했다. 17세기 말 응우엔 씨 정권이 진출했던 사이공(Sài Gòn 西貢)[12]에는 쩌 런(Chợ Lớn)[13] 지구에 차이나타운이 형성되었다. 베트남인·캄보디아인·중국인·참족 등이 서로 어지럽게 뒤섞인, 개방적이고도 코즈모폴리턴적 분위기의 새로운 세계가 메콩 델타라는 프런티어[14]에서 탄생했던 것이다. 그와 같은 도시

11) 1775~1904년에 걸쳐서 타이의 빳따니Pattani·나라티왓Narathiwat·얄라Yala 등의 지역, 말레이시아의 끌란딴Kelantan·뜨렝가누Terengganu·끄다Kedah·뻐르리스Perlis 등의 지역을 통치함으로써 실제로는 오 씨吳氏 가문이 이 기간에 말레이반도 중부 지역을 다스렸던 것으로 보고 있다.

12) '사이공'은 본래 캄보디아의 부도副都였으나, 16세기 베트남 영토로 편입되었다. 베트남전이 끝나고 나서 1976년에 호찌민시(Thành phố Hồ Chí Minh 城鋪胡志明)로 이름을 바꾸어 현재에 이르고 있다. '西貢'이라는 표기는 단순한 음역일 뿐이고, '사이공'의 어원에 대해서는 의견이 갈리는 편이다. 우선 '柴棍Sài Gòn'에서 왔다는 설이 있는데, 이것은 캄보디아인이 이 지역에 심었던 '케이폭kapok 나무의 숲' 또는 (케이폭 나무의 열매를 싸고 있는 솜으로 만든) 면화綿花(봉 곤bông gòn)를 가리키는 말에서 유래했다고 한다. 또 하나는 '사이공'의 크메르어 지명인 '쁘르이 노꼬르Prey Nokor'(숲의 도시·숲이 있는 토지) 또는 '쁘르이 꼬르Prey kor'(케이폭 나무의 숲)라는 말에서 유래했다는 설이 제기된다. 한편으로 프랑스 식민지 시기 이전에는 베트남어로 '자 딘(Gia Định 嘉定)'이란 지명으로 일반적으로 불렸다.

13) 베트남어로는 '큰 시장'이라는 뜻으로 한자로는 '堤岸'으로 표기한다. 베트남에서 규모가 가장 큰 차이나타운이자 상업 중심지로 빈 떠이(Bình Tây 平西) 시장이 자리잡고 있다. 흔히 영어식으로 '쫄론Cholon'으로 많이 불리고 있다.

14) 메콩 델타와 같은 '워터 프런티어Water Frontier'에 대해서는 다음과 같은 논의가 이루어지고 있다. *Water Frontier: Commerce and the Chinese in the Lower Mekong Region, 1750-1880*. Edited by Nola Cooke and Tana Li. Lanham, Md.: Rowman and Littlefield, 2004.

경제의 형성, 국제 상업 세계로의 참가를 주도했던 세력은 광동계廣東系를 중심으로 하는 중국인들이었다.

18세기에 접어들면 아유타야와 중국 사이에 정크선 교역이 활발해지고, 싸얌만이 국제 교역에서 중요한 의미를 지니게 되면서, 현 베트남 남부 캄보디아와의 경계에 위치한 하 띠엔(Hà Tiên 河僊)이 중계항으로서 부상하게 되었다. 막구鄭玖는 1708년에 꽝 남의 응우옌 씨에게서 하 띠엔 지역의 지배권을 인정받고서, 2대째인 막천사鄭天賜의 시대에는 군사·외교·통화 발행 등의 광범위한 자치권을 부여받으면서 사실상 화인華人 왕국을 건설했다.[15] 막 씨鄭氏 왕국은 캄보디아에는 바다로 나가는 출구, 중국에는 싸얌만의 정보 센터, 베트남에는 메콩 델타 및 캄보디아로 진출하는 교두보로서의 위치를 차지하게 되었다. 아유타야가 멸망한 뒤에는 싸얌 방면으로도 세력을 확장했는데, 이것은 타이 딱신의 톤부리 왕조와 충돌을 불러일으켰고, 1771년 딱신의 공격을 받고서는 하

---

15) 막구는 본래 광동성 출신으로 1671년 처음 캄보디아로 이주하여 우동의 궁정에서 일하면서 하 띠엔 지방의 조세 징수를 맡았었다. 이후 하 띠엔을 다스리는 크메르 관직인 옥냐(oknha 屋牙), 곧 총독에 임명되었다가, 1708년에 응우옌 씨 정권에 조공을 바치면서 하 띠엔은 베트남 영토가 되었다. 하지만 실제로는 상당한 자치권을 부여받아 일종의 '항구국港口國'의 성격으로 반독립 국가였다고 하겠다. 결과적으로 응우옌 씨 정권은 막 씨鄭氏 부자의 도움으로 남부 서쪽 해안지방에 대한 지배권을 확립할 수 있었다.

띠엔은 파괴되었다.

화인들이 대중국 수출품에 대한 관세 징수권이나, 아편 등의 전매 면허권을 국가에서 사들이는 것을 '징세청부徵稅請負'[16]라고 일컫는다. 화인계 유력자가 징세청부인으로 중앙 정권에 조세 수입을 바침으로써 자신의 지위를 확보하는 한편으로 세금 관리자로서 화인 공동체에 대한 지배권을 강화하는 것은, 싸얌 뿐만이 아니라 네덜란드나 영국의 식민지 통치하에서도 흔히 나타나는 현상이었다.

또한 화인 세력은 상업·광업 분야에서 '꿍스公司'[17]로 불리는 회사 조직을 만들었다. 보르네오섬의 뽄띠아낙Pontianak에서는 1777년 객가계客家系[18]의 나방백羅芳伯이 금광 개발을 위한 란팡꿍스蘭芳公司를 설립해서, 현지의 이슬람 정권과 어깨를 나란히 했던 화인 도시 정권을 수

---

16) 국가에서 세금을 거둘 때, 일정 금액으로 민간의 조세 청부인에게 조세 징수의 도급을 주어 그 사람의 계산에 따라 세금을 거두던 일을 가리킨다. 달리 '징세 청부제' '징세 도급제'라고도 한다.

17) 현대 중국어에서는 '회사'를 뜻하지만, 좀 더 넓은 뜻으로 상조하는 조직이나 결사結社를 가리킨다. 영국이나 네덜란드 식민당국은 '비밀 결사'로 간주했는데, 삐낭·싱가포르에서는 '꿍스公司' 간에 (무기를 들고 싸우는) 항쟁인 '계투械鬪'가 빈번히 발생했다.

18) 중국에서 일반적으로 4세기 초 서진西晉 말년과 12세기 초의 북송 말기에 화북의 황하 유역에서 점차 남방으로 이동하여 광동성·강서성·복건성의 경계 지역에 정착했던 한족을 가리키는데, 흔히 '하카Hakka'로 불리기도 한다.

립했다.[19)]

이와 같은 화인의 급격한 진출은 현지 정권의 경각심을 높이는 경우도 있었다. 바타비아에서는 1740년에 화인 학살 사건이 발생했고, 마찬가지로 18세기 중반에 대중국 무역의 다각화를 꾀했던 스페인이 마닐라에 거주하는 비가톨릭계 화인들을 추방하기 시작했다. 또한 베트남 북부에서도 중월中越 국경 지대의 산지에서 화인 경영자가 화인 노동자를 대규모로 투입하여 은광을 개발하는 일로 인해 베트남 쪽의 경계심을 불러일으키는 일도 있었다. 그러한 와중에 18세기 후반 이후로 대부분의 화인은 필리핀의 메스티소나 인도네시아의 쁘라나칸 Peranakan처럼 현지 사회에 동화하는 길을 택함으로써 살아남고자 했던 것이다. 그리하여 18세기 각지에서 출현했던 화인들의 대다수 자율적 정치·군사 세력은 19세

---

19) '란팡꿍스蘭芳公司'는 달리 '란팡 공화국共和國'으로 호칭하는 연구자들도 있다. 1770년에 창립자 진란백陳蘭伯·나방백羅芳伯의 이름자를 따서 지은 '란팡꿍스'는 1777년에 '공화국'으로 이름을 바꾸고서 1884년까지 객가계 이민자에 의해 세워진 민주 정권으로 존속했다. 공화국의 지도자로 민주적 선거에 의해 선출된 대당총장大唐總長[대통령]은 초대 나방백으로부터 12대까지 이어졌다. 이후 보르네오섬의 술탄 정권과 동맹을 맺고서 네덜란드 등 유럽 세력을 견제키 위해 청조淸朝에도 조공을 바치는 등, 최전성기에는 한국 정도의 면적에 400만 명의 인구를 거느렸는데, 그 영향력은 보르네오섬 전체에 미쳤을 정도였다. 1884년 청불淸佛전쟁이 일어나 청의 세력이 쇠퇴하자, 이윽고 공격을 개시한 네덜란드에 멸망당했고, 1912년에 네덜란드령 동인도에 공식적으로 편입되었다. 선거제를 통한 아시아 최초의 민주공화국으로 평가하려는 연구자의 견해도 있으며, 그 명맥이 1923년 동일한 객가계 이민자였던 리콴유에 의해 수립되는 싱가포르로 이어진다고 보는 시각도 있다.

기 중반 무렵에는 그 고유한 정치성을 상실하고 말았다.

3. 해역 세계에서의 주변 세력의 대두

해역 세계에서는 '교역 시대'에 번영했던 상업 중심이 쇠퇴 또는 붕괴했고, 그에 대신해 주변 세력이 부상하게 되었다.

아쩨의 경우는 왕국 지배를 받았던, 내륙 후추 생산지의 지방 수령 계층〔울레발랑Uleebalang〕[20]의 자립성이 높아져 갔다. 서부 수마뜨라에서는 내륙 분지에서 후추·갬비어gambir[21]〔생약 원료〕·커피·쌀 따위를 항시로 반출하고 있던 미낭까바우Minangkabau인들의 세력이 부상하면서, 시악Siak에 독립 왕국을 수립했다. 시악 왕국은 대중국 무역의 중요 수출품인 후추·임산물의 출하항으로 18세기 후반에 번영하는 항시가 되었다. 마찬가지로 수마뜨라 내륙의 바딱Batak인들도 해역 세계와의 관계를 강

---

20) 넓은 봉토〔mukim〕를 하사받은 군사 귀족을 가리키는 말로 아쩨에서는 '울레발랑', 말레이반도에서는 '훌루발랑Hulubalang'이라고 불렸다.

21) 지혈제·수렴제收斂劑 등의 약재로 쓰이는데, '아선약阿仙藥' '빈랑고檳榔膏'라고 일컬었다.

화하며 세력을 확대했다. 경제 활동으로 부를 축적한 내류민 가운데에는 (이슬람 성지인) 메카Mecca로 (성지) 순례 여행을 떠나는 이들도 생겨났고[22], 이슬람법[23]의 준수를 외치는 개혁 사상이 유입되기도 했다. 중요한 교역 상대에 비무슬림이 존재했던 항시에 비해, 내륙부 경우는 이슬람의 순수화를 주장하는 운동을 펼치기에는 더할 나위 없이 적합했다. 시장 활동의 질서·안전을 바라고 요구했던 미낭까바우 지역과 바딱 지역에는 빠드리 운동 Gerakan Padri[24]으로 불렸던 이슬람 개혁 운동이 확산하게 되었다.

또 하나 18세기 해역 동부 지역에서 주목되는 것은 부기스Bugis족 세력의 부상이다. 부기스족은 본래 술라웨시해의 '해민海民'이었는데, 네덜란드가 마까사르를 점령한 후에는 멀라까 해협으로 이주해있었다. 멀라까 왕국

---

22) 메카로 성지 순례를 하거나, 성지 순례 다녀온 사람을 인도네시아에서는 보통 '하지 haji'라고 일컫는다. 또한 메카를 순례하고 와서 이슬람의 지도자가 된 이들에 대한 존칭으로 '끼야이kyai(kiai)라는 칭호를 붙이기도 했다. 이러한 이슬람 지도자·학자들을 아랍어에서 유래한 '울라마ulama'라는 호칭으로도 불렸는데, 이들은 이후 인도네시아 역사에서 이슬람 의식의 절대적인 옹호 세력을 형성하게 된다.
23) '샤리아syariah'라고 하는데, 이슬람 율법과 규범 체계를 가리킨다. 9강 주석 17) 참조.
24) 1780년대에 시작된 이슬람 개혁 운동은 1803~1804년 사이에 아쩨 지역의 항구인 뻐디르Pedir를 거쳐서 메카로 순례 여행을 했던 뻐디르 사람들이 주축이 되었기 때문에 '빠드리 운동'으로 불리게 되었다. 이러한 개혁 운동은 특히 상업 활동을 하는 이들이 자신들의 상품과 외부와의 교역에 따른 계약, 또 상업 종사자들을 보호하려는 방법으로 이슬람법 샤리아를 방패막이로 삼고자 했다. 이러한 이슬람 개혁 운동은 이렇듯 신흥 상업 계층의 이익과도 밀접하게 연관되어있었던 관계로 지속적으로 발전할 수 있었다.

의 뒤를 잇는 이슬람 왕국으로 번성했던 조호르에서는 17세기 말에 이르러 왕가가 단절되자, 리아우Riau 제도에 거점을 두었던 부기스족 세력이 강대해져서, 조호르의 말레이인 왕권과 연합하여 18~19세기 전반 말레이·이슬람 세계 네트워크에서 커다란 역할을 맡게 되었다.

한편으로 남중국해를 둘러싼 해역에서는 네덜란드 세력이 바다에서 철수하고, 대중국 무역이 활성화되었으며, 영국 동인도회사에는 속하지 않는 민간 자유 무역 상인인 '지방무역상country trader'[25]의 진출 등으로 인해, 보르네오섬과 필리핀 사이에 펼쳐져 있는 술루 해역에서 술루 왕국〔술루군도〕·마긴다나오Maguindanao 왕국〔민다나오섬 남부〕 등의 이슬람 왕국이 번성했다. 18세기 후반에는 술루에는 중국·영국의 선박뿐만 아니라 마카오 포르투갈 선박과 마닐라 스페인 선박까지도 찾아옴으로써, 남중국해 동부의 교역 중심으로 부상했다.

이러한 주변 세력들의 대두는 프런티어 개발 시대였

---

25) 영국의 동인도회사는 다른 유럽 국가들과의 분쟁을 피하려고, 동인도회사 사원이 개인 자격으로 아시아 지역 내에서 상품을 거래하는 민간 자유 무역을 '지방 무역country trade'이라고 불렀다. '지방무역상country trader'은 이러한 민간 자유 무역 상인을 가리키는 말로 달리 '프리 트레이더free trader'라고도 했다. 이후 영국이 19세기 중반 대중국 무역에서 아편을 취급하기 시작했을 때 차 무역은 동인도회사, 아편 수송은 지방무역상들이 맡는 식의 분업 체제를 취함으로써 이들 집단이 본격적으로 등장하게 되었다.

던 18세기에 특징적인 현상이었는데, 앞서 보았던 화인 세력들과 마찬가지로 19세기에 들어서면 변화하지 않을 수 없게 된다. (이슬람 개혁 운동인) 빠드리 운동은 네덜란드의 지배권이 수마뜨라 전체로 확대됨에 따라 억제되었고, 리아우 제도는 영국의 우위가 확립되는 과정에서 싱가포르에 교역망의 중심적 지위를 빼앗겨버렸고, 술루 세계는 영국 지배하의 보르네오, 네덜란드 지배하의 말루꾸해협 지역, 또한 스페인령(훗날 미국령) 필리핀 등에 의해 분단됨으로써 다시금 주변적 지위로 밀려나게 되었던 것이다.

II. 대륙부 근세 국가의 전개

1. 버마-농업 국가 꼰바웅 왕조

'교역 시대'가 종언을 고한 뒤 교역 활동이 일시적으로 정체된 후에, 18세기 전반에 이르자 티크teak 목재[26]와 면화 수출에 힘입어 벵골만 교역은 다시 활성화되었다. 이윽고 몬족과 화인 등 버마 연해 지역의 국제적·상업적 세력이 강대해져서, 버마 평원부의 잉와를 도읍으로 하는 후기 따웅우 복고 왕조를 위협하기에 이르렀고, 1752년에 이 왕조를 멸망시켰다. 하지만 대륙부에서도, 배후 지역의 내륙·평원 세력이 우위를 점하는 시대가 도래하여 평원 지대 슈웨보Shwebo의 수장 알라웅폐야 Alaungpaya[재위 1752~1760]가 평원 지대 버마를 통일하고, 연해 지역의 세력을 무찔러서 꼰바웅 왕조[27]를 개창하고

---

26) 티크는 매우 견고하고 습기에 강한 중요한 목재로 건축·가구 또는 조각재로 쓰인다. 주로 인도·미얀마·타이·인도네시아 자바 등지에서 생산된다.
27) 미얀마 역사에서는 왕조를 개창한 군주의 이름을 따서 보통 '알라웅폐야 왕조'라고도 일컫는다.

서, 1757년까지는 평원부와 연해부를 통일하기에 이르렀다. 이것은 기존의 항시적·국제적 문화에 대한, 소농적小農的·내향적 문화의 승리라고 할 수 있겠다.

그 후로 꼰바웅 왕조의 왕들은 버마의 거주 영역을 넘어서 세력 확대를 도모했다. 제3대 신뷰쉰Hsinbyushin 왕은 수도를 (슈웨보에서) 잉와로 옮기는 한편으로 아유타야 왕국을 침공하여, 1767년에 아유타야를 함락시켰다. 이러한 군사 원정 도중에 동부 샨고원의 샨족 수장에 대한 지배권을 강화했던 일이 청조의 반발을 불러일으켜서 네 차례에 걸친 군사 충돌이 일어났다.[28] 제6대 보도폐야 Bodawpaya〔재위 1781~1819〕[29] 치세에 꼰바웅 왕조의 판도는 서쪽의 아라칸Arakan〔여카잉Rakhine〕 지역까지 미치게 되었다. 동쪽으로는 싸얌의 랏따나꼬신 왕조와 전쟁을 거듭했는데, 이러한 과정을 거치면서 싸얌과의 경계선을 거의 확정 짓게 되었다. 이렇듯 꼰바웅 왕조 치세에 거의 오늘날의 미얀마 국토에 상당하는 영역을 지배하에 두게 되었다.

---

28) '백상白象의 지배자'란 뜻의 신뷰쉰 왕은 『청사고淸史稿』와 같은 중국 문헌에서는 '맹박孟駁' '몽박懵駁'으로 표기되고 있다. 1765~1769년에 걸쳐 건륭제乾隆帝 치세의 청조와 벌였던 이른바 청면淸緬전쟁은 1769년 12월에 휴전 협정을 맺음으로써 종결되었다.
29) '할아버지 왕'이란 뜻의 칭호로 불렸던 보도폐야 왕은 슬하에 62명의 아들과 58명의 딸을 둔 것으로 알려져 있다.

꼰바웅 치세에는 해상 교역의 중심으로 랑군Rangoon[30] 이 버마 목재 수출과 인도 면직물 수입 등으로 번영했고, 육로를 통한 대중국 무역 루트도 활황을 이루어, 버마 면화 수출과 중국 비단 수입이 이루어졌다. 이러한 대외 경제의 발전에 힘입어 국내 경제 활동의 '화폐화'가 진척되었고, 은과 그 합금이 상거래·납세 등에서 사용되게 되었다. 꼰바웅 왕조 치세에는 중앙 정권에 의한 지방 통치의 실효화도 진행되어, 묘Myo[31]라는 지방 행정 단위가 새로 설치되었고, 드지Thu-gyi[32]라는 해당 지역의 지배자가 다시 그 수장에 임명되어, 징세·징병을 담당토록 했다.

이리하여 버마는 여타 동남아시아 국가와 비교해 국가 단위의 징세 시스템과 경제권의 형성이 비교적 이른 시기에 진행되었다. 1820년대에 접어들어, 열대 산물의 가격 하락과 일부 지역에서는 은의 가치 폭등으로 인해 교역에서 이윤을 내기 어려운 상황이 벌어졌으나, 거대한 농업 사회를 이루었던 버마의 경우는 교역이 국가 재정에서 차지하는 비중이 그리 크지 않아서, 은의 유출과 같은

---

30) 원래 명칭은 랑군으로 '전쟁의 끝' '평화'라는 뜻이다. 2006년 국호를 버마에서 미얀마로 바꾸면서, 랑군의 명칭도 '양곤Yangon'으로 변경했다.
31) 본래 전통적 촌락 공동체를 가리키며 우리말로는 '읍'에 해당한다고 하겠다. 1887년에 '묘'를 마을 단위로 분리하는 촌락법이 제정되었다.
32) 전통적인 '묘'의 우두머리가 '묘드지'로, 1887년 이후에는 '촌장'으로 대체되었다.

사태는 발생하지 않았다. 오히려 버마의 위기는 꼰바웅 왕조의 정력적인 영토 확장 정책이 영국-버마 전쟁Anglo-Burmese Wars〔영면英緬전쟁〕[33]으로 치닫게 되는, 영국과 군사적 충돌을 불러일으킴으로써 초래되었다고 하겠다.

2. 베트남-떠이 선 왕조에서 응우옌 왕조로

앞의 강의에서 언급했듯이 '교역 시대' 베트남은 남북 정권 모두가 일본 시장에 의존하고 있었다. 일본 시장이 축소되고, 중국 시장이 부활함에 따라 17세기 말에는 베트남의 대외 교역은 쇠퇴하고 말았다. '교역 시대'가 가져다준 번영이 사라지자, 베트남 북부 찐 씨 정권은 농업 이외에는 이렇다 할 산업이 없는 상황에 다시 직면하게 되었다. 일단 자연재해가 발생하면 대규모 유민이 발생했다. 촌락은 마을에서 더는 부양할 수 없게 된 사람들을 유민으로 방출하고서, 이들이 소유했던 토지를 축적

---

33) 1824~1826년 제1차 전쟁, 1852~1853년 제2차 전쟁, 1885~1886년 제3차 전쟁 등 세 차례에 걸쳐 전쟁이 벌어졌고, 1886년 1월에 버마는 마침내 영국의 식민지가 되었다.

하면서 공전公田에 대한 관리권을 장악해나감으로써 국가에 대한 자율성을 강화해갔다. 중앙정부에 있어서도 지주·무인 등의 중간 권력을 억누를 수 있는 촌락의 권한 강화는 그리 나쁜 일만은 아니었다. 이러한 이유에서 현재까지도 북·중부 베트남에서 볼 수 있는 강고한 촌락 공동체가 형성되었던 것으로 생각해볼 수 있겠다. 곧 동남아시아에서는 보기 드물게, 국제 상업성이 결여되어있는 빈곤한 소농적小農的 자급 사회가 홍강 델타를 중심으로 형성되었던 것이다.

이에 반해 꽝 남의 응우옌 씨 정권의 경우에는 남하함으로써 영역을 확장할 수 있다는 선택지가 있었다. 17세기 말에는 참파를 속국으로 만들었고, 크메르의 내분 상황을 틈타서 사이공 지역까지 진출했으며, 앞서 언급했듯이 명조 유신으로 이루어진 중국인 세력을 활용하여 메콩 델타로의 진출을 시작했다.

그러나 응우옌 씨 정권도 이처럼 남쪽으로 팽창하는 것만으로 모든 문제를 해결할 수는 없었으니, 17세기 후반 이후 기존에 지배하던 지역에서 징세를 강화했으므로 그에 대한 반발이 점차 확산해갔다. 그러한 반발 가운데 하나로, 1771년 현재의 빈 딘(Bình Định 平定)성 떠이 선〔Tây Sơn 西山〕에서 일어난 응우옌 씨阮氏 삼형제[34]〔꽝 남 응우옌 씨와 구별하여 떠이 선 응우옌 씨라고 부른다〕의 반란은 이후 커다란 역사적 변화를 초래하게 되었다. 이러한 떠이 선 반란이 일어난 배경 원인으로 과중한 세금에 대한 농민의 반발에 더하여, 내지로 지배권을 확대하는 데 대한 산민山民 세력의 반발, 그리고 빈 딘의 후에〔Huế 順化〕를 중심으로 한 경제권에 대한 반발 등이 겹쳤던 것으로 추정할 수 있다. 떠이 선의 반란으로 꽝 남 응우옌 씨 정권이 곤경에 처한 것을 기화로, 북부의 찐 씨 정권은 1775년 후에를 공략해 점령했고, 꽝 남 응우옌 씨는 사이공으로 도망쳤다. 이것을 다시 떠이 선 응우옌 씨가 공격하여, 꽝 남 응우옌 씨 정권은 마침내 멸망했다.

1786년 이후로 베트남 역사의 흐름은 통합을 향해 나아가게 된다. 떠이 선 응우옌 씨의 응우옌 후에는 북상하여 1786년에 하노이의 찐 씨 정권마저 멸망시켰다. 레 왕조의 마지막 군주 찌에우 통〔Chiêu Thống 昭統〕 황제는 중국으로 망명하여 (구원을 요청해) 청군淸軍을 끌어들였으나, 응우옌 후에는 1788년 스스로 떠이 선의 꽝 쭝〔Quang Trung

---

34) 응우옌 반 냑〔Nguyễn Văn Nhạc 阮文岳〕·응우옌 반 르〔Nguyễn Văn Lữ 阮文呂〕·응우옌 후에〔Nguyễn Huệ 阮文惠〕의 세 사람을 말한다.

光中〕황제로 자칭하며 제위에 올랐고, 이윽고 북상하여 청군을 격파했다.[35] 이로써 레 왕조도 멸망하고 말았다.

꽝 남 응우옌 씨 일족 가운데 살아남은 응우옌 아인〔Nguyễn Ánh 阮映〕은 싸얌·캄보디아·라오스·화인·프랑스[36] 등등, 당시에 싸얌만 교역에 관여했던 여러 세력의 지원을 등에 업고서 세력을 차츰 만회했다. 1792년에 떠이 선의 꽝 쭝 황제가 사망하자, 본격적으로 반격에 나서서 이윽고 떠이 선 왕조〔Tây Sơn triều 西山朝〕[37]를 멸망시켰다. 이윽고 1802년에 응우옌 아인이 자 롱〔Gia Long 嘉隆〕황제[38]로 즉위하여 응우옌 왕조〔Nguyễn triều 阮朝〕를 수립하고, 후에를 도읍으로 삼았다. 오늘날 베트남의 판도에 가까운, 남북으로 가늘고 길게 뻗은 국토를 통일적으로 지배하는 정권이 탄생했다.

---

35) 응우옌 후에는 10만의 병력을 이끌고 북상해서 1789년 1월 양광兩廣 총독 손사의孫士毅가 이끌던 청군을 공격·격파했는데, 이는 앞서 쩐씨 왕조 시절 쩐 흥 다오가 몽골군을 무찔러 승전했던 사실과 더불어 베트남 역사상 가장 위대한 승리의 하나로 높게 평가받고 있다.

36) 프랑스의 피뇨 드 베엔Pigneau de Béhaine 주교의 응우옌 아인에 대한 협력은 이후 프랑스가 인도차이나반도로 진출하게 되는 하나의 계기로 작용했다.

37) 1778~1802년의 24년 동안의 단기 왕조에 그쳤기 때문에 달리 '떠이 선 운동'〔Phong trào Tây Sơn〕이라고 부르는 경우도 많다.

38) 1802~1820년까지 재위했는데, 휘諱는 '응우옌 푹 아인'〔Nguyễn Phúc Ánh〕으로 한자로는 '阮福映' 또는 '阮福暎'으로 표기했다. 응우옌 왕조는 다른 왕조와는 달리 일세일원一世一元 제도를 채택했으므로, 치세의 연호가 그대로 황제의 통칭으로 쓰였다. '자 롱嘉隆'이란 연호는 남쪽 수도 '자 딘嘉定'(사이공)과 북쪽 수도 '탕 롱昇隆'(하노이)을 통합했다는 의미를 상징적으로 나타낸 것이다.

응우옌 왕조는 그때까지의 왕조들과는 국토의 크기가 전혀 다른 위대한 국가라는 의식을 지니고 있었다. 1804년에 청조로부터 '월남越南'(베트남)이라는 국호를 승인받았지만[39], 한편으로 1838년부터는 종래의 '다이 비엣大越'에 대신하여 '다이 남'(Đại Nam 大南)이라는 국호를 자칭하기 시작했다. [40] 응우옌 왕조는 출발부터 다원성을 지녔던 국토의 통합을 위해서도, 그 어느 때보다도 더욱더 자국이 (인도차이나반도의) '중화中華'라는 점을 강하게 자기주장했던 것이다.

응우옌 왕조는 도읍을 후에로 정했으나, 북부와 남부에는 각각 박 타인(Bắc Thành 北城)과 자 딘 타인(Thành Gia Định 嘉定城)을 설치하고, 총진總鎭이라는 고위 관리를 두고서 대폭적인 자치를 허용했다. 특히 남부의 자 딘 타인 총진의 관할 지역에서는 중국인·유럽인을 포함한 외국

---

39) 자 롱 황제는 1802년 즉위하고 나서 청조에 청봉사請封使를 보내 처음에 '남월南越'이라는 국호를 제안했다. 그러나 청조는 '남월'이라는 국호가 고대에 조타趙佗가 세웠던 나라의 국호와 같다고 반대했다. 1804년에 다시 사절을 보내 국호 문제를 제기하자, 청조는 두 글자의 순서를 바꾸어 '월남越南'으로 하자는 의견을 제시했다. 응우옌 왕조로서도 조상 전래의 땅인 '비엣 트엉(Việt Thường 越裳)'의 '비엣'이 앞에 오고, 전 씨 정권이 다스리던 '안남安南'의 '남' 자가 뒤에 오는 것에 만족해 청조의 의견을 수용함으로써, 지금의 베트남이라는 국호가 탄생하게 되었다. 응우옌 왕조는 이후 국내에서는 '비엣 남越南' '다이 비엣大越'이라는 두 국호를 병행했으나, 민 망 황제 치세에 이르러 '다이 난大南'이라는 국호만을 사용하기로 결정하고 '다이 비엣大越'의 사용을 금지시켰다. 다만 청조에 보내는 외교 문서에는 종전과 다름없이 '비엣 남越南'이라는 국호로써 자칭했다.
40) '다이 난大南'의 '다이大'는 '대청大淸'의 '대', '남南'은 북쪽에 위치한 청조에 대응하는 의미의 글자로, 중국과 대등하다는 의식을 나타내고 있다.

상인들을 우대하는 등, 상업적이고도 개방적인 공간에 적합한 정책을 채택하기도 했다.

하지만 제2대 민 망(Minh Mạng 明命) 황제[41]의 치세에 이르자, 총진이라는 관직을 폐지하고서 (중앙에서 직접 관할하는) 성省·주州를 전국에 설치하는 등의 중앙 집권화와 전국을 일률적으로 통치하는 체제의 구축을 꾀하게 되었다. 민망 황제는 홍강 델타에서 생겨났던, 균질적인 소농小農이 형성하는 자급적 촌락을 기반으로 삼고서, 유교 이념에 의한 사회 질서의 구축을 꾀했으며, 대외적으로는 쇄국정책으로 전환하면서 베트남 국내에 늘어나던 가톨릭 세력에 대해서도 박해를 가하는 정책을 취하게 되었다.

베트남의 '중화제국화'를 추진했던 민 망 황제는 캄보디아·라오스에 대한 패권을 둘러싸고, 싸얌과 분쟁을 거듭하게 되었다. 특히 캄보디아에 대해서는 1834년 이후로 실질적으로 베트남의 지배하에 두고서, 적극적인 베트남화를 추진했다. 그러나 싸얌과 싸얌이 지원하는 캄

---

41) 민 망 황제는 1820~1841년에 이르는 재위 기간에 수많은 업적을 남김으로써, 15세기 레 타인 똥과 함께 베트남 역사에서 가장 위대한 군주의 한 사람으로 평가받고 있다. 또한 1838년에 국호를 '다이 남大南'으로 바꾸는 등, 유사 이래 베트남 영토를 최대한 넓혔던 군주로도 알려져 있다. 그는 또한 아들 78명과 딸 64명, 도합 142명의 자녀를 둔 사실로도 유명한데, 그러한 자신의 절륜한 정력의 원천이 고려인삼에 있었다고 황제 자신이 인정했다는 재미있는 일화도 전하고 있다.

보디아 왕족의 거센 저항에 부딪혔고, 결국 1845년에 싸얌이 옹립했던 옹 두엉Ang Duong 왕[42]의 즉위에 동의하고서, 캄보디아에서 철수했다.

메콩 델타에 대해서도 민 망 황제는 경작지의 조사·측량을 시행토록 하여[43], 홍강 델타에서와 같은 방법으로 토지 관리를 강화[44]하는 한편 쌀의 수출을 금지하려고 했다.[45] 하지만 (홍강 델타에는 존재하지 않았던) 대토지를 소유한 지주들이 도당徒黨 집단을 결성해 (납세·병역 등의) 국가의 관리에 저항하는 탓에 실효를 거두지 못하고서, (자유롭고) 상업적이었던 벼농사는 계속하여 유지되었다.

국제적으로 은의 유통이 확대되었던 18세기[46]에, 북부

---

42) 1840~1860년 동안 재위했던 군주로 캄보디아의 근대화를 추진, 베트남·타이 양국의 위협에서 국토를 수호했던 명군으로 알려져 있다. 현 캄보디아 헌법에는 국왕에 즉위하기 위해서는 '옹 두엉 왕·노로돔Norodom 왕·시소왓Sisowath 왕의 직계 자손이어야 한다'는 조건이 명시되어있다.

43) 경작지의 경계·넓이·수확·땅값·지적 등을 조사하는 것으로, 오늘날의 세무조사에 해당하는 것이다.

44) 홍강 델타에서와 같은 정착형定着型 촌락 유형을 모델로 해서 메콩 델타 지역에도 강제로 적용하려고 했다.

45) 민 망 황제는 국제 경제에서 자국을 격리해 경제·사회 질서를 유지코자 했으나, 그러한 통제 정책은 성공하지 못했다. 그러한 현실과 정책 사이의 모순이 결국에는 프랑스의 침략을 불러일으켰다고 할 수 있다.

46) 중국의 경우 명대 말기인 1560년부터 세금을 은으로 납부하는 일조편법一條鞭法이 시행되었는데, 이러한 일조편법은 스페인령 아메리카에서 수입되었던 은을 통해서 비로소 유지되었다고 할 수 있다. 이윽고 중국에서 세금을 완전히 은으로 납부케 되었던 것은 18세기 초 청대의 지정은제地丁銀制의 실시에 이르러서였다. 그 결과 중국 국내의 은 수요가 더욱 증대했고, 대외 무역에서도 중국 상품과 은을 교환하는 무역 형태가 정착하게 되었다.

산악 지대의 은광 개발이 진척되어. 똥 띤(Tống Tinh 送星) 은광 등은 대규모의 중국인 노동자[47]에 의해 개발되었는데, 중국인들에 의한 난개발과 자원 유출을 이전의 찐 씨 정권은 제대로 통제하지 못했다. 응우옌 왕조는 중국인들과 산지민山地民에게 은광 개발을 청부로 맡기는 한편으로 광산세鑛山稅를 징수하는 시스템을 도입, 광산 관리를 강화하려 했으나, 광산세 징수액은 소액에 그쳤고, 중국인들에 의한 은의 유출은 계속되었다. 중국에서 은 가격이 폭등했던 민 망 황제 치세에는 베트남에서도 은 가격이 폭등했다. 응우옌 왕조는 은 수출 금지령을 내리는 한편 똥 띤 은광 등을 청부 방식을 통하지 않고서 국가가 직접 관리하는 쪽으로 바꾸었다. 그러나 중국인 기술자의 협조 없이는 은광 개발의 성과는 좀처럼 향상되지 않았다.

응우옌 왕조는 은의 유통이 확대되었던 국제 경제에 적극적으로 대응하려고 노력했다. 자 롱 황제는 봉급 등 경비 지출에 은을 사용하는 한편으로 조세 역시 은으로 납부하는 방법을 채택했다. 그렇지만 은납銀納 방식

---

47) 똥 띤 은광 이외에도 베트남 북부 국경 지대에는 구리 광산으로 유명한 뚜 롱(Tụ Long 聚龍) 동광이 있었는데 이곳에는 모두 광동 출신의 중국인 노동자들이 많았다고 한다.

은 일부에만 그쳤고, 민 망 황제 치세에 이르면 은 가격이 폭등해 조세 일부는 현물로 바치든가 전납錢納의 방식으로 되돌렸다. 그런데도 중국인과 산지민에 대한 인두세·관진세關津稅[48)][내국 관세] 등에 대해서는 은납 방식이 계속되었다. 또한 민 망 황제 치세인 1832년에는 은화를 대량으로 주조했고, 무역과 관련해서도 관선官船 무역을 함으로써 중국인 무역을 통제하려는 시도가 이루어졌다. 그러한 시책의 덕택으로 은이 점차 왕도인 후에로 집중케 되었고, 지방 세력의 경제력은 축소케 되어서, 1830년대에는 재정을 포함한 중앙 집권적 통치 체제가 전국적 규모로 정비되었다.

하지만 영토 가운데 다양한 지역을 포괄했던 베트남을 일원적 질서로 통제하려는 시도는 처음부터 한계가 있었다고 해야 하겠다. 메콩 델타에서의 상업적 벼농사를 기반으로 해서, 중국인 상인들이 주도했던 쌀의 대중국 수출량은 계속 증가했고, 은의 유출에도 여전히 제동이 걸리지 않았다.

---

48) '관진關津'은 관문과 나루를 뜻한다.

3. 싸얌-톤부리 왕조에서 랏따나꼬신 왕조에로

1720년대에 중국 청조가 타이 쌀의 수입을 시작하자, 아유타야 왕조 대외 교역의 중심은 벵골만으로부터 남중국해로 바뀌게 되었고, 이러한 대중국 교역의 담당 계층이었던 화인들이 궁정과 관료층 가운데에서 두각을 나타내었다. 버마 꼰바웅 왕조의 공격에 직면했던 아유타야에서는 그때까지 대중국 교역 업무를 대행했던 화인들까지도 대버마 방어 전쟁의 주력으로, 상당수가 행정 기구에 임용되었다. 딱신Taksin[49]은 조주계 화인인 부친과 싸얌인 모친 사이에서 태어났는데, 1767년 버마의 침공으로 아유타야가 함락되자, 우선 싸얌만 연안 도시들의 장악에 착수했다. 이윽고 싸얌만에서 남중국해에 걸쳐있는 교역망에 접근하기 유리했던, 짜오프라야강 하구 근처의 톤부리를 도읍으로 정하고서 국왕에 즉위했다. 톤

---

49) 1734~1782. 화인 출신으로 타이 톤부리 왕조의 유일한 국왕이었다. 중국 원명은 정신鄭信이었는데, 본래 이름이 '신Sin'이고 '딱Tak' 지방을 통치하던 인물이라 하여 '딱신'으로 불렸다. 왕이 된 이후에는 정소鄭昭(昭는 왕의 뜻)라 자칭했으며, 중국 역사서에는 '감은척甘恩敕' '비아신조雅新' 등으로 표기되어있다. 1767년 수도 아유타야를 점령한 버마군에 맞서 싸워 싸얌을 해방시켰는데, 아유타야가 철저히 파괴되었던 관계로 톤부리에 새 도읍을 정하고 왕조를 개창했다. 버마의 침략을 물리친 이후 란나 왕국을 복속시키고, 아유타야의 속국이 라오스·캄보디아를 되찾았다. 오늘날 타이 지폐에 초상이 실릴 만큼 역사적으로도 높은 평가를 받는 군주의 한 사람이다. 참고로 2001년 제31대 타이 수상에 올랐던 객가계 화인 탁씬 친나왓Thaksin Shinawatra(치우따신丘達新)과는 타이어로 철자가 전혀 다른 별개의 이름이다.

부리Tonburi 왕조가 성립되었다.

1766년 이후 운남 국경을 둘러싸고 청과 버마 사이에 분쟁이 발생했고, 그 결과 버마로부터의 군사적 압력이 줄어들었다. 국내를 통일했던 딱신은 싸얌만·남중국해 교역망의 패권을 둘러싼 싸움, 청조에게 아유타야 왕조의 후계자로 승인받는 정통성을 둘러싼 다툼, 하 띠엔의 막천사鄭天賜와의 싸움[50] 등에서 모두 승리를 거두었다. 그러나 청조가 딱신을 '아유타야 왕'으로 공인하는 자세를 표명했던 1782년에 딱신을 '정신 이상'이라고 주장했던 일군의 세력이 반란을 일으켜 그를 처형했다.[51] 이윽고 그를 대신해 짜오프라야 짝끄리Chao Phraya Chakri가 라마Rama 1세〔재위 1782~1809〕로 즉위하고서, 톤부리의 대안에 위치한 방콕Bangkok에서 새로운 왕조를 개창했다. 이것이 오늘날까지 이어지고 있는 랏따나꼬신Rattanakosin〔짝끄리〕왕조이다.[52]

초기 랏따나꼬신 왕조에 있어서는 계속해서 중국과 관

---

50) 딱신이 청조 건륭제에게 자신이 버마에 멸망당한 아유타야 왕조의 후계자임을 천명하고, 계속해서 종번宗藩 관계를 유지할 것과 자신을 후계 국왕으로 승인해줄 것을 요청했으나, 때마침 하 띠엔의 도독으로 있던 막천사는 별도의 외교 경로를 통해 딱신이 아유타야의 왕위를 찬탈한 것이라고 비난하면서 집요한 방해 공작을 펼쳤다.

51) 딱신의 실정과 '정신 이상', 그리고 뒤이은 짝끄리, 곧 라마 1세의 즉위 과정에 대해서는 역사적으로 많은 논란이 있어왔다.

52) 왕궁이 운하와 짜오프라야강에 둘러싸인 랏따나꼬신섬에 있는 관계로 '랏따나꼬신 왕조'로 불렸으며, 한편으로 수도가 방콕에 있던 까닭에 '방콕 왕조'라고도 한다.

계를 유지하는 일이 대외 정책의 중축이었다.[53] 라마 1세가 청조로부터 책봉을 받았던 것이 1787년으로, 이후 1830년대까지 싸얌은 거의 매년 중국에 조공 사절을 파견했다. 조공에 뒤따라오는 중국 측의 '하사품'과 교역을 통한 이익이 랏따나꼬신 왕조의 지배자에게는 최대의 수입원이 되어주었던 것이다. 라마 1세는 또한 아유타야 왕조를 모범으로 삼으면서 상좌부 불교 왕권에로의 회귀를 지향하기도 했다.

1820년대에 접어들어 대중국 무역이 침체에 빠지자, 더는 왕실 독점 무역을 통해 국가 재정을 떠받치는 일이 곤란해지고 말았다. 랏따나꼬신 왕조는 세입으로 지방에서의 물납세物納稅를 중시하면서, 화인들을 징세 청부인으로 임명하는 한편 지방 통치를 강화하는 일에도 착수했다. 또한 1820년대부터 1840년대까지 캄보디아 및 메콩 델타 지역을 놓고서 베트남 응우옌 왕조와 패권을 다투었는데, 이것 또한 세수 및 수출품 확보를 목적으로 벌인 군사적 행동이었다. 랏따나꼬신 왕조는 또한 독자

---

53) 참고로 쿠데타를 일으켜 딱신을 처형하고 왕위에 올랐던 라마 1세는 청조에 책봉을 요구하며 승인이 늦어질까 두려워해서 거짓으로 자신이 전왕 '鄭昭'(딱신)의 아들인 '鄭華'라고 자칭했다. 이후에 랏따나꼬신 왕조의 역대 왕들은 청조에 조공을 바칠 적에는 모두 정 성鄭姓을 사용했다고 한다.

적으로 은화를 주조·발행하기도 했다.

4. 캄보디아-양대 수계의 통일

포스트 앙코르 시대Post-Angkor period[54]의 캄보디아는, 평원 네트워크의 집약점이었던 앙코르로부터 톤레사프 강과 메콩강의 양대 수계로 통하는 바다 네트워크의 집 약점이었던 남동부 프놈펜 부근으로, 그 무게 중심을 이 동시켰다고 하겠다.[55] 양대 수계水系에 따르는 세력 상호 간 대립은 베트남·싸얌이라는 양대 외부 세력의 간섭과 결부되면서, 17세기 후반에는 (동진하는) 싸얌의 지원을 등 에 업은 우동의 정왕正王과 꽝 남 응우옌 씨의 지원을 받 았던 쁘르이 노꼬르(사이공)의 부왕副王이 서로 대립하고 있었다. 그 후에도 우동의 왕권과 메콩 세력 사이의 항쟁

---

54) 1431년 아유타야 왕국에 의한 앙코르 왕조 멸망과 그로 인해 앙코르를 포기했던 시기부터 1863년 프랑스에 의해 캄보디아가 보호국화 되었던 시기까지를 흔히 '포스트 앙코르 시대'라고 부르고 있다.

55) 일반적으로 캄보디아 역사에서는 '육지의 캄보디아'와 '바다의 캄보디아' 양대 축이 존재하는데, 이러한 축이 내부 정치 역학과 외세의 간섭으로 끊임없이 대립·분열하는 것으로 이해되고 있다. 달리 '캄보디아의 암흑시대Dark age of Cambodia'라고 불렸던, 1431~1863년의 430년 동안의 시기에도 이러한 종류의 대립·분열은 끊임없이 계속되었다.

이 계속되었고, 그것이 다시 싸얌과 베트남 간의 끊임없는 전쟁의 발단이 되었다. 이윽고 유럽 세력의 진출을 목전에 두고서, 확장주의 정책의 한계를 절감했던 싸얌과 베트남 두 나라가 1845년에 화의를 맺게 되었고, 그러한 타협의 결과로 캄보디아에는 옹 두엉Ang Duong 왕에 의한 국가의 통일이 실현되었다.

5. 라오스-싸얌에 의한 개입

란 쌍Lan Xang 왕국은 17세기 후반 쑤린야웡싸Sulin-yavongsa 왕[56]의 치세에 메콩강 중류의 요충지로서 번영을 누렸다. 그러나 왕의 사후 란 쌍 왕국은 위앙짠Wieng chan · 루앙 프라방Luang Phrabang · 참빠싹Champassak의 세 왕국으로 분열했고, 이윽고 1770년대에는 싸얌의 군사력에 굴복하여 조공을 바치는 속국이 되어버렸다. [57]

---

56) 재위 기간이 1638~1695년으로 57년에 걸쳐 엄한 법률·제도와 불법佛法을 토대로 통치하면서 란 쌍 왕국의 황금기를 이끌었던 군주로 평가받고 있다. 란 쌍 왕국의 이러한 번영은 역사가들이 '대륙부 동남아시아의 상업 시대'라고 불렀던 시기와도 일치하고 있다.
57) 당시 자 롱 황제가 다스리던 베트남에도 조공을 바쳤으므로 두 왕국의 이중 속국이 되었던 것이다.

1827년 위양짠 왕국의 짜오 아누Chao Anou 왕이 싸얌에 대한 저항을 시도했으나 실패로 끝났고[58], 위양짠은 철저히 파괴되었다. 이윽고 루앙 프라방과 참바싹도 싸얌의 복속국이 되어버렸다.

---

[58] 싸얌에서는 짜오 아누 왕의 저항을 반란으로 규정했고, 그는 결국 싸얌군의 포로가 되어 방콕에서 처형당했다. 하지만 라오스 역사에서는 짜오 아누 왕이 싸얌을 상대로 벌인 전쟁은 라오스 민족의 독립을 위한 대규모 전쟁이자, 란 쌍 왕국의 재통일을 시도했던 위대한 투쟁으로 높게 평가하고 있다.

III. 유럽 세력의 변화

1. 네덜란드 동인도회사의 '(뭍으로의) 상륙'

유럽의 향신료 붐이 한물간 데다 일본으로부터의 은 수출에도 제한이 가해지자, 네덜란드 동인도회사의 경영은 날로 악화하였고, 이윽고 18세기에 접어들어 환금작물의 개발을 통해 활로를 찾고자 했다.

후추를 대체할 새로운 환금작물로 네덜란드가 주목했던 것은 당시 유럽에서 보편적으로 마시게 되었던 커피였다. 네덜란드는 서부 쟈바의 (쁘리앙안Priangan) 고지대를 커피 재배지로 선택하고서, 현지의 수장 계층인 부빠띠Bupati[59]와 계약을 맺어서 커피를 재배토록 했다. 부빠띠는 전통적인 부역賦役 형식으로 주민들에게 재배를 강제했고, 생산된 커피를 네덜란드에 납입하는 의무 공출 제도를 도입했는데, 이런 방식을 통해서 자신들의 권력

---

59) 쟈바 지역의 세습 관료 귀족에 대한 호칭으로 아쩨 지역에서는 '울레발랑Uleebalang', 미낭까바우 지역에서는 '뼁훌루Penghulu'로 일컬어졌다. 이후 네덜란드 식민지 시기에는 '지사' '군수'와 같은 관리를 지칭하게 되었다.

을 강화했다.

또한 쟈바 중동부의 분지나 연안 지대에서 네덜란드는 사탕수수의 재배에 힘을 기울였다. 사탕수수를 압착해 즙을 짜고, 정제하는 기술은 중국에서 들여왔는데, 설탕의 생산·수출에는 화인들이 주된 역할을 담당했다.

그렇지만 급증하는 화인 세력에 대해 네덜란드는 경계심을 높이게 되었고, 1740년에는 바타비아에서 10,000명 남짓의 화인들이 학살당하는 사건이 발생했다.[60] 이후 바타비아의 화인 사회에서는 쁘라나칸Peranakan으로 현지화하는 추세가 강해졌고, 농장 경영주나 징세 청부인으로 네덜란드 동인도회사의 지방 지배에 있어 한 축을 담당하게 되었다.

한편 마따람의 내란에 간섭해 쟈바 내륙부 지역에 대한 지배를 확대했던 네덜란드는 1777년에는 거의 쟈바 전토에 해당하는 세력권을 확보하게 되었다. 이렇듯 네덜란드 동인도회사의 영역 지배로의 전환 움직임은 '뭍

---

60) 1740년 10월에 발생한, 네덜란드령 동인도 병사들이 원주민과 합세해 화인들을 학살한 사건으로 인도네시아에서는 '차이나타운 폭동Geger Pacinan', 네덜란드 문헌에서는 '중국인 살해Chinezenmoord'라고 일컫고 있다. 이 당시 바타비아 성내에는 약 2,500채의 화인 가옥이 있었고, 거주하는 화인 수는 15,000명 정도로 이는 바타비아 인구의 17퍼센트 정도였다. 일부 연구자의 추정에 따르면 당시 피살된 화인은 주로 민남계閩南系였으며, 생존자는 600~3,000명 정도였다고 한다. 현재 자까르따 시내에 남아있는 따나 아방 Tanah Abang구('붉은 대지'의 뜻)나 라와 방께Rawa Bangke구('시체의 늪'이라는 뜻)와 같은 지명은 모두 당시 학살 사건에서 유래했다고 알려져 있다.

으로의) 상륙'이라고 일컫는다. 그 후로 나폴레옹 전쟁 Napoleonic Wars[61])의 와중에 네덜란드 본국이 프랑스에게 점령당했던 시기인 1799년에 동인도회사는 나폴레옹에 의해 해산되고 말았다. 이후에 영국에 의한 쟈바 점령기를 거쳐서[62)], 1814~1815년의 빈 회의의 결과에 좇아서, (1816년 8월에) 네덜란드의 지배가 회복되어서, 정부에 의한 식민지 통치가 시행되게 되었다.[63)]

1820년대 후반에는 네덜란드 정청政廳[64)]은 은 가격의 폭등·유출 및 재정난에 직면하게 되었다. 네덜란드는 1827년에 쟈바은행De Javasche Bank을 설립했고, 은화와 교환이 되지 않는 불환은행권[65)] 지폐와 동화kopergeld를

---

61) 프랑스 제1 집정기 및 제1 제정기인 1799~1815년 사이에 벌어진 일련의 전쟁의 총 칭이다. 나폴레옹Napoleon이 제1 집정에 취임했던 1799년을 분기점으로 '프랑스혁명전 쟁'과 '나폴레옹 전쟁'으로 나눠 부르기도 한다.

62) 영국 동인도회사EIC는 1795년 네덜란드령이었던 믈라까를 점령했다. 이후 동남아 시아의 네덜란드 식민지 거점을 노리던 EIC는 1810년에 개혁주의자인 토머스 래플스 Thomas Raffles의 건의를 받아들여 쟈바 지역을 공격·점령했고, 이후 1811~1816년 동안 래플스는 EIC의 부지사副知事 Lieutenant-Governor 자격으로 쟈바 통치를 담당하게 되었다. 이 기간 동안 그는 세습 귀족의 영지를 몰수하는 등의 토지 개혁 및 복지 문제에 관련된 여러 진보적 정책을 적극적으로 시행했으나, 이후 그의 반대에도 불구하고 쟈바는 네덜 란드에게 다시 반환되고 말았다. 한편 그는 1814년에 보로부두르 사원을 발견했던 것으 로도 유명하고, 1817년에는 쟈바에 있던 경험과 견문을 바탕으로 『쟈바의 역사The History of Java』라는 책을 간행하기도 했다. 또한 식물학에도 조예가 깊어서, 세계에서 가장 큰 꽃 으로 알려진 라플레시아Rafflesia라는 꽃 이름은 그의 이름에서 따온 것이라고 한다.

63) 1799년 네덜란드 동인도회사는 해산되었고, 1815년 나폴레옹 전쟁이 종결되고서 네 덜란드 입헌왕국Kingdom of the Netherlands이 부활한 뒤에는 쟈바섬을 정부 직할로 하고 식민지 정청을 설치하여 통치하는 방식으로 바뀌게 되었다.

64) 문맥에 따라 '정청' 또는 '식민정부' '식민당국' 등으로 번역한다.

65) 발권 은행이 정화正貨와 자유로이 교환되는 것을 보증하지 않는 은행권으로 '불환不換 은행권'이라 한다. 현대에는 모든 나라의 은행권이 이러한 방식의 은행권으로 전환되었다.

발행케 했다.

2. 스페인의 필리핀 지배

　필리핀에서도 스페인에 의한 영역 지배가 추진되었다. 필리핀의 경우에는 가톨릭교회가 중요한 역할을 맡았으며, 행정관과 성직자가 제휴하는 방식으로 통치가 이루어졌다.[66] 예수회Society of Jesus[67]·프란치스코 Franciscans·도미니코회Dominican Order 등의 수도회는 토지를 집적하여 지주가 되었다.

　17세기 후반 이후로 갈레온 무역이 쇠퇴하기 시작하자, 스페인은 대중국 무역 수출품의 다변화를 꾀하기 위해, 전매제를 도입해서 담배·마닐라삼·사탕수수 등 환금작물의 개발에 힘을 쏟았다. 갈레온 무역의 거점이었

---

66) 필리핀 식민지 통치의 한 축을 담당했던 가톨릭교회는 마닐라 대사교의 관할 하에 대사교직할구·4사교구, 그리고 하부 행정 단위인 마을pueblo에 설치된 교구로 이루어졌다. 그러한 마을 교구를 통할했던 직책이 교구 주임사제로서 이들은 교회 활동 외에도 지방 선거에 관여했고, 조세 징수 및 행정을 담당하는 각종 위원도 겸임하는 등의 정치적 권력을 행사했다.
67) 16세기 중엽 로욜라Loyola가 창설한 남자 수도회로 이 수도회 회원을 제수이트Jesuit 라고 부른다. 참고로 교황 프란치스코Pope Francis로 알려진 현 교황은 예수회 출신의 첫 교황이다.

던 마닐라는 당시 동남아시아 도서부에서 최대 규모의 화인 인구수를 기록했는데, 스페인은 그들 가운데 비가톨릭 화인 거주민의 추방에 착수했다.[68] 마닐라 거주 화인들은 가톨릭으로 개종하는 등의 현지화를 통해 이에 대응하려고 했다. 이후 화인계 메스티소[69]가 대두하게 되었다. 그들은 이윽고 지방에도 진출해서, 토지 개발에 있어서 선도적인 역할을 수행했다.

마닐라·중국 간의 무역에서는 은에 대신하여 농산물이 주요 수출품이 되었고, 1815년에는 갈레온 무역이 정지되기에 이르렀고, 1843년에는 마닐라를 여러 외국에 대해 개항하는 조치를 단행했다.

---

68) 연구에 따르면 스페인 식민지 시기에 여섯 차례에 걸친 중국인 학살 사건이 발생했고, 그 피해자는 10만 명에 달한다고 알려져 있다. 아울러 비가톨릭 화인에 대한 추방 조치 역시 1754년부터 네 차례에 걸쳐서 단행되었다.
69) 필리핀 원주민Indio과 중국인 사이에 태어난 혼혈인으로, 필리핀의 메스티소는 여타 지역의 혼혈인과 달리 필리피노Chinese Filipinos로서의 정체성이 매우 강한 것으로 알려져 있다.

3. 영국의 본격 진출

영국도 이미 1600년에 동인도회사East India Company를 설립해서, 네덜란드와 거의 같은 시기에 동남아시아에 진출했지만, 1623년 암본 사건의 영향으로 철수를 했고, 이윽고 인도 방면으로 활동의 중심을 옮기게 되었다. 그러나 18세기 초엽 인도의 면직물, 중국차의 수입 붐 등으로 인한 경기 활황으로 영국 동인도회사는 다시 힘을 얻게 되었다.

영국은 1757년 플라시 전투의 승리로 벵골 지방의 징세권을 획득한 것을 계기로 인도에서의 영역 지배를 확대하는 일에 착수했다. 영국 본국에서 산업혁명이 일어났고, 그때까지와는 반대로 영국제 면직물을 인도로 수출하게끔 되었다. 이렇게 되자 영국의 대인도 무역은 흑자로 돌아섰으나, 대중국 무역은 여전히 적자 상태에 머물렀고, 더욱이 그 규모 또한 대인도 무역 흑자를 훨씬 웃돌아서 은의 유출이 여전히 멈추지 않았다. 이 같은 사태를 해결하기 위해 이윽고 인도산 아편을 중국으로 밀

수하기에 이르렀다.[70] 사정이 이렇게 변하자 19세기 초
엽에는 앞서 언급했던 삼각무역이 성립하게 되었고, 은
이 반대로 중국에서 영국 쪽으로 유출되기에 이르렀던
것이다.

영국의 동남아시아로의 진출은 이러한 인도·중국 간
교역 루트의 요충이었던 말레이반도를 따라서 이루어졌
고, 이를 주도한 세력도 인도·중국 간 교역에 종사하던
지방무역상country trader이라는 집단이었다.[71]

동남아시아에서 최초로 영국의 거점이 되었던 곳은
1786년에 끄다 왕국에게서 획득한, 말레이반도의 멀라
까해협 쪽 작은 섬인 삐낭Penang[72]이었다.

---

70) 18세기 중엽까지는 인도 벵골에서 중국으로 수출된 아편의 양은 많지 않았으나,
1776년부터 아편의 수출량이 급증하기 시작하여, 1830년대에 폭발적으로 늘어났다. 그
결과는 1839년 아편전쟁 발발로 나타나게 되었다.

71) 인도산 아편을 중국으로 밀수출하는 역할은 동인도회사가 아닌, 이들 지방무역상 집
단이 담당했는데, 아편 밀수를 통해 엄청난 부를 축적했던 지방무역상의 대표적 인물이
윌리엄 자딘William Jardine이었다. 그런데 이들에게 자금을 제공했던 쪽은 동인도회사가
아니라, 미국의 상인들이었으며 그 배후에는 영국 금융 자본의 네트워크가 있었다고 알
려져 있다. 이후 윌리엄 자딘은 실업가 제임스 매디슨James Matheson과 함께 홍콩에 '자
딘 매디슨Jardine Matheson 상회'[이화양행怡和洋行]를 설립했는데, 이것을 모태로 발전했던
회사 '자딘 매디슨 홀딩스Jardine Matheson Holdings Limited' 그룹은 설립 170여이 지난 현
재까지도 아시아를 기반으로 한 세계 최대 규모의 국제적 재벌 기업의 하나로 영향력을
행사하고 있다.

72) 말레이시아어로는 '풀라우 피낭Pulau Pinang'으로 읽는데, 그 뜻은 '빈랑檳榔 Pinang 나
무의 섬'이라는 뜻이다. 현재는 말레이시아를 구성하는 13주의 하나로 인구 밀도에서 수
도 꾸알라룸뿌르Kuala Lumpur에 버금가는 도시권을 형성했으며, 주도는 조지타운George
Town이다. 2008년 멀라까와 함께 유네스코 세계문화유산으로 등재되기도 했다. 참고로
토머스 래플스는 동인도회사의 서기로 1805년 삐낭에 부임함으로써 동남아시아에서의
활동을 시작했다고 한다.

싱가포르Singapore[73]를 건설했던 토머스 래플스Thomas Raffles는 영국 동인도회사의 사원이었지만, 본래는 자유주의자였다. 1819년 조호르-리아우Johor-Riau 왕위 계승 싸움에 개입하여 싱가포르를 획득했던 래플스는 (1820년에) 이곳을 자유무역항으로 할 것임을 선언했다.[74] 래플스는 중상주의로부터 자유주의로의 전환을 촉진시키는 역할을 맡았다. 싱가포르는 1824년에는 정식으로 영국 식민지가 되었고, 1826년에는 삐낭·멀라까와 함께 해협 식민지를 형성했고, 1832년에는 그 수도가 됨으로써, 동남아시아에서 중계무역항으로 급속한 발전을 이룩하게 되었다.

---

73) '싱가포르'는 싼쓰끄리뜨어로 사자를 뜻하는 'singa'와 도시를 뜻하는 'pura'의 합성어로 '사자의 도시'라는 의미이다.
74) 1818년 벤쿨렌Bencoolen(븡꿀루Bengkulu)의 부지사로 부임했던 그는 무역 관세를 철폐함으로써 싱가포르를 '동아시아의 엠포리움emporium(중심지)'으로 만들려는 자신의 지론을 관철시켜, 자유무역항 선언에까지 나아갔던 것이다. 이후 그는 1823년까지 싱가포르에 머물면서 그와 관련된 여러 개혁을 추진하기도 했다.

IV. 조미아

'조미아Zomia'란 동남아시아 대륙부 및 그와 경계를 접하고 있는 중국 남부의 산지민山地民이 거주하는 지역을 가리킨다. 최근 이러한 '조미아'에 대해 굳이 국가를 가지려 하지 않고, 국가를 거부했던 사람들이 자유의사대로 살고자 했던 일종의 '피난 장소regions of refuge'[75]였다는 의미 부여를 하는 한편 근대적 영역 국가의 틀 속으로 수렴하는 견해의 사회론·역사론을 비판함으로써, 커다란 화제를 불러일으키는 연구가 등장한 바 있다.[76]

이번 강의에서 다뤘던 시대는 동남아시아 역사에서 이러한 주변 지대가 축소되면서, 확장하는 국가 권력에 포섭되어가는 시대였다고 보는 것도 가능하다고 하겠다.

다만 이 시대에 동남아시아 은 유통의 최종 집적지가

---

75) 멕시코 문화인류학자 곤살로 아기레 벨트란Gonzalo Aguirre Beltrán이 1967년에 발표한 저서의 제목이기도 하다.
76) 미국의 인류학자·정치학자 제임스 스콧James Scott은 동남아시아 내륙부의 광대한 산악 지대를 '조미아'라고 이름 짓고서, 평원부 국가들의 지배를 피해서, 산으로 도피했던 사람들의 생활 모습과 생산 양식 등을 치밀하게 분석·묘사하고 있다. 그에 따르면 '조미아'라는 말은 본래 미얀마·인도·방글라데시가 맞닿아있는 국경 지대에 거주하는 소수 종족의 용어에서 '동떨어졌다'를 의미하는 '조Zo'와 사람을 뜻하는 '미Mi'를 결합해서 만든 용어라고 한다. 제임스 스콧의 이 도발적인 저서는 한국어로 번역·소개되어 있다. 『조미아, 지배받지 않는 사람들: 동남아시아 산악지대 아나키즘의 역사』(The Art Of Not Being Governed: An Anarchist History Of Upland Southeast Asia, 2009; 한국어판 이상국 옮김, 삼천리, 2015).

되었던 장소가 중국 남부에서 베트남·라오스 북부의 산악 지대에 걸쳐있는 몽족Hmong(중국에서는 묘족苗族으로 불리는데, 앞서 언급한 몬족Mon과는 전혀 다른 민족)의 거주 지구였다. 이것은 19세기에 몽족 사이에 아편 생산이 광범위하게 퍼져있었던 이유 때문이었다. 아편과 양질의 목재를 판매했던 대가로 바로 이 '조미아' 영역으로 대량의 은이 유입되었던 것이다. 그렇게 유입된 은은 다시금 시장으로 되돌아가지 않고서, 그 대부분이 '몽족의 왕'으로 불렸던 유력 지배자의 수중으로 들어가, 일종의 위신재로서 은세공 등에 활용되었다. 동남아시아 산속 깊은 오지에서의 이러한 변화도 당시 은을 둘러싼 거대한 세계사적 움직임 속에서 발생했던 현상이라고 하겠다.

5강
식민지 지배에 의한 단절과 연속:
19세기 후반~1930년대 ①

고무 재배(타이)

	동남아시아	세계
1824	제1차 영국-버마 전쟁(~1826) 도서부島嶼部 지배에 관한 영국-네덜란드 조약	
1824	싸얌·영국, 버니 조약	
	영국의 해협식민지 성립	
1830	쟈바에서 강제 경작 제도 시행	
1834	마닐라 개항	
1840		아편전쟁(~1842)
1852	제2차 영국-버마 전쟁(~1853)	
1855	싸얌·영국, 바우링 조약	
1862	프랑스, 코친차이나 동부 3성 획득	
1863	프랑스, 캄보디아를 보호국화하다	
1867	프랑스, 코친차이나 서부 3성 획득	
1868	싸얌, 쭐라롱껀 왕 즉위	
1869		수에즈 운하 완성
1884	프랑스, 베트남을 보호국화하다	청불淸佛전쟁(~1885)
1885	제3차 영국-버마 전쟁, 꼰바웅 왕조 멸망	
1887	프랑스령 인도차이나 발족	
1888	영국령 보르네오 형성	
1893	프랑스·싸얌 조약	
1896	영국, 말레이 연합주 형성	
1898	미국-스페인 전쟁의 결과, 필리핀 미국의 식민지로 되다	
1899	라오스 프랑스령 인도차이나에 편입	
1909	영국·싸얌, 말레이반도의 경계 획정	
1914		1차 세계대전(~1919)
1929		세계 대공황

I. 동남아시아의 근대-단절과 연속

19세기 후반부터 20세기 전반, 2차 세계대전이 끝날 때까지, 동남아시아는 싸얌을 제외한 거의 전역이 대부분 구미 열강의 식민 통치하에 놓이게 되었다. 이 시기를 '근대'라고 부른다면 동남아시아의 근대는 자주적인 것이 아니라, '서양의 충격western impact'에 의해 외부에서 이식된 것으로, 동남아시아는 구미를 중심으로 하는 자본주의 세계경제 안에 편입되었던 것이라 하겠다.

앞의 강의에서 논했듯이, 이러한 '발전된 유럽'과 '뒤떨어진 아시아'라는 식의 유럽중심주의 역사관은 이미 오래전부터 비판 대상이 되어왔다. 하지만 18세기 말부터 19세기 초에 걸쳐 이루어진, 영국 산업혁명을 기점으로 한 산업자본주의의 성립 때문에, 유럽의 우위가 결정적으로 확립되었고, 19세기 중반에 자본주의가 지구 규모의 세계 체제로 바뀌었다는 점은 명백한 사실이라 하겠다. 자본주의의 발전은 이윽고 1870~1880년대에는 구미 열강과 일본이 세계를 식민지와 자국의 세력권으로 나누는, 제국주의 시대를 초래하게 된다. 이러한 제국주의 열강 사이의 항쟁이 20세기 두 차례의 세계대전을 야기하기에 이르렀다.

식민지 경제라고 하면 으레 유럽에 일차 산품을 공급하고, 그와 맞교환으로 공산품을 구입하는 모노컬쳐 monoculture 경제[1]를 떠올리기 마련이다. 분명히 1869년 수에즈운하 개통, 그에 뒤따른 증기선 정기 항로 확대, 1871년 이후 해저 케이블 부설에 따른 동남아시아·동아시아로의 전신망 확대 등으로 인하여 설탕·쌀·주석·고무 등의 유럽 시장에 대한 대량의, 그리고 신속한 수송이 가능하게 되었다. 그 결과 동남아시아를 유럽 시장에 결합하는 정도가 급속히 확대되었던 시기가 존재했다. 19세기 전반 자유무역[2] 시대에 영국이 진출은 했지만, 여

---

1) '단일재배'라는 뜻으로, 한 나라의 산업 구조가 한두 가지 농산물·광물 자원의 생산으로 특화·유지되는 경제를 가리킨다. 브라질의 커피, 말레이시아의 고무·주석, 인도네시아의 석유·고무, 가나의 카카오 따위가 그 전형적 사례이다. 이러한 '모노컬쳐'로 인한 토지 소유 집중은 식량 수입, 농촌 빈곤, 빈부 격차 등의 구조적 문제를 발생시키게 된다.
2) 여기서 말하는 자유무역은 완전한 의미의 교역 자유를 말하는 것이 아니라, 어디까지나 영국이 정해놓은 범위 안에서의 교역 규칙을 지칭하는 것이다. 이윽고 1840~1870년대에는 영국의 해외 진출에 있어 공식적 영토, 곧 식민지 확대를 최소한으로 하면서 자유무역 확대를 통한 경제권 확대에 정책의 중점을 두었다. 1960년대에 로널드 로빈슨 Ronald Robinson·존 갤러허John Gallagher와 같은 학자들은 이것을 가리켜 '자유무역 제국주의the Imperialism of Free Trade'라는 개념을 제시하고 있다. 참고로 19세기 중반 이래로 영국 사회의 경우에는 '자유무역'이라는 말이 단순히 보호무역을 폐지한다는 정도의 차원을 벗어나 신앙과도 같은 의미를 지니게 되었다. 그것은 기묘하게도 1859년 같은 해에 동시에 출간되었던 새뮤얼 스마일스Samuel Smiles의 『자조론Self-Help』과 찰스 다윈의 『종의 기원』에서 나타나듯이, 자유방임이야말로 진화(발전)와 연결되고 나아가 번영으로 이끈다는 식의 신앙적 차원의 어감을 지닌 말로 당시의 영국인은 받아들였던 것이다.

전히 융성했던 아시아 역내 교역은 제국주의 시대로 접어들면서 쇠퇴했고, 반면에 유럽과의 경제 관계는 두드러지게 발전하는 듯이 보였다.

하지만 19세기 말 이후에는 이렇듯 유럽과의 결합을 전제로 하면서도, 동남아시아에서는 새로운 형태의 아시아 역내 교역 또한 확산이 되었다. 특히 설탕·쌀 같은, 이 시기 동남아시아에서 생산이 늘어난 소비재의 주요 수출 대상은 중국·일본·인도 등이 포함된 아시아 시장이었다. 이러한 역내 교역은 예를 들면 말레이반도가 고무·주석 등 공업 원료 생산지로 개발되었고, 수많은 중국인·인도인 노동자가 투입되면서, 베트남·싸얌·버마의 쌀이 이들 이민 노동자의 식량으로 공급된다는 식의, 식민지 지배하에서 형성되는 역내 국제 분업을 전제로 하면서 발전했던 것이다.

동남아시아의 근대는 이러한 역내 교역의 활성화라는, 전근대로부터의 연속성도 아울러 지니고 있었다. 이러한 연속성 또한 자본주의 세계경제에 포섭되었지만 여전히 전통적 역내 교역도 발전한다는 식의 구조가 아니라, 포섭되었기 때문에 새로운 형태의 역내 교역이 발달했다는 측면이 있다는 점을 분명히 해두어야만 하겠다.

통치라는 측면에서는 식민지 지배가 이루어짐에 따라서, 실선으로 그어진 국경선으로 에워싸고, 그 안쪽에서 영역의 구석구석까지, 주민들 개개인까지도 낱낱이 파악하려는 근대국가가 동남아시아에서도 형성되었다. 이것 또한 근세에 있어서, 영역 지배의 중요성이 증대하는 흐름의 연장선상에서 나타난 현상이지만, 국가의 기본적 존재 양상의 측면에서는 당시까지의 전통 국가와는 성격을 달리하는 것이었다.

세계의 많은 지역에서, 전근대국가는 말하자면 중심에 의해 규정되는 국가라 할 수 있었다. 곧 왕과 왕도王都라는, 이를테면 중심에서 번쩍이는 '빛'이 가운데에서 점차 멀어짐에 따라 약해지다가 서서히 어둠에 흡수되어가는 식의 이미지로 파악할 수 있겠다. 그와 같은 지배권은, 대체로 왕 개인의 자질로 좌우되거나, 한복판 빛의 세기에 의존했으며, 경계 또한 애매하고 유동적이었다.[3] 이에 반해 오늘날 지구를 뒤덮고 있는 국민국가는 명확한 국경선을 통해서 구획된 일정한 영역들로 이루어지고, 배

---

3) 동남아시아 전근대국가에서 왕도를 중심으로 군림하는 지배자는, 인민에 대한 지배를 기초로 군림했으며 주변 국가와 명확한 국경선을 형성하지 않았던 때가 많았다. 따라서 인민의 경우에도 복수의 군주 및 수장의 영향에 복속하는 경우가 적지 않았다. 이러한 현상을 '세력권적 발상'이라고 일컫기도 한다. 월터즈Wolters가 주장한 '만다라'론은 이러한 '세력권적 발상'과 연관시켜 이해할 수 있을 것이다. 1강 주석 52) 참조.

타적 주권을 지니는 국가들이다. 또한 그것을 구성하는 사람들이 '국민'이라는 의식을 공유하는 국가인 것이다.

이러한 '국민국가nation state'라는 국가의 존재 양상은 국가를 국왕의 전유물이 아니라 국민 전체의 것으로 보고자 했던 프랑스혁명 이후에, 19세기 유럽 전체로 확산되었다. 제국주의 시대에 식민지 제국을 건설했던 구미 열강들은 이러한 국민국가였다.

Ⅱ. 식민지 지배의 확립과 싸얌의 근대화

1. 영국의 진출

① 영국령 말라야

18세기 후반 인도에 대한 지배를 공고히 했던 영국은 19세기 초엽에는 산업혁명을 배경으로 한 시장 확대, 동시에 자유무역을 추진하려는 요구 등을 이유로 동남아시아·동아시아 방면으로의 진출을 본격화했다. 아편전쟁을 통해 중국 청조에서 홍콩을 빼앗은 영국은 싱가포르·홍콩을 양대 거점으로 삼아, 아시아 시장을 세계경제에 연결시키는 통상 항로sea lane를 확보하게 되었다.

1824년에는 영국과 네덜란드 사이에 멀라까 해협을 양국 세력권의 경계로 삼는 것을 정했던 영국-네덜란드 조약Anglo-Dutch Treaty이 체결되었다. [4] 당시까지 해협 양안이 한 덩어리로서 해역 세계를 형성했던 이 지역은 영국령과 네덜란드령으로 분단되는 국경이 되었다.

1826년에 성립한 싱가포르·뻬낭·멀라까로 이루어진 해협식민지Straits Settlements[5]는 당초에 영국 동인도회사가 관할했다가, 이 회사가 해산되는 바람에 1867년 이후 직할 식민지로 바뀌게 되었다. 이 세 군데 항시는 관세를 부과하지 않는 자유항으로 발전했고, 특히 수도 역할을 맡았던 싱가포르는 국제 무역 거점으로 급속한 발전을 이루게 되었다.

영국은 1870년대 이후 자국의 세력권이 되었던 말레이반도의 내륙부 쪽으로 지배력을 확장하려고 시도했다. 우선 뻬락Perak[6]·슬랑오르Selangor·빠항Pahang·느그리

---

4) 종래에 영국이 아쩨의 독립을 지원했던 관계로 네덜란드는 수마뜨라섬 북부 아쩨 왕국을 굴복시키지 못했다. 그러나 입장을 바꾼 영국은 이 조약을 통해 해협을 중심으로 멀라까와 싱가포르를 포함한 말레이반도를, 네덜란드는 아쩨를 포함한 수마뜨라섬을 영유하는 방식으로 식민지 교환을 결정했다. 이 조약을 계기로 영국령 말라야와 네덜란드령 동인도라는 두 식민지 세력권이 등장했고, 한편으로는 1873년에 아쩨 전쟁이 발발하는 원인으로 작용하게 되었다. 참고로 이 조약의 명칭에 대해 네덜란드를 한자로 '화란和蘭' '하란荷蘭'으로 표기하는 데에서, 한국은 '영화英和 조약', 일본은 '영란英蘭 조약', 중국은 '영하英荷 조약' 등으로 표기하고 있으나, 여기에서는 '영국-네덜란드 조약'으로 번역한다.

5) 1826~1946년까지 말레이반도 주변 지역에 있어서의 영국의 직할 식민지를 가리키는 명칭이다. 1826년에 뻬낭·멀라까·싱가포르로 결성되었다가, 이후 1886년에 코코스Cocos(킬링Keeling)섬·크리스마스Christmas섬이, 1906년에 라부안Labuan섬이 추가로 편입되었다.

6) 말레이어로 '은(처럼 빛나는 광석)'을 뜻하는 'perak'에서 유래하는데 '뻬라'로 읽기도 한다. 이 지역이 세계 최대의 주석 광산 지대라는 것과 관련이 있다고 하겠다.

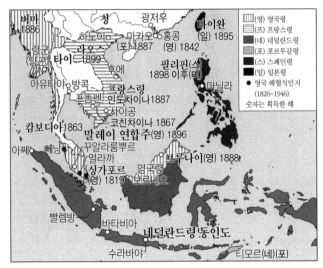

<図6> 동남아시아의 식민지화

습빌란Negeri Sembilan 등 네 이슬람 왕국을 보호령으로 편
입시켜서, 1896년 말레이 연합주Federated Malay States[7]가
탄생되었다. 더 나아가 1909년에는 싸얌과의 사이에 국
경선을 획정하고, 당시까지 싸얌에 복속했던 뻐르리스
Perlis·끄다Kedah·끌란딴Kelantan·뜨렝가누Terengganu를 지
배하에 두고서, 말레이 비연합주Unfederated Malay States[8]로
만들었다. 이로써 해협식민지·말레이 연합주·말레이 비
연합주로 영국령 말라야가 형성되게 되었다.

---

7) '연방 말레이주'라고도 한다.
8) '비연방 말레이주'라고도 한다.

② 영국령 보르네오

영국은 싱가포르와 중국을 연결하는 항로에 위치하는, 보르네오섬 북서부에도 진출했다. 브루나이는 14세기부터 이슬람 왕권이 성립해있었는데, 17~18세기에는 술루 왕국에게 복속하게 되었다. 1841년에 브루나이의 영향 하에 있던 사라왁Sarawak에서 반란이 일어났을 때, 영국인 제임스 브룩James Brooke이 브루나이 왕에게 협력해 반란을 진압했고, 그 보답으로 브루나이 왕은 그를 사라왁 왕으로 임명했다.[9] 또한 보르네오섬 북단에는 술루의 술탄에게서 영국의 북보르네오 회사[10]가 조차권을 얻어서 통치를 하고 있었다. 1888년에는 보르네오 왕국·사라왁 왕국·영국령 북보르네오가 영국의 보호령이 되었고, 이후에는 영국령 보르네오라고 불리게 되었다. 그 후로 1963년 말레이시아 연방이 성립될 즈음에는 영국령 보르네오 가운데 사라왁과 북보르네오는 말레이시아에 통합되어 사라왁주·사바Sabah주가 되었지만, 이슬람 왕권이 존속했던 브루나이는 이에 가입하지 않고서, 1984년

---

9) 브루나이 왕국 술탄 치하의 총독 겸 왕raja에 임명됨으로써 이른바 '백인 왕'으로 불리게 되었다.

10) 1881년에 북보르네오를 통치하기 위해 설립된 영국 북보르네오 회사British North Borneo Company는 1883년에 사바 지역의 통치를 위임받았다. 이후 1946년까지 북보르네오 국내 문제를 관할했다.

에 독립했다.

③ 영국령 버마

1824~1826년에 벌어졌던 제1차 영국-버마 전쟁은 인도에 대한 지배권을 공고히 다지고 있던 영국과 인도 북동부 아쌈Assam 지역으로 진출을 꾀했던 꼰바웅 왕조 간의 충돌이라는 의의가 강했으나, 1852~1853년의 제2차 전쟁은 영국 쪽이 인도양 교역의 요충인 버고를 포함한 '하 버마Lower Burma'[11] 지역을 자국의 지배하에 두려고 벌였던 전쟁이었다. 이윽고 패전으로 말미암아 '하 버마'를 빼앗기고서 내륙국으로 전락했던 꼰바웅 왕조는 민돈Mindon 왕(재위 1853~1878)의 치세에 여러 근대화 시책을 추진했다. 하지만 프랑스의 영향력 확대[12]를 경계했던 영국은 1885년의 제3차 전쟁에서 꼰바웅 왕조를 멸망시킴으로써, 버마는 영국령 인도에 편입되어 버마주 Province of Burma(영국령 버마British Burma)가 되었다. 버마

11) '하 버마'는 미얀마의 지역 명칭으로, 에야워디강 유역의 평야 지역 가운데 하류 지역인 서해안을 총칭하는 반면에 '상 버마Upper Burma'는 미얀마 북부 지역을 총칭하는 용어로 현재의 만들래Mandalay와 인근 지역을 포괄한다. 하지만 이들 명칭은 종래에는 명확한 경계가 없는 지리적 호칭으로 쓰이다가, 영국이 양곤·버고·에야워디 지역 및 몬Mon주에 해당하는 페구Pegu 지역, 곧 '하 버마'를 할양받은 이후로 꼰바웅 왕조의 영토로 남아있는 중북부 지역을 구분하여 '상 버마'라고 일컫기 시작했던 것이다.
12) 민돈 왕은 다자 외교 정책을 시도하는 과정에서 중국으로 가는 통로를 개척하려 애썼던 프랑스 세력을 끌어들여 영국 세력을 견제하려 했다.

주가 영국령 인도에서 분리된 것은 1937년도에 이르러서였다.

연안 지역과 에야워디강 유역의 평야 지역 등, 버마족이 거주하는 지역은 영국령 인도를 모델로 해서 직접 통치가 이루어져서, 수도 양곤을 정점으로 하는 일원적인 통치가 실시되었다. 통치의 최상층부를 차지했던 세력은 전체로 150명 정도 되는, 인도고등문관Indian Civil Service[13]으로 불렸던 관료 집단이었다. 애초에는 모두 영국인이었지만 1921년 이후로는 버마인에게도 문호가 개방되었는데, 그 비율은 1937년 무렵에는 30퍼센트 정도에 달하게 되었다.

이에 반하여 샨족이나 카렌니족Karenni[14]과 같이, 산지에 거주하는 비버마 민족에 대해서는, 그들의 수장首長 계층의 지배를 인정하는 간접 통치체제[15]를 채택했다. 이것은 버마족과 여타 여러 민족과의 연계를 사전에 차단하려는 분단 통치의 일환이었다.

---

13) 본래 영국령 인도의 식민 통치에 종사했던 고급 관료를 가리키는 말로 약칭으로 ICS라고 한다. 당초에는 영국인만을 대상으로 했으나 점차 인도인에게도 문호가 개방되었는데, 최초의 인도인 고등문관은 시인으로 유명한 라빈드라나트 타고르Rabindranath Tagore의 형이었고, 작가로 유명한 조지 오웰George Orwell의 부친도 고등문관 출신이었다. 1937년 버마주가 인도에서 분리된 이후에는 약칭도 BCS로 변경되었다.

14) 카야족Kayah이라고도 한다.

15) 이러한 지역을 일컬어 '지정 지역scheduled areas' '제외 지역excluded areas'이라고 불렀다.

2. 네덜란드령 동인도

앞의 강의에서 언급했듯이 빈 회의의 결정에 따라 네덜란드는 1816년에 쟈바에 대한 지배권을 회복했고, 아울러 영국-네덜란드 조약을 통해 수마뜨라를 세력권으로 확보하게 되었다. 하지만 1830년에 공업 지대였던 벨기에가 독립했던 탓에 본국은 심각한 재정 위기에 직면케 되었고, 그 결과 식민지와의 연결 관계는 더욱 중요한 의미를 지니게 되었다. 1825년에 쟈바에서 마따람 왕국의 왕족 디뽀네고로Diponegoro[16]를 지도자로 해서 일어난 반란(쟈바 전쟁Java War, 1825~1830)과, 비슷한 시기에 수마뜨라에서 일어난 이슬람 개혁파 빠드리파의 반란(빠드리 전쟁Padri War, 1821~1837)[17]을 진압한 네덜란드는, 이윽고 수마뜨라섬 북단에서 최후까지 저항했던 아쩨 왕국을 굴복시킨 1910년대 초엽 무렵에 이르러, 오늘날 인도네시아의 판도에 맞먹는 영토를 확보함으로써 네덜란드령 동인도Dutch East Indies[18] 식민지를 형성했던 것이다.

16) 1785~1855. 욕야까르따 술탄 왕국의 왕자로 네덜란드 식민지 시기인 1825~1830년 사이에 반란을 일으켜 이른바 '쟈바 전쟁'을 이끌었던 인물로, 현재는 인도네시아의 국가 영웅의 한 사람으로 평가받고 있다. 2013년 그가 남긴 자전적 기록인 『디뽀네고로 연대기Babad Diponegoro』가 유네스코 세계기록유산으로 등재되었다.

17) 달리 '미낭까바우 전쟁Minangkabau War'으로도 불린다.

18) 인도네시아어로는 '힌디아 블란다Hindia Belanda'라고 한다.

1830년 본국의 재정을 재건시켜주리라는 기대를 한 몸에 안고서 네덜란드령 동인도 총독으로 부임한 요하네스 판 덴 보슈Johannes van den Bosch가 쟈바에 전면적으로 도입했던 것이 '(열대작물) 강제 경작 제도Cultivation System'[19]였다. 이것은 당시까지의 커피 의무공출 제도를 참고로 해서, 식민정부가 지정했던 커피·사탕수수·인디고indigo 등의 수출용 농작물을, 현지 주민에게 행정 촌락 단위로 재배하게 하고서, 식민정부가 정한 싼값으로 구매하는 제도였다. 이러한 제도는 국가의 재정 개선에 이바지했을 뿐만이 아니라, 네덜란드의 산업혁명에도 크

---

19) 1830년부터 네덜란드가 식민지 쟈바섬에서 행한 정책으로 네덜란드어로 '꿀뚜르스뗄셀cultuurstelsel'(재배 제도)이라고 하는데, 보통 '강제재배제도' '강제 경작 제도' '정부재배제도' 등으로 번역한다. 식민당국이 지정한 향료·커피·설탕·차·담배 등의 환금작물을 농민은 경작지의 5분의 1 이내에서 재배해야 하고, 또한 1년 가운데 120일 이상을 강제로 노동에 종사하고서, 그 생산물을 싼값에 식민정부에 팔아야만 했다. 이러한 제도는 기존의 쟈바섬 농민들의 자급자족 경제를 크게 변화시켜서, 급속한 인구 증가를 초래했고 쌀값의 폭등을 일으켜서 농민들 사이에 커다란 불만을 불러일으켰다. 식민정부는 1870년 이후에는 이 제도를 폐지하고서 민간 기업에 자유로이 플랜테이션을 경영케 하는 방식으로 전환했다. 참고로 현대에 가장 영향력 있는 문화인류학자인 클리포드 기어츠Clifford Geertz는 강제재배제도 이후의 쟈바 농촌을 연구해 1963년 『농업의 인볼루션Agricultural Involution』이라는 저서를 발표했다. 그는 이 연구에서 쟈바의 쌀농사 지대에서는 단위 면적당 생산성이 아무리 증가해도 일인당 생산성은 정체·감소하는 현상을 일컬어 '인볼루션Involution'이라는 개념을 새롭게 제시했다. 곧 노동 집약 정도가 일정한 수준을 넘어선 농촌에서, 이주나 상공업화가 진행되지 않고 근대적 농법이 도입되지 않았을 때는 노동의 무한한 집약화와 평등주의의 강화가 일어남으로써, '네덜란드인은 부를 늘리고, 쟈바인은 인구수를 늘리는' 이른바 '빈곤의 공유shared poverty'가 일어났다고 지적하고 있다. 그가 제시한 이러한 개념은 근세 이후의 농촌 사회 이해에 유효한 하나의 모델로 평가받았던 동시에 이후에 수많은 학문적 논쟁과 비판을 불러일으키는 계기가 되었다. 기어츠의 이 문제적 저서는 이미 한국어로 번역·소개되어 있다. 『농업의 내향적 정교화:인도네시아의 생태적 변화 과정』(Agricultural Involution: The Processes of Ecological Change in Indonesia, 1963; 한국어판 김형준 옮김, 일조각, 2012).

게 기여했다.

　이처럼 본국과 동인도 식민지를 직결시키는 보호주의적 정책을 통해서, 영국이 주도했던 자유무역권 확대에 대항하려 했던 네덜란드는 동인도 지배의 지반을 확고히 다질 수 있었다. 하지만 강제 경작 제도에는 현지 주민의 부담이 과중했고, 또한 자유주의적인 입장에서 수많은 비판[20]이 제기되었다. 그로 말미암아 1870년대 이후 강제 경작 제도는 차츰 폐지되었고, 농원農園 농업 분야의 민간 기업이 운영하는 플랜테이션plantation[21]이 늘어나게 되었다. 이 시대에 이미 소국으로 전락했던 네덜란드로서는 자국 자본의 절대적 우위를 더는 유지하기는 불가능했으므로, 영국 자본 등의 참여를 유도하는 방향의 정책을 취했다. 이러한 행보는 훗날 전략 물자로 중시되었던 석유에 관해서도 그대로 적용되어서, 1923년에 로열 더치Royal Dutch가 영국 자본의 셸Shell과 공동 출자로

---

20) 이러한 비판 가운데 가장 유명한 사례는 에두아르트 다우어스 데커르Eduard Douwes Dekker가 물타툴리Multatuli라는 필명으로 발표한 소설 『막스 하벨라르Max Havelaar』를 들 수 있다. 네덜란드 태생으로 동인도 쟈바에서 식민정부 관리가 된 작자 자신을 주인공으로 한 소설로서, 강제 경작 제도를 비롯한 식민정책을 비판하는 동시에 식민지 쟈바의 참상을 고발하는 내용으로, 이후 식민정책의 전환에도 커다란 영향을 미쳤던 것으로 알려져 있다. 세계 각국어로 번역되었던 이 작품은, 흔히 미국의 해리엇 비처 스토Harriet Beecher Stowe가 노예 제도를 비판했던 작품으로 유명한 『톰 아저씨의 오두막Uncle Tom's Cabin』과 더불어 세계사의 물줄기를 바꾸었던 고발문학의 걸작으로 높게 평가받고 있다.
21) 열대·아열대 지방에서 원주민의 값싼 노동력으로 광대한 농경지에 특정 농작물을 대규모로 재배하는 기업적 농업을 가리킨다.

합작 회사[22]를 만들게 되었다.

3. 프랑스령 인도차이나[23]

프랑스는 동남아시아에 있어 식민지 경쟁에 뒤늦게 뛰어들었다. 그런 만큼 19세기 후반 이후에는 매우 강한 식민지 정복 충동을 지니게 되었다고 하겠다. 그 대상이 되었던 나라가 가톨릭 포교로 관계를 맺었던 베트남이었다.

응우옌 왕조의 자 롱 황제 치세에는 순탄했던 베트남·프랑스의 관계는 민 망 황제 이후로 베트남이 가톨릭 신자를 탄압하게 되자 악화했는데, 1858년 뜨 득(Tự Đức 嗣德, 재위 1847~1883) 황제가 스페인 선교사를 처형했던 사건을 빌미로 삼아 프랑스·스페인 연합 함대가 다낭·후에를 공격하기에 이르렀다. 프랑스는 뒤이어 공격 방향을 남부 지역으로 돌려서 1862년에는 메콩 델타 동부의 3

---

22) 이렇게 만들어진 석유회사 로열 더치 셸Royal Dutch Shell은 네덜란드 헤이그에 본사를 둔 주식회사로 현재 세계에서 두 번째로 큰 석유회사로 알려져 있다.
23) '인도차이나'라는 명칭을 최초로 사용했던 인물은 19세기 초 덴마크 지리학자 콘라드 말뜨-브룅Conrad Malte-Brun으로 알려져 있다. 참고로 '만주滿洲'를 가리키는 'Manchuria(Mandchourie)'라는 지명도 그가 최초로 사용했다고 알려져 있다.

성을 프랑스에 할양한다는 내용의 제1차 사이공 조약[24] 을 뜨 득 황제의 조정에 강요했고, 이로써 베트남에 대한 식민지화 정책을 본격화하기 시작했다. 더욱이 프랑스는 1867년에 이르러 메콩 델타 서부의 3성까지도 점령[25]해버림으로써 프랑스의 직할 식민지인 코친차이나 Cochinchina[26]가 형성되기에 이르렀다. 이어서 1863년에는 베트남·싸얌의 위협에서 보호한다는 명분을 내세워, 인접한 캄보디아마저 보호국으로 만들어버렸다.

프랑스는 애초에 메콩강을 거슬러 올라가 중국에 도달하려는 의도를 가지고 있었으나, 그렇게 해서는 운남까지 도달하는 것이 사실상 어렵다는 사실을 깨닫고서, 베트남 북부의 홍강에 새삼 주목하게 되었다. 그러나 북

---

24) 이 조약은 달리 임술壬戌 조약이라고도 한다. 베트남에서는 판 타인 잔(Phan Thanh Giàn 潘淸簡)이 협상 대표로 나섰던 이 조약의 주요 내용은 그리스도교 선교의 자유를 인정하고, 코친차이나 동부 3성, 곧 자 딘·비엔 호아(Biên Hòa 邊和)·딘 뜨엉(Định Tường 定祥)과 꼰 다오섬(Côn Đảo 崑島)을 프랑스에 할양한다는 것이다. 아울러 다낭을 포함한 항구 세 곳을 프랑스·스페인 양국에 개항하고, 덧붙여 메콩강을 개방한다는 조항도 포함되어 있다. 이후에 판 타인 잔은 조약의 비준을 둘러싼 후속 협상을 위해서 프랑스·스페인에 파견되었다.

25) 앞서 제1차 사이공 조약의 비준을 위해 파리를 비롯한 유럽을 방문했던 판 타인 잔은 압도적인 서구 문명의 힘에 강한 인상과 충격을 받게 되었다. 이윽고 1865년 판 타인 잔은 남 끼 경략사南圻經略使로 임명·파견되어 서부 3성, 곧 빈 롱(Vĩnh Long 永隆)·안 장(An Giang 安江), 하 띠엔(Hà Tiên 河僊)의 통치를 책임지게 되었다. 1867년 6월 프랑스 군대의 공격을 받아 서부 3성이 함락되기 직전 그는 프랑스 군대에 대항하는 일이 부질없다고 판단하여 베트남 병사들에게 저항하지 말 것을 명령하고서 스스로 자결해버렸다. 이러한 그의 행적을 놓고서 베트남 역사학계에서는 지금까지도 평가가 엇갈리고 있는 형편이다.

26) 프랑스어로는 '꼬생신느Cochinchine', 베트남어로는 '남 끼(Nam Kỳ 南圻)', 한자로는 '교지지나交趾支那'라고 표기했다.

쪽 중국과의 국경 지대에는 태평천국의 흐름을 잇는 흑기군黑旗軍[27] 등의 중국인 무장 세력이 발호하고 있었다. 1873년에는 프랜시스 가르니에Francis Garnier가 하노이와 홍강 델타의 주요 도시를 점령했지만, 응우옌 조정의 요청에 호응해서 반격에 나섰던 흑기군에게 패퇴하는 사건[28]이 일어나는 등, 프랑스의 진출은 난관에 봉착했다. 때마침 시기가 프로이센-프랑스 전쟁Franco-Prussian War[29] 직후였던 관계로 본국에서 멀리 떨어진 베트남에서 전쟁을 확대할 여력이 없었던 프랑스로서는 이때는 홍강의 통항권通航權을 얻는 정도로 만족해야만 했었다.

---

27) 중국 역사상 '대동란大動亂'의 시대로 불렸던 19세기 중엽 광서 지방에서 창설된 무장 조직이다. 광동 흠주欽州 출신 유영복劉永福[1837~1917]의 지휘하에 태평천국의 난 [1850~1864] 당시 천지회天地會 계통의 봉기에 참가해 청조 군대와 싸웠다. 이윽고 태평천국의 난이 실패로 끝나고 잔당에 대한 소탕이 시작되자 1865년 베트남 북부로 달아나 응우옌 왕조에 귀순했는데, 지휘자 유영복이 흑기黑旗를 부대의 상징으로 삼아 지휘했던 까닭에 '흑기군'으로 불리게 되었다. 이후 1873년 응우옌 왕조의 요청을 받아 가르니에가 이끄는 프랑스군과 싸웠고, 1983년에 다시금 프랑스군과 싸움을 벌였다. 이윽고 일어난 청불전쟁에서는 청조 군대에 협력해 프랑스 군대와 전투를 벌였다. 1885년 천진조약이 체결된 후에 공식적으로 해산했다가, 청일전쟁이 발발하자 유영복은 대만으로 건너가 흑기군을 재조직하여 대만을 방위하는 역할을 담당했다. 1895년 시모노세키 조약이 체결되자 그는 대만민주국臺灣民主國의 대장군에 임명되어 항일 투쟁을 계속하다가, 일본군이 대만을 완전 평정하자 대륙으로 탈출했다. 이후에도 유영복은 광동 지역에서 군인으로 활약했다고 알려져 있다.
28) 프랑스의 해군 장교·탐험가로 메콩강을 통해서 중국으로 진출하는 길을 모색했던 프랜시스 가르니에는 1873년 12월 유영복이 이끄는 흑기군과의 전투에서 전사하고 말았다. 이로써 통킹Tonkin을 공략하려던 프랑스의 첫 시도는 실패로 끝나고 말았다.
29) 1870~1871년 사이에 독일을 통일하려는 프로이센과 이를 저지하려는 프랑스 나폴레옹 3세의 제2 제정 사이에 벌어진 전쟁으로 흔히 '보불普佛전쟁' '1870년 전쟁'으로 일컬어진다. 이 전쟁에서 프랑스가 패전함으로써 나폴레옹 3세는 실각하고 제2제정이 무너짐으로써 제3공화정이 수립되는 계기가 되었다.

그러나 1882~1883년에 홍강 델타의 적대 세력 토벌을 위해 파견되었던 앙리 리비에르Henri Rivière가, 도리어 하노이를 비롯한 델타 요충지를 점거하고서 반격에 나섰던 흑기군과 응우옌 조정 군대에 피살당하는 사건[30]이 발생했을 적에는 식민지 확장에 적극적 자세로 방향 전환을 했던 프랑스 정부는 지원군을 베트남에 파견하기에 이르렀다. 때마침 뜨 득 황제의 사망과도 겹치면서 혼란 상태[31]에 빠졌던 응우옌 조정은 마침내 프랑스의 압력에 굴복하여, 다낭 등의 개항과 베트남 북부 지역으로 프랑스 군대가 출병하는 것을 인정하는 제1차 후에 조약[32]의 체결을 받아들일 수밖에 없었다.

---

30) 홍강 개방을 둘러싸고 다툼을 하다 마침내 앙리 리비에르가 교전 중 사망하기에 이르자, 10년 전 가르니에 사건 때와는 달리 당시 프랑스 쥘 페리Jules Ferry 수상은 이 일을 계기로 적극적 대외팽창 정책을 추구하게 되었다. 곧 통킹에서 벌어졌던 리비에르의 모험과 죽음으로 인해 몇 년이 지나서 코친차이나를 넘어 인도차이나 전체로 프랑스의 식민 통치가 확장되게 되었다.

31) 1883년 7월 뜨 득 황제가 사망하고 나서 응우옌 조정은 왕위 계승을 둘러싸고 큰 혼란이 일어났다. 장자 상속 원칙에 따라 죽 득(Dục Đức 育德)이 즉위했으나 사흘 만에 권신들에게 독살당했고, 이윽고 뜨 득 황제의 이복동생 히엡 호아(Hiệp Hòa 協和) 황제가 뒤를 이었으나 역시 권신들에 의해 한 달이 못 되어 강제 퇴위되고 말았다. 다음으로 뜨 득 황제의 셋째아들이자 열다섯 살의 끼엔 푹(Kiến Phúc 建福) 황제가 즉위했으나 재위 8개월 만에 병사했고, 이어서 끼엔 푹의 이복동생으로 열세 살의 함 응이(Hàm Nghi 咸宜) 황제가 황위를 계승케 되었다. 이렇듯 프랑스의 노골적 침략이 행해지고 청불전쟁이 벌어지는 와중에서도 후에의 궁정에서는 1년 사이에 네 명의 황제가 등장하고 사라지는 혼란스러운 사태가 벌어졌다.

32) 1883년 프랑스 제3공화정과 후에의 응우옌 왕조 사이에 맺어진 조약으로 주된 내용은 안남·통킹을 프랑스 보호령으로 인정한다는 것이다. 프랑스 대표가 프랑수아 쥘 아르망François-Jules Harmand인 관계로 '아르망 조약'으로도 불리며, 베트남에서는 계미조약癸未條約으로도 일컬어진다.

이렇듯 프랑스 군대가 베트남 북부 지역으로 출병하는 사태에 대항하여, 종주국을 자임했던 중국의 청조는 1884년 베트남에 대한 파병을 단행했고, 급기야 청불淸佛전쟁[33]이 발발하게 되었다. 이윽고 프랑스와 응우옌 왕조 사이에는 베트남이 프랑스의 보호국이 되고, 외교권을 프랑스에 위임한다는 내용의 제2차 후에 조약[34]을 체결했다. 이로써 베트남은 나라의 주권을 상실하고 프랑스에 의해 식민지화되는 운명을 맞게 되었다. 하지만 청군과 응우옌 조정 군대의 저항이 계속되었으므로 프랑스는 이윽고 복건·대만을 공격했고, 1885년에는 이홍장李鴻章에게 천진天津조약[35]의 체결을 강요함으로써 베트남에서 청군은 완전히 철수하기에 이르렀다.

---

33) 전쟁은 1884년 6월에서 1885년 4월까지 계속되었는데, 전쟁의 와중에 프랑스 쥘 페리 내각은 붕괴되고 말았다. 전황은 한때 중국에 유리하게 전개되었으나, 당시 조선에 주둔하던 군대가 청불전쟁에 동원되었던 시기를 틈타서 1884년 12월에 조선에서 갑신정변甲申政變이 일어나는 등, 한반도 정세가 악화되자 청조는 서둘러서 1885년 6월 천진에서 프랑스와 강화조약을 체결하기에 이르렀다.

34) 1884년 6월에 제1차 후에 조약을 보완하는 형태로 맺어진 조약으로, 프랑스 대표가 쥘 파트노트르Jules Patenôtre인 관계로 '파트노트르 조약'이라고도 하며, 베트남에서는 갑신조약甲申條約이라고 일컬어진다. 이 조약을 통해 베트남이 프랑스의 보호국이 된다는 것이 확정되었으며, 이후 70년 동안 베트남은 프랑스의 식민지로 전락했다.

35) 제1차 천진조약은 1884년 5월 이홍장과 프랑스 대표 프랑수아 푸르니에François Fournier가 천진에서 강화 협약을 맺었는데, 달리 '천진협약天津協約'이라고 일컬어진다. 제2차 천진조약은 1885년 6월 이홍장과 프랑스 대표 쥘 파트노트르 사이에 체결되었는데, 주된 내용은 청조가 베트남에 대한 종주권을 포기한다는 것이었다. 참고로 이보다 2개월 전인 1885년 4월에는 앞서 조선에서 일어났던 갑신정변에 대한 사후 수습책으로 이홍장과 일본의 이토 히로부미伊藤博文 사이에 한반도 내 양국 주둔군의 철수를 주 내용으로 하는 또 다른 '천진조약'이 체결된 바 있었다.

그 결과 청조는 베트남에 대한 종주권을 포기했고, 베트남은 프랑스 직할령인 남부 코친차이나, 보호국으로 전락했으나 응우옌 왕조가 존속했던 중부 안남(Annam 安南)[36], 그리고 프랑스 이사장관理事長官의 관리하에 놓였던 보호령 북부 통킹Tonkin[37]이라는 세 지역으로 분할되었다. 더욱이 프랑스는 서쪽으로 세력 확대를 꾀하여 1883년에는 싸얌에게 메콩강 좌안을 포기토록 강요했고, 1895년에는 루앙 프라방 왕국을 보호국으로 만들었다. 프랑스는 1887년에는 통킹·안남·코친차이나에 캄보디아를 더해서 프랑스령 인도차이나 연방Union indochinoise[38]을 형성했는데, 1899년에는 여기에 보호국 루앙 프라방 왕국과 직할령 남부 라오스로 이루어지는 라오스Laos[39]가 추가되었다.

이러한 프랑스령 인도차이나의 형성은 그 이전의 지역

---

36) 베트남어로는 '쭝 끼'(Trung Kỳ 中圻)라고 일컬었다.

37) 홍강 유역의 베트남 북부를 가리키는 명칭으로 이 지역의 중심 하노이의 옛 이름인 '동 낀'(Đông Kinh 東京)에서 유래한 것이다. 달리 '박 끼'(Bắc Kỳ 北圻)라고도 했다. 베트남 독립 이후로는 '박 보'(Bắc Bộ 北部)라고 불렸으며, '통킹'이라는 명칭은 '통킹만' 이외에는 사용하지 않게 되었다.

38) 흔히 '앵도신 프랑세즈Indochine française'라 불렸고, 영어로는 'French Indochina'로 표기했다. 한편 한자로 프랑스를 '법국法國'으로 표기한 데서, 베트남어로는 '동 즈엉 투옥 팝'(Đông Dương thuộc Pháp 東洋屬法) '리엔 방 동 즈엉'(Liên bang Đông Dương 聯邦東洋), 한자로는 '법속인도지나法屬印度支那''인도지나연방印度支那聯邦'이라고 했다. 1954년에 이르러 정식으로 해체되었다.

39) 프랑스는 이렇듯 종주권을 획득한 란 쌍 3개 왕국을 인도차이나 연방에 편입시키고, 이 지역을 '라오스'라고 일컬었는데, 오늘날 라오스라는 국가 명칭도 여기에서 유래한다.

질서에 커다란 변화를 초래하게 되었다. 베트남에 국한시켜 보더라도, 우선 첫째로 베트남에 대한 프랑스 식민 지배는 중국 역대 왕조가 베트남에 관해 주장해왔던 종주권을 부정하는 형태로 성립되었다. 베트남은 이로써 중화제국을 중심으로 전근대 동아시아에 존재했던 책봉 체제라는 전통적 국제 질서에서 분리되었고, 제국주의 시대 열강의 하나인 프랑스의 식민 지배라는, 지구 규모의 범위를 지닌 근대적 국제 체제에 편입되게 되었다.

둘째로 이러한 프랑스의 지배는 베트남뿐만이 아니라 캄보디아·라오스를 포괄하는 인도차이나 전역에 미치게 되었다. 인도차이나라는 새로운 지배의 틀은, 역사상 일찍이 통일적 권력을 경험해본 적이 없었고, 문명적으로도 지극히 이질적인 여러 사회를 포괄하면서 성립되었다. 일찍이 중화 세계의 일원이었던 베트남이, 이른바 '인도화'했던 동남아시아의 여타 국가인 캄보디아·라오스와 함께 동일한 지배의 틀 안에 편입되었던 셈이다. 이런 상황 속에서 베트남은 억지로라도 주변 동남아시아 세계와의 관계를 강화하도록 강요받게 되었다라고 하겠다.

4. 필리핀-스페인령에서 미국령으로

스페인 지배하에 놓였던 필리핀에서도, 18세기 후반 이후로 영국계 지방무역상들이 찾아오게 되었고, 그들은 필리핀산 농산물의 수출에도 관심을 쏟게 되었다. 스페인은 애초 외국 상인들이 지역에서 거래하는 행위를 금지하는 등의 억압적 정책을 취했으나, 자유 무역을 표방하는 영국의 압력에 끝내 굴복해서 1834년에는 마닐라, 1855년에는 일로일로Iloilo 등지를 개항하기에 이르렀다.

자유 무역 체제로 이행한 필리핀에서는 사탕수수·마닐라삼 등의 상품 작물 재배와 무역 확대로 부를 축적하여 고등 교육을 받은 신흥 현지인 엘리트 계층이 새롭게 등장했고, 그들 가운데 스페인 지배에 저항하는 이들이 등장하게 되었다. 이러한 배경에서 1896년에 일어났던 것이 스페인 지배로부터 필리핀의 독립을 외쳤던 필리핀 혁명이었다.

이러한 움직임은 1898년 쿠바 독립 문제로 발발한 미국과 스페인 간의 미국-스페인 전쟁[40]으로 번지면서 미국의 개입을 초래하게 되었다. 이 전쟁에서 승리함으로써 스페인에서 필리핀을 할양받았던 미국은 이윽고 독립을 외치는 혁명 세력과는 적대하는 관계가 되었고, 그러한 저항 세력을 배제하고서 필리핀 지배 체제를 완성했다.

5. 싸얌의 근대화와 독립 보전

랏따나꼬신 왕조 싸얌의 경제 기반은 왕실이 독점한 무역에 있었는데, 이것 또한 자유 무역을 추구했던 영국 등 구미 열강으로부터의 압력에 직면하게 되었다. 1826년에 영국과 맺었던 버니 조약Burney Treaty[41]은 기한을

---

40) 1898년 쿠바 독립운동을 계기로 미국과 스페인 사이에 일어난 전쟁이다. 4개월간의 전쟁 끝에 필리핀 마닐라만 해전에서 스페인 함대를 격파하고서 미국이 승리했고 이어서 파리조약에 따라 쿠바는 1902년에 독립하고, 미국은 푸에르토리코·필리핀·괌 등을 할양받았다. 1580년 합스부르크 왕가 출신의 펠리페 2세Felipe II de Habsburgo가 포르투갈 국왕을 겸하면서 세계 각지로 영토를 확장했던 스페인은 이후 '해가 지지 않는 제국El imperio donde nunca se pone el sol'으로 불렸으나, 1898년 미국과의 전쟁에서 패퇴하여 쿠바·필리핀 등 대부분의 식민지를 상실함으로써 제국의 종언을 고하게 되었다.
41) 1826년 버마와의 전쟁에서 승리한 영국은 동인도회사의 헨리 버니Henry Burney를 파견하여 싸얌과 영국령 인도 사이에 통상 조약을 체결했다. 이 조약을 통해 두 나라는 영국 상인의 통상 권리를 인정하는 대신에 끄다에 대한 싸얌의 종주권을 인정하고 뻬락을 완충 지대로 두기로 했다.

정하기는 했지만 무역 자유화를 인정하는 조치였다 하겠다. 더욱이 1855년에는 다시금 영국과의 사이에 영국인의 치외법권 및 개항지에서의 거주와 통상 자유를 인정하는 바우링 조약Bowring Treaty[42]이 체결되었다. 같은 내용의 조약이 미국·프랑스와도 체결되었는데, 이로써 싸얌은 근대 국제법 질서를 전제로 하는 세계 무역 체제에 편입되었고, 왕실이 독점하던 무역 체제는 최종적으로 붕괴하고 말았다. 동시에 전통적인 통치 기구도 재편할 수밖에 없었는데, 몽꿋Mongkut 왕[43][라마Rama 4세, 재위 1851~1868]은 예리한 국제 감각에 근거한 교묘한 외교 정책을 통해 싸얌의 독립을 유지했다.

뒤를 이은 쭐라롱껀Chulalongkon 왕[44][라마 5세, 재위

---

42) 1855년 싸얌이 영국의 전권대표 존 바우링John Bowring과 방콕에서 체결했던 불평등 조약으로 싸얌이 외국과 맺은 최초의 수호 통상 조약이다.

43) 라마 4세는 즉위하기 전 선교사를 통해 영어를 배우고 서양인들과 교류하면서 서양의 문화·관습을 익혔다고 알려져 있다. 영화 〈왕과 나The King and I〉의 원작으로 유명한 『애나와 시암의 왕Anna and the king of Siam』에 나오는 왕이 바로 이 몽꿋왕 라마 4세였다. 그는 서구식 근대화를 지향하면서 여러 외국과 잇달아 조약을 체결하고 최초의 영어 교육을 시행하는 등, 국가 발전을 위한 근대화 개혁에 매진했다. 중국 역사서 『청사고淸史稿』에서는 '鄭明'으로 표기되었다. 이렇듯 1851년 즉위했던 라마 4세가 근대화에 한창 힘쓰던 시기인 1866년 비슷한 상황이던 조선은 대원군이 프랑스와 갈등을 빚으며 병인양요가 일어나게 된다.

44) 싸얌의 근대화에 가장 크게 이바지했던 왕으로 흔히 '쭐라롱껀 대왕'으로 일컬어지며, 노예제 폐지 등 이른바 '짝그리 개혁'으로 불렸던 근대적 개혁을 통해 싸얌 이후의 타이 민주주의 기반을 세웠던 군주로 높게 평가받고 있다. 2016년에 즉위한 현 국왕 라마 10세의 증조부로, 타이를 대표하는 최고의 대학 쭐라롱껀 대학Chulalongkorn University은 그를 기념해 설립된 대학이기도 하다. 라마 5세가 한창 근대화 개혁을 추진하던 시기에 다른 행보를 보였던 조선은 1882년 임오군란, 1884년 갑신정변, 1894년 동학농민운동 등을 겪었는데, 라마 5세가 사망한 1910년에 이르러 마침내 일본에게 병탄되고 말았다.

1868~1910]은 1873년경부터 내각제 도입, 지방 행정조직 정비와 국토를 일원적으로 지배하는 통치 기구 확립, 징세 청부제 폐지와 세제 일원화에 의한 국가 재정 제도의 형성, 근대적 법제 정비, 징병제, 국민 교육 등 다양한 방면의 근대화 개혁을 추진했다〔짝끄리Chakri 개혁[45]〕. 이렇듯 독자적인 근대화 시책과 영국·프랑스 세력의 완충 지대가 될 수 있었던 지정학적 이점 등에 힘입어, 싸얌은 동남아시아에서 유일하게 국가의 독립을 보전할 수 있게 되었다.

---

[45] 본래는 라마 5세의 개혁을 가리키지만, 넓은 의미로는 라마 4세부터 라마 6세까지 시행되었던 일련의 개혁을 통칭하는 용어로도 쓰이고 있다.

III. 동남아시아 경제의 재편성

1. 주석

19세기에 접어들어 통조림 산업의 발달에 힘입어 유럽에서 주석 수요가 급증했다. 또한 19세기 이후에는 전기 및 자동차 산업과 관련해서 주석 수요가 더한층 늘어났다. 말레이반도 서부 지역은 1880년대부터 거의 100년에 걸쳐서 세계 최대의 주석 생산지였다. 주석 광산의 소재지는 대체로 인구가 희박한 지역이었던 관계로, 애초부터 주석 채굴은 중국인 이민 노동자들의 힘을 빌려 이루어지고 있었다.

1870년대까지 주석 채굴은 말레이인 술탄에게서 허가를 획득한 화인 자본가들의 독무대였다. 이른바 '회당會黨'[46]으로 불렸던 화인 조직이 중국 남부에서 해협식민지를 경유해 대규모 중국인 노동력을 조달했다. 1880년대

---

46) 본래는 청대淸代 말엽에 반청복명反淸復明을 내세웠던 원시 형태의 민간 비밀 결사 단체를 일컫는 말이었다.

이후는 유럽계 자본에 의한 주석 채굴도 어느 정도 궤도에 올랐으나, 채굴과 관련해서는 중국인들이 여전히 결정적 지위를 차지하고 있었다. [47]

2. 고무

동남아시아에서 고무 생산이 증가했던 것은 자동차 산업의 발전에 뒤따른 타이어 원료의 수요가 급증했기 때문이었다. 영국령 말라야와 네덜란드령 동인도가 주요 고무 생산지였다.

영국령 말라야에서는 고무 재배가 19세기 말부터 본격화했는데, 영국을 중심으로 하는 유럽계 기업들에 의한 대규모 고무나무 플랜테이션이 우위를 점했고, 그곳에서

---

47) 당시 세계 최대의 주석 광산업과 연관해 발전했던 말레이반도의 주요 도시로는 뻬락의 이뽀Ipoh·따이삥Taiping, 그리고 슬랑오르의 꾸알라룸뿌르·끌랑Klang 등을 꼽을 수 있다. 이 가운데 뻬락의 주도 이뽀는 주민의 70퍼센트가 중국인이었고, 따이삥의 경우 도시 이름이 '태평太平'이라는 한자어의 복건어福建語 발음에서 유래했을 정도로 중국과 연관이 깊은 도시이다. 또한 말레이시아 최대 항구 도시 끌랑 역시 중국 대륙 노동자들이 상륙했던 곳으로 특히 복건성 출신 노동자들이 보양식으로 먹기 시작했고, 오늘날 말레이시아 대표 요리로 유명한, 일종의 '돼지갈비탕'인 박 꿋 떼Bak kut the(肉骨茶)의 발상지로도 널리 알려져 있다. 참고로 현재 3200만 명 정도의 말레이시아 인구 가운데 중국계 화인이 차지하는 비율은 22퍼센트 정도에 달하고 있다.

는 중국인 노동자들이 다수를 차지했던 주석 산업과는 달리, 남인도〔주로 타밀Tamil 지방〕출신의 이민 노동자들이 주류를 차지했다. [48]

20세기에 접어들면서 말레이 농민들에 의한 소규모 자가 농장에서의 고무 재배가 성행하게 되었고, 이윽고 전체 재배 면적의 3분의 1을 차지할 정도가 되었지만, 플랜테이션 노동자는 여전히 남인도 출신자가 태반을 차지했다.

네덜란드령 동인도의 고무 재배는 20세기 초엽부터 확산되었고, 그 중심은 수마뜨라 동부 연안이었다. 여기서는 네덜란드에 이어서 영국 기업이 플랜테이션 경영을 행했고, 노동력은 쟈바의 이민 노동자들을 주로 활용했다. 여기에서도 개별 농가에 의한 소규모 재배 역시 행해지고 있었다.

---

48) 영국령 말라야의 고무 산업은 주로 뻬락·슬랑오르·느그리슴빌란Negeri Sembilan·끄다·조호르 다섯 지역에 집중되어있었는데, 고무 농장이 들어선 지역의 인구 대부분은 인도인이었다. 참고로 현재 말레이시아 인구 가운데 인도계가 차지하는 비율은 7퍼센트 정도이다.

3. 사탕수수

쟈바의 수출용 농산물의 중심이 되었던 것은 논농사 지대 쌀과 번갈아 윤작으로 재배하는 사탕수수·담배 같은 일년생 '저지대 작물', 화산 기슭이나 구릉 지대에서 재배되는 차·커피 등의 다년생 '고지대 작물'이었다.

19세기 주요 수출품은 커피였지만, 19세기 말 중남미가 커피 산지로 새로이 대두하는 등의 이유로 가격이 내려가자 커피 수출은 타격을 입게 되었다. 이것을 대신해서 19세기 말부터 1929년의 대공황에 이르기까지, 네덜란드령 동인도의 기간산업이 되었던 것은 사탕수수를 원료로 하는 제당업이었다. 제당 공장의 대부분은 네덜란드 자본으로서 그들이 직접 관리하는 쟈바 농민을 활용한 사탕수수 재배가 이루어졌다. 설탕의 주요 수출 대상국은 19세기 후반에는 대체로 유럽이었으나, 20세기에는 인도·중국이 중요 수입국이 되었으므로 동부 수라바야Surabaya와 중부 수마뜨라 화인 상인들이 커다란 역할을 맡게 되었다.

필리핀에서도 마닐라삼 및 비누 등의 원료가 되는 코

프라copra[49]와 더불어 설탕이 주요 수출품이 되었다. 특히 1910년대 이후는 미국 대상의 수출이 늘어나면서 네그로스Negros섬[50]이 최대 생산지가 되었다. 여기에서는 아시엔다hacienda[51]로 불렸던 대규모 농장에서 사탕수수가 재배되었다.

마닐라삼의 재배는 민다나오Mindanao섬 다바오Davao가 주요 산지였는데, 일본에서 온 이민자들도 생산에 관여했다. 군수품으로도 쓰이는 삼의 재배 확대로 일본에서의 이민도 늘어났는데, 가장 많았던 시기에 그 규모는 19,000명에 달했고 이민자의 과반수가 오키나와 출신자였다.

---

49) 코코야자 열매인 코코넛의 속살(배젖)을 말린 것으로 지방을 많이 함유해 과자 재료나 마가린·비누·야자유 따위의 원료로 쓴다.
50) 필리핀 중부 비사야스Visayas제도에 있는 섬으로 필리핀에서 네 번째로 큰 섬이다. 필리핀 최대의 설탕 산지로 유명하며 빅토리아스Victorias시에 있는 제당 공장은 세계 최대 규모로 알려져 있다.
51) 스페인어로 보통 평야 지대에 자리 잡은 대농장을 뜻하는 말이나 이후 대토지 소유 제도를 지칭하는 말로도 사용되었다.

4. 대륙부 세 델타 지대의 쌀

대륙부의 주요 수출품이 되었던 것은 쌀이었다. 곧 에야워디강·짜오프라야강·메콩강의 델타 지대에서는 19세기 후반부터 급격히 개척이 진척되어서, 쌀 생산량이 비약적으로 증가하게 되었다. 19세기에는 유럽·중국으로 수출되는 쌀의 양이 많은 편이었으나, 20세기에 이르러서는 동남아시아 역내의 플랜테이션 및 주석 광산 등 노동자의 식량으로서 역내 교역의 주요 상품이 되었다.

앞서 보았듯이 멀라까 해협 주변을 중심으로 한 도서부 지역에 고무나무 플랜테이션이나 주석 광산 채굴이 이루어지면서, 그곳에는 대량의 이민자 노동력 투입이 이루어졌다. 그에 뒤따라 대륙부 3대 하천 델타 지대에서는 세계 유수의 수출용 미작 지대가 형성되어 도서부 노동자의 식량 공급원이 되었다. 또한 홍강 델타·상 버마·쟈바 등 전통적 쌀농사 지대는 신흥 산업 지역에 노동력을 공급하는 배후지 역할을 겸함으로써, 지역 간의 분업 체제가 이루어졌다. 동남아시아 인구는 1800년의 3300만 명에서 1900년에는 8300만 명으로 급증했던 것으로 알려져 있다. 이민의 유입과 인구 증가에 따른 식량 수요 확대가 쌀 생산량 증가를 가져왔다 하겠다.

버마에서는 1852년 영국이 하 버마를 식민지로 만듦으로써 에야워디강 델타를 본격적으로 개발하게 되었다. 꼰바웅 왕조 시대에는 하 버마의 잉여 쌀은 상 버마로 운반되었으며, 외국으로 수출하는 행위는 금지되어있었다. 영국은 벵골 등 인도 제국 내의 기근이 자주 일어나는 지역들에 대한 식량 공급지로, 당시까지는 말라리아가 맹위를 떨치는 미개지였던 델타 지대 개발에 적극적인 자세를 취했다.

수전水田 농업을 행하는 주된 담당층은 상 버마에서 이주해왔던 버마인 농민들이었고, 개척에 필요한 자금의 조달에는 버마인·인도인 고리대금업자들이 커다란 역할을 담당했다. 정미업은 유럽 기업들이 장악하고 있었다. 쌀 수출항으로 발전했던 랑군에서는 항만 노동자와 정미소 노동자로 주로 남인도 텔루구Telugu인들을 고용했는데, 인도에서 온 이민자들이 인구의 과반을 차지했다. 20세기 초엽에는 하 버마의 쌀농사 면적은 200만 헥타르를 넘었고, 쌀 수출량도 200만 톤에 달하여 세계 제일의 쌀 수출 지역이 되었다.

싸얌에서는 1855년 체결된 바우링 조약 이후에 쌀 수출이 확대되었고, 수출액의 60~70퍼센트를 차지하게 되었다. 여기에서 쌀농사는 타이인 자작농이 담당했는데, 쌀의 집하·정미·수출에 있어서는 화인 상인들이 담당하는 역할이 큰 편이었다. 짜오프라야강 델타 수전의 면적은 1850년 약 100만 헥타르에서 20세기 초에는 400만 헥타르로 넓어졌고, 수출량도 1890년대 말에는 50만 톤에 이르게 되었다. 주요 수출 대상지는 싱가포르·홍콩으로 싱가포르에 수출된 타이 쌀의 대부분은 영국령 말라야와 네덜란드령 동인도로 재수출됨으로써, 앞서 언급했던 노동자의 식량이 되었다.

메콩 델타에서는 1860년대부터 프랑스인이 주도하는 관개 공사와 운하 굴착이 시작되었다. 여기에서는 애초부터 지주에 의한 토지 집적이 이루어졌고, 프랑스도 개척지를 불하하는 정책으로 토지 집적을 장려했다. 지주 가운데에는 프랑스인도 있었지만, 태반은 베트남인이었다. 농민은 처음에는 크메르인의 비율이 높았지만, 개발이 진척됨에 따라 북부와 주변 지역에서 오는 베트남인 입식민이 점차 늘어났다. 쌀의 집하·정미·수출은 여기에서도 주로 화인 상인들이 장악했고, 사이공에 인접해 있는 쩌 런에 화인 인구가 집중되어있었다. 메콩 델타로부터 쌀의 수출량은 1900년대 전반에 50만 톤에 이르렀고, 주된 수출 대상지는 홍콩·중국·프랑스였으며, 일부가 동남아시아 도서부 지역으로 향했다.

5. 싱가포르를 중계지로 하는 역내 무역

동남아시아 각 지역이 이렇듯 일차 산품 수출을 통해 성장해가는 과정에서 싱가포르를 중계항으로 각 지역을 연결하는 교역 양상에도 커다란 변화가 생겨났다. 우선 싱가포르로 수입되는 물품의 경우에 1870년대 이후에도 쌀은 여전히 중요한 비중을 차지했지만 그 주된 수입처는 1860년대를 경계로 쟈바에서 버마·싸얌·프랑스령 인도차이나로 바뀌게 되었다. 또한 1880년대 이후로는 말레이반도의 주석 수입량이 급증하기도 했다.

이에 반하여 싱가포르에서 수출되는 품목은 19세기 전반에 커다란 비중을 차지했던 면제품·아편의 양이 감소하고, 1870년대 이후에는 쌀·설탕 및 염건어鹽乾魚[52] 등의

52) 오래 보존하기 위해 소금에 절여서 말린 생선.

식료품과 같이, 동남아시아 역내에서 생산되는 식품의 비중이 늘어났다. 이들 식료품은 싱가포르에서 영국령 말라야와 네덜란드령 동인도 지역 등으로 재수출되었다.

구미 공업국의 일차 산품에 대한 수요는 그것을 생산하는 동남아시아 도서부에서의 생산 확대, 이민 및 현지 주민들의 구매력 증대를 가져왔다. 이렇듯 도서부에서의 소비재 수요의 증대, 특히 식품 수요의 증대에 대응했던 것이 대륙부에서의 쌀을 비롯한 식료 생산의 증대라고 하겠다. 그리고 그것은 당연히 대륙부 생산자의 구매력 증가를 가져오게 되었다. 이처럼 도서부의 일차 산품 생산과 대륙부의 식료 생산이라는 역내 분업을 연결해주었던 것이 중계항 싱가포르였으며, 그것은 동시에 구미 지역을 대상으로 한 무역에서 획득한 이윤을 역내에 재분배하는 역할도 겸했던 것이다.

6. 양 대전 사이 시기의 동남아시아 경제와 일본

1차 세계대전(1914~1918)으로 인해 유럽과의 무역량이 감소하자, 수출에서는 미국, 수입에서는 일본과의 교역이 중요성을 더해갔다. 미국 자동차 산업에서는 포드 Ford사의 대량 생산 방식으로 저렴한 대중 차의 생산이 가능하게 되었다. 이러한 자동차 산업에 타이어 원료가 되는 고무를 공급하거나, 보급된 자동차 연료로 석유 수요가 확대되자 동남아시아로부터 미국으로의 수출이 급격히 증대했다.

이러한 일차 산품의 수출 확대로 말미암아 증대된 구매력에 호응했던 것이 면직물·법랑 세면기·양산·성냥 등과 같은 일본의 저렴한 소비재였다. 일본의 공업화[53]는 구미로부터 이식되었던 근대적인 (기계제) 대공업great industry과 더불어 일본 사회와 생활 양식에 밀착된 제품을 만드는 재래 산업이 중요한 역할을 담당한다는 특징을 지니고 있었다. 이러한 재래 산업은 기술 혁신을 통해 아시아에 적합한 물품을 염가로 생산·수출하는 역량을

---

53) 한 국가의 산업 구성의 중점이 농업 등의 1차산업에서 2차산업, 특히 공업이 차지하는 비중이 높아가는 것을 가리킨다. 달리 '산업화'라고도 한다.

지니게 되었고, 이 시기에 이르러 동남아시아 지역으로의 수출이 급격히 확대하게 되었다. 더욱이 이 시기에는 고무 재배 등에 있어 종래에 유럽 자본에 의한 플랜테이션을 대신해서 농민에 의한 소규모 재배 방식이 확산되고 있었다. 이것 또한 일본제 소비재 시장을 확대하는 요인으로 작용했다.

1929년에 일어난 세계 대공황[54]은 상품 작물 수출에 의존해왔던 동남아시아 경제에도 커다란 영향을 미쳤다. 한편에서는 일차 산품 수출이 격감하여, 구매력이 저하됨에 따라서 저렴한 일본 제품에 대한 수요는 더한층 늘어났다. 프랑스가 높은 관세 장벽을 쌓았던 인도차이나를 제외하고서, 일본으로부터의 수입이 총수입액에서 점하는 비율이 네덜란드령 동인도는 25.4퍼센트, 영국령 말라야는 5.8퍼센트, 필리핀은 14.8퍼센트, 싸얌은 19.8퍼센트, 버마는 8.8퍼센트에 이르렀다. 이런 흐름 속에서 동남아시아에서는 유럽 종주국과의 관계가 소원해지고, 대미 수출에서 얻은 흑자로 대일 무역 적자를 메꾸는 방식의, 태평양을 둘러싼 새로운 순환 구조가 형성되기

---

54) 1929년 10월 뉴욕에서의 주가 대폭락을 계기로 발생했던 세계적인 불황으로, 금 본위제에 근거한 국제 경제 체제가 붕괴하고 이후 파시즘이 대두하는 계기로도 작용했다.

시작했다.

　그러나 다른 한편에서는 이러한 상황에 위기감을 느낀 국가들의, 본국과 식민지를 관세 장벽으로 에워싸서 블록 경제bloc economy[55]를 형성하려는 추세가 강화되었다. 일본 또한 점차 폐쇄적인 경제권의 확립을, 자국의 군사력을 배경으로 하여 추구해감으로써, 전반적 상황은 2차 세계대전을 향해 점차 걸음을 내딛게 되었던 것이다. 일본 자본주의는 어느 시기까지는 동남아시아도 포함하는 넓은 의미의 동아시아 역내 무역 발전을 촉진시켰고, 나아가 그것을 미국을 포함한 환태평양 경제권에 연결 짓는 과정에서 중요한 역할을 담당하기도 했다. 이러한 역내 무역은 자유 무역 내에서 지역 간 분업 체제를 전제로 해서 성립하는 것이었다. 그렇지만 일본 자신은 1930년대 후반에 이르러서는 이러한 구조 자체를 붕괴시키는 쪽으로 행보를 보이게 되었다.

　프랑스령 인도차이나는 종주국 프랑스의 경제 블록에 편입되어, 쌀 수출 대상국으로서 프랑스의 비중도 높아졌고, 총수출량에서 프랑스가 점하는 비율이 1929년의

---

55) 세계 대공황 이후 영국·프랑스 등의 국가는 식민지와 관세 동맹을 맺어 경제 블록을 형성하여 자국과 식민지의 시장을 보호했다. 이로써 이른바 자유무역 체제는 종말을 고하게 되었다.

22.1퍼센트에서 1937년에는 46.1퍼센트로 상승했다.

네덜란드령 동인도에서는 지역의 기간산업이라 할 제당업이 쇠퇴했다. 이것은 주요 수출 대상지였던 영국령 말라야·중국 등이 모두 자국 제당업을 보호하기 위해 고율의 관세 장벽을 쌓았기 때문이었다. 그 결과 설탕을 대신하여 고무·석유가 중요 수출품으로 등장했다.

동일한 설탕 수출국 필리핀에서는 제당업이 쇠퇴의 길로 접어들지는 않았다. 그것은 미국이 자국의 경제 블록 안에서 필리핀 제당업을 보호하는 정책을 취했기 때문이었다.

대공황의 타격은 쌀 수출이 공황 이후에도 견실한 상태를 유지했던 프랑스령 인도차이나와 싸얌에서는 상대적으로 심하지는 않았다. 반면에 영국령 말라야·네덜란드령 동인도·필리핀의 경우에는 회복세가 더딘 편이어서, 1938년 수출액을 1929년과 비교해보면 각각 60퍼센트 남짓, 50퍼센트 이하, 70퍼센트 정도로 여전히 낮은 수준에 머물러있었다. 이러한 상황은 종래에 영국령 말라야·네덜란드령 동인도를 중심으로 했던 동남아시아 식민지 경제의 존립 근간을 뒤흔들게 되었다.

호세 리살José Rizal의 기념상〔도쿄, 히비야日比谷 공원〕

	동남아시아	세계
1873	싸얌. 짝끄리 개혁 시작하다	
1885	베트남, 근왕 운동	
1889	필리핀 지식인의 프로파간다 운동	
1896	필리핀 혁명 발발	
1899	필리핀 공화국 독립 선언	
1904		러일전쟁(~1905)
1905	베트남, 동유東遊 운동 시작하다	
1906	싱가포르에서 중화총상회中華總商會 결성	
1908	쟈바에서 부디 우또모 설립	
1911	쟈바에서 무슬림상인연합(후의 이슬람 연합) 결성	신해혁명
1914		1차 세계대전(~1919)
1917		러시아혁명
1919		코민테른 결성
1920	동인도공산주의자연합(후의 인도네시아 공산당) 결성 버마인단체총협의회 수립	
1927	인도네시아 국민당 결성	
1929		세계 대공황
1930	베트남 공산당 결성 우리 버마인 연맹(떠킹당) 결성 버마에서 서야 상 농민봉기	
1932	싸얌, 입헌 혁명	
1935	필리핀 코먼웰스 정부 발족	
1937	버마 통치법에 의한 자치 정부 발족	중일전쟁 발발
1939	싸얌, 국호를 타이로 변경	2차 세계대전 발발(~1945)

Ⅰ. 민족주의와 식민지

앞의 강의에서도 논했듯이 제국주의 시대에 동남아시아를 식민 통치했던 구미 열강들의 본국은 국민국가였다. 식민지 제국을 구축했던 열강 자신들은 세계 분할의 경쟁 과정에서 여타 열강의 영향력을 배제하고 자신들의 지배권을 확립할 목적으로, 명확한 국경을 획정 짓고 그러한 영역 내부를 일원적으로 통치한다는 근대국가의 논리를 동남아시아 지역에 도입했던 것뿐이라고 해야 하겠다. 하지만 그러한 국민국가의 원리로 조직된 국가의 지배는 이윽고 지배당하는 식민지 백성들에게 자신들의 국민국가를 가져야 한다는 욕구를 키워주게 되었다.[1] 이것이 이윽고 민족주의로 나타나게 되었다.

식민지 지배의 형성 과정에 동남아시아에서도 현지의 저항은 존재했다. 그 대부분은 전통적 왕권을 옹호하려는 운동이었다. 베트남의 사례를 보면 제2차 후에 조

---

1) 서구 국가의 경우에는 빈번한 전쟁이 국민국가 형성의 계기로 작용했다면, 동남아시아에서 국민국가 형성의 계기는 식민지 지배에 있었다고 하겠다. 독립 이후 동남아시아 각국 지도자들은 식민지국가의 통치 기구를 인수하면서 그것을 재편하는 것을 자신들의 과제로 삼았다.

약 체결 후에 제위에 올랐던 함 응이 황제〔재위 1884~1885〕[2]
는 1885년 후에의 궁정을 탈출하여 프랑스 침략에 대해
저항할 것을 호소하는 '근왕勤王[3]의 조칙詔勅[4]〔근왕령勤王
令〕을 전국에 반포했다. 이러한 조칙에 호응하여 베트남
북부·중부에서는 재야의 유교 지식인 계층인 '반 턴'〔Văn
Thân 文紳〕[5]이 주도하는 근왕 운동이 각지에서 일어났다.
그 대부분은 1888년 무렵에는 진압되고 말았지만, 산악
지대에 웅거했던 세력 중에는 20세기까지 저항을 계속

2) 뜨 득 황제가 사망하고 1년 안에 뒤를 이었던 세 명의 황제가 독살·폐위되고서 열세
살의 어린 나이로 1884년 응우옌 왕조 제8대 황제가 되었던 함 응이 황제는 1885년 7월
권신 똔 텃 투옛(Tôn Thất Thuyết 尊室說)과 후에를 탈출해 중부 산악 지대에서 저항을 이어
나갔다. 이윽고 1888년에 프랑스군에게 체포되어 프랑스령 알제리 알제Alger로 유배되
어서 1944년 그곳에서 사망했다. 참고로 프랑스 식민당국은 함 응이 황제에 맞서기 위
해서 1885년 9월에 뜨 득 황제의 둘째 양자로 그의 형인 동 카인(Đồng Khánh 同慶) 황제를
내세우는 한편 함 응이 망명 정부를 불법으로 규정하고서 무력 탄압을 시작했다.
3) 임금과 신하의 의리를 지켜 임금을 위해 충성을 다한다는 의미로 흔히 군사를 일으켜
임금을 환난에서 구하는 행위를 가리킨다.
4) 임금이 내리는 명령 또는 그러한 명령을 적은 문서를 가리킨다.
5) 전근대 시대 베트남 촌락에서의 지식인 계층을 지칭하는 용어이다. 19세기 응우옌
왕조 치하의 베트남 촌락(싸xã 社)의 실권은 프랑스 학자들이 '망다렝 노따블르mandarin
notable'(유력한 지식인충)라고 일컬었던 계층이 장악하고 있었다. 그러한 계층은 경제적으
로는 중류의 자작농 계층이 주류였고, 조선 시대 양반과 같이 대지주 계층으로는 성장
하지 못했다. '반 턴文紳'은 광의로는 '턴 하오'(Thân Hào 紳豪)라고도 하였고, 협의의 '반 턴'
계층과 '흐엉 쪽'(hương chức 鄉職) 계층으로 이루어졌다. 곧 협의의 '반 턴'은 관리나 전직
관리, 또는 거인舉人·수재秀才 같은 과거 합격자들이며, 협의의 '흐엉 쪽'은 촌락 행정을
맡은 관리를 가리켰다. 촌락의 모든 행정은 이들 '망다렝 노따블르'의 합의제로 운영되
었으며, 국가 권력에서 상대적으로 자율적인 촌락 공동체를 형성했다. 1885년 근왕 운
동을 주도했던 세력은 이러한 '반 턴' 계층으로, 이윽고 프랑스가 촌락 내에서의 '반 턴'의
권위를 인정하는 방향으로 선회하자, 근왕 운동은 1888년 무렵에는 대체로 종결되고 말
았다. 그 후 베트남의 촌락은 '반 턴' 계층이 실권을 장악했던 상태로 지속되다가 1945년
의 8월 혁명을 맞이하게 되었다.

하기도 했었다.[6] 근왕 운동, 곧 근왕을 위한 봉기라는 명 칭이 보여주듯이, 이러한 저항 운동은 전통적인 '충군애 국' 사상에 근거한 것으로, 어디까지나 왕권의 회복을 지 향하는 것이었다. 이러한 저항은 근대 민족주의에 하나 의 전통으로 계승되었지만, 식민지 지배의 산물이었던 민족주의와는 성질을 달리하는 것이었다.

프랑스혁명을 거치면서 형성되었던 프랑스 국민이라 는 공동체는 자유·평등·박애라는 이념을 표방했던 공동 체였으며, 그러한 이념을 받아들인다면 누구나 출신과 관계없이 공동체에 참여할 수 있는 것이었다. 하지만 이 러한 새로운 공동체는 그 결속력을 강화하기 위해 배제 해야 할 타자인 '것(들)'을 필요로 하게 되는 것이다. 언어 의 측면에서 보자면 국민의회Assemblée nationale[7]라는 민 주주의적 입법부가 제 기능을 발휘하기 위해서는 의원들

---

6) 장기간에 걸쳐 근왕 운동을 지속했던 대표적 인물로 판 딘 풍(Phan Đình Phùng 潘廷逢) 을 꼽을 수 있다. 본래 벼슬을 했던 유학자로 근왕 운동에 참여한 그는 뛰어난 조직력과 무기 제조의 장점 등을 활용해 끈질기게 프랑스군과 싸웠으나 1895년에 병사하고 말았 다. 그와 더불어 프랑스에 저항했던 인물로는 데 탐(Đề Thám 提探)이라는 이름으로 더 잘 알려진 호앙 호아 탐(Hoàng Hoa Thám 黃花探)이 있었다. 가난한 농가에서 태어나 16세에 근왕 운동에 참여해 1892년에 지도자가 되었던 그는 농민 세력을 규합해 주로 게릴라 전 술로 프랑스군에 맞섰다. 결국 프랑스군은 1894년과 1897년 두 차례에 걸쳐 그와 협약을 맺고서 일정 지역 내에서 그의 자치를 허용하기에 이르렀다. 그는 1913년 프랑스군에 매 수된 부하에게 암살당할 때까지 독립적인 세력을 유지하면서 프랑스군에 저항했다.
7) 프랑스혁명의 첫해인 1789년 6월에 프랑스혁명 이전의 평민층이었던 제3신분 대표 자들이 조직했던 혁명 의회를 가리킨다.

이 공통의 언어를 사용해야만 했다. 그러한 언어는 이제 국가의 행정 언어 차원을 벗어나, 국민의 언어, 곧 국어로 간주되었던 프랑스어로, 프랑스혁명 당시 프랑스 인구 절반 이상이 사용하고 있던 비-프랑스어는 '전 세기의 흔적'으로 취급되는 한편 그러한 언어를 사용하는 화자를 프랑스어 세계로 동화시키는 일이 국가 권력을 배경으로 추구되었다.[8]

이전의 전통적인 세계 제국에서는 사람들이 사용하는 언어에 국가가 간섭하는 경우는 좀처럼 없었다. 세계 제국에서 통치 엘리트가 되기 위한 요건은 신과 지상의 세계를 연결하는 '신성한 문자 언어', 곧 중화 세계의 경우에는 한자·한문에 얼마나 숙달해있는가이지, 평소에 그가 어떤 언어를 사용하는가는 전혀 문제가 되지 않았다. 식민지를 통치했던 구미 열강은 식민지에 '문명의 빛'을 전해준다는 명분상으로나, 또한 현실적으로도 식민지 통치에 있어 현지인 관료의 협력이 불가결했다는 점에서 근대적 교육을 식민지에 도입했다.

그렇다면 이와 같은 교육을 받았던 식민지 엘리트들이

---

8) 프랑스혁명 당시 2500만 명 프랑스 인구 중에 프랑스어를 제대로 구사하는 사람은 300만 명밖에 없다고 일컬어질 정도로 당시 프랑스 지방에서는 다양한 지방 언어들이 사용되었다.

본국인과 동등한 대우를 받았는가 하면 대부분 경우는 그렇지 못했다. 프랑스 본국에서 교육을 받았던 베트남인일지라도 귀국 후에는 학교 성적으로 자신보다도 훨씬 열등생이었던 프랑스인 관리의 하급직으로 일하는 경우가 보통이었다. 급여 또한 프랑스인과 베트남인 관리 사이에는 동일 직급임에도 삼십 배 정도의 차이가 있었으며, 프랑스인 문지기 경우도 베트남인 기사보다 세 배 정도의 급여를 받았던 것으로 알려져 있다. 식민지 엘리트로 교육을 받기는 했지만, 결코 본국인과 동등하게 대우받지는 못했다는, 국민국가가 구축했던 식민지 제국의 구조적 요인이 이들 엘리트를 민족주의, 곧 자신들의 국민국가를 수립해야 하겠다는 요구 쪽으로 이끌고 말았다.

근대 교육은 동일한 식민지 통치의 틀 안에 편입되었던 사람들에게 새로운 일체감을 심어주는 역할도 맡게 되었다. 이것은 근세 왕권의 바탕 위에서 근대국가로 이어지는 영역 지배가 행해졌던 대륙부 국가의 경우보다, 식민 지배가 그 이전까지는 상호 일체감이 전혀 없었던 사람들을 포섭하는 형태로 성립했던 도서부 국가의 경우에 특히 두드러진다고 하겠다. 이것을 '순례권pilgrimage'이라는 개념으로 설명하는 논의도 이루어졌다.

식민지 지배는 동남아시아에서도, 명확한 실선으로 획정되는 국경을 도입하게 되었고, 이윽고 영역 지배를 형성하게 되었다. 또 그러한 영역을 통치하는 관료 제도가 구축되었고, 그것을 담당하는 '원주민 관리'를 양성하기 위해 교육 제도가 정비되었다. 이러한 교육 제도·관료 제도에 의해 규정되었던 인간들의 인생 여정의 축적, '순례권'이 이윽고 '모국령某國領 식민지 원주민'이라는 공동 운명체로서의 새로운 일체감을 길러주었고, 그것이 결과적으로 식민지 지배의 기본 틀을 계승하는 형태로의 국민국가의 독립을 요구하는 민족주의를 출현케 했다는 것이다. 9)

본래 민족주의는 엘리트의 독점물은 아니었다고 하겠

---

9) 이러한 설명은 미국의 저명한 동남아시아학·정치학 연구자인 베네딕트 앤더슨 Benedict Anderson의 논의에서 이루어지고 있다. 그의 설명을 빌자면 우선 '교육 순례'는 마치 중세 시대 그리스도교 세계 여러 지역에서 성지 순례를 온 이들이 그들 자신을 하나의 종교공동체에 속한 형제자매로 인식하듯이, 식민지 변방에서 식민지 교육의 중심으로 향하는 순례 과정에서 조우하는 식민지 사람들은 서로를 동일한 공동체에 속하는 형제자매로 '상상'하게 된다는 것이다. 이윽고 교육을 받은 후에 자신의 고향이 있는 특정한 식민 행정 단위에서 관리로 임용되었던 이들 식민지 지식인은 획정된 영토 안에서 관료로서의 여정인 '행정 순례'를 통해서 점차 자신들이 속한 특정한 식민 행정 단위를 자신들의 '민족'의 경계로 '상상'하게 된다는 것이다. 민족 및 민족주의 연구에 관한 현대의 대표적 고전으로 평가받는 베네딕트 앤더슨의 저서는 이미 한국어로 다음과 같이 번역·소개되어 있다. 『상상된 공동체: 민족주의의 기원과 보급에 관한 고찰』(Imagined Communities: Reflections on the Origin and Spread of Nationalism, 1983; 한국어판 서지원 옮김, 도서출판 길, 2018). 참고로 이 책에서 저자는 민족주의 역사를 크리올creole 민족주의·인민 popular 민족주의·관제official 민족주의·식민지colonial 민족주의로 나누고 있는데, 특히 식민지 민족주의 항목에서 인도차이나와 인도네시아의 민족주의의 양상을 비교·고찰하고 있다.

다. 민족주의는 그것이 대중 운동으로서 전개되었다는 특징을 지니고 있었다. 식민지 시대의 동남아시아에서는 세금을 둘러싼 농민들의 반란·폭동이 빈발했는데, 그 원인이 되었던 것은 근대 관료제 도입으로 말미암아 그러한 제도를 지탱할 안정적인 국가 세입이 필요하게 되었기 때문이었다.

근대국가와 같이 과중한 관료 제도가 존재하지 않던 전통 국가에서는 세금은 농사 수확의 많고 적음에 따라 변동하는 것이 통례였다 하겠다. 요컨대 풍년이 든 해에는 가혹한 세금을 부과했던 반면에, 흉작의 해에는 세금 감면을 실시했다. 그와 같은 '은정恩情'을 기반으로 하여 귀족·지주의 농민에 대한 지배가 성립되었다.

하지만 근대적 관료 제도를 유지키 위해서는 일정한 국가 세입이 필요했기 때문에 수확량에 좌우되지 않는 정액 세제가 도입되기에 이르렀다. 그러한 정액 세제하에서 농민은 풍작의 해에는 실수입이 늘어나기는 했지만, 흉작이 든 해에는 생존을 유지하는 일도 불가능해지고 말았다. 이렇듯 부침이 심한 생활이 농민들에게 불안감을 불러일으켰고, 이윽고 조세 저항 폭동의 원인으로 작용했다고 보는 견해도 있는 것이다. 농민들이 부침이

적은 생활을 소망했었다는 점에 관해서는 논란의 여지가 있지만, 식민지 지배의 형성에 즈음하여 세금을 둘러싼 농민 반란이 증대했다는 사실에 대한 설명으로는 일정한 설득력이 있다고 하겠다.

동남아시아에서는 스페인의 지배 체제가 붕괴되는 19세기 말 필리핀에서 선구적인 민족주의의 형성이 이루어지고, 그 밖의 지역에서 민족주의가 싹트는 것은 20세기에 들어서고 나서부터였다. 1차 세계대전에서 동남아시아의 각 식민지는 아무런 대가 없이 유럽 종주국이 벌이는 전쟁에 대한 협력을 강요받았다. 이윽고 전쟁의 강화에 즈음하여 '민족 자결'이 중요한 원리로 제시됨에 따라서 대전 이후에는 민족주의가 각 지역에서 세력을 얻게 되었다. 대전이 끝나고서 1920년대 전반까지의 시기는 전후의 상대적 안정기 하에서 식민지 개발이 진척되어, 교육의 보급 및 노동자 등 신흥 사회 계층이 등장하는 한편, 식민지 지배의 장기화가 예상되는 상황에서 비교적 온건한 민족주의가 우위를 점하게 되었다. 하지만 1920년대 후반에서 1930년대에 걸쳐서는 대중 운동과도 결합했던 급진적인 민족주의가 등장하기에 이르렀고, 각 지역에서 공산당 역시 일정한 세력을 지니게 되었다.

이하의 논의에서는 동남아시아에서 민족주의의 형성을 각 지역별로 살펴보기로 하자.

II. 민족주의의 전개

1. 필리핀의 선구성과 독자성

스페인이 지배했던 필리핀에서는 인종에 따른 위계가 존재했다. 그러한 위계의 맨 꼭대기에는 페닌술라르 Peninsular(반도인)로 불렸던, 스페인 본국 태생의 스페인 사람이 있었고, 그다음에는 필리핀에서 태어난 스페인 사람인 크리오요criollo[10)가 있었다. 다음으로는 스페인 사람이나 중국계 이민과 '원주민Indio' 사이의 혼혈인 메스티소Mestizo가 위치했고, 가장 밑바닥에는 '원주민'이 자리 잡았다.

필리핀이 동남아시아의 민족주의 형성에 있어서 선구적인 역할을 맡았던 데는 두 가지 요인이 있었다 하겠다. 첫째는 18세기 이후 대중국 농산물 수출을 통해 크리오

---

10) 일반적으로 스페인 식민지에서 태어난 백인을 가리키며 영어로는 크리올Creole이라고 한다. 보통 스페인 남자와 스페인 여자의 결합, 그리고 크리오요와 크리오아criolla(크리오요의 여성형)의 결합을 모두 크리오요로 일컫는다. 엄밀하게는 백인 크리오요와 백계 혼혈 크리오요로 나뉘는데, 백계 혼혈 크리오요도 백인으로 간주되는 경우가 많았다.

요와 메스티소, 심지어는 일부 원주민 중에서 비교적 부유한 중산층이 출현했다는 사실이다. 이에 더해 둘째로는 1611년 아시아에서 가장 오랜 대학으로서 산토 토마스 대학University of Santo Thomas이 마닐라에 설립되었고, 1859년에는 마닐라 시립학교(이후 아테네오 데 마닐라 대학Ateneo de Manila University)가 설립되는 등, 근대 교육이 일찍부터 행해졌으므로 식민지 지배의 모순을 직시하는 지식인들이 배출되는 배경이 존재했다.

크리오요·메스티소 및 원주민과 같은 현지 태생의 사람들이 가톨릭교회 내에서 지위를 구축했고, 일반 주민의 거주지에 있는 교구 교회의 사제(재속사제在俗司祭)에도 진출했다. 이들은 본래부터 오로지 스페인 태생의 사제만이 맡을 수 있는, 예수회·프란치스코회 등 수도원의 성직자(수도사제修道司祭)들과 점차 대조를 이루게 되었다. 19세기에 접어들어 중남미 지역의 스페인 식민지들이 독립을 달성했는데, 그러한 독립운동을 주도했던 이들이 주로 크리오요 세력이었다.[11] 이에 스페인은 본국 태생의 페닌술라르를 필리핀에 보내는 정책을 중시했고, 이

11) 1819년의 그란 콜롬비아Gran Colombia의 독립을 시작으로 1821년의 멕시코의 독립 등을 통해 크리오요들은 카리브해 지역을 제외한 중남미 전역에서 압정을 일삼았던 지배 세력 페닌술라레스Peninsulares(본국인)를 축출하는 데 성공했다.

들 페닌술라르를 재속사제의 지위에까지 진출시키기에 이르렀다.

이에 반발하여 현지 태생의 재속사제들의 지위 옹호 운동이 일어나게 되었다. 사정이 이렇게 되자 필리핀에서는 본국 태생 대 현지 태생이라는 대립축이 생겨났고, 그때까지는 오직 필리핀에서 태어난 스페인 사람[크리오요]을 지칭하던 용어였던 '필리피노Filipino'[12][필리핀인]라는 호칭이 메스티소와 원주민 등, 필리핀에서 출생한 모든 사람을 포괄해서 가리키는 의미로 쓰이게 되었다. 1872년에 까비떼Cavite주의 요새에서 일어났던 폭동을 빌미 삼아, 스페인 당국이 현지 출생 재속사제들의 지위 옹호 운동의 주동자였던 사제 세 명을 처형했던 사건[곰부르사GomBurZa[13] 사건]은 사람들에게 충격을 주었고, 이윽고 스페인 식민 통치에 반발하는 민족주의 의식의 각성을 촉구하는 계기가 되었다.

스페인에 유학했던 필리핀인들 사이에서는 1899년 이

---

12) 'Filipino'라는 말은 스페인 국왕 펠리페 2세Felipe II의 이름에서 따온 것으로, 16세기 탐험가 루이 로페스 데 비야로보스Ruy López de Villalobos가 1543년 필리핀군도에 도착하고서 '펠리페의 섬들Islas Filipinas'이라고 명명했던 데에서 유래한다고 한다.

13) 당시 처형되었던 세 명의 사제 마리아노 고메스Mariano Gomez·호세 부르고스José Burgos·하신토 사모라Jacinto Zamora의 이름에서 앞머리 문자를 따온 것이다. 특히 호세 부르고스 사제는 1860년대부터 수도회의 인종 차별 문제를 다룬 저작을 스페인어로 발표하면서 이러한 문제를 계기로 필리핀 민족의식의 성장을 이끌었던 인물로 알려져 있다.

후 필리핀의 개혁을 요구하는 '프로파간다propaganda 운동'으로 불렸던 계몽적 선전 운동이 일어났다. 그 중심인물인 호세 리살José Rizal[14]은 1892년에 필리핀에 귀국했지만, 스페인 식민정부에 의해 체포되어, (민다나오로) 유배형에 처해졌다. 스페인 정청의 이러한 강압 정책은 더욱 과격한 반발을 초래하게 되었고, 1892년에는 안드레스 보니파시오Andrés Bonifacio 등이 주동하여 까띠뿌난katipunan[15]이라는 비밀 결사를 결성하여,[16] 스페인 지배에 맞서 무력 항쟁을 계획하는 한편 마닐라 노동자 등 하층 계급 사이에서 조직과 세력을 넓혀갔다. 까띠뿌난은 1896년 8월에 이르러 봉기를 시작했고, 이로써 스페인에서 독립을 추구하는 필리핀 혁명이 시작되었다. 스페인 정청은 리살을 혁명 주모자로 처형했지만, 혁명 운동의 불길은 중부 루손 지역으로 확산해나갔다.

---

14) 1861~1869. 필리핀의 혁명가·소설가·시인·의사. 스페인 식민지 통치 말기 필리핀 독립운동을 주도했으며, 필리핀 민족주의의 상징이자 국민적 영웅으로 일컬어지고 있다. 대표작인 소설 『나를 만지지 말라Noli Me Tangere』(1887)와 『전복El Filibusterismo』(1891)은 오늘날에도 필리핀의 국민적 고전으로 여전히 읽히고 있다. 참고로 2020년 한국이 필리핀 해군에 수출한 최신예 군함이 '호세 리살함'으로 명명된 사실을 보아도 그가 오늘날 필리핀에서 어느 정도 추앙을 받는 인물인지를 짐작할 수 있겠다.

15) 정식 명칭은 타갈로그어로 'Kataastaasang Kagalanggalangang Katipunan ng mga Anak ng Bayan'인데 '어머니 대지의 자손들에 의한 가장 위대하고 숭고한 회의'라는 뜻이다. 필리핀의 첫 독립을 선언한 1897년 이후에는 정당으로 변신했다.

16) 호세 리살의 소설을 읽고서 영향을 받은 안드레스 보니파시오는 이윽고 혁명 단체 '까띠뿌난'을 결성하여서 아시아 최초의 민족주의 혁명을 이끌게 되었다.

까띠뿌난이 민중을 동원하는 데 있어서는 필리핀의 민중 가톨리시즘에서 가장 인기가 있는 성전으로 부각된 '파시옹Passion'〔그리스도 수난극受難劇〕[17]이 커다란 역할을 담당했다. 창세 시점에서 종말〔묵시록의 세계〕까지를 묘사한 '파시옹'은 진정한 구원의 가르침을 널리 알리는 수난의 시기와 겹치면서, 수난 곧 혁명으로 더없는 행복의 낙원이 재생되리라고 설파했다.

이윽고 혁명 운동 내부에서는 도시의 급진파와 지방의 유력자〔프린시팔리아principalía〕 사이에서 주도권 쟁탈전이 벌어졌고, 1897년에는 프린시팔리아 계층을 대표하는 에밀리오 아기날도Emilió Aguinaldo[18]에 의해 보니파시오는 숙청되고 말았다.

혁명 운동은 스페인의 군사력에 고전했으나, 1898년에 미국-스페인 전쟁이 발발함으로써 혁명 운동에 유리한 환경이 조성되는 듯하자, 1899년 1월에는 필리핀 공화국〔달리 말로로스Malolos 공화국으로 불렸다〕의 수립이 선포되기도

---

17) 그리스도교 성경에서 말하는 'Passion'은 '(예수의) 십자가 위에서의 수난'을 뜻하는 말로서, 이 경우의 'passion'은 '고뇌·수난'을 의미하는 라틴어 passio에서 유래되었다고 한다.
18) 1869~1964. 필리핀의 군인·독립운동가로 필리핀 제1공화국(1899~1901)의 초대 대통령이다. 처음에는 스페인, 이어서 미국에 대항해 독립을 위해 싸웠으며, 1897년 3월 '비악-나-바토Biak-na-Bato 공화국'의 수립을 선언함으로써 아시아 최초의 공화국 국가원수가 되었다.

했다. 하지만 미국-스페인 전쟁에서 승리하고서, 파리조약을 통해 필리핀을 획득했던 미국은 이러한 사태 변화를 인정치 않았고, 이번에는 혁명 운동과 미국 사이에 전쟁이 일어나게 되었다(필리핀-미국 전쟁Philippine-American War). 1901년에 아기날도 대통령은 항복했고, 1902년에는 미국의 본격적 통치가 시작되었는데, 이러한 필리핀 혁명의 전개 과정을 통해 필리핀인이라는 국민 의식이 자리 잡게 되었다.

필리핀 민족주의는 본국인 대 현지인이라는, 중남미 경우와 동일한 대립축 속에서 생겨났던 까닭에, 크리오요와 메스티소가 배척 대상이 되기는커녕 도리어 중심적 역할을 담당하게 되었다. 이것은 유라시안Eurasian(구아歐亞 혼혈인)[19]과 중국계 사람들이 배척되었던, 20세기 동남아시아 다른 지역에서 나타났던 민족주의와는 다른 특징이라고 할 수 있다.

그 후에 현지인 엘리트는 미국에 의한 식민 통치를 떠받치는 역할을 담당하게 되었고, 미국은 이들 엘리트에 의한 자치를 점차 인정하게 되었다. 1929년 세계 대공황이 일어나자 미국 농가와 사탕업계는 필리핀 제당업

19) 유럽인과 아시아계 원주민 사이에 태어난 혼혈인을 가리킨다.

에 부여되었던 특혜적 지위에 반발했고, 이윽고 필리핀을 독립시킴으로써 필리핀의 저렴한 설탕이 미국에 유입되는 길을 막으려는 움직임이 일어나기까지 했다. 1935년에는 10년 후의 필리핀 독립을 염두에 두고서 마누엘 케손Manuel Quezon[20]을 수반으로 하는 독립 과도정부 Commonwealth of the Philippines[21]가 발족되었다. 이것에 대하여 1930년대에는 지주제를 기반으로 하는 엘리트 계층에 반발하는 급진적인 정치 운동도 대두했다. 1930년에 결성된 필리핀 공산당[22]과 1935년에 반란을 일으켰던 삭달당Sakdal[23] 등이 그 대표적 존재라고 할 수 있다.

---

20) 1878~1944. 필리핀의 독립운동가·정치인. 1935~1944년까지 미국의 '식민지의 필리핀화'를 위한 정책 아래 수립되었던 필리핀 과도정부의 초대·제2대 대통령을 지냈다.

21) 달리 '독립 준비 정부'라고 일컫기도 한다.

22) 1930년에 결성된 필리핀 공산당Partido Komunista ng Pilipinas은 통칭 PKP로 불리며 '소련파 공산당'으로 일컬어진다. 이후 2차 세계대전 이후 1968년에 중국 마오쩌둥毛澤東 사상의 영향을 받아 결성된 필리핀 공산당Communist Party of the Philippines은 통칭 CPP로 불리며 'ML파 공산당'으로 일컬어진다. CPP는 창당 이래 지하 정치 조직으로 활동하며, 무장 혁명을 통한 필리핀 정부의 전복을 목표로 내걸고서 무장 조직인 신인민군NPA와 민족민주전선NDF를 지휘하고 있다.

23) 1930년대 필리핀에서 가장 급진적인 반정부 운동을 했던 정당으로 '삭달sakdal'은 타갈로그어로 '규탄·비판·고발'을 뜻한다. 조직을 주도했던 베니그노 라모스Benigno Ramos는 처음 마누엘 케손과 협력하다가 이후 정치적으로 결별하고서 타갈로그어 신문인 '삭달Sakdal'을 창간하여 미국에 반대하는 '삭달리스타Sakdalista' 운동을 전개했다.

2. 인도네시아라는 국민 의식 형성 과정

19세기부터 20세기로 가는 전환기에 네덜란드의 식민지 정책은 현지 주민의 복지와 교육의 개선을 내세우는 '윤리 정책Ethical Policy'[24]으로 전환했다. 이러한 네덜란드의 식민지 정책 전환에 호응하는 것처럼, 그 이전까지 구래의 질서를 회복하고자 했던 저항 운동과는 성격을 달리하는, 인도네시아 민족주의의 선구적 움직임이 출현했다.

쟈바 귀족의 딸로 태어났던 까르띠니Kartini[25]는 네덜란드식 교육을 받았으며, 쟈바 여성을 위한 교육 운동에 진력했다. 그녀가 짧은 생을 살고 죽은 뒤에 서로 편지를 주고받던 네덜란드 지인들에 의해 네덜란드어 서간집 『암흑을 지나 빛으로Door Duisternis tot Licht』[26](1911)가 출간됨으로써 일약 유명해졌다. 이 서간집 내용은 서양의 빛을 통해 한 쟈바 여성이 '미개'로부터 개안한다는, 당시

---

24) 야만적인 강제 경작 제도가 1870년 공식 폐지되고 나서, 1901~1927년까지 네덜란드가 채택했던 새로운 식민 정책으로 그리스도교의 보급, 권력 분산 및 인도네시아인 주민의 복지를 중시한다는 세 가지 원칙을 내세웠다.

25) 1879~1904. 본명은 라덴 아정 까르띠니Raden Adjeng Kartini. 인도네시아 여성 해방과 민족 자각 운동의 선구자로 현대에 이르러서 국민 영웅으로 추앙받고 있다. 그녀가 태어난 4월 21일은 '까르띠니의 날Hari Kartini'이라 하여 국경일로 경축하고 있다.

26) 이 책은 다시 영어판으로 『어느 쟈바 공주로부터 온 편지들Letters of a Javanese Princess』로 번역·출판되어 수많은 사람에게 널리 읽히게 되었다.

의 '윤리 정책'이 의도했던 구도를 잘 보여주는 것으로 이해되어왔다. 하지만 이후에 책에 실리지 않았던 편지들의 연구에 근거해, 근년에 이르러서는 교육과 공예 예술의 진흥을 통해 서양으로부터 자립을 꾀했던 까르띠니 상이 새롭게 부각되는 형편이다. 어쨌든 까르띠니는 쟈바인의 민족적 각성을 촉구한 선구자였다.

1902년에 바타비아에 '원주민의사양성학교'(STOVIA, School tot Opleiding van Inlandsche Artsen)가 설립되었는데,[27] 여기에서 공부한 쟈바인 귀족 자제들에 의해 '부디 우또모Budi Utomo'[28]라는 명칭의 단체가 결성되었다. 부디 우또모는 쟈바 최초의 민족주의 단체로 알려져 있다.

이윽고 쟈바라는 세계로부터 시야를 넓히려는 경향도 나타나기 시작했다. 1911년에는 중국인 상인들의 부상에 대항키 위해 쟈바인 상인과 아랍인 상인이 무슬림상인연합(SDI, Sarekat Dagang Islam)을 결성했고, 1912년에는 이슬람연합(SI, Sarekat Islam)[29]으로 개칭했다. 이슬람

---

27) 한편 1852년에 최초로 '원주민 교사 양성소Kweekscholen'가 개설되었고, 1905년에 '원주민공무원양성소'(OSVIA, Opleiding School Voor Inlandsche Ambtenaren)가 설립되었다.

28) 1908년에 결성된 인도네시아 민족주의 운동 최초의 단체로, 단체 명칭은 쟈바어로 '최고의 지성과 덕성'이라는 뜻을 지녔다. 최초의 부디 우또모 회합에는 STOVIA·OSVIA·교사양성소 등의 학생들이 대표로 참석했다.

29) 인도네시아 최초의 대중적 민족해방 운동단체로 1916년부터 막강한 대중 동원력을 가지고 정치 활동을 본격적으로 전개했다. SI의 명칭에서 '이슬람'이란 의미는 조직의 인도네시아인은 이슬람교도라는 정도의 일반적 의미로 종교적 색채는 대체로 약한 편이었다.

을 결합의 상징으로 삼았던 이슬람연합은 쪼로아미노또 Tjokroaminoto라는 지도자의 주도하에 쟈바 이외 지역에서도 활동을 확대해, 1914년에는 37만 명의 회원을 거느리게 되었고, 인도네시아에서 최초로 대규모 인원을 결집했던 대중단체가 되었다.

또한 1906년에는 네덜란드에 유학했던 학생들 사이에서 동인도협회Indische Vereeniging가 결성되었다. 이것은 식민지 지배가 만들었던 동인도라는 틀을 자신들 결사의 기본 틀로 채택했다는 점에서 주목할 만한 동향이었다. 식민지 영토 각지에서 유학생이 모였던 식민 모국 네덜란드라는 장소가 그러한 결사의 탄생을 한편으로 촉진했다고 할 수 있다. 동인도협회라는 모임은 이윽고 1920년대에는 인도네시아협회(PI, Perihimpunan Indonesia)[30]로 개칭했다. 이와 유사한 움직임은 사회주의적 조류 내에서도 나타나고 있다. 1914년 네덜란드인 사회주의자의 지도로 결성되었던 동인도사회민주연합(ISDV, Indische Social-Democratische Vereniging)[31]은 1920년에 인도네시

30) 1923년부터 1930년대 말기까지 네덜란드에서 반식민지주의 정치 활동을 펼쳤던 유학생 단체이다.
31) 네덜란드의 정치가이자 유명한 사회주의자였던 헨드리쿠스 스네이플리트Hendricus Sneevliet는 1913년 인도네시아에 도착하여, 중부 쟈바 스마랑Semarang을 거점으로 활동하다가 1914년 수라바야에서 ISDV를 창설했다. 소련권 밖에서의 아시아 최초의 공산주의자 집단이었던 이 단체의 회원 대부분은 네덜란드인으로 인도네시아인은 참가하지 않았다.

아어로 동인도공산주의자연합Perserikatan Kommunist di India으로 명칭을 바꾸면서 아시아 최초의 공산당으로 등장했고, 이윽고 1924년부터는 인도네시아 공산당(PKI, Partai Komunis Indonesia)으로 이름을 다시 바꾸었다.

여기에서 등장하는 '인도네시아'라는 용어[32]는 현재의 필리핀·말레이시아·인도네시아 군도를 통틀어 지칭하는 지리 용어로 쓰이다가, 이윽고 20세기에 접어들어 네덜란드령 동인도의 대명사로 사용되기에 이르렀다. 하지만 현지인들의 단체명이라는 측면에서 보자면 '동인도'의 경우에는 네덜란드인·유라시안까지를 포함한, 동인도 지역에 거주하는 사람들 모두를 포괄하는 어감이 있는 데 반해, '인도네시아'라고 할 때는 인구 대다수를 차지하는 '원주민'을 중심에 두고서 결속한다는 어감이 강한 편이었다. 1920년대에 접어들어 네덜란드의 식민지 지배를 무너뜨리고서 수립해야 할 새로운 국명에 어울리는 이름으로, 민족주의자들이 채택했던 것은 '인도네시아'라는 명칭이었다.

인도네시아 공산당이 1926년 말부터 1927년에 걸쳐

---

32) 이 말은 본래 그리스어로 '동인도'(Indós)+'섬'(nesos)에서 유래하여 줄곧 학술 용어로 쓰였는데, 20세기 초기부터 네덜란드령 동인도 출신의 유학생들이 민족 명칭으로 사용하기 시작하여 이윽고 민족주의자들도 정치적 목적으로 이 용어를 채택·사용하게 되었다.

일으켰던 무장봉기[33]가 실패함으로써 괴멸적 타격을 입게 되자, 수카르노Soekarno[34]를 중심으로 한 고등 교육을 받은 젊은 지식인들이 1927년 결성했던 인도네시아 국민당Partai Nasional Indonesia[35]이 민족주의 운동의 중심적 역할을 떠맡게 되었다. 그러한 국민당의 주최로 1928년에 개최되었던 (제2회) 인도네시아 청년회의Kongres Pemuda Indonesia[36]에서는 '하나의 국가 조국-인도네시아Tanah air Indonesia, 하나의 민족-인도네시아 민족Bangsa Indonesia, 하나의 언어-인도네시아어Bahasa Indonesia'라는 '숨빠 뻐무다Sumpah Pemuda'(청년의 맹세)로 명명된 선언이 채택되었다.[37] 네덜란드령 동인도의 다양한 사람들

---

33) 인도네시아 공산당은 1926년 12월에 반뜬·바타비아·쁘리앙안Priangan에서, 1927년 1월에 수마뜨라에서 각각 폭동을 일으켰다. 그러나 거사가 완전히 실패함으로써 이후 20년 동안 조직이 회생하지 못할 정도로 괴멸적 타격을 입고 말았다.

34) 1901~1970. 인도네시아 정치가로 수라바야 출신. 인도네시아 국민당을 결성하는 등 식민지 시대부터 민족주의 운동과 독립운동에 커다란 족적을 남겼다. 독립 이후 초대 대통령을 지냈으나 1965년 일어난 9·30 쿠데타 사건으로 실각한 뒤 불우한 만년을 보냈으며, 현재도 인도네시아 국민에게는 건국의 국부로 추앙받고 있다.

35) 수카르노를 당수로 해서 결성되었던 이 정당은 인도네시아 독립을 기치로 내걸고, 그를 위한 통일과 단결을 주장했다. 네덜란드 당국의 탄압으로 1931년에 해산했다.

36) 언어학적으로 보아 대략 250개 이상으로 분류되는 다민족 국가인 인도네시아에서 각 지역의 청년회의가 제1회 인도네시아 청년회의를 1926년에 조직·결성했다. 이를 계기로 인도네시아 민족의식이 전국적으로 확산되었다.

37) '청년의 맹세'라는 뜻의 숨빠 뻐무다의 구체적 내용은 다음과 같다.
"첫째, 우리 인도네시아의 청년 남녀는 인도네시아라는 하나의 조국을 가졌음을 확인한다.
둘째, 우리 인도네시아의 청년 남녀는 인도네시아 민족이라는 하나의 민족임을 확인한다.
셋째, 우리 인도네시아의 청년 남녀는 인도네시아어라는 통일 언어를 사용한다."

이 자신들을 인도네시아 민족(=국민)이라는 단일한 민족으로 인식하고, 쟈바어가 아니라 역사적으로 교역 등에서 널리 쓰였던 블라유Melayu어(말레이어)를 인도네시아어로 지칭하면서, 그것을 국어로 채택하는 인도네시아라는 국가의 독립을 지향하는 것임을 명백히 선언했다. 여기에서 인도네시아라는 국민 의식이 명확히 표명되기에 이르렀다.

네덜란드 당국은 카리스마적 지도력을 지녔던 수카르노의 활동을 경계했고, 이윽고 1934년에 그는 체포되어 유배형에 처했으므로 독립운동은 일단 소강상태에 접어들게 되었다.

3. 도서부의 영국령 식민지
-중국 민족주의와 말레이인 민족주의

현재의 말레이시아·싱가포르에 해당하는 지역의 경우에, 말레이시아·싱가포르라는 국가 형성에 직결되는 정치 운동이 본격화했던 것은 2차 세계대전 이후에 이르러서였다.

이렇듯 운동이 늦어졌던 이유의 하나는, 이 지역이 해협식민지·말레이 연합주·말레이 비연합주·영국령 보르네오라는 서로 이질적인 행정 단위로 나누어졌고, 이들 네 지역을 포괄하는 운동이 이루어지기 어려웠다는 사정이 있었다. 또 다른 이유의 하나는 이 지역에는 중국계·인도계 이민이 다수 유입되어있었는데, 필리핀의 메스티소와는 달리 이들은 자신들이 사는 말라야 지역에 대한 귀속 의식이 대체로 희박했다는 사정을 들 수 있겠다.

민족주의가 처음으로 고양되기 시작한 것은 화인들 사이에서였다. 동남아시아가 구미 열강의 식민 지배하에 놓였던 19세기 말 이후로 중국에서 유입된 이민들은 그 이전과 비교하면 현지 사회에 동화하려는 동기가 낮은 편이었다. 그것은 우선 식민지 통치하에서 현지인은 '원주민'으로 사회 최하층민에 속했으므로, 화인들이 현지인 유력자와의 결혼을 통해 사회적 신분 상승을 꾀할 계기가 크지 않았기 때문이었다. 게다가 도항渡航 수단이 발전함에 따라 중국에서 홑몸이 아니라 배우자와 함께 도항하는 이들이 늘어났으므로 현지인과의 거리는 더욱 소원해졌다.

이러한 시기에 중국인으로서의 결속을 강조하는 중국 민족주의가 동남아시아 화인 사이에 침투했던 사실도 화인과 현지인 사이의 거리를 확대하는 데 일익을 담당했다. 중국 청조의 탄압의 손길이 직접 미치지 않았던 재외 화인사회는 청조에 대한 혁명 운동의 거점 역할을 하게 되었다. 이러한 중국 민족주의의 침투는 그때까지 복건·광동·객가·조주潮州·해남海南 등의 동향인끼리의 의식밖에 없었던 화인들 사이에 중국인으로서의 결속감을 형성하게 되었다. 1906년에 싱가포르에서 중화총상회中華總商會가 창립되었고, 더 나아가 지방어가 아닌 표준 중국어(북경관화, 만다린Mandarin)를 통한 중등 교육을 실시하는 남양화교중학南洋華僑中學이 개교했던 시기가 1919년 이었다. 동교의 설립에 커다란 역할을 떠맡았던 실업가 탄카키陳嘉庚[38]는 신해혁명, 항일 전쟁 시기 국민당 정부의 강력한 지지자이기도 했다. 동남아시아에서 19세기 중엽까지는 화인 사회의 중심을 이루었던 이들은 현지 사회에 동화했던 쁘라나깐Peranakan 등으로 불렸던 사람들이었다. 하지만 20세기에 접어들어 중국에서 건너온 이민 1세대로 중국 민족주의를 공유했던 사람들이 점차 중심적인 역할을 떠맡게 되었다. 이러한 점에서 동남아시아의 중국계 주민은 동남아시아에 임시로 머물러 사는 중국인을 가리키는 '화교華僑'라는 명칭에 부합되는 존재로 변화했던 것이라 하겠다.

1919년에 쑨원孫文 등이 결성했던 중국 국민당은 해협 식민지를 중심으로 하는 남양南洋 화교들 사이에서 지지세를 확산하여, 지부를 결성하기에 이르렀다. 한편으로 1921년에 중국공산당이 결성되자, 1922년에 공산당의 지부 또한 싱가포르에 생겨났다. 이윽고 1925년 이후로는 남양 공산당南洋共産黨(SSCP, South Seas Communist Party)이라는 명칭으로 활동했는데, 1930년에는 말라야와 해협식민지를 활동 무대로 삼는 공산당이라는 의미에서, 말라야 공산당(MCP, Malayan Communist Party)으로 새

38) 민남어閩南語로 '탄카키', 북경 표준어로 '천자겅'으로 읽는다.

로이 조직되었다. 하지만 말라야 공산당은 여전히 화교 중심의 공산당임에는 변함이 없었다. 1937년 중국에서 중일전쟁이 발발하여 국공합작이 이루어지자, 말라야에서도 국민당과 공산당의 협력 관계가 성립되었고, 항일운동이 전개되었다. 이것은 중국 민족주의를 일익을 담당하는 운동이었다고 하겠다.

또 다른 하나의 민족주의 운동으로 인도네시아 민족주의의 영향을 받아서, 이와 연계하는 형태로 '대인도네시아Greater Indonesia'[39] 또는 '대말레이Greater Malay'의 건설을 지향하는 말레이인의 운동이 있었다. 이브라힘 야콥Ibrahim Yaacob 등에 의해 1938년에 결성되었던 청년말레이연합(KMM, Kesatuan Melayu Muda)[40]이 그러한 운동을 주도하는 조직으로 등장했다.

---

39) '인도네시아 라야Indonesia Raya'라고도 하는데, 인도네시아와 합병해서 말라야 독립을 이루고자 주장한 이념이다.
40) 달리 '말레이청년동맹'이라고도 했다.

4. 버마-자치에서 완전 독립을 향해

영국령 인도의 자치주가 되었던 버마에서는, 식민지 지배를 통해 쇠퇴했던 상좌부 불교문화의 재흥이라는 목적을 내걸고서 1906년에 청년불교도연맹(YMBA, Young Men's Buddhist Association)이 결성되었다. 1917년 영국은 인도의 독립운동에 대한 대응책으로 식민지 주민에게 입법·행정 권한 일부를 위임하는 계획(양두兩頭 체제)[41]을 발표했는데, 버마는 그 적용 대상에서 제외되었던 관계로 청년불교도연맹은 인도에서의 분리와 버마인의 통치 참여를 요구하게 되었다. 이러한 움직임은 1920년에 결성되었던 버마인단체총협의회(GCBA, Genaral Council of Burmese Associations)에 의해 계승되었다. 당시 버마에는 인도인 이민이 대규모로 유입되었는데,[42] 버마 농민들이 인도인 고리대금업자인 쳇떠야Chettayar[43]에게 빚을 지

---

41) 영국 국왕이 임명하는 행정 평의원으로 구성된 행정부와 선출된 현지인 의회 의원들 가운데 총독이 임명하는 각료로 구성된 행정부가 공존하는 이원 정부 체제로 일종의 자치 정부 제도라 할 수 있다. 영어로 'Diarchy'라고 하는데, '양두제' '이두二頭 정치' '쌍두雙頭 정치' 등으로도 일컬어진다.
42) 19세기 말엽부터 2차 세계대전 직전까지 버마로 이주한 인도인은 약 260만 명에 이르렀다. 그 결과로 양곤의 경우는 버마인이 오히려 소수로, 인도인의 비율이 절반을 차지하는 도시가 되었다고 한다.
43) 남인도 타밀 지역에서 다양한 분야의 상인 카스트를 지칭하는 이름으로, 이 계층 사람들이 동남아시아에서 주로 고리대금업을 했다.

고서 농지를 빼앗기는 사태가 확산되고 있었다. GACB
는 양두체제를 실시하고 버마인을 통치에 참여시킬 것과
아울러 비버마인의 토지 소유를 제한할 것 등의 시책을
요구했다. GCBA에서는 양곤대학의 학생들과 승려들이
커다란 역할을 맡고 있었다.

이에 대하여 영국은 버마에 양두체제를 도입할 것을
승인하고서, 1923년에는 버마를 인도의 주와 동등한 지
사가 통치하는 지사주知事州로 승격시켰다. 더욱이 버마
통치법에 의거해서 1937년에는 버마를 인도에서 분리해
서 직할 식민지로서 자치 정부를 발족시켰다.[44] GCBA
는 입법평의회에서의 활동에 주력했고, 그 멤버 중 하나
였던 바 모Ba Maw[45]는 같은 해에 직할 식민지 (자치 정부의)
초대 수상에 취임했다.

1929년에 일어난 세계 대공황의 여파가 버마에도 밀어
닥쳤던 1930년 말부터 1932년에 걸쳐 일찍이 GCBA에

---

44) 1935년 4월 양두체제에 대신하는 버마 통치법이 공포되어, 1937년 4월부터 실시되
었다. 이로써 버마주는 인도에서 분리되어 영국의 직할 식민지 '영국령 버마'가 되었다.
아울러 주지사 대신 총독이 임명되었고, 총독 아래 상하 양원 의회가 설치되었다.
45) 1893~1977. 버마의 독립운동가·정치가·법조인. 1937~1939년의 자치정부의 초대
수상, 1942~1945년 사이에는 버마국 수상 및 국가원수를 역임했다.

서도 활동했던 승려 출신 지도자 서야 상Saya San[46)]의 주도하에 세금 납부를 거부하는 대규모 농민 반란이 일어났다. 서야 상은 자신들의 무리를 비밀결사 '갈론Galon 당'이라고 명명했다. '갈론'은 인도 신화에 나오는 (독수리 형상의) 신조神鳥 가루다Garuda[47)]를 가리키는데, 마치 큰 뱀 나가Naga를 잡아먹는 갈론처럼 자신들이 언젠가 영국의 지배자들을 집어삼키리라는 의미를 암시하고 있었다. 서야 상은 스스로를 '뚜빤나까 갈론 라자Thupannaka Galon Raja', 곧 부처의 가르침에 따라 인류를 구제하는 버마의 가루다 왕으로 칭하면서, 무장봉기를 일으켰다.[48)] 가루다의 힘을 빌려 이교도의 지배를 벗어나 해방되고, 라자, 즉 버마 왕에 의한 지배, 불교적 질서의 재건이라는 구호를 통해 버마의 농민들을 궐기케 했던 운동이라 하겠다. 아울러 이러한 반란은 1885년 독립 왕조가 멸망

---

46) 1876~1931. 1930년 12월 일어났던, 버마 역사상 가장 규모가 큰 무장 농민 반란 지도자로 본래는 민간의술을 행하는 주술사이자 불교 승려였다고 한다. 그의 이름에서 따온 '서야 상 반란Saya San Rebellion'은 인두세·체티아 등에 대한 반발 및 세계 대공황으로 말미암은 쌀값 폭락으로 인한 농촌의 빈궁 등이 직접적 원인으로 작용했다. 아울러 신비주의적 불교 사상에 근거한 왕국 건설을 주장하기도 했던 서야 상은 1931년 11월 체포되어 반역죄로 처형됨으로써 버마의 전설적 영웅으로 남게 되었다.

47) 가루다는 인도 신화에 나오는 상상의 신조로 인간의 몸에 독수리의 머리·날개를 한 모습인데, 현재도 인도네시아·타이가 가루다의 형상을 국가 문장으로 사용하고 있다.

48) 버마 농민들에게는 전통적으로 전해오는 신앙이 있었는데, 그것은 한 사람의 왕이 나타나 자신들을 해방해주리라는 믿음이었다. 농민들은 버마의 해방을 역설하는 서야 상을 보면서 그러한 전설상의 왕의 형상을 발견하고서 그를 추종했다. 서야 상은 그러한 농민들의 기대 속에서 마침내 비밀리에 버마 국왕에 즉위했다고 한다.

한 뒤로 사람들을 규합할 결집 축이 사라졌던 버마에 있어서, 식민 지배로부터 해방과 독립의 달성이라는 목표를 농민 계층에까지 확산시키는 역사적 의의를 지니고 있었다.

1930년에는 영국이 부여했던 자치 체제를 중시했던 GCBA의 온건 노선에 불만을 품었던 급진적인 도시 지식인들에 의해, '우리 버마인 연맹'(떠킹당Thakin party)[49]이 결성되었다. 떠킹당은 영국으로부터 완전한 독립을 추구하고자 했던 단체로 아웅산Aung San[50]을 비롯하여 훗날 버마 독립운동에서 중심적 역할을 떠맡게 될 인재들을 배출했다.

이윽고 2차 세계대전이 발발하자 영국은 전쟁에 협력할 것을 요구했지만, 떠킹당의 청년 민족주의자들은 향후 독립에 대한 분명한 약속이나 보장 없이는 전쟁 수행에 협력할 수 없다고 하면서 비협력 운동을 전개했다. 영

---

49) 본래 정치 결사로 '우리 버마인 연맹'이라는 뜻의 '도버마 아시아용Dobama Asiayone'이라 불렸는데, 또한 버마인이 버마의 진정한 주인이라는 의식을 고취하기 위해 자신들을 '떠킹'('주인'이라는 뜻의 접두어)이라고 자칭했기 때문에 달리 '떠킹당'이란 별칭으로도 불렸다.

50) 1915~1947. 버마(미얀마)의 독립운동가·군인·정치가. 영국의 식민 통치하에 있던 버마 독립을 위해 버마 군대를 창립했던 인물로, 오늘날에는 '버마 건국의 아버지'로 불리고 있다. 1948년 1월로 예정된 버마 독립을 6개월 앞두고 정적의 사주로 암살당하고 말았다. 한국에서는 1983년 10월 9일 당시 버마를 공식 방문했던 전두환 대통령 일행이 수도 양곤에 위치한 아웅산 묘소를 참배하다가 북한의 폭탄 테러를 당해 한국인 열일곱 명이 사망했던 사건으로도 잘 알려져 있다.

국이 그러한 운동을 엄하게 탄압했던 까닭에 떠킹당 내부에서는 반영 무장투쟁에 나설 수밖에 없다는 주장이 제기되었고, 그러한 투쟁을 지원해줄 해외 지원 세력으로 인도 국민회의파, 중국 국민당·공산당, 그리고 일본 등의 다양한 가능성을 상정하고서 새로운 길을 모색하게 되었다.

5. 싸얌에서 타이로-민족주의와 입헌 혁명

1910년에 즉위했던 라마 6세는 친구미파에 대항하여 타이의 고유문화를 중시하고, 민족·불교·국왕에 대한 충성을 요구했다. 이 삼자에 대한 충성이 이후의 타이의 관제official 민족주의의 특징으로 자리를 잡았다. 또한 1911년 중국에서 신해혁명이 일어나자 라마 6세는 타이 내 화교 사회에 혁명사상이 전파되는 것을 경계하면서, 화교들이 상권을 장악하면서도 정작 타이 사회에는 융화하지 않는다고 비난하는 한편 화교들에 대한 중국어 교

육과 경제 활동에 규제를 가했다.[51]

1925년에 즉위했던 라마 7세[재위 1925~1935]는 헌법 초안의 작성에 착수했지만, 왕족의 반대에 부딪혀 별다른 진척을 보지 못했다. 국왕이 여전히 절대적 지위를 차지하는 제도에 대한 국민의 비판이 높아지는 와중에, 1927년에는 프랑스에 유학 중이던 문관·무관 모두를 포함한 청년 관료들에 의해 개혁을 단행할 것을 지향하는 인민당[카나 랏싸던Khana Ratsadon]이라는 정당이 결성되었다. 그 후에 세계 대공황의 여파로 일어난 재정난을 라마 7세가 문관의 급여 및 군사비 삭감 조치 등을 통해 타개하려는 방침에 대해 관료들의 불만이 점차 커졌다. 그리하여 1932년에는 군인 피분 쏭크람Phibun Songkram[52]과 문관 쁘리디 파놈용Pridi Banomyong[53] 등이 주도했던 인민

---

51) 라마 6세는 타이 내 화교를 '돈만 아는 이기주의자' 또는 '동양의 유대인' 등으로 비난하면서, 한편으로 이민자 수를 제한하는 동시에 속지주의에 근거해 타이 내 화교들에 대한 국적 취득을 권장하는 등의 적극적인 동화와 통합 정책을 시행했다.

52) 1897~1964. 타이의 군인·정치가. 1932년 입헌혁명을 일으켜 라마 7세를 영국으로 축출하고 1938~1944년 동안 수상을 지냈다. 이 기간에 독재 정치를 행하는 한편 일본의 동맹국이 되었다가 사임했다. 1947년 사회 혼란을 빌미로 다시 쿠데타를 일으켜 문민 내각을 몰아내고 재집권해서 1957년까지 군사 독재를 실시했다. 두 차례에 걸쳐 총 15년 동안 수상을 역임했던 피분 쏭크람은 1957년 11월에 발생한 쿠데타로 실각하고 일본으로 망명하여 그곳에서 사망했다.

53) 1900~1983. 타이의 정치가·사회운동가. 인민당 문관파文官派의 리더로 1932년 입헌혁명 이후 타이 입헌제의 기본 이념 등을 정립하는 역할을 맡았다. 이후 외상 등의 각료를 지냈고 1946년에 제7대 수상을 지냈다. 사회운동가로 1934년 탐마삿Thammasat 대학교를 설립했고, 2차 대전 동안 일본군에 저항하는 지하 레지스탕스 운동인 '자유 타이 운동Free Thai Movement'[타이어로는 '쎄리타이Seri Thai' 운동]을 국내에서 이끌기도 했다. 흔히 '타이 민주주의의 아버지'로 일컬어지고 있다.

당의 쿠데타가 일어났다(입헌 혁명[54]). 뒤이어 최초의 헌법이 제정되었고, 선거에 의한 인민대표회의가 설치되는 등의 절차를 거치면서, 타이는 절대왕정에서 입헌군주제로 이행하게 되었다. 라마 7세는 근왕파勤王派의 쿠데타가 실패로 끝난 뒤 1935년에 퇴위했고, 라마 8세(재위 1935~1946)가 아홉 살 나이로 즉위했다. 1938년 (제3대) 수상이 되었던 피분 쏭크람은 1939년에 국명을 타일랜드 Thailand로 변경하고서, '문명적인 타이 국민'으로서의 국민통합을 강조하는 민족문화 정책(랏타니욤Rathaniyom)[55]을 실시했다. 때마침 중일전쟁이 발발함으로써 타이에 거주하는 화인들 사이에서도 항일 민족주의 정신이 고취되고 있었으므로 피분 쏭크람 내각은 화인들을 문화적으로 억압하는 한편 중국어 교육도 전면적으로 금지하는 등의 조치를 단행했다.[56]

---

54) 이러한 입헌 혁명을 통해 타이는 절대왕정에서 입헌군주제로 이행했고, 타이 국왕은 정치적 실권을 잃게 되었다.

55) 빨리어로 '국가'를 뜻하는 '랏타', '주의'를 뜻하는 '니욤'을 합성한 조어인 '랏타니욤'은 국민으로서 지켜야 할 행동 준칙을 가리킨다. 피분 쏭크람 수상은 급변하는 국제 정세에 발맞추어 타이 국민에게 애국심을 고취하고 민족주의 의식을 심어주려는 여러 개혁과 한편으로 범汎 타이주의Panthaism를 바탕으로 타이 내 모든 인종을 타이 국민으로 동화시키려는 문화 민족주의 정책 등을 추진했다.

56) 당시 화인계 타이인의 비중이 전체 인구의 10퍼센트를 넘고 있었다.

6. 베트남-민족주의와 인도차이나

베트남의 경우에 왕의 치하에 신민臣民으로서의 일체감을 지녔던, 왕조 체제를 떠받치는 국가 의식은 일찍이 존재했지만, 응우옌 왕조가 프랑스 지배하에 편입된 이후에 그것만으로는 저항의 원리가 되기에 역부족인 상황이었다. 그리하여 '피를 나눈 동포'로서 사람들이 느끼는 일체감, 요컨대 베트남인으로서의 단결 의식을 새롭게 모색하기 시작했다.

그러한 과제에 최초로 도전했던 이들은 20세기 초엽에 활약했던 판 보이 쩌우(Phan Bội Châu 潘佩珠)[57]와 판 쩌우

---

57) 1867~1940. 베트남의 민족주의자·혁명가·독립운동가. 응에 안 지방의 가난한 유생儒生의 아들로 태어나, 1900년 과거 향시에 합격했다. 그 후 1904년 유신회維新會를 결성해 근왕 운동의 잔존세력을 규합하여, 무력으로 프랑스를 축출하려는 무장투쟁 노선을 주창했다. 1905년 러일전쟁 말기에 일본에 군사적 원조를 요청키 위해 일본으로 건너갔다. 그곳에서 재야의 지식인·정치인과 두루 교유하다가 때마침 일본에 망명했던 량치차오梁啓超와 만나서 많은 영향을 받았다. 그런 과정 중에 독립을 쟁취하려면 인재 양성이 중요하다는 점을 통감하고서 동유東遊 운동을 시작했다. 이후 일본에서 동아시아 각국의 혁명가들과 연대하여 다양한 활동을 벌였으나, 1907년 일불日佛 조약을 체결한 일본 정부가 동유 운동의 탄압에 나서자 일본에서 추방되었다. 이윽고 신해혁명의 성공에 영향을 받아 1912년 중국 광둥에서 월남광복회越南光復會를 조직했다. 향후 민주공화국 수립을 목표로 광복군을 조직해 베트남 국내에서의 무장봉기를 꾀했으나 실패로 끝나고 말았다. 1925년 광복회를 개조하여 월남국민당越南國民黨을 결성하려는 시점에 중국 상하이에서 프랑스 관헌에게 체포되어, 베트남으로 압송되어 종신형 판결을 받았다. 그러나 그에 대한 전국적 규모의 석방 운동이 벌어졌고, 이윽고 석방되어서 중부 후에 지방에서 연금 생활로 만년을 보냈다. 참고로 그가 일본에서 량치차오와 만났을 때 그의 권유로 당시 베트남의 엄혹한 상황에 대해 한문으로 집필하고, 량치차오가 다시 가필·정리하여 1905년 출판되었던 『월남망국사越南亡國史』는 1906년 이후에 현채玄采 등에 의한 여러 번역본이 출간되어 조선의 독립운동가들에게도 상당한 영향을 미친 바 있었다.

진(Phan Châu Trinh 潘周楨)[58]을 비롯한 개명적인 반 턴文紳 계층 출신이었다. 개명적인 반 턴文紳 계층은 본래 근왕 운동의 담당 세력과 마찬가지로 과거에 응시·합격키 위 해 유학을 익혔던 전통적 지식인들이었다. 하지만 전통 을 고수하는 것만으로는 더는 프랑스에 저항할 수 없다 는 사실을 자각하는 한편 청조淸朝 개혁파[59]가 저술한 신 서新書 등을 통해 의식적으로 서양 근대 문물과 지식 흡 수에 힘썼던 '개명파開明派'였다는 특징을 지니고 있었다.

판 보이 쩌우는 러일전쟁 이후 일본에 베트남 청년들 을 유학시켜서, 장차 독립운동을 담당할 인재로 양성코 자 하는 '동유東遊 운동'을 주창했다.[60] 그가 1905년에 일

58) 1872~1926. 베트남의 개혁파 민족주의자·혁명가. 중부 꽝 남 출신으로 1901년 과거 에서 진사進士에 준하는 부방副榜에 합격했다. 1906년 일본에서 귀국하여 계몽·개화 운 동인 유신維新 운동을 전개했다. 베트남에서 최초로 '민주주의'를 제창했으며 왕정 폐지 와 공화제를 주창하며, 프랑스와 대결하기보다는 우선 근대화를 이룩하고서 독립을 회 복하자는 개혁파의 입장을 견지했다. 1908년 중부 지방 농민의 항세抗稅 운동에 관여했 다는 혐의로 체포되었다가 석방되고서는, 1911년 프랑스로 건너갔다. 1919년 프랑스 파 리 강화회담에 '안남인민청원서安南人民請願書'를 제출하기도 했다. 1925년 15년 만에 귀 국했으나, 다음 해인 1926년 3월 사이공에서 병사했다.

59) 청조 말기인 19세기 후반에 중국의 근대화를 지향해 일어났던 양무洋務운동·변법變 法 운동과 같은 개혁을 주도했던 캉유웨이康有爲·량치차오梁啓超 등의 사람들을 가리킨 다. 신서란 곧 양무와 변법자강變法自彊[법제를 개혁하여 국력을 강하게 한다]에 관한 서적을 가 리키는데, 판 보이 쩌우는 특히 『보법전기普法戰記』 『중동전기中東戰記』 『영환지략瀛環志略』 등의 신서를 읽고서 영향을 많이 받았다고 한다.

60) 판 보이 쩌우는 이 시기에 『권국민자조유학문勸國民資助遊學文』과 『해외혈서海外血書』 등의 선전 문서를 지어 일본 유학을 적극적으로 권장했다. 이윽고 일본의 동아동문회東 亞同文會의 동경동문서원東京同文書院 등의 단체·학교 등의 협조를 얻어서 그가 일본에 유 학시켰던 베트남 청년의 수는 200여 명에 달했다고 한다. 그러나 이후 일본 정부의 단 속과 탄압으로 1909년에 동유 운동은 막을 내리게 된다. 베트남어로는 '퐁 짜오 동 주 〔Phong trào Đông Du 風潮東遊]'라고 일컫는다. 참고로 판 보이 쩌우는 이 시기에 『월남망국

본으로 갔던 것은 '동문동종同文同種'[61]의 벗으로서 일본에 (군사적) 원조를 요청한다는 식의 발상으로 기본적으로는 전통적인 중화 세계의 인식을 계승한 경우라 하겠다. 하지만 판 보이 쩌우의 발상은 그 후 일본에 체재하는 와중에 기존의 단계를 넘어서는 차원으로 변화해갔다. 그는 당시 일본에 있던 아시아 각국의 혁명가들과 접촉하면서[62], '동병상련의 벗' 곧 같은 처지의 피압박 민족으로서 상호 연대를 추구하게 되었던 것이다.

전통적 반 턴文紳의 양이攘夷 사상에 기반한 저항 운동이 여지없이 패퇴하는 것을 생생히 목격했던 판 보이 쩌우는 베트남의 '후진성'을 자각하게끔 되었다. 그러한 그의 인식의 골격이 되었던 것은, 세계 여러 민족은 '야만'의 상태에서 '반개半開'[63] 그리고 '문명'으로 향하는 진화 과정을 밟는데, 그 과정에서 격렬한 생존 경쟁이 벌어지고, 이윽고 '문명화'에 실패한 민족에게는 '멸종滅種', 곧

사』(1905), 『신월남新越南』(1907), 『월남국사고越南國史考』(1909) 등 베트남의 과거·현재·미래를 다룬 역사 저작들을 잇달아 집필했다.

61) 서로 다른 두 나라가 같은 문자를 사용하고 인종도 같다는 뜻이다.

62) 구체적으로 동아시아 여러 민족의 단결을 지향하는 아주화친회亞洲和親會(판 보이 쩌우의 자서전에는 동아동맹회東亞同盟會로 되어있다)를 1907년 여름 도쿄에서 결성했는데, 이 모임에는 중국의 장빙린章炳麟·조선의 조소앙趙素昻 등과 함께 인도·필리핀 등의 혁명가들도 참여했다. 특히 일본 측에서는 미야자키 도텐宮崎滔天과 같은 아시아주의자, 오스기 사카에大杉榮·사카이 도시히코堺利彥 등 저명한 사회주의자들도 참여했다.

63) '반미개半未開'와 같은 말로, 문명의 정도가 미개 상태에서 벗어났으나 아직 개명한 상태에는 이르지 못했다는 뜻이다.

민족으로서의 존재 그 자체에 위기가 닥친다고 보았던,
진화론을 그대로 인간 사회에 적용했던 '사회진화론'[64]이
라는 이론이었다.

판 보이 쩌우는 조국 베트남이 '망국멸종亡國滅種'[65]의
위기에 직면해있다고 보고 있었다. 그것은 나라를 잃는
것일 뿐만 아니라 이 나라를 지탱해온 베트남인의 민족
적 결합도 마침내 멸망할 위기에 처해있다는 인식이었
다. '충군애국'이 아니라 피를 나눈 베트남인의 국민적 일
체성의 중요성이 새삼 인식되게 되었다. 아울러 '동포'라
는 말과 건국신화에 기원을 지닌 '용선龍仙[용종龍種과 선종
仙種]의 자손'[66]으로서 베트남인의 결속에 대해서도 매우

---

64) 다른 말로 '사회 다위니즘Darwinism'이라고도 하는데, 찰스 다윈의 생물 진화론을 사
회의 역사적 변동에 그대로 적용했던 이론으로, 콩트Comte·스펜서Spencer 등이 주장하
면서 19세기 말에서 20세기 초에 걸쳐 세계적으로 확산되었다. 적자생존·생존경쟁이
라는 발상에서 강자의 논리가 되었고, 제국주의에 의한 침략과 식민지화를 정당화하는
논리로 변용되었다. 중국에서는 옌푸嚴復가 헉슬리Huxley의 『진화와 윤리Evolution and
Ethics』를 번역한 『천연론天演論』을 1898년에 간행하여, 베트남의 지식인들에게도 커다란
영향을 주었다. 량치차오 또한 『청의보淸議報』(1898년 창간)에서 「과도시대론過渡時代論」 등
진화론에 근거한 논문을 다수 발표했다.
65) 나라가 망하고 인종이 아주 없어진다는 뜻이다.
66) 베트남 건국신화에 따르면, 중국 신화에 나오는 신농씨神農氏의 3대 후손 제명帝明이
제의帝宜를 낳았고 이윽고 남방 오령五嶺에 이르러 부 띠엔(Vụ Tiên 婺僊)의 딸을 만나 결
혼해서 낀 즈엉 브엉(Kinh Dương Vương 涇陽王)을 낳았다. 제명은 그로 하여금 남방을 다
스리게 하니, 그 나라가 씩 꾸이 꾸옥(Xích Quỷ Quốc 赤鬼國)이다. 낀 즈엉 브엉은 용왕의
딸(신룡神龍)을 아내로 맞아 락 롱 꿘(Lạc Long Quân 貉龍君)을 낳았다. 락 롱 꿘은 제의의 딸
로 산의 요정인 어우 꺼(Âu Cơ 嫗姬)와 결혼해 100명의 아들을 낳았는데, 이들이 백월百越
의 조상이 되었다. 그런데 락 롱 꿘은 용종龍種이고, 어우 꺼는 선종仙種이어서 함께 살
수가 없으므로, 아들 50명은 락 롱 꿘을 따라 바다로 가고, 나머지 50명은 어우 꺼를 따
라서 산으로 갔다. 산으로 간 50명 중에 가장 강한 자가 훙 브엉(Hùng Vương 雄王)이 되었
고, 국호를 반 랑(Văn Lang 文郎)으로 했다고 전해진다. 오늘날 베트남인들은 락 롱 꿘(龍

강조하게 되었다.

하지만 다른 한편에서 사회진화론은 주변의 여러 민족을 멸시하는 측면도 지니고 있다. 역사적으로 중화 문명이라는 고등 문명과 연관을 지녔던 베트남인은 '반미개'의 상태에서 '문명'의 단계에 도달할 가능성을 지니는, 인도차이나에서 유일한 존재라고 스스로 자임했다. 그러나 같은 처지로 인도차이나 식민지에서 살고 있는 캄보디아인, 라오스인 및 산지민山地民은 '동병상련의 벗', 즉 피압박 민족으로서 연대의 대상으로는 보지 않았다.

로마자로 표기된 베트남어를 식민지 지배의 도구로 꺼리고 싫어했던 지식인 사이에서도 국민으로서의 베트남인의 일체감을 형성하기 위해서 꼭 필요한 대중 계몽의 측면에서 보자면, 한자나 쯔놈(chữ Nôm 字喃)에 비해서 습득하기 쉬운 로마자 표기법의 우위를 인정해야 한다는 인식이 널리 퍼졌다. 그 결과 로마자 표기법은 꾸옥 응으(Quốc Ngữ 國語)로 불리면서 널리 받아들여지게 되었다.

1차 세계대전 이후에 이르러 지식인 사회에서는 프랑스식 교육을 받았던 신학문 지식층의 활약이 두드러졌

種)과 어우 꺼(仙種)를 자신들의 시조로 받들면서, 훙 브엉을 베트남 건국의 아버지로 받들고 있다. 한편으로 2007년에는 훙 브엉의 기일인 음력 3월 10일을 건국기념일로 정해서 이후 경축하고 있으며, 반 랑을 베트남 역사 최초의 국가로 인식하고 있다.

는데, 신문·잡지의 형태를 빌어서 꾸옥 응으國語를 활용한 언론 공간이 점차 확대되는 추세였다. 또한 대전 이후에 찾아온 경제 호황 속에서 활발히 이루어진 식민지 개발로 자본가와 노동자라는 새로운 사회 계층이 형성되기 시작했고, 이러한 계층과 연관된 민족 운동도 등장했다.

1920년대 중반까지의 시기는 코친차이나의 대지주·자본가 계층의 지원을 받아 부이 꽝 찌에우(Bùi Quang Chiêu)가 결성한 동양입헌당東洋立憲黨[67]과 인도차이나 총독 알베르 사로Albert Sarraut[68]가 제창한 '불월제휴론佛越提携論'[69]에 호응하는 형태의 언론의 장으로, 팜 꾸인(Phạm Quỳnh 范瓊)에 의해 창간되었던 《남 퐁 땁 찌》(Nam Phong tạp chí 南風雜誌) 등, 비교적 온건한 정치적 조류가 커다란 영향력을 발휘했다. 그러나 1925년에 판 보이 쩌우가 프랑스 관헌에게 체포되었을 당시 일어났던 항의 운동 및 판 쩌우 진의 사망과 장례식에 즈음하여 벌어졌던 추도

---

67) 달리 '인도차이나입헌당' 또는 '입헌당'으로 불린다.

68) 1872~1962. 프랑스 정치가. 사회당 급진파 정치인으로 1912~1914년과 1917~1919년에 걸쳐 유일하게 두 차례나 프랑스령 인도차이나 총독을 지냈고, 이후 제3공화정 시기인 1933년과 1936년에 두 차례 내각 수상을 역임했다.

69) 기존의 억압적 식민통치 방식에서 벗어나 베트남 지식인들과 제휴하여 그들의 협력을 이끌어내면서 온건한 개혁을 추진하려 했던 알베르 사로의 정책은 베트남 민족주의자들과의 타협을 상당 기간 지속시키는 효과를 일정 정도 가져왔다. 심지어 1919년 중국 항저우에 머물던 판 보이 쩌우도 기존의 반프랑스 무장투쟁 입장을 바꾸어 『불월정견제휴서佛越提携政見書』를 집필하고서 사로 총독과의 개인적 접촉을 시도했던 일이 있었다.

운동[70] 등이 학생층을 중심으로 고조되었고, 이들 운동을 조직했다가 퇴학 처분 등을 받았던 지식 청년들을 흡수하는 형태로 더욱 급진적인 정치 그룹이 나타나게 되었다. 그러한 세력의 대표격이 응우옌 타이 혹(Nguyễn Thái Học 阮太學)이 1927년에 결성했던 베트남 국민당과, 1911년 이후로 해외에서 활약했던 응우옌 아이 꾸옥(Nguyễn Ái Quốc 阮愛國)[71]이 중국 광둥에서 결성한 베트남 청년혁명동지회[72]와 그로부터 발전하여 1930년 2월에 결성을 보았던 베트남 공산당(Đảng Cộng sản Việt Nam)[73] 등의 조직이었다. 하지만 이 두 개의 정치 결사는 1930년에 국민당이 옌 바이(Yên Bái 安沛)에서 무장봉기를 꾀하고, 공산

---

70) 1926년 3월 24일에 사망하고 이어서 거행된 판 쩌우 찐의 장례식은 시민과 학생 약 6만 명이 참가한 명실상부한 국민장으로 성대히 치러졌고, 이후 전국적 규모의 추도 운동이 일어나 프랑스의 식민 통치의 종식을 요구하는 항의 집회와 시위가 곳곳에서 빈발했다. 그러한 움직임은 구세대에 의한 민족주의 운동의 퇴장과 새로운 세대에 의한 민족주의 운동의 시작을 알리는 계기로도 작용했다.

71) 훗날의 호찌민(Hồ Chí Minh 胡志明)을 가리킨다.

72) 흔히 '탄 니엔'(Thanh Nien 靑年)이라는 약칭으로 일컬어졌다.

73) 베트남에서는 1929년 이후에 연이어 세 개의 공산주의 조직이 생겨나게 되었다. '탄 니엔'이 분열하면서 우선 북부 베트남위원회 대표단이 단독으로 1929년 6월 인도차이나 공산당Đông Dương Cộng sản Đảng을 결성했다. 이에 맞서 '탄 니엔' 지도부는 남부 세력을 바탕으로 1929년 10월 안남 공산당An Nam Cộng sản Đảng을 창설하여 상호 대립했다. 이와는 별도로 1930년 1월 제3의 공산주의 조직인 인도차이나공산주의연맹Đông Dương Cộng sản Liên đoàn이 출현했다. 이런 상황 속에 1930년 2월에 코민테른의 지시로 파견된 응우옌 아이 꾸옥(호찌민)의 중재 노력을 통해서 베트남 국내의 여러 공산주의 조직을 규합해서 홍콩에서 베트남 공산당을 창설하기에 이르렀다.

당이 응에-떤 소비에트(Xô Viết Nghệ-Tĩnh)[74] 운동이라는 반식민 봉기를 조직했던 일 등으로 인해 식민지 정부로부터 엄혹하게 탄압을 받는 국면에 처하게 되었다.

그런데 이 시기에 접어들면 대중을 얼마나 조직했는지가 정치 세력의 우열을 크게 좌우하는 단계에 이르게 되었다. 이러한 점에서 주목되는 사실이 메콩 델타 지역에서 일어났던 까오 다이 교(Đạo Cao Đài 道高臺)[75]와 호아 하오 교(Đạo Hòa Hảo 道和好)[76]와 같은 신흥종교 세력으로,

74) 베트남 중북부 하띤(Hà Tĩnh 河靜)과 응에 안(Nghệ An 乂安) 지역에서 프랑스 식민 체제 및 베트남 및 화인계 지주층에 대항하여 1930~1931년에 걸쳐 농민·노동자·지식인 계급이 봉기했던 운동을 가리킨다. 운동을 조직하고 농민·노동자를 동원했던 것은 베트남 공산당 및 안남 공산당·인도차이나 공산주의자 연맹 등 공산당계 조직으로 알려져 있다.
75) 베트남의 신흥종교로 1926년 남부 떠이 닌(Tây Ninh 西寧)성에서 레 반 쯩(Lê Văn Trung 黎文忠) 등에 의해 창시되었다. 정식 명칭은 '고대대도삼기보도高臺大道三期普度'이며 약칭으로 '까오 다이高臺'로 일컫는다. 최고 주신은 고대선옹대보살마가살高臺仙翁大菩薩摩可薩이며, 교리로는 삼교귀원三敎歸元(불교·도교·유교의 통일)과 오지협일五枝協一(공자의 인도仁道·강태공姜太公의 신도神道·그리스도의 성도聖道·노자의 선도仙道·석가의 불도佛道의 통일)을 주장하는데, 이 모든 종교가 토대가 되었던 것이므로 스스로를 '까오다이高臺'로 일컫게 되었다. 이밖에도 관음보살·마호메트·소크라테스와 같은 성인과 이태백李太白·톨스토이·빅토르 위고 등의 문학자들까지도 사도로서 숭배하고 있다. 교단 조직은 국가를 모방했고, 개창 이후 수많은 파로 분열하면서 남부 지역 농민 계층 사이에 교세를 확장했는데, 현재는 20여 교파에 300만 신도를 거느렸다고 알려져 있다. 종교 집단이면서 거대한 정치·군사 집단의 성격을 지녔는데, 식민지 시기에는 반불 운동을 전개했고, 베트남전 때에는 베트민(베트남 독립동맹회)과 대립하는 등의 정치적 입장이었는데, 1986년 도이 머이 정책 이후로는 다시금 부활하는 추세를 나타내고 있다.
76) 베트남에서 까오 다이 교와 더불어 양대 신흥종교로 불리는데, 1939년 남부 쩌우 독(Châu Đốc 朱篤) 지방의 호아 하오 촌락에서 후인 푸 소(Huỳnh Phú Sổ 黃富楚)에 의해 개창되었다. 교리는 '학불수인學佛修人'(불교를 배워서 인간이 되도록 수행한다)을 강조하며, 핵심은 사은四恩(조상과 부모의 은혜·국토의 은혜·삼보三寶의 은혜·인류와 동포의 은혜)으로 집약되는데, 유교의 영향도 상당히 나타나고 있다. 부처와 조상 및 자연신을 숭배하고, 절에는 승려를 따로 두지 않으며, 불상 대신 붉은 천을 모시는 등 토착 신앙과 융합한 특색을 보이고 있다. 1940년대에는 친일적인 경향을 보였는데, 1947년 교주 후인 푸 소가 베트민에게 살해당하자 베트남전 기간 내내 반공적 입장을 견지했다. 1986년 도이 머이 정책 이후에는 무조직 형태로 포교를 인정받아 점차 교세를 확장하고 있다.

어느 쪽이나 모두 지상에 천국이 도래하기를 소망하는, 사람들의 '천년 왕국'에 대한 원망을 파고들면서 양차 대전 사이 시기에 거대 교단으로까지 발전했다. 또한 혹독하게 탄압받던 공산당 경우도 1936년에 프랑스 본국에서 인민전선Front Populaire 정부[77]가 탄생하고, 이어서 인도차이나에서 공산당 활동이 합법화되자, 대도시를 중심으로 한 활동을 강화하여 사이공에서는 선거에서 승리[78]하는 등의 활약상을 보이기도 했다. 그러나 2차 세계대전이 발발하자 식민지 정부는 다시금 정치 활동을 엄하게 규제하기 시작했고, 이에 반발하여 코친차이나의 공산당 조직이 1940년 11월에 계획했던 남 끼南圻 봉기가 일어났으나 식민지 당국의 탄압으로 말미암아 지역의 공

---

77) 파시즘과 전쟁에 반대하는 여러 정당이나 단체의 광범위한 공동 전선을 가리킨다. 1935년 코민테른 제7차 대회에서 '반파시즘 인민전선' 전술의 채택이 결의되자, 프랑스에서는 같은 해에 사회당·공산당·급진사회당 세 정당이 연합하여 '반파시즘'을 내세우는 통일전선을 형성하고서, 다음 해인 1936년에 사회당의 레옹 블룸Léon Blum을 수상으로 하는 정권이 탄생했다. 레옹 블룸 내각은 인도차이나에서 정치범 석방, 사회 개혁, 식민지 실상의 현지 조사 등의 정책을 시행했는데, 이에 호응하여 인도차이나에서도 각 당파에 의해 인도차이나 민주전선(1936~1939)이 결성되고, 청원請願 운동 등이 활발하게 일어났다.

78) 참고로 따 투 터우(Tạ Thu Thâu 謝秋收)가 주도했던 트로츠키 그룹은 사이공 시의회 선거에 참여하여 1935년 4월 선거에서는 베트남인에게 할당된 여섯 석 가운데 두 석, 1935년 5월 선거에서는 네 석을 차지하는 결과를 거두었다. 또한 1939년 4월에 실시된 코친차이나 식민지평의회 선거에서 공산주의 트로츠키 그룹의 입후보자들이 80퍼센트를 득표하는 성과를 올리기도 했다.

산당 조직 전체가 괴멸의 위기에 봉착하게 되었다.[79] 그와 동시에 까오 다이 교와 호아 하오 교와 같은 신흥종교 세력들의 반불 저항 운동도 움츠러들고 말았다.

1930년에 베트남 공산당이 인도차이나 공산당〔Đông Dương Cộng sản Đảng 東洋共產黨〕으로 명칭을 바꾼 것[80]은 베트남인의 정치 운동과 캄보디아인·라오스인 사이의 협력을 모색했다는 점에서 중요한 의미를 지닌다고 하겠다. 그러한 명칭 변경의 이면에는, 공산당은 베트남인의 민족적 소망에 봉사하는 것이 아니라 프랑스령 전체 인도차이나를 관장하면서 국제 공산주의 운동에 봉사해야만 한다는, 코민테른Comintern〔1919~1943년까지 존속했던 국제 공산주의 운동의 지도 조직, 곧 국제공산당으로서 당시 각국의 공산당

---

79) 인도차이나 공산당 남부위원회가 주도했던 이 봉기에서, 남부 21개 성 가운데 여덟 곳에서는 봉기가 일어났으나, 프랑스군을 동원한 식민지 당국의 신속한 대응으로 인해 완전히 진압되고 말았다. 이 과정에서 남부위원회 지도부 거의 전부와 일반 당원 수천 명이 체포되거나 처형되는 결과를 초래하고 말았다.

80) 1930년 10월 베트남 공산당은 홍콩에서 중앙위원회 회의를 개최하여, 향후 인도차이나 전역의 해방을 지도할 정당이 된다는 목표를 세우고서, 당명을 '인도차이나 공산당'으로 바꾸고 쩐 푸〔Trần Phú 陳富〕를 초대 총서기로 추대했다. 참고로 베트남 공산당의 명칭 변경의 역사는 다음과 같이 정리할 수 있다.

* 1930년 2월 베트남 공산당〔편의상 구베트남 공산당으로 일컫는다〕
* 1930~1945년 인도차이나 공산당〔ICP, Indochinese Communist Party〕
* 1945~1951년 베트남 독립동맹회〔Việt Nam Độc Lập Đồng Minh Hội 越南獨立同盟會〕, 약칭으로 베트민〔Việt Minh 越盟〕으로 불렸던 이 단체에 공산당이 자진 해체하고서 합류했다.
* 1951~1976년 베트남 노동당〔Đảng Lao động Việt Nam 越南勞動黨〕
* 1976년~현재 베트남 공산당〔CPV, Communist Party of Vietnam〕

은 이러한 코민테른의 지부로 자리매김할 수 있다)[81]의 판단이 있었다. 아울러 응우옌 아이 꾸옥이 지나치게 민족주의에 편향되어있다고 비난했던 젊은 베트남 공산주의자들이 그러한 일련의 과정을 주도했다. 이렇듯 인도차이나 공산당으로 명칭을 변경했을 당시 캄보디아인이나 라오스인 공산주의자가 있었던 것은 아니었던 관계로, 그것은 어디까지나 베트남인을 중심으로 하는 공산당의 명칭을 바꿨던 것에 불과했지만 결과적으로 장차 캄보디아인과 라오스인을 어떻게 결집할 것인가라는 과제를 베트남인의 정치 운동에 제시해주는 계기가 되었다.

하지만 이상과 같은 인도차이나 혁명론은 결과적으로 그리 효과적으로 기능하지는 못했다. 그들은 인도차이나 규모에서의 '노동자 계급의 계급적 연대'를 형성하려 했지만, 실상 이 시대에 캄보디아나 라오스에 존재했던 농업 노동자·광산 노동자의 태반은 베트남인이었기 때문이다. 계급적 연대의 논리만으로 민족의 틀을 넘어서는 운동을 구축하는 것은 지난한 일이었다 하겠다.

---

81) 정식 명칭은 러시아어로 Коммунистический интернационал, 영어로 Communist International로 표기하며, '공산주의인터내셔널' '공산인터내셔널' '제3인터내셔널' 등으로 불린다.

7. 캄보디아·라오스의 민족주의

캄보디아·라오스에서는 베트남과 비교해 민족주의의 전개가 더딘 편이었다. 이것은 프랑스가 인도차이나를 통치하는 데 있어 베트남 중심주의를 택하면서, 캄보디아인과 라오스인에 대해서 근대 교육을 보급하는 일에 별반 열의를 쏟지 않기 때문이었다. 베트남에 존재했던 신학문을 익힌 지식인 같은 새로운 집단 형성이 늦어졌던 관계로 캄보디아·라오스에서는 왕족과 불승佛僧 같은 전통적 지식인이 대체로 중요한 역할을 맡게 되었다.

캄보디아에서 최초로 발행된 크메르어 잡지는 《캄푸치아 소리야Campuchea Sauriya〔캄보디아의 태양〕》로 왕립 도서관에 의해 발행되었으며, 종교·역사·문학·언어 등의 여러 분야를 망라했다. 더욱 정치색이 짙었던 것은 1936년에 쏜 옥 탄Son Ngoc Thanh이 발행했던 신문 〈나가라바타Nagaravatta〔앙코르와트〕〉였다. 이 신문은 반프랑스적 언사는 신중히 자제했던 반면에 베트남인이 행정직을 독점했던 일과 화인들에 의한 경제적 지배에 대해서는 신랄히 비판하는 기사들을 허다히 게재했다.

이러한 캄보디아와 라오스가 처한 민족주의의 상황에

는 프랑스가 고의로 조장한 측면도 존재하고 있었다. 캄보디아에서 프랑스는 앙코르 왕조 시대의 영광을 찬양하고 있었다. 그와 동시에 그러한 과거의 영광은 싸얌과 베트남에 의해 침식당했으며, 마침내 멸망 직전의 처지로 내몰렸던 캄보디아를 구원해주었던 쪽은 프랑스였다는 식의 역사상을 고취하려 노력했다. 라오스에서도 라오어 정서법을 확립할 즈음에 있어서 프랑스는 형태가 유사한 타이어에서 라오어가 독립했다는 측면을 유독 강조했다. 이것 역시 타이 쪽의 '실지 회복'의 요구를 물리치면서, 라오스 통치의 안정을 꾀하려는 프랑스의 의도가 고스란히 반영되었던 것이라 하겠다.[82] 라오스인들은 이와 같은 프랑스의 의도에 편승하면서도 독자적인 언어 민족주의를 형성해갔던 것이다.

1929년 위양짠에 설립되었던 빨리어 학교에는 루앙 프라방의 왕족 펫싸랏Pethsarath[83]이 교장으로 취임했다.

---

82) 프랑스는 타이의 범汎 타이주의Panthaism에 대항시킬 목적으로 라오스에도 국가쇄신운동National Renovation Movement를 부추겼다. 이를 통해 라오스의 민족주의를 고양시키고, 젊은이들을 대상으로 라오스의 문화적·역사적 자긍심과 애국심을 고취시키는 정책을 추진했다. 또한 교육을 통해서 타이의 영토 확장 야욕에서 라오스를 구해줄 수 있는 나라는 프랑스뿐이라는 의식을 심기에 주력했다.

83) 1890~1959. 라오스의 정치가·민족주의자. 일본 점령기 루앙 프라방 왕국의 수상과 라오스 왕국의 부왕副王 및 국가 원수를 역임했다. 1945년 일본이 패망한 뒤에 라오 이싸라Lao Issara 운동을 주도하면서 라오스의 진정한 독립·발전을 위해 애썼던 민족주의자로 라오스에서는 흔히 '독립의 아버지'로 불리며 추앙받고 있다. 오늘날에도 많은 라오스인이 그를 신통력shakti을 지녔던 인물로 믿어서 집집마다 그의 초상을 걸어놓고 있을 정도라고 한다.

그는 프랑스에 유학했던 경험이 있었고, 영국에서도 수학했던 지식인으로, 그가 교장으로 있는 빨리어 학교는 그를 비롯해 2차 세계대전 시기에 형성되었던 민족주의 운동 일선에서 활약했던 인사들의 만남의 장이 되기도 했다.

III. 국제 공산주의 운동과 동남아시아

1920년대 이후로 공산당은 동남아시아 각지에서 일정한 영향력을 지닌 정치 세력으로 성장했다. 젊은 날의 호찌민〔Hồ Chí Minh 胡志明〕[84]이 응우옌 아이 꾸옥阮愛國이라는 이름을 사용하는 예가 보여주듯이, 공산주의 사상을 수용하는 기반이 되었던 것은 민족주의였다고 하겠다. 일부 민족주의자들이 공산주의에 접근했던 것은 1차 세계대전의 종결·강화에 즈음해 '민족자결'의 원칙[85]이 제창되었는데도, 그것은 아시아·아프리카의 식민지에는 적용되지 않는다는 사실이 점차 분명해졌고, 오직 소련

---

84) 1890~1969. 베트남의 혁명가·정치인·독립운동가. 베트남의 식민지 시대부터 베트남전 시기까지 베트남 혁명을 이끌었고, 베트남 민주공화국 초대 국가주석을 역임했던 지도자로 흔히 '건국의 아버지'로 일컬어진다. 본명은 응우옌 씬 꿍〔阮生恭 Nguyễn Sinh Cung〕, 성년이 되고 나서는 응우옌 떳 타인〔阮必成 Nguyễn Tất Thành〕이라고 했다. 2차 세계대전까지 주로 사용했던 응우옌 아이 꾸옥〔阮愛國 Nguyễn Ái Quốc〕이라는 이름으로 널리 알려져 있다. 오늘날 베트남 사람들에게는 '호 아저씨'라는 뜻의 '박 호〔Bác Hồ 伯胡〕라는 애칭으로 불리고 있다. 참고로 한국의 대중음악사에서 포크록을 처음 시작했던 가수로 알려진 한대수가 호찌민을 묘사해 발표했던 〈호치민〉(2007년)이라는 노래가 있다.

85) 각 민족이 스스로 의지에 근거해 자신의 소속과 정치적 조직을 결정할 권리가 있다는 주장으로, 1918년 미국의 윌슨Wilson 대통령이 「14개 조 평화 원칙」가운데 '민족자결'을 제창함으로써 베르사유 강화 조약의 기본 원칙이 되었다. 그러한 '민족자결'의 원칙은 1차 대전 이후 동아시아 민족주의에 커다란 영향을 끼쳐서, 1919년 한국의 3·1운동, 중국의 5·4운동이 일어나는 기폭제가 되었다. 베트남에서는 1920년대에 베트남 민족이 하나의 국가를 형성하기에 충분한 '국민의 자격'이 있는가 여부를 놓고서 활발한 의론이 벌어지기도 했다.

만이 식민지 해방 운동에 대해 일관되게 지원하는 국가처럼 비쳤기 때문이었다. 더욱이 레닌주의, 곧 지구 규모의 제국주의와 투쟁하는 데 있어 자본주의 국가 노동자계급의 투쟁과 아울러 식민지 여러 민족의 해방 투쟁이 최전열을 맡아야 한다는 사상이 중요한 의미를 지니게 되었다. 레닌주의는 식민지의 여러 민족은 '후진적'이어서 언제나 서구 제국이 걸었던 길을 한 세기가량 뒤처져서 따라간다는 발상을 부정함으로써, 식민지 사람들에게 세계사적 현대를 살고 있다는 확신을 심어주고 있었다.

이 당시 국제 공산주의 운동은 코민테른의 일원적인 지도하에 놓여있었다. 각국의 공산당은 사실상 코민테른의 지부였으며, 따라서 코민테른의 의향은 언제나 절대적인 의미를 지니고 있었다. 본래 계급투쟁을 중시해왔던 공산주의 운동의 입장에서 운동에 있어 민족적 요소를 어떻게 자리매김할 것인가는 매우 어려운 과제라 하겠다.

중국에서 1차 국공합작國共合作이 이루어졌던 1924~1927년의 시기에는 코민테른 또한 민족적 요소를 중시하는 입장이었지만, 국공합작이 파기되자 다시금 계급투쟁을 중시하는 노선으로 전환했다. 그로 인해 민족주의에 편향되어있다고 비판받던 응우옌 아이 꾸옥 역시 1930년대 전반의 시기에는 소련에서 불우한 나날을 보낼 수밖에 없었다. 그가 이윽고 활약할 수 있게 된 공간은 2차 세계대전이 임박해서, 코민테른 또한 다시금 민족주의 요소를 중시하는 노선으로 전환함으로써 비로소 열리게 되었다.

이 당시 각국 공산당은 (코민테른의) 일국일당一國一黨의 원칙으로, 개개의 국가(식민지의 경우에는 식민지 지배의 영역)를 관할하면서 제국주의·자본주의에 대한 투쟁을 일삼는 조직으로 공산주의자는 그의 민족적 출신을 따지지 않고 거주하는 나라의 공산당에 소속·활동하는 것으로 되어 있었다. 1930년대에 결성되었던 말라야 공산당MCP, 싸얌 공산당CPT, 인도차이나 공산당ICP, 필리핀 공산당PKP은 그러한 코민테른의 생각을 반영한 공산당들이었다. 남양 공산당SSCP이라는 중국식 명칭은 말라야에서 투쟁에 봉사하는 당이라는 의미에서 말라야 공산당으로 개칭되었고, 타이에 거주하면서 남양 공산당에 속해있는 화인 공산주의자와 베트남 공산당에 속해있는 베트남인 공산주의자에 의해 싸얌 공산당[86]이 결성되었다.

이러한 공산당 명칭 부여의 취지에서 보자면, 말라야 공산당에는 말레이인의 결집이, 싸얌 공산당에는 타이인의 결집이, 인도차이나 공산당에는 베트남인뿐만 아니라 캄보디아인·라오스인을 포괄하는 결집이 시대적 과제로서 제시되었던 것이라 하겠다. 하지만 실제로 어느 공산당도 이러한 과제를 성공적으로 해결하지는 못했다고 할 수 있다. 말라야 공산당은 여전히 화인 중심의 당, 싸얌 공산당은 화인·베트남인 중심의 당, 인도차이나 공산당은 베트남인 중심의 당이라는 기본틀을 벗어나지는 못했다. 이 같은 문제점을 안고 있음에도 불구하고 공산당은 이후 동남아시아 민족주의 운동의 중요한 한 축을 짊어지게 되었다.

---

86) 싸얌 왕국에서 1930년에 결성되었던 공산주의 정당으로, 1945년 12월에 '타이 공산당'으로 개명하고서 정치 정당으로 공식 성립되었다. 하지만 1952년 이후 타이 국내에서는 비합법 정당이 되었으며, 타이 공산당 내의 무장 세력인 타이 인민해방군(PLAT, People's Liberation Army of Thailand)을 거느리고 있다.

7강
2차 세계대전과 동남아시아
여러 나라의 독립:
1940년대~1950년대

아웅산과 버마 독립의용군의 '30인의 지사'(일부).
앞줄 가운데가 아웅산, 그의 오른쪽이 스즈키 게이지鈴木敬司

	동남아시아	세계
1940	일본군, 프랑스령 인도차이나 북부 진주	
1941	베트남 독립동맹회(베트민, 越盟) 결성 일본군, 프랑스령 인도차이나 남부 진주 일본군, 말레이반도 상륙, 아시아·태평양 전쟁 개전 일본-타이 동맹조약	
1942	일본군, 싱가포르 등 동남아시아 중요 지역 점령	
1943	일본, 버마에 '독립' 부여 일본, 필리핀에 '독립' 부여 도쿄에서 대동아大東亞회의	일본군, 과달카날 Guadalcanal섬 철수
1944	일본군, 임팔 작전 미군, 필리핀 상륙	
1945	북부 베트남 기근 사태 심각화 일본군, 불인처리佛印處理, 베트남·캄보디아·라오스에 '독립' 부여 버마 국군, 일본군에 반란 일본군, 연합군에 무조건 항복 인도네시아 공화국 독립 선언 베트남 민주공화국 독립 선언	
1946	필리핀 공화국 독립	
1947	타이에서 피분 정권 탄생	
1948	버마 연방 독립	
1949	헤이그 협정으로 인도네시아 연방공화국에 주권 이양	중화인민공화국 수립
1950	인도네시아 단일 공화제로 복귀	한국전쟁 발발
1953	캄보디아, 프랑스로부터 완전히 독립하다	
1954	제네바협정, 인도차이나전쟁 종결 베트남 남북 분단 동남아시아 조약기구SEATO 결성	
1955	아시아·아프리카 회의(반둥 회의) 필리핀, 토지개혁법 제정 베트남 공화국 수립	
1957	말라야연방 독립	
1959	싱가포르 자치정부 발족	

Ⅰ. 2차 세계대전과 동남아시아

2차 세계대전이 발발한 후인 1941년에 호찌민〔이전까지 응우옌 아이 꾸옥이었으나 전쟁 중인 1942년부터 호찌민으로 개명했으므로, 이 강의 이후에는 호찌민으로 표기함〕은 30년 만에 고국 땅으로 귀국했다. 이듬해인 1942년에 호찌민이 지었던 「나의 조국의 역사」라는 시는, '1945년 베트남 독립'이라는 구절로 끝을 맺고 있다. 이러한 그의 예언은 1945년 9월 2일 그 자신에 의한 베트남 민주공화국[1]의 독립 선언으로 현실이 되었다.

호찌민의 경우뿐만이 아니라 수많은 식민지의 사람들이 2차 세계대전이 발발했을 적에 장차 식민지 지배가 종식될 것이며, 독립을 실현할 기회가 머잖은 시기에 찾아올 것임을 예감하고 있었다. 바로 이러한 점에서 식민지 사람들에게 있어서 1차 대전과 2차 대전의 차이점이 집약적으로 나타나는 것이 아닌가 하는 생각이 새삼 든다.

그러한 차이점을 초래한 가장 주된 요인은 양차 대전 사이 시기에 있어 식민지 종속국에서 일어났던 민족주의

---

1) 이후에는 영어 명칭 'Democratic Republic of Vietnam'의 약칭인 'DRV'를 문맥에 따라 혼용하기로 한다.

발전이라고 하겠다. 식민지 사람들은 굳이 표현하자면 꼼짝없이 전쟁터에 동원되었던 1차 대전과는 달리, 2차 대전 직전에는 종주국이 향후의 독립에 대해서 확약하지 않는 이상에는 식민지 사람들에게서 전쟁 협력을 기대할 수 없는 상황으로 바뀌어있었다. 2차 세계대전은 제국주의 전쟁이라는 1차 세계대전과 유사한 측면을 지녔으면서도, 식민지 종속국 인민들이 자신들의 독립을 위해 주체적으로 행동하는, 민족해방 전쟁으로서의 성격도 아울러 지니게 되었다.

2차 세계대전이 이렇듯 복합적 성격을 지닌 전쟁이었던 까닭에 당연히 복잡한 문제가 발생하게 되었다. 그 가운데 하나가 파시즘 대 반파시즘이라는 대립축과 식민지 종속국과 민족해방과의 관계라는 문제였다.

중국의 민족해방 전쟁처럼 침략자가 일본이라는 파시즘 세력이며, 그에 대항하는 해방 전쟁이 필연적으로 반파시즘 성격을 띨 수밖에 없는 사례를, 그대로 동남아시아에 가져다 적용하기에는 다소 문제가 있다 하겠다. 왜냐하면 동남아시아 대부분은 반파시즘 연합국의 식민지였고, 게다가 영국·네덜란드는 스스로 식민지에서 손을 뗄 의도를 아직 보이지 않았기 때문이었다. 그러한 정세

속에서 동남아시아 민족주의자들 앞에는 세 가지 선택지가 놓여있었다.

첫 번째는 반파시즘이야말로 인류적 차원에서 가장 중요한 과제라고 여겨서, 반파시즘 진영에 속했던 종주국에 대해서 전쟁 협력을 하는 한편 그러한 과정에서 자신들의 지위 향상을 도모하는 길이었다. 각 나라의 공산당들이 채택한 것은 대체로 이와 같은 노선이었다. 하지만 이러한 선택지에는 독립 투쟁에 대한 '배신'이 될 위험성이 내포되어있었다.

두 번째는 식민지 종주국에 대한 독립 투쟁을 중시하여, 종주국 및 식민지 정부를 향해 전쟁을 도발하는 일본이라는 파시즘 세력과 손을 맞잡는 길이었다. 동남아시아의 적잖은 민족주의자들이 이와 같은 노선을 선택했다. 이러한 선택지는 당연히 '파시스트에의 협력'이라는 비난을 받을 우려가 있었다.

세 번째는 파시즘 세력에게 협력하지도 않지만, 반파시즘 진영에 속하는 종주국의 전쟁 수행에도 협력하지 않는다는 선택지였다. 인도의 국민회의파가 택했던 것이 이러한 노선이었으나, 실제 교전이 벌어진 전쟁터가 되었던 동남아시아에서는 좀처럼 선택하기는 어려운 길이었다.

파시즘 대 반파시즘의 기준으로 보자면 이 세 가지 길은 커다란 차이가 있지만, 식민지 종속국 민족주의자들의 입장에서 이 세 갈래 노선은 독립이라는 동일한 목표를 향한 노력이라는 틀 안에서의 선택지였다고 할 수 있다.

일본이 1941년 12월 8일 개전했던 전쟁을 '대동아전쟁大東亞戰爭'이라고 부르고, 구미 열강의 식민지 지배에서 동남아시아 인민들을 해방한다는 논리를 강조했던 것도 따지고 보면 이러한 전쟁의 구조가 있었기 때문이었다. 일본이 동남아시아를 점령했던 가장 기본적인 의도는 석유를 비롯한 '중요 국방자원[전쟁 물자] 획득'을 위한 것이지만, 중일전쟁을 계속 치르는 한편 아시아·태평양 전쟁 Asia-Pacific War을 일으켜서 소수 병력으로 동남아시아를 지배하지 않으면 안 되었던 일본의 처지로는 동남아시아 각지의 민족주의자들을 통해 현지 인민들의 협력을 확보하는 일이야말로 필수의 과제였던 셈이다. 그러한 이유에서 '대동아전쟁'이라든가 '독립의 부여'와 같은 선전 구호를 표면상 내걸지 않을 수 없었다. 일본 입장에서도 동남아시아 각국의 민족주의자들을 어떻게 상대할 것인가는 중요한 과제였다고 하겠다.

2차 세계대전은 동남아시아사에 있어 두 가지 점에서

커다란 의미를 지니고 있다. 첫째는 이 전쟁을 전기로 해서 동남아시아는 현실적으로 독립을 향해 나아갔다고 하는 측면이다. 둘째는 동남아시아라는 지역적 결속이 국제 정치상으로 의미를 지니게 되었다는 점다. 동남아시아는 2차 세계대전 이전에는 단일한 정치권력에 통합되었던 적이 없었던 편이다. 하지만 2차 대전이 벌어지면서 동남아시아는 일본의 군사적 패권을 바탕으로 '대동아공영권大東亞共榮圈'[2]이라는 일본 중심의 정치적 질서에 편입되어버렸다. 이에 대응해 연합국 쪽에서도 이 지역을 일본에서 (군사적으로) '탈환'하기 위해 별도로 '동남아시아 전역戰域 사령부'(SEAC, South East Asia Command)[3]를

---

[2] 쇼와昭和 시대 일본 제국과 군부에 의해 창안되어, 점령지 아시아 각국의 인민들에게 동아시아보다 더욱 큰 영역에서의 동북아시아·동남아시아·오세아니아의 문화적·경제적 통합이라고 선전되던 개념이다. 이는 또한 일본에 의해 주도되고 서구 세력에서 독립된 자급자족적인 아시아 각국의 권역을 만들어내려는 욕망을 표현한 것이다. 대동아공영권은 일본 외상이었던 아리타 하치로有田八郎·마쓰오카 요스케松岡洋右 등에 의해 1940년을 전후해서 공식적으로 선언되면서, 아시아·태평양 전쟁 시기 일본이 아시아 대륙에 행했던 침략을 합리화하기 위한 논리로 적극적으로 활용·선전되었다. 그런데 '대동아공영권'이라는 용어 자체는 군국주의에 반대하던 철학자 미키 기요시三木淸가 만들었다고 알려져 있다. 한편으로 중일전쟁 직후에 일본 군부가 동북아 공동체 국가 연합론을 주장하며 이른바 '동아연맹론東亞聯盟論'을 주장했는데, 이러한 논리가 모체가 되어 이후에 대동아공영권 또는 대동아공영론大東亞共榮論으로 발전했다고 알려져 있다.

[3] '전역戰域' 또는 '전구戰區'는 '전쟁 구역' '작전 구역'을 뜻하는데, 작전 구역을 총괄해 지휘하는 전역 사령부를 영어로 'theater command', 전역 사령관을 'theater commander'라고 한다. 연합군의 동남아시아 사령부인 동남아시아 전역 사령부SEAC는 이 지역에서의 전쟁 수행과 전후 처리를 위해 1943년 8월에 실론Ceylon에 설치되었는데, 초기에는 지역의 서부(미얀마·타이·말레이반도와 일본이 병합한 수마트라)를 대상으로 했다가, 1945년에 이르러 보르네오섬 전체와 네덜란드령 동인도 및 프랑스령 인도차이나 남부까지 확대되었다. 반면에 인도차이나 북부와 필리핀은 미군이 관할하였다. SEAC은 1946년 11월에 해체되었다.

설치했는데, 이후로 '동남아시아'라는 용어[4]가 국제 정치 무대에서도 빈번히 사용되기 시작했고, 비로소 이 지역이 일체성을 지닌 하나의 영역으로 간주하게 되었다.

---

4) 2차 대전 이전에도 일부 학자에 의해 '동남아시아'라는 용어가 학술적으로 사용되었지만, 이러한 명칭이 일반에게 보급되었던 것은 연합군 측이 이 지역에 '동남아시아 전역 사령부'를 설치하고 난 이후부터였다. 이후 '동남아시아'의 영어식 표기 또한 'South East Asia' 'South-East Asia' 'Southeast Asia' 등 여러 표기법이 사용되었다. 또한 미국식 영어와는 달리 영국식 영어와 프랑스어에서는 지금도 여전히 인도차이나반도 지역만을 '동남아시아'라고 일컫는 경향이 있으며, 인도네시아와 필리핀군도는 이에 포함하지 않는 식의 용법이 남아있다.

II. 일본의 전쟁

1. 일본 지배와 민족주의

근대 일본은 조선·만주·중국 대륙으로 진출을 꾀하는 북진론北進論을 군사 전략의 기본 방침으로 채택해왔다. 하지만 1931년 만주사변, 특히 1937년 중일전쟁 발발 이후 국제적 고립이 심해진 일본에 있어 석유 등의 중요 전쟁 물자를 생산하는 동남아시아는 지극히 매력적인 지역으로 비쳤고, 그 결과 동남아시아 지역에 대해 무력 남진을 단행해야 한다는 주장이 제기되기에 이르렀다. 2차 대전이 발발한 후에 1940년 4~6월 사이 유럽 전선에서 독일군이 펼친 전격전Blitzkrieg[5]의 결과로 동남아시아에 식민지를 두었던 네덜란드·프랑스가 독일에 항복했고, 영국 또한 고립무원의 상태에 빠지는 상황이 전개되었다. 중일전쟁의 수렁에 점차 빠져들던 일본으로서는 이

---

5) 적군의 저항을 급속히 분쇄해서 전쟁을 빨리 끝내기 위해, 흔히 기계화 부대와 공군력을 동원한 기동과 기습을 활용하는 급격한 진공 작전을 가리킨다. 2차 대전 초기 독일군이 실시했던 작전에서 유래했다.

기회를 활용해 동남아시아를 자신의 손아귀에 넣으면 국제적 고립을 버텨내는 체제를 구축할 수 있으리라 판단하고서, 무력 남진을 단행하는 길로 나아가게 되었다.

그러한 선택의 최초의 대상이 되었던 지역은 프랑스령 인도차이나였다. 1941년 6월 프랑스 본국이 독일에 항복하는 곤경에 처하게 되자, 일본은 인도차이나 식민지 정부와 본국에 수립되었던 친독親獨 정권[6]에 압력을 가해서, 1940년 9월에 북부 인도차이나에, 이윽고 1941년 7월에는 남부 인도차이나에 군대를 주둔시켰다〔이를 '북부 불인佛印 진주進駐', '남부 불인 진주'라고 일컫는다〕[7]. 충칭重慶을 근거지로 삼고서 일본군에 저항하고 있던 중국 국민당의 장제스蔣介石 정권에 대한 국제적 지원 보급망을 차단코자 하는, 다분히 중일전쟁의 연장선상의 조치라는 색채가 강했던 '북부 불인 진주'에 대해서 미국·영국 등은 표

---

6) 2차 세계대전 중에 나치 독일이 점령한 남부 프랑스를 1940~1944년 사이에 통치한 친독 괴뢰정권이다. 육군 원수 필리프 페탱Philippe Pétain을 수반으로 내세워 파리 남쪽의 비시를 수도로 삼았던 까닭에 프랑스에서는 보통 비시 정권Régime de Vichy이라고 불렸는데, 정식 명칭은 프랑스국État français이었다.
7) 1940년 9월에 일본과 프랑스의 비시 정권은 협정을 맺어서 일본군 주둔 후에도 프랑스령 인도차이나 정부가 존속토록 합의했다. 협정에 따라 일본군은 홍강 이북에 6,000명이 상시 주둔하고, 아울러 인도차이나 전역에 최대 25,000명 규모의 병력을 주둔시키게 되었다. 참고로 당시 인도차이나에 있던 프랑스군 병력은 55,000명〔이 가운데 프랑스인 병사는 12,000명〕 정도의 규모였다.

면상 그다지 강하게 반발하지는 않았다.[8] 하지만 누가 보아도 동남아시아를 노린 군사 행동임이 분명한 '남부 불인 진주'에 대해서는 미국·영국은 강하게 반발하면서, 이내 일본 자산을 동결하고 대일본석유 수출을 중지시켰다.[9] 상황이 이렇게 되자 일본에서는 '일미日美 조기 개전론開戰論'이 대두되었고, 이윽고 아시아·태평양 전쟁의 개전을 향해 돌진하게 되었던 것이다.[10]

8) 프랑스가 독일에 항복하기 이틀 전인 1940년 6월 19일에, 일본은 프랑스령 인도차이나에 대해 프랑스·인도 정부가 북부 베트남 지역을 통해 중국 장제스 정권에 휘발유 등의 전쟁 물자를 수송하는 일을 중지할 것과 이행 과정을 확인키 위한 일본군 사절단의 주둔을 인정하라고 요구했다.

9) 이렇듯 대외적으로 진출하려는 일본 세력에 대항키 위해 취해진 석유 등의 수출 규제·금지 등 연합국 측의 일련의 대응을 일컬어 'ABCD 포위망ABCD encirclement' 또는 'ABCD 라인ABCD line'이라고 불렀다. ABCD란 미국America·영국Britain·중국China·네덜란드Dutch를 가리킨다.

10) 일본 군부는 석유 등의 금수 조치가 단행되리라는 정세 변화를 전혀 예상치 못했던 상황에서 1941년 9월 3일 대본영大本營(아시아·태평양 전쟁 시기, 일왕 직속으로 육해군을 통솔하던 최고 통수부統帥部. 1944년 7월 최고 전쟁 지도 회의로 바뀌었다)과 정부는 연석회의에서 외교 교섭을 통해 10월 초순까지 상황이 해결되지 않으면 미국에 대해 개전할 방침임을 결의했다. 이러한 상황을 타개하기 위해 미일 정상 회담 개최 등 외교적 노력에 진력했던 고노에 후미마로近衛文麿 수상은 미국의 거부로 인하여 외교적 해결에 실패하고 말았고, 그 결과 3차 고노에 내각은 총사퇴했다. 이어서 1941년 10월 18일에 출범한 도조 히데키東條英機 내각은 11월 1일의 대본영과 정부 연석회의에서 '제국의 자존자위自存自衛와 대동아 신질서 건설'을 위해 미국·영국·네덜란드를 상대로 개전할 방침을 결의했다. 이후 일본 육해군은 12월 8일을 개전 예정일로 잡고서 미국·영국·네덜란드를 상대로 한 전쟁 준비에 본격 착수했다. 그 결과 11월 6일에 남방南方 작전을 담당할 각 군의 편제가 완료되어, 남방군南方軍 총사령관에 데라우치 히사이치寺內壽一 대장, 제14군 사령관(필리핀 방면) 혼마 마사하루本間雅晴 중장, 제15군 사령관(버마 방면) 이다 쇼지로飯田祥二郎 중장, 제16군 사령관(자바 방면) 이마무라 히토시今村均 중장, 제25군 사령관(말레이 방면) 야마시타 도모유키山下奉文 중장 등이 각각 임명되었다. 대본영은 남방군·제14군·제15군·제16군·제25군 및 남해 지대支隊의 전투 서열을 결정하고서, 각 군과 중국 파견군에 대해서 남방 작전의 준비를 행하라는 명령을 하달했다. 도조 내각은 12월 1일 일왕이 주재하는 어전회의에서 12월 8일 아시아·태평양 전쟁의 개전을 최종 결정하고, 12월 8일 진주만 공격과 더불어 말레이반도의 영국군에 대한 공격을 시작함으로써 아시아·태평양 전쟁의 막이 오르게 되었다.

1941년 12월 8일에 전쟁이 시작된 후에, 동남아시아 지역에서 작전을 담당했던 것은 일본 육군 남방군南方軍이었다. 남방군은 다음 해인 1942년 1월 2일에 제14군이 필리핀 마닐라를 점령, 2월 15일에는 제25군이 극동 영국군의 거점인 싱가포르를 함락,[11] 3월 8일에는 제15군이 버마 양곤을 점령, 3월 9일에는 쟈바를 점령하는 등, 동남아시아 곳곳의 요충지를 지배하에 두기에 이르렀다. 독립국 타이 및 앞서 언급했듯이 일본군이 이미 진주해있던 인도차이나 이외의 지역에서 일본은 미국·영국·네덜란드의 식민지 정부를 타도하고서, 군정을 실시했던 것이다.

이러한 군정의 실시는 개전에 앞서 1941년 11월 20일에 승인되었던 '남방 점령지 행정실시 요령'에서 결정된 방침이기도 했다. 이 '요령'에서는 '치안 회복' '중요 국방 자원 획득' '(작전군作戰軍)의 현지 자활自活'을 군정의 3대 기본 방침으로 정하고 있다. 일본에는 동남아시아를 점령한 이후에 일본이 필요로 하는 중요 자원을 확보하고,

---

11) 영국의 싱가포르 수비대가 일본군에게 항복했던 사건은 영국군 역사에 있어 최대의 패배로 기록되었으며, 오늘날 역사가들에게서 '영국이 겪은 최대의 국가적 치욕'으로까지 평가되고 있는데, 이후 대영제국의 해체로 이어지는 역사적 전개의 최초 계기로 인식되고 있다.

작전군이 현지에서 필요한 군수물자를 조달해 자활토록 하는 일이 최우선 과제였다고 하겠다. 동시에 현지의 민족주의를 향해서는 일본의 점령이 현지 독립을 지원하는 행위로서 인식되지 않도록 주의를 촉구하고 있었다. '대동아 해방'은 단순한 선전 구호 이상의 의미를 지니지 않는다고, '요령'은 딴소리가 나오지 못하게 못을 박고 있는 것이다.

이처럼 개전 초기에는 '자존자위自存自衛'[12]의 논리를 전면에 내세웠던 일본이었지만, 전황이 서서히 악화되자 새삼 '대동아 해방'과 '독립의 부여'의 논리를 강조하기에 이르렀다. 중일전쟁이 계속되는 상황에서 아시아·태평양 전쟁에 돌입했던 일본은 대규모 병력을 동남아시아에 할당할 여력이 없는 편이었다. 총병력 10개 사단, 20만 명 남짓의 남방군이 저토록 광대한 동남아시아를 연합군 측의 반격으로부터 지켜내려면 현지 주민의 협력을 얻는 것이 꼭 필요한 과제였다 하겠다. 그러기 위해서는 대중들에게 영향력을 지녔던 민족주의자들의 협조를 끌어내는 일이야말로 매우 중요한 의미를 지녔다.

전황이 점차 악화하기 시작했던 1943년 일본은 버마와

---

12) 국가가 자력으로 스스로의 존립을 유지하고, 자국을 방위한다는 뜻이다.

필리핀에 '독립'을 부여했고,[13] '대동아공영권' 내의 '독립국'의 대표들을 도쿄에 모아서 대동아회의大東亞會議[14]를 개최했다. 그 후로 1945년까지의 시기에 걸쳐서는 인도차이나 3개국[베트남·캄보디아·라오스]과 인도네시아도 '독립의 부여'의 대상이 되었다.

그러한 '대동아 외교'의 전개에는, 전후 처리를 대비해 민족 자결 등을 강조했던 영국·미국의 '대서양 헌장 Atlantic Charter'(1941)[15]에 대항해 '민족 자주'[16]라는 이념을 적극적으로 제시코자 했던 시게미쓰 마모루重光葵[17] 외상과 외무성 등의 의도가 반영되었다는 점은 분명한 사실이었다. 그러나 (구호에 그쳤던) '독립의 부여'가 이렇듯

---

13) 1943년 11월 5~6일에 개최된 대동아회의에 앞서 8월 1일에 버마의 독립이, 10월 14일에 필리핀의 독립이 승인되었다. 아울러 11월 1일에 대동아성大東亞省이 신설되었다.

14) 이 회의에는 도조 히데키 일본 수상, 장징후이張景惠 만주국 총리, 왕징웨이汪精衛 난징南京 국민정부 국가 주석, 바 모 버마 수상, 수바스 찬드라 보스Subhas Chandra Bose 자유 인도 임시 정부(Provisional Government of Free India) 국가 주석, 호세 라우렐 필리핀 대통령, 완 와이타야쿤Wan Waithayakon 태국 수상 대리(라마 4세의 손자) 등이 참석했다.

15) 2차 세계대전 중인 1941년 8월 영국 수상 윈스턴 처칠과 미국 대통령 프랭클린 루스벨트가 대서양 해상의 영국 군함에서 회담, 전후 세계 질서에 대해 발표했던 구상으로 14개 조의 평화 조항으로 되어있다. 전 세계 33개 국가가 승인했고, 그 내용은 전후에 성립한 UN의 원칙이 되었다.

16) 시게미쓰 외상이 작성을 주도한 대동아 공동선언의 원문에는 '(대동아 각국은) 상호 자주독립을 존중한다'라고 기술되어있다.

17) 1887~1957. 일본의 정치가·외교관. 2차 대전 기간에 외상·대동아상大東亞相을 겸직하며 대동아회의를 주관했다. 1945년 패망한 일본을 대표하여 미국군에 대한 항복 문서에 조인했고, 이후 도쿄 전범재판소에서 전범으로 실형을 선고받았다. 1954~1956년 사이에 다시 외상으로 기용되었다. 참고로 그는 1932년 주중 공사로 부임했을 적에 상해 사변 직후인 4월 29일 상해 훙커우虹口 공원(현재의 루쉰魯迅 공원)에서 열렸던 천장절天長節[일왕 탄생일] 기념식에 참석했다가, 당시 윤봉길尹奉吉 의사가 투척했던 폭탄에 부상을 입어 오른쪽 다리를 잃었던 장본인이기도 했다.

일본의 국책으로까지 새롭게 현실성을 띠게 된 데에는, 전황이 나빠지면서 효과적으로 연합군에 대항하려면 점령지 주민들에게 가일층의 협력을 요구해야만 했던, 일본의 긴박한 사정이 배경으로 작용했다.

하지만 이렇듯 일본이 마지못해 부여했던 '독립'에는 커다란 한계가 존재했다. '대동아공영권'은 어디까지나 일본 중심의 질서로, 동남아시아 국가들의 지위는 일본이 처한 상황과 의사에 따라 결정될 뿐이었다. 일본이 부여했던 '독립'은 서구적인 '절대주권絶代主權'의 원리[18]를 부정하는 것으로, 어디까지나 일본의 '지도'에 복종해야만 하는 것으로 인식되었다.

그렇지만 형식상으로나마 '독립'을 용인할 수밖에 없었던 사정은 일본의 처지에서는 질곡으로 작용했고, 다양한 국면에서 일본은 대일 협력을 했던 동남아시아 민족주의자들의 주장을 수용할 수밖에 없는 측면도 존재했다고 하겠다. 필리핀에서는 호세 라우렐José Laurel〔제2공화국 수반으로 제3대 대통령〕정권이 일본이 제기한 대미 선전포고 요구를 거절했거니와, 타이의 피분 쏭크람 수상은 그 자

---

18) 일반적으로 '주권sovereignty'은 국가의 구성 요소 가운데 최고·독립·절대의 권력으로, 근대적 영역 국가는 다른 권력이나 타국의 지배에 종속되지 않는 '최고 독립성의 절대 주권'을 가지는 것으로 이해되고 있다.

신이 대동아회의에 참석하기를 거부했고, 버마의 바 모 수상 역시 대동아회의에 참석해 도죠 히데키 수상과 회 담했을 적에 버마에서 일본군이 자행했던 물자·노역의 징발에 대해 비판하는 내용의 발언을 했다. 일본은 동남 아시아 각 지역에서 노골적으로 분출되었던 민족주의에 싫든 좋든 맞닥뜨리지 않을 수 없게 되었다.

2. '대동아공영권'의 경제적 측면

경제적 측면에서 보자면, 일본군의 동남아시아 지배는 그때까지 구축되어있던 종주국과의 관계 및 아시아 역내 교역 등의 무역 구조를 단절시키고, 그에 대신해 일본이 동남아시아 광산물 자원 및 여타 전략 물자의 독점적 수 입국으로 부상하는 결과를 가져왔다. 그것은 뒤집어 말 하자면 일본이 동남아시아 지역에 대한 공업 제품의 일 원적인 수출국이 되어야만 한다는 결론을 의미했다. 하 지만 이 시기 일본의 경제력은 취약해져서 공업 생산품 을 충분히 공급할 여력을 지니지 못하고 있는 상태였다.

그 결과 벌어진 사태는 충분한 공업 제품의 공급이라는 반대급부도 없이 자원을 약탈하는 식의, 말하자면 '최악의 식민지 지배'가 행해지게 되었다. 2차 대전 말기에는 연합군의 반격으로 해상 교통에 곤란을 겪는 상황까지 겹치는 바람에 어디에서나 심각한 물자 부족과 인플레이션이 발생하게 되었다.

전쟁 말기 경제적 혼란이 빚어낸 최대의 비극은 1945년 베트남 북부에서 일어났던 대기근 사태였다. 인도차이나에서 일본이 가장 기대했던 전략 물자는 쌀이었는데, 일본 및 일본이 지배하는 여타 지역에 수출하는 동시에 현지에 주둔하는 일본군의 자활自活을 위해 공급되었다. 하지만 국외로 쌀이 수출되는 일은 전적으로 남부의 메콩 델타 지역에서 이루어졌고, 북부의 경우는 본래부터 인구와 비교해 쌀의 생산이 부족한 지역이었다.

앞에서 언급했듯이, 아시아·태평양 전쟁 개전 이전에 일본군이 협정에 따라 진주해있던 인도차이나에서는 프랑스 식민지 정부가 개전 후에도 여전히 통치를 계속하고 있었다. 따라서 1945년 3월 식민지 정부에 의한 더이

상의 대일 협력은 불가능하다고 판단한 일본군이 '불인
처리佛印處理'[19]로 불렸던 무력 쿠데타를 일으켰던 시기
까지, 인도차이나는 일본과 프랑스의 이중 지배하에 놓
여있었다. 여기에 프랑스 식민정부는 1943년부터 쌀을
헐값에 농민들에게서 강제로 사들이는 제도를 실시했
다. 이러한 정책은 일본 측의 식량 공급 요구에 대응하는
동시에 식민지 정부가 언젠가는 닥쳐올 일본군과의 대결
에 대비하여 자체 비축 식량을 확보할 목적에서 행했던
것이다.

이 같은 강제 매수 제도는 동남아시아 여타 지역에서
일본 군정 당국도 시행했지만, 오랜 통치 경험을 지닌 프
랑스 식민정부에 의한 구매는 더 효율적이고 철저하게
시행되었다고 할 수 있겠다. 그로 인해 농촌의 궁핍화가
더욱 심각해졌을 뿐만 아니라 통상적인 경우 농촌에서
기근 대비용으로 비축해두었던 쌀까지도 동이 나버리는
상황이 초래되고 말았다.

---

19) 1945년 3월 9일 프랑스령 인도차이나(佛印)에서 일본군이 프랑스군을 무장 해제를
시키고 감금했던 작전을 가리킨다. '불인무력처리佛印武力處理' 또는 '3·9쿠데타' '메고明
號 작전'으로도 불리고 있다. 당시까지 프랑스령 인도차이나는 5년 동안 일본과 협력 관
계에 있던 프랑스 비시 정권 통치를 받았지만, 1944년 8월에 비시 정권이 연합국의 파리
탈환으로 사실상 붕괴되었고 뒤이어 프랑스공화국임시정부가 본국으로 귀환했던 결과
로 프랑스령 인도차이나는 다시금 일본과는 적대적 관계에 놓이게 되었다. 이러한 정세
변화에 일본군은 군사력을 동원해 프랑스의 인도차이나 총독부를 점거함으로써 인도차
이나반도 전체를 완전히 장악하게 되었다.

이와 같은 상황 속에서 직접적으로는 1944년 가을 농사 이후 장기간 불순한 날씨로 인해 기근이 발생하게 되었다. 엎친 데 덮친 격으로 전쟁 중 여러 요인이 기근 피해를 심각한 지경으로 키워버렸다. 그중 하나로 앞서 언급했던 쌀의 강제 수매로 인한 농촌 비축미가 바닥난 상황에 더해 일본군이 주트jute[20] 등 섬유성 혹은 유성油性 작물의 재배를 권장[21]했던 까닭에, 기근에 강한 잡곡 재배량이 대폭 감소했다는 점을 들 수 있겠다. 게다가 베트남 북부는 평상시에도 식량 문제를 남부에서의 쌀 수입에 의존해왔는데, 1945년에는 미군의 폭격으로 인해 수송이 심각한 곤란을 겪었다는 사정 등도 또 다른 요인으로 작용했다. 이러한 여러 요인[22]이 겹치는 바람에 호찌민이 1945년 9월 2일에 낭독했던 독립 선언에서는 약

---

20) 삼베의 일종으로 '황마黃麻' '황저포'라고도 하며, 범포帆布나 안남미 부대 등의 재료로 쓰인다.

21) 이 당시 일본 군부는 군수물자 확보의 방편으로 쌀에서 짜낸 기름으로 자동차를 움직일 방법을 생각하고, 철 대신 대나무로 바늘을 만드는 등 대체품 제조에 온갖 힘을 쏟았다. 참고로 필리핀 등지에서는 설탕에서 알코올·기름을 추출하거나, 코프라copra 기름을 중유로 바꾸려는 등의 시도를 했지만 모두 실패하고 말았다.

22) 이 밖에도 1944년 겨울에 기록적인 혹한이 닥쳤던 기상 상황 또한 사망자 수를 늘리는 원인이 되었다는 주장도 있다. 한편으로 프랑스 식민정부는 일본군의 지시라는 구실을 둘러대면서 가혹할 정도로 쌀을 수탈해갔는데, 이는 고의로 일본군에 대한 베트남 사람들의 반감을 조장하려는 방책으로, 그렇게 모았던 쌀을 전부 소각해버리거나, 하천에 내버렸다는 증언도 존재하고 있다.

200만 명의 아사자[23]가 나왔다고 할 정도로, 심각한 기근이 북부 지역에서 발생했다.

이상과 같은 1945년 대기근은 객관적 근거 자료가 부족한 사건이라 하겠는데, 2차 대전이 종결된 후 50주년을 맞이한 1990년대 전반에 당시 피해 실태를 촌[thôn 村]과 부락[bộ lạc 部落]이라는 '점点' 단위에서 가능한 한 정확하게 복원하려는 조사가 북부 지역의 23개 촌에서 실시되었고, 필자 또한 이 사업에 참가한 바 있었다.[24] 그 가운데 22개 촌에서, 1945년 당시 촌의 총인구와 세대 구성, 세대별 기근 당시의 사망자 수를 거의 정확하게 복원할 수 있었다. 그 결과 촌의 총인구에 대한 사망자 수 비율은 8.37~58.77퍼센트로, 피해 규모에는 지역적 다양성이 존재했지만 지극히 광범한 범위에서 피해가 발생했다는 사실을 확인하게 되었다.

---

23) 베트남에서 흔히 '을유년乙酉年 대기근Nạn đói năm Ất Dậu'으로 불렸던 이 사건에 대해 학교 역사 교과서에서는 1944년 말부터 1945년 초에 걸쳐 북부의 농민층에서 약 200만 명의 아사자가 발생했던 것으로 공식적으로 기술하고 있다. 참고로 일본군은 전후에 행해진 조사에서 사망자 수를 50만 명이라고 주장하고 있다.

24) 후루타 모토오古田元夫, 「베트남의 일개 촌락에 있어서 1945년 기근의 실태ベトナムの1村落における1945年飢饉の實態--タイビン省ティエンハイ縣タイルオン村ルオンフ-部落に關する日越合同調査報告」(『역사학연구보고歷史學研究報告』(22) p125-160, 1994년 3월, 도쿄대학 교양학부 역사학연구실東京大學教養學部歷史學研究室).

III. '일본을 이용한 독립'에서 '자력에 의한 독립'으로 -버마와 인도네시아

　이후 강의에서는 동남아시아 민족주의자들의 일본에 대한 대응을 몇 가지 유형으로 나눠 살펴보고자 한다. 첫 번째로 민족주의자가 대일 협력하는 조건으로 식민지 종주국과 맞설 수 있는 실력을 획득하려는, '일본을 이용한 독립'이라는 전략을 애초에는 채택했다가, 나중에 가서는 일본이 주는 '선물'로서의 '독립'을 내버리고 '자력에 의한 독립'의 길을 선택하게 되었다. 버마와 인도네시아가 이런 유형에 속한다고 하겠다.

　이 과정에서 중요한 역할을 떠맡았던 이들이 버마의 아웅산과 인도네시아의 수카르노였다.

　두 사람 모두 2차 대전 이전에는 일본과 특별한 인연이 있었던 것도 아니거니와, 친일파로 지목되었던 경우도 아니라 하겠다. 그들이 일본과 관련을 맺었던 것은 이미 버마와 인도네시아의 민족주의를 대표하는 인물로 성장한 그들의 협력을 일본이 필요로 했기 때문이었다.

　동남아시아의 민족주의자 가운데 일본과의 오랜 인연

을 맺었던 인물들이 있기는 했다. 예를 들면 필리핀-미국 전쟁 당시 군사 지도자로서 전쟁 후에 일본에 망명했던 아르테미오 리카르테Artemio Ricarte[25]나, 베트남 동유운동 기간에 판 보이 쩌우에 의해 맹주[26]로 추대되었고, 그 후에 일본에서 오랜 망명 생활을 보냈던 응우옌 왕조의 황족 끄엉 데(Cường Đế 彊柢) 등과 같은 인물들이 그러하다. 하지만 이런 인물들은 필리핀이나 베트남 어디에서도 2차 대전 동안 중요한 역할을 맡지는 못했다. 따라서 이 시기에 동남아시아의 민족주의자 가운데 대일 협력 분야에서 중요한 역할을 맡았던 인물들은 친일파 민족주의자가 아니라, 이미 각국에서 민족주의를 대표하는 지위에 올랐던 인물들이 그러한 역할을 수행했다. 그러한 점에서도 상황의 주도권은 일본이 아니라 민족주의자들이 쥐고 있었다고 하겠다.

---

25) 1866~1945. 필리핀의 군인. 필리핀 혁명 및 필리핀-미국 전쟁 시기의 군사 지도자로, 필리핀 혁명 육군(1897~1899)의 초대 참모총장을 지냈고, 후대에는 '필리핀 육군의 아버지'로 일컬어진다. 그는 1898~1946년 동안 필리핀을 통치했던 미국 정부에 대해 충성의 맹세를 단호히 거부한 일화로도 유명하다. 일본에서 망명 생활을 하다 2차 대전 기간 다시 필리핀으로 돌아와 일본군을 돕기 위한 친일 성향의 무장 조직 마카필리Makapili를 창시한 것으로 알려져 있다.

26) 판 보이 쩌우는 1904년 월남유신회, 1912년 월남광복회를 결성하고 황족인 기외후畿外侯 끄엉 데를 회장으로 추대했다.

1. 버마

영국은 버마에 자치권을 부여했으면서도, 전쟁이 임박하자 대영 협력이라는 틀에서 이탈하여 전쟁 비협력 운동을 전개했던 떠킹당의 급진적 민족주의자들을 엄하게 탄압했다. 그로 말미암아 떠킹당 내부에서는 반영 무장 투쟁에 나설 수밖에 없다는 주장이 제기되었고, 자신들과 협력 가능한 해외 지원 세력의 하나로 일본과도 손을 잡을 가능성도 상정하게 되었다. 이 시점에서 떠킹당의 입장에서는 일본 역시 인도 국민회의파, 중국 국민당, 중국공산당과 더불어 협력 가능한 외부 지원 세력의 하나에 지나지 않았다.

한편으로 일본 군부는 1940년에 이르러 프랑스령 인도차이나와 마찬가지로 중국 장제스 정권에 대한 국제적 지원 루트 역할을 하던 버마에 대해 (이른바 버마 로드Burma Road[27]를 차단키 위한) 교란책을 마련하기 위해, 참모본부의 스즈키 게이지鈴木敬司[28] 육군 대령에게 그와 관련한 임

---

27) 버마, 현재의 미얀마 라시오Lashio를 기점으로 중국 운남성 곤명昆明까지 이르는 총길이 1,154킬로미터의 도로로 1938년에 완성되었다.
28) 1897~1967. 일본의 군인. 1941~1942년 사이에 존속했던, 버마 독립운동을 지원하기 위해 설립된 일본군 특무기관 미나미키칸南機關의 기관장으로 활약했다. 흔히 '일본판 아라비아의 로렌스'로 일컬어진다.

무를 맡겼다. 스즈키 대령은 '신문기자 미나미南'[29]라는 인물로 위장해서 1940년 6월에 양곤에 잠입하여, 떠킹당의 구성원들과 접촉하는 데 성공했다. 그 당시 스즈키 대령은 독단적으로 '일본은 버마의 독립을, 무력 지원을 통해서 지원한다'라는 약속을 하고 말았다. 이것은 본래 일본의 국책과는 무관한 '빈말'에 불과했으나, 떠킹당 급진파 세력의 관심을 일본 쪽으로 끌어당기는 데에는 커다란 효과를 발휘했다.

그 당시 아웅산은 영국 식민지 당국의 탄압을 피해서 중국공산당과 연락을 취하여 무기 원조를 받을 요량으로 중국의 샤먼廈門(아모이Amoy)에 머무르고 있었다. 스즈키 대령은 일본 헌병대에게 그의 신변의 보호를 요청했고, 이윽고 아웅산은 1940년 11월에 도쿄로 호송되었다.[30]

1941년에 접어들어 동남아시아로의 군사 진출을 더욱 본격적으로 검토했던 일본 군부는 대버마 공작기관의 설치를 승인했고, 이에 스즈키 대령을 책임자로 하는 미나

---

29) 스즈키 게이지는 일본-버마(日緬) 협회 서기 겸 요미우리讀賣 신문의 기자 신분과 미나미 마스요南益世라는 가명을 사용했다고 한다.
30) 이때 아웅산은 오모타 몬지面田紋次라는 가명으로 일본에 입국, 스즈키 대령의 주선으로 일본 군부와 접촉하면서 대버마 공작을 추진할 것을 협의했고, 다음 해인 1941년 2월경에 버마의 양곤으로 되돌아갔다.

미키칸南機關[31]이 설치되었다. 이윽고 미나미키칸은 30명 정도의 버마인 청년을 국외로 탈출시켜서 중국의 하이난섬海南島에서 군사 훈련을 시켰다.

이윽고 아시아·태평양 전쟁이 시작되자 스즈키 대령은 훈련을 끝낸 버마인 청년들을 타이로 보내어, 그들을 중심으로 버마독립의용군(BIA, Burma Independence Army)을 결성했고, 이내 버마 국내로 진격 작전을 개시했다.

1942년 1월 14일, 일본 제15군은 말레이 작전의 후방 지원을 위해 버마 영토에 대한 공격을 시작했다. 애초 일본군에게는 버마를 점령할 계획이 없었으나, 남방 작전 전황이 순조롭게 전개되자 작전 범위가 점차 확대되어갔다.[32] 이윽고 1월 22일에 버마의 중요 지역을 점령하라

31) 일본 군부는 1941년 2월 대본영 직속의 특무기관으로 '미나미키칸'을 정식으로 설립했다. 이윽고 이 기관은 대외적으로는 '남방기업조사회南方企業調査會'라는 위장 명칭으로 활동하면서, 첫째 버마 독립운동가 청년 30명을 국외로 탈출시켜, 하이난섬 또는 타이완에서 군사 훈련을 하고, 둘째 훈련이 끝나는 대로 이들에게 무기·자금을 제공해 버마로 다시 잠입시켜, 1941년 6월경에 무장봉기를 획책한다는 등의 행동계획을 수립했다. 이렇게 해서 버마 독립운동에서 전설로 이야기되는 '30인의 지사'(예보 돈제익Yebo Thonzeik)가 탄생했던 것이다. 이후 이 기관은 버마의 독립운동을 여러모로 지원했고, 버마독립의용군의 탄생에도 크게 기여했다. 하지만 버마 독립 문제를 두고서 이후 일본군 수뇌부와 의견 대립을 하는 등의 갈등을 겪다가 1942년 6월에 해산되었다. 참고로 1981년 버마 정부는 제33회 독립기념일에 버마 독립에 기여했던 일본인, 곧 스즈키 게이지의 미망인을 비롯해서 일곱 명에게 감사의 표시로 국가 최고의 영예인 아웅산 훈장을 수여했다. 그런데 이들 모두가 미나미키칸의 관계자였을 정도로, 오늘날 역사적으로 일본과 미얀마 사이의 우호 관계의 초석을 놓았던 사례로 평가받고 있다.
32) 일본군의 동남아시아 공략 작전이라고 할 남방 작전은 1941년 12월 8일에 시작되어 5월 18일에 작전 완료를 선언했다.

는 작전 명령이 하달되었고, 3월 8일에 양곤을 점령하게 되었다. 이 기간에 BIA는 버마 독립이라는 목표를 내걸고 진격함으로써, 민중의 열광적인 환영을 받았는데, 이윽고 그 규모는 급속히 확장되어 지역마다 지방 행정 조직이 수립되기에 이르렀다.[33)]

하지만 버마를 점령한 일본군은 버마를 곧바로 독립시킬 의사가 없었던 까닭에 6월 4일에는 군정이 실시되기에 이르렀다. BIA가 수립했던 지방 행정 조직에는 해산 명령이 내려졌고, BIA는 규모가 대폭 축소되어서 버마 방위군(BDA, Burma Defense Army)[34)]으로서 일본군에 예속된 부대로 격하되었다. 8월 1일에 발족했던 중앙행정부라는 버마인 자치 조직에는, 떠킹당 간부보다는 구세대의 온건 민족주의자와 식민지 관리가 중용되었고, 행정부 수반에 취임했던 인물은 영국령 버마 시절의 자치 정부 초대 수상을 지낸 바 모였던 것이다.

상황이 이렇게 전개되자 아웅산 등 떠킹당의 급진파 민족주의자들은 일본에 대한 불신감을 품게 되는데, 당

---

33) BIA가 버마를 침공할 시점에는 200명 정도였으나, 양곤을 공략한 직후에는 12,000명 정도로 늘어났고, 이윽고 버마 공략 작전이 종료될 즈음에는 23,000명 정도의 규모에 이르렀다고 한다.
34) BDA는 달리 '버마 국방군'으로도 불린다. 이윽고 BDA는 1943년 8월에 버마가 독립하게 되자 버마 국군(BNA, Burma National Army)으로 명칭을 바꾸게 된다.

분간은 대일 협력이라는 기본 틀을 벗어나지 않으면서, 아웅산도 BDA 사령관으로서 일본에 대한 협력을 지속하는 한편 자체 역량을 비축하는 노선을 채택했다.[35) 그리고 일본 군정 당국은 특무기관인 미나미키칸 역시 위험시하여 해산토록 명령을 내리게 되었다.

버마는 연합군 측이 반격을 가해올 적에는 전쟁의 최전선이 될 것으로 예상되었다. 그래서 일본군은 1943년 8월에 버마에 '독립'을 부여했고, 바 모가 국가원수로 취임했다. 그러나 이러한 '독립'이 도무지 실체가 없는 것이라는 사실과 노무자 징용의 강화, 쌀값 하락에 따른 쌀 생산량의 저하 등의 곤란한 상황으로 인해 버마 민중의 불만은 날로 커져만 갔다. 타이와 버마를 연결하는 태면泰緬(타이-버마) 철도[36)의 건설 공사에는 3만 명 이상의 버마인 노무자가 희생되었던 것으로 알려져 있다.

이러한 상황 전개 속에서 아웅산 자신도 반일 활동 쪽

---

35) 일본 군정 당국에 불만을 품었던 아웅산은 1942년 5월 버마 중부의 만달레이 Mandalay마저 일본군의 공격으로 초토화되자, 측근인 떠킹 떼인 뻬 민Thein Pe Mynh을 인도로 보내어 영국과 손을 잡고서 일본에 대항할 수 있는 방책을 모색하도록 지시했다. 이 시기부터 아웅산은 일본을 불신하고서 버마의 진정한 독립을 위해 다시 영국 세력을 끌어들이려고 판단했다.

36) 영화 〈콰이강의 다리The Bridge on the River Kwai〉를 통해 '죽음의 철도'로 잘 알려진, 타이와 버마를 연결하는 태면 철도는 전장 415킬로미터를 전부 건설하는 데 약 16개월이 걸렸다고 한다. 영화의 소재가 된 콰이강(타이어로는 '쾌강') 철교를 건설하는 데에만 연합군 포로 16,000명이 목숨을 잃었고, 공사 기간에 버마 이외에도 타이·말레이시아·인도네시아 노무자 10만 명이 희생된 것으로 알려져 있다.

으로 가담하게 되었다. 아웅산은 '독립 버마'의 국방장관에 취임하기는 했으나,[37] 일본군의 임팔 작전Battle of Imphal(1944년 3월~7월)[38]이 무참한 실패로 끝난 뒤인 1944년 8월에 아웅산을 의장으로 해서 버마국군(BNA, 버마방위군BDA가 개칭함)·버마공산당(CPB, Communist Party of Burma)·인민혁명당(PRP, People's Revolutionary Party, 후에 사회당으로 개칭함)의 세 세력이 연합하여, 비밀 항일 통일전선 조직인 반파시스트인민자유연맹(AFPFL, Anti-Fascist People's Freedom League)을 결성하기에 이르렀다.

그 후 영국군이 본격적으로 대대적 반격에 나섰던 1945년 3월에 이르러 아웅산의 명령으로 BNA도 일본 측에게 반기를 들면서 일본군에 대한 공격에 가담했다. 1945년 6월 15일에 애국버마군(PBF, Patriotic Burmese

---

37) 떠킹당 출신으로 BDA 사령관 아웅산이 국방장관, 우 누U Nu가 외무부장관, 떠킹 딴 툰Than Tun이 농수산부장관 등으로 입각했다.
38) 아시아·태평양 전쟁 기간 버마 전선에서 1944년 3월~7월까지 장제스 정권을 지원하는 버마 로드를 차단할 목적으로 일본 육군이 벌였던 일련의 작전을 가리킨다. 당시 연합군은 버마와 국경을 이루던 인도 마니푸르Manipur주의 임팔을 병참 기지로 활용했는데, 일본군은 임팔에 주둔한 연합군을 공략하려 했으나 오히려 대패를 당하고 말았다. 현재 이 작전은 '사상 최악의 작전'으로 일컬어지며, 이후 임팔 작전을 비롯해 버마 전선에서 사망했던 일본군은 16만 명에 달한다. 같은 시기에 벌어졌던 코히마Kohima 전투와 더불어 일본군 역사상 가장 큰 패배로 알려져 있는데, 홍콩·싱가포르·버마 등지에서 연전연패를 당했던 영국군에게는 이 전투에서의 승리가 전쟁에서 일본군에 대한 공세적 우위에 돌아서게 되는 일대 전환점이 되었다. 이러한 임팔·코히마 전투의 패배로 일본군의 버마-뱅골만 전선이 완전히 붕괴되었고, 그 여파로 1945년 3월 아웅산이 영국군 쪽에 가담함으로써 일본군이 버마 전선에서도 완전히 패퇴하는 결과를 초래하고 말았다.

Forces)으로 이름을 바꾼 BNA는 이번에는 영국군과 함께 양곤에 입성하게 되었다.

2. 인도네시아

네덜란드 경우는 민족주의자들에게 독립이나 자치를 약속하는 등의 양보 자세를 보이지 않고서 내내 탄압을 강화하는 쪽이었다. 그러한 까닭에 네덜란드령 동인도에서는 당초에 침공했던 일본군은 현지 주민들에게서 '해방군'으로 크게 환영을 받기도 했다.

일본군이 점령한 후에 쟈바에서는 제16군, 수마뜨라에서는 제25군, 그 밖의 지역은 해군이 군정을 담당하게 되었다.[39] 일본군은 수카르노 등, 네덜란드 당국에 의해 유배형에 처했던 민족주의자들을 석방하고서 이들에게 일본에 협력할 것을 요구했다. 수카르노는 자신이 일본에

---

39) 1942년 3월 8일에 네덜란드는 동부 쟈바의 소도시 깔리쟈띠Kalijati에서 이마무라 히토시 중장이 이끄는 일본군 제16군에 무조건 항복을 했다. 이로써 350년에 걸친 네덜란드 식민 통치는 막을 내리게 되었다. 이후 일본군의 군정은 1942년 3월부터 1945년 8월까지 3년 반에 걸쳐 실시되었다.

협력하기로 한 것은 일본군의 지배는 오래가지 않을 것이고, 언젠가는 일본이 전쟁에서 패배하리라고 예측했기 때문이라고 훗날 회상했다.

일본은 (전쟁 수행을 위한) 주민 동원을 위해 대정익찬회大政翼贊會[40]와 같은 조직을 만들어, 그 수장으로 수카르노를 내세웠다. 1943년에 결성되었던 민족역량본부〔PUTERA, Pusat Tenaga Rakjat〕[41], 그리고 그 후신으로 1944년에 만들어진 쟈바호코카이Jawa Hokokai[42]가 그 대표적인 조직이었다. 이들 조직 산하에 청년단·부인회·농민도장農民道場[43]·도나리구미〔隣組〕[44] 등, 여러 사회 조직이 만들어졌다. 특히 도나리구미의 경우 주민들을 상호 감

---

40) 일본에서 1940~1945년 사이에 존재했던 일종의 정치 결사로 전쟁 수행이라는 국책에 협력키 위해 만들어진 관제 국민운동 조직이었다. 제2차 고노에 내각이 정계 재편성과 국론 통일을 위해 '신체제 운동'을 전개하면서, 1940년 10월에 대정익찬회라는 조직이 결성되었다. '대정大政'은 '천하 국가의 정치'라는 말로 '일왕이 베푸는 정치'를 뜻하고, '익찬翼贊'은 '힘을 보태어 천자를 돕('다'라는 의미이다.

41) 달리 '민중 총력 결집 운동'이라고도 하며 흔히 '뿌떼라Putera(젊은 남자 또는 아이의 뜻)'라는 약칭으로 불렸다. 이 조직의 수장으로 수카르노·핫타Hatta·끼 하쟈르 데완따라Ki Hadjar Dewantara·마스 만수르Mas Mansur 등의 저명한 민중 지도자 네 명이 위촉되었는데, 민족 단결 역량 강화를 꾀했던 이들 지도자와 일본 군정 당국의 의견 차이로 별다른 성과 없이 1944년에 해산되고 말았다.

42) 네덜란드령 동인도를 차지한 일본 군정의 최대 목적은 전쟁 수행을 위한 자원 획득이었는데, 그러한 목적을 달성키 위해 각종 선무 공작을 통해 주민을 장악하고, 군정 협력 사업에 주민을 동원하는 일이 필수적이었다. 기존의 민족역량본부를 해체하고 1944년 3월에 '봉공회奉公會'라는 한자어 일본식 명칭을 사용한 이러한 대중 조직은 일본 국내뿐만 아니라 만주국滿洲國의 협화회協和會와 같은 대중 조직을 모방한 것이었다.

43) 본래는 농촌의 갱생과 농민들의 사기 진작을 위해 2차 대전 이전부터 전쟁 중에 걸쳐 일본에서 농촌에 설치했던 교육 시설 등을 가리킨다.

44) 2차 대전 당시 주민을 전쟁에 동원하기 위해 일본군이 만든 최말단 지역 조직으로 동네·부락 등 한 지역의 몇 호 안팎을 단위로 했다.

시와 연대 책임의 조직망에 편입시켜서, 군정 당국의 명령을 전달하거나 물자·노동력의 공출 및 배급제도 시행 단위로 삼는 등, 지극히 중요한 역할을 떠맡게 되었다. 또한 종교 방면에서는 일본군은 이슬람 세력의 협력을 이끌어내기 위해 1943년에 인도네시아 무슬림 협의회〔Masyumi, Majelis Syuro Muslimin Indonesia〕[45]를 설치하기도 했다.

인구가 많았던 쟈바는 일본군이 노무자를 중점적으로 징발하는 지역이 되었고, 그 수는 쟈바섬 밖으로 송출된 규모만도 30만 명에 이르렀으며, 멀리까지는 앞서 언급한 태면 철도 공사 현장에도 파견이 이루어졌다.[46] '로무사romusa'[47]라는 말은 일본 지배기의 어두운 기억의 흔적으로서 현재의 인도네시아어 단어로 정착해있는 것이다.

---

45) 인도네시아 역사상 최초로 구성된 대규모 이슬람 정치 조직·단체로서 흔히 '마슈미Masyumi당'으로 일컬어진다.

46) 인도네시아 전체에서 4백만에서 1천만 명 정도가 징용으로 끌려갔으며, 동남아 여러 지역으로 차출된 30만 명 가운데 불과 52,000명 정도가 살아 돌아왔다고 한다. 참고로 태면泰緬 철도를 건설하는 약 16개월의 공사 기간에 차출된 인도네시아 노무자는 화교를 포함해 45,000명 정도였다고 한다.

47) 달리 'romusha' 'romusya'로 표기되는데, 일본어 '로무샤勞務者'에서 유래한 단어이다. 현재의 인도네시아어에서는 '일본 점령 당시 일본에 징발된 강제 노동자'의 뜻으로 쓰이며, 접사를 이용한 동사 'meromusakan'은 '노무자로 일하게 하다' '강제 노동을 시키다'라는 의미를 지니고 있다. 이 밖에도 일본 지배기의 흔적이 남아있는 단어로 '지바꾸jibaku'〔自爆〕·'껨뻬따이kémpétai'〔憲兵隊〕·'다이단쪼daidanco'〔大團長, 대대장〕·'쇼단쪼syodanco'〔小團長, 소대장〕·'부단쪼budanco'〔分團長, 분대장〕·'따이소taiso'〔體操〕 등이 현재 통용되는 인도네시아어 사전에 일본어에서 유래한 낱말로 수록되어있다.

더욱이 일본군은 1943년 이후 쟈바와 발리에서 향토방위 의용군(PETA, Pembela Tanah Air)[48], 수마뜨라와 말레이반도에서는 의용군으로 불렸던 군사 조직을 편성해서 인도네시아인에게 군사 훈련을 시행했다.[49] 뻬따의 규모는 종전 무렵에 쟈바 66개 대단大團[50] 33,000명, 발리 3개 대단, 거기에 수마뜨라-말레이 의용군 약 10,000명 남짓 병력을 더한 정도로까지 늘어났고, 이들이 독립 이후 인도네시아 국군의 중추 세력이 되었다.[51]

일본은 당초에 석유·고무 등 자원이 풍부한 인도네시아[52]에 대해서는 직접 지배하에 둘 의도를 지니고 있었

---

48) 정식 명칭은 'Tentara Sukarela Pembela Tanah Air'이며, 달리 '조국 방위군' '조국 수호단'이라고도 한다. 보통 약칭인 '뻬따PETA'로 불리고 있다.

49) '뻬따PETA'는 1943년 10월 당시 일본 군정하에 있었던 쟈바에서 본래 민족군民族軍으로 창설되었던 군사 조직이다. 쟈바를 통치하던 제16군 사령관 하라다 구마키치原田熊吉의 협조를 받아서 설립된 '뻬따'는 이윽고 의용군과 사관학교를 합병한 형태로 운영되었고, 이곳을 거쳐서 약 38,000명의 인도네시아인 청년 장교들이 양성되었다고 한다. 이윽고 '뻬따' 출신의 인도네시아 군인들이 1945년 8월 이후에 네덜란드를 상대로 싸웠던 인도네시아 독립전쟁의 중심 역할을 떠맡게 되었다. 참고로 '뻬따' 이전에 인도네시아어로 '헤이호heiho'(兵補)로 불렸던, 현지인 출신으로 일본군 보조 역할을 하는 군속들이 있었는데, 그 규모가 5만 명 정도에 달했다고 한다. '뻬따'와 '헤이호'는 기본적으로 일본군 휘하에 있었으므로, 자까르따의 일본군은 1945년 8월 22일 일본의 패전을 공식 인정하고 '뻬따'와 '헤이호'의 해체를 선언했다.

50) 쟈바 지역에서 뻬따는 대단·중단中團·소단小團의 단위로 편제되어있었다. 1개 대단은 3개 중단, 1개 중단은 3개 소단, 1개 소단은 5개 분단分團으로 되어있는데, 대단장大團 이하 모든 군인이 쟈바인으로 구성되었다고 한다.

51) 발리 향토방위 의용군 1,600명(1944년 6월 결성), 수마뜨라 의용군Laskar Rakyat, 말레이 의용군(1944년 1월 결성) 이외에도 이슬람 계통의 청년층이 중심이 된 무장 조직 헤즈볼라 Hizboellah(回教挺身隊) 등이 있었다.

52) 당시 인도네시아는 동남아시아 최대 산유국으로 1940년 기준 세계 4위의 석유 생산국이었고, 세계 2위의 천연고무를 생산하는 자원 대국이었다.

고, 1943년의 시점에서는 '독립 부여'의 구상은 아직 가지고 있지 않았다. 그러나 전황이 악화일로로 치닫고 민심 장악이 시급한 과제로 떠오르게 되자 방침을 전환해서, 1944년 9월에는 당시의 고이소 구니아키小磯國昭[53] 수상이 비로소 향후 독립을 부여하겠다는 방침을 밝혔으나 그 이상 구체화하지는 못했다. 무역 거래가 끊기고 일본군에 의한 물자·노무자 징발이 강화됨에 따라 경제 상황이 더욱 나빠지자 인도네시아 민중들 사이에서 일본 군정에 대한 불만이 점차 높아져 갔다. 마침내 1945년 2월에는 동부 쟈바 블리따르Blitar에서 뻬다의 파견대 대단이 무장 반란을 일으키는 사건이 발생하기도 했다.

전쟁이 말기에 이르자 일본군도 마침내 기존의 소극적 태도를 바꾸어 1945년 3월에는 인도네시아 독립준비조사회(BPUPKI, Badan Penyelidik Usaha-usaha Persiapan

---

53) 1880~1950. 일본의 군인·정치가. 군인으로 1932년 관동군 참모장, 1936년 조선군 사령관을 거쳐 9대 조선총독(1942.5~1944.7)으로 취임해 전임 미나미 지로南次郎(1936.8~1942.5) 총독의 내선일체內鮮一體를 내건 황국신민화 정책을 가일층 추진했다. 1944년 7월에 도죠 내각이 총사퇴하고 나서 제41대 수상에 취임했다. 참고로 도죠 내각이 와해된 뒤 후임자로 가장 유력했던 후보는 남방군 총사령관 데라우치 히사이치였으나 전황이 급박하게 돌아가는 바람에 자리를 비울 수 없었던 관계로 조선 총독 고이소가 그 자리를 대신 꿰찼다는 후일담이 전해지고 있다. 또한 그는 조선 총독 당시 '조선의 호랑이'라는 별명으로 불렸는데 그가 역대 조선 총독 가운데 가장 추남이었던 관계로 그런 별명이 붙었다고 스스로 말했다는 일화도 전하고 있다.

Kemerdekaan Indonesia)[54]를 설치했고, 종전 직전인 7월에 이르러서 마침내 인도네시아에 독립을 부여하기로 결정했다. 8월 7일에는 좀 더 작은 규모의 인도네시아 독립준비위원회(PPKI, Panitia Persiapan Kemerdekaan Indonesia)[55]를 발족시켰고, 수카르노 등 위원회의 대표를 남방군 총사령부가 있는 베트남 달랏(Đà Lạt 多樂)으로 불러들여서 정식으로 위원 임명을 했다.[56] 수카르노 일행이 자까르따(1942년 3월 일본군에 의해 '바타비아'에서 개칭됨)로 귀환했던 것은 8월 14일의 일이었다.

당시 자까르따에는 독립에 대한 의욕에 불탔던 한 무리의 급진적 청년 집단이 있었다. 그러한 청년 집단은 본래 일본 군정 당시 훈련 기관에서 교육을 받기는 했으나,

---

54) BPUPKI 6월 1일 회의에서 수카르노는 종교적 중립에 입각한 민족주의 노선과 훗날 독립한 인도네시아의 국가 철학이자 건국 이념이 된 빤짜실라Pancasila(건국 5원칙)를 발표했다. 또한 여러 차례 논의를 거쳐 강력한 대통령 중심제와 단일 공화국 및 새로운 국가의 영토를 규정한 인도네시아 최초의 헌법을 입안하기도 했다.

55) 인도네시아독립준비조사회BPUPKI는 예순일곱 명의 대의원으로 구성되었으나, 인도네시아독립준비위원회PPKI는 규모를 줄여서 스물한 명으로 구성되었다.

56) 수카르노와 핫타·라지만 웨디오디닝랏Radjiman Wediodiningrat 등 세 명의 PPKI 대표를 맞이한 남방군 총사령관 데라우치 히사이치 육군 원수는 이들에게 독립 준비를 할 권한을 정식으로 부여했다. 그러면서 일본 정부가 조만간 인도네시아의 독립을 승인할 것이며, PPKI의 업무 처리에 따라 대략 8월 25일 정도로 독립 선언을 하는 것으로 합의했다. 하지만 데라우치는 이때 이미 8월 6일·9일 두 차례에 걸쳐 원폭이 투하된 일본이 곧 항복할 것임을 예상하고 있었다. 그런데도 데라우치는 패망을 목전에 둔 일본이 마치 은혜를 베풀어 인도네시아에 독립을 부여하는 식으로 수카르노 일행을 기만했다. 수카르노 또한 자신들이 일본에 기만당했다는 사실을 깨닫지 못했는데, 그들이 자까르따에 돌아온 다음 날인 8월 15일에 일본은 연합군에 전격 항복했던 것이다.

수카르노 등이 (PPKI와 같은) 일본이 정해놓은 틀에 따라 독립을 추진하려는 방안을 비판했다. 이제 인도네시아의 독립은 인도네시아 국민의 문제이자 권리이므로 인도네시아인 스스로 독립을 선언해야 한다고 하면서, 수카르노에게 자신들의 주장에 동조할 것을 요구했다. 그러나 수카르노는 일본군과의 사전 협의 없이 그와 같은 행동을 취할 수는 없다고 거부했기 때문에, 청년들은 이윽고 수카르노를 납치하기에 이르렀다. [57)]

이 같은 긴박한 상황 속에서 당시 자까르따에 있던 일본 해군 주재무관駐在武官 책임자였던 마에다 다다시前田精 제독은 미리 연락을 취하고 있던 그들 청년에게 수카르노를 석방할 것을 설득하는 한편으로 독립 선언을 할 장소로 일본 육군의 간섭에서 자유로운 자신의 저택을 제공하기로 했다. [58)] 수카르노는 8월 17일 이곳에서[59)] 청

---

57) 청년들이 8월 16일 새벽에 수카르노와 핫타를 자까르따 근교의 렝아스뎅끌록 Rengasdengklok에 있는 뻬따의 요새로 납치했기 때문에 일명 '렝아스뎅끌록 사건Peristiwa Rengasdengklok'이라고 일컬어지고 있다.

58) 인도네시아 독립에 소극적이었던 일본 육군과 헌병대의 영향력을 배제하고자 했다. 그런데 이 책의 저자는 마에다 제독의 저택을 '독립 선언 장소'로 기술하고 있으나, 이것은 저자의 착오인 듯하다. 왜냐하면 수카르노는 렝아스뎅끌록에서 벗어난 뒤에 마에다 제독의 저택에서 밤을 새워 독립선언서 문장을 기초한 뒤에, 1945년 8월 17일 새벽에 자택으로 돌아와 아침 10시경에 핫타와 함께 자택에서 독립선언서를 낭독했다. 1992년부터 마에다 제독의 저택은 '독립선언문 탄생 박물관Museum Perumusan Naskah Proklamasi'으로 개조되었다고 한다.

59) 이 대목 역시 저자의 착오로 보아야 한다. 수카르노가 독립 선언을 했던 자택은 훗날 수카르노의 지시로 철거되었고, 현재는 '선언자들의 정원'이라는 이름의 공원으로 변모했고, 수카르노 자신이 설계한 독립 선언 기념비가 세워져 있다고 한다.

년들이 주장하던 노선에 따라서, 자주적으로 인도네시아 공화국Republik Indonesia 수립을 선언했다. 인도네시아 공화국은 일본으로부터의 '(은혜로운) 선물'이 아니라, 자기 의사에 따른 독립이라는 점을 분명히 선언했다.

IV. 반일과 '일본을 이용한 독립'의 착종-베트남

프랑스는 2차 세계대전이 발발했던 시점에서는, 베트남을 포함한 인도차이나 자치·독립에 관해서 어떠한 양보의 자세도 보이지 않으면서 민족주의를 억압하려는 태도로 일관했다. 이러한 점에서 이미 강력한 민족 운동이 존재했던 베트남의 경우에는 일본에 대해 기대감을 지녔다고 해도 이상한 일은 아니라고 하겠다.

하지만 그러한 일본이 프랑스 식민지 정부의 존재를 용인했고, 이윽고 베트남 역사에서 일본-프랑스 공동지배라는 상황이 출현했던 사실은 베트남 정치에 있어 두 가지 큰 영향을 미치게 되었다. 첫째로 프랑스 식민지 정부와 일본이 손을 잡았던 까닭에 그들과 맞서 싸우는 행위는 반파시즘 투쟁으로 자리매김했다는 점이다. 인도차이나 공산당은 연합군 측에 가담하는 식민지 정부와 협조해야 하는가의 곤란한 상황에 직면하지 않고 반파시즘의 입장에 서서 일본-프랑스 공동지배를 타도한다는 목표를 내걸 수가 있었다. 둘째로 베트남의 독립을 지원해줄 것으로 기대되었던 일본이 프랑스와 손을 잡음으로써 베트남인 사이에 친일파가 세력을 늘리는 일이 여의치 않게 되었다. 이러한 두 가지 정황은 어느 것이나 1941년 5월에 호찌민이 결성했던, 일본-프랑스 공동지배를 타도하고서 베트남의 독립을 추구했던 베트민(Việt Minh 越盟)[60]이 유력한 정치 세력으로 등장하는 정세를 조성하는 데 긍정적으로 작용했던 것이다.

본래 식민지 정부의 탄압 체제는 강고했던 까닭에, 베트민은 베트남·중국 국경의 소수민족이 사는 산악 지대에 강력한 기반을 구축했던 것 이외에는 두드러진 발전을 이루지는 못하고 있었다. 그러한 상황에 커다란 변화

---

[60] 정식 명칭은 '베트남 독립동맹회'(Việt Nam Độc Lập Đồng Minh Hội 越南獨立同盟會)였으나 일반적으로 '베트민' 또는 '월맹越盟'이라는 약칭으로 잘 알려져 있다. 1941년 5월 호찌민 주재로 베트남과 중국의 국경 지대인 까오방(Cao Bằng 高平)에서 열린 제8차 인도차이나 공산당 중앙위원회에서 창설되었으며, 베트남 사회 좌·우익을 포함해 각계각층을 망라하는 민족통일전선을 구축해 프랑스 식민지 정부와 일본 파시스트 세력을 동시에 타도하는 것을 목표로 내걸었다. 이로써 계급투쟁·사회혁명의 과제는 잠시 유보되고 반제국주의 투쟁이 최우선 과제로 제시되었다. 이후 베트민은 2차 대전 기간에 미국·중화민국 등으로부터 무기와 자금 원조를 받으면서 게릴라 활동을 전개했고, 이윽고 1944년 12월에 보 응우옌 지압(Võ Nguyên Giáp 武元甲)의 주도로 베트남 해방군 선전대Vietnam Propaganda Liberation Army(현재 베트남 인민군의 모체)가 결성되어 본격적인 군사 활동을 전개했다. 베트민은 1945년 6월에는 북부 산악지대를 해방시켰으며, 일본이 항복한 직후인 8월 16일에 호찌민을 주석으로 하는 임시정부를 수립하여 곧바로 8월 18~28일에 걸쳐 전국적으로 봉기를 일으켜 8월 혁명을 성공으로 이끌었다. 여세를 몰아 9월 2일에 DRV의 수립을 선언한 베트민은 이후 인도차이나로 복귀한 프랑스군과 벌였던 1차 인도차이나전쟁에서도 항전의 중심 역할을 떠맡았다. 1946년 베트민은 8만의 정규군을 거느리게 되었고, 1951년 3월 인도차이나 공산당과는 별개의 통일전선 조직인 리엔 비엣(Liên Việt 越南國民連合會)과 통합하여 '리엔 비엣 전선'을 결성했다. 1955년 9월에 기존의 베트민은 스스로 해산을 선언하고 뒤를 잇는 통일전선 조직으로 '베트남 조국전선'으로 개조되었다가, 베트남이 통일된 이후 1977년에 새로이 결성된 '베트남 조국전선'의 형태로 현재에 이르고 있다.

가 일어났던 계기는 앞서 언급한 바 있던 북부에서의 대기근 발생과 그 와중에 행해졌던 일본군에 의한 '불인처리佛印處理' 사태였다. 프랑스 본국에서는 대독 협력의 입장이던 비시 정권이 붕괴되었고, 동남아시아에서도 전쟁의 판세가 일본에 불리하게 돌아가자, 프랑스 식민지 정부가 일본군에게 협력하는 일은 더는 불가능하다고 판단한 일본이 1945년 3월 9일 '불인처리'를 통해 프랑스 식민지 정부를 무너뜨렸다. 그 후에 일본은 베트남·캄보디아·라오스의 국왕에게 각각의 왕국의 '독립'을 선언토록 조치하는 한편 프랑스 인도차이나 총독부의 권한은 일본군이 그대로 승계토록 하여, 인도차이나를 직접 자신의 지배하에 두는 형식을 채택했다.

'불인처리' 이후 신속하게 인도차이나 세 나라에 독립을 부여하려는 이 같은 정책은 요컨대 시게미쓰 마모루 외상이 주도했던 '대동아 외교' 방침에 군부도 끝내 동의했던 결과라 하겠다. 당초에 군부, 특히 육군은 '불인처리'는 연합군의 인도차이나 공격에 대비키 위한 조치[61] 라고 주장하며, 이들 국가에 독립을 부여하는 행위는 쓸

---

61) 일본 육군은 1945년 2월 필리핀 마닐라를 탈환했던 맥아더 장군 휘하의 미군이 인도차이나반도에 상륙하면 내부에서 프랑스군이 호응할 것을 염려하여 일본군이 선제 조치를 해야 한다고 주장했다.

데없는 혼란만을 초래하게 된다며 반대의 뜻을 견지했다. 그랬던 군부가 시게미쓰 외상의 방안에 결국 찬성했던 것은 소련을 중개로 삼은 연합군에 대한 종전終戰 공작에 새삼 기대를 걸었기 때문이었다. 곧 군부는 소련이 주장하는 '민족 자결'에 따라서 인도차이나 3국을 독립시킬 수밖에 없다는, 시게미쓰 외상의 설득을 수용했다. 한편 군부의 입장에서는 세 나라 국왕이 '독립'을 선언하도록 허용만 하면 될 뿐이지, 그러한 '독립'에 실체를 부여하는 일 따위에는 전혀 관심이 없었다. 현지 일본군 수뇌부도 진격하는 연합군을 맞아 싸우는 일에 힘을 집중하는 것이 선결 과제로, 독립 정권의 조직을 둘러싸고서 어떠한 혼란이 생기는 것도 원치 않았던 까닭에, 1945년 3월 당시의 국왕들〔베트남=바오 다이, 캄보디아=시하누크Sihanouk, 라오스=시싸왕 웡Sisavang Vong〕에게 '독립'을 선언토록 허용하기에 이르렀다.

이러한 정세의 추이는 그 후의 베트남 상황에도 커다란 영향을 미쳤다. 2차 대전 당시 일본은 앞서 언급했듯이 베트남 황족 끄엉 데를 보호하고 있었다. 베트남의 친일파 세력과 인도차이나 현지의 일부 일본 당국자는 '불인처리'를 실행할 즈음에 친프랑스 황제였던 바오 다이

〔Bảo Đại 保大〕[62]를 폐위시키고 끄엉 데를 황제로 옹립하려는 구상을 지니고 있었다. 하지만 베트남의 정치적 혼란을 꺼려했던 일본 군부는 그러한 끄엉 데 옹립 방안을 채택하지는 않았다. 이것은 베트남 친일 세력의 기대를 저버렸던 행위로, 그 후에 친일파 세력은 더는 세를 불리지 못했고, 반면에 베트민이 독립을 주도하는 형세를 더욱 강화해주었다.

훗날 베트남전 시기에 남베트남 정부의 대통령으로 활약했던 응오 딘 지엠 역시 그 당시 베트남 친일파 세력의 중심인물이었다. 그는 '불인처리' 이후에 바오 다이를 섬기는 것을 탐탁잖게 여겨서 정권에 참여하기를 끝내 고사했다. 그 때문에 바오 다이 치하에서는 당시까지 별다른 정치 경험이 없던 학자·문인 출신의 쩐 쫑 낌〔Trần Trọng Kim 陳重金〕[63]을 수반으로 내세운 내각이 출범했

62) 1913~1997. 베트남 응우옌 왕조 13대이자 마지막 황제〔재위 1926~1945〕. 일본이 세운 괴뢰 정권이었던 베트남 제국 황제〔재위 1945.3~1945.8〕. 베트남 민주공화국 최고고문〔1945.9~1946.3〕. 마지막으로 베트남국 국가원수〔1949.6~1955.4〕를 지냈다. 재위 기간 중 프랑스·일본의 식민 통치하에서 형식적으로 왕위를 유지했다. 이후 남베트남의 베트남국 국가원수가 되었으나, 1955년 왕정이 폐지되자 프랑스로 망명했다. '바오 다이'라는 호칭은 그의 치세의 연호에서 유래한 것이다.

63) 1883~1953. 베트남의 학자·정치가. 한자로 달리 '陳仲金'으로 표기하며 필명은 레턴(Lệ Thần 遺臣)이었다. 식민지 시기 교육자로 종사하다가, 1945년 일본군의 3·9쿠데타 이후 바오 다이 황제에 의해 수상으로 지명되어 내각을 조직했으나 별다른 성과가 없었고, 줄곧 친일 괴뢰정부로 비판받다가 8월 혁명이 일어나자 1945년 8월 23일에 황제가 퇴위하면서 함께 사퇴했다. 20세기 전반 베트남을 대표하는 학자로『유교Nho giáo』『불록佛錄Phật Lục』『월남사략Việt Nam sử lược』등 역사·문화·교육 관련 수많은 저술을 남겼다.

다. [64] 쩐 쫑 낌 정권은 우선은 일본에서 '부여'받았던 독립을 이용해 실력을 축적하고, 종전 후에 인도차이나로 복귀할 것으로 예상되는 프랑스와 대적할 역량을 기른다는 발상을 제시해, 적잖은 도시 지식인층의 지지를 얻었다.

그러나 시간이 지남에 따라 쩐 쫑 낌 내각은 기근 사태에 효과적으로 대처하지 못하는 등, '일본에 용인된 (괴뢰) 정부'로서의 한계를 노출했다. 반면에 '일본의 식량 곳간〔모미구라籾藏〕[65]을 털어서 기근을 구하자'라는 구호를 내걸었던 베트민의 활동이 세를 넓히면서, 쩐 쫑 낌 정권 내부에서도 베트민을 지지하는 인사들이 나타나게 되었다. 베트민 쪽에서도 한편으로 일부 지식인 계층의 '일본을 이용한 독립'이라는 발상에는 관대히 대처했고, 그러한 사람들을 대일 협력자로 단죄하는 등의 조치는 취하지 않았다.

이리하여 일본이 항복을 선언했던 1945년 8월, 베트남 각지에서는 '나라의 주인으로서 연합군을 맞이하자'라고

---

64) 1945년 3월 11일에 후에 궁정은 1884년에 체결되었던 후에 조약(파트노트르 조약)의 파기를 선언하고, 베트남 주권의 회복을 회복했다. 쩐 쫑 낌에게 4월에 내각의 조각이 위임되었는데, 이것이 명목상으로는 최초의 '독립' 정부로서 그는 베트남 최초의 수상이 되었다. 1945년 6월 쩐 쫑 낌은 국호를 베트남 제국(Đế quốc Việt Nam 帝國越南)이라 하고, 국가 및 국기를 제정했다.

65) 본래는 일본 에도시대에 흉년에 대비해 쌀을 볍씨 상태로 저장해두던 곳간을 가리킨다.

베트민이 호소하며 일으켰던 8월 혁명의 봉기가 있었고, 결과로서 쩐 쫑 낌 정권에게서 권력을 탈취했다. 후에의 궁정에서는 바오 다이 황제가 베트민에게 정권을 이양할 것을 결의하면서 퇴위를 선언했다. 8월 혁명은 쩐 쫑 낌 정권에서 권력을 탈취한 것이었으나, 쩐 쫑 낌 정권을 지지하는 이들도 베트민에 참가하는 경우가 많았기 때문에 상호 간에 무력 충돌은 거의 일어나지 않았다. 이리하여 일본군의 무장 해제를 위해 연합군이 진주해오기 이전인 1945년 9월 2일, 호찌민의 명의로 베트남민주공화국〔VNDCCH, Việt Nam Dân chủ Cộng hòa〕의 독립을 선언하기에 이르렀다. 베트남 경우에도 일본이 '부여'했던 '(은혜로운) 선물인 독립'에서, 베트남인 자신의 손으로 이룩한 독립이라는 전개 양상이 나타났던 것이다.

Ⅴ. 적대감에 둘러싸인 일본
-필리핀과 타이

1935년에 독립 과도정부에 해당하는 코먼웰스 정부 Commonwealth Government가 발족되었고, 종주국 미국에 10년 후에 독립시켜 준다는 약속을 받았던 필리핀, 그리고 본래 독립국인 타이 경우는 일본군을 '해방군'으로 환영할 이유가 애초부터 없었다. 일본군은 적대감에 둘러싸였다고 족히 말해도 될 상태에 처해있었던 셈이다. 그러한 상황에서 현지의 민족주의자들은 겉으로는 대일 협력의 자세를 보이면서도, 동시에 자신들만의 목표를 추구했다.

1. 필리핀

필리핀에서 민중들은 적개심을 불태우며 일본군을 맞이했는데, 이윽고 미국 극동 육군[66]으로 조직되었던 유

---

66) 미국 극동 육군U.S. Army Forces Far East은 아시아·태평양 전쟁 시기에 필리핀 방위를 위해 창설된 부대로, 필리핀 주둔 미국 육군과 필리핀 육군의 합동 부대였다. 1941년 7월부터 1946년 6월까지 존속했는데, 더글러스 맥아더Douglas MacArthur 장군이 지휘했다. 흔히 머리글자를 따서 '유사페USAFFE'로 불리기도 했다.

사페USAFFE[67]와 공산당이 조직한 훅발라합Hukbalahap[68] 등의 반일 게릴라 활동에 시달리게 되었다.

일본군 지배에 적어도 표면상으로는 순종적 태도를 나타낸 이들은 과도정부 체제를 떠받치고 있던 엘리트 계층이었다. 대다수 엘리트들은 대지주 출신으로, 그들은 1930년대에 세력을 떨쳤던 공산당과 삭달당 같은 사회혁명 세력에 맞서서 자신들의 권익을 지키려는 강한 일념을 지니고 있었다. 과도정부 체제의 초대 대통령인 마누엘 케손은 미국으로 망명해 워싱턴에 망명 정부를 세웠으나, 케손 밑에서 비서실장을 지냈던 호르헤 바르가스Jorge Vargas는 잔류[69]하여 일본군에 협력하면서 이윽고 군정하에서 발족했던 필리핀 행정위원회(PEC, Philippine Executive Commission)[70]의 장관에 취임했다. 체제파 엘리

---

67) 여기서는 1942년 5월 필리핀이 일본군에 함락된 이후에도 원래 병사들이 '유사페'라는 이름으로 항일 게릴라 활동을 벌였던 경우를 지칭하고 있다.

68) 필리핀 공산당 지도하에 2차 대전 기간에 필리핀에서 조직되었던 항일 무장조직이다. '훅발라합Hukbalahap'은 타갈로그어 'Hukbong Bayan Laban sa mga Hapon'의 약칭으로 '항일 인민군'을 뜻한다. 달리 후크단Huks이라는 약칭으로도 불렸다.

69) 1942년 1월에 일본군이 필리핀에 상륙하자 과도정부 수반인 케손 대통령은 수도 마닐라를 '무방비 도시'(군사상 방비가 없는 도시로 국제법상 전시에도 공격이 금지된다)로 선포, 호르헤 바르가스를 마닐라 시장으로 남겨놓고서 자신은 미국으로 탈출·망명했다.

70) 2차 대전 중에 필리핀 군도를 통치하기 위해 설립되었던 임시 정부로, 일본이 후원하고 명목상 독립된 제2공화국이 수립되기 이전의 과도 통치기관으로 점령 일본군의 허가를 받고서 만들어졌다. 타갈로그어로는 'Komisyong Tagapagpaganap ng Pilipinas'라고 불렸고, 일본에서는 '히토比島 행정부'라고 했다. 1943년 10월 군정이 폐지, 일본이 주도한 호세 라우렐 대통령의 제2공화국(1943.10~1945.8)이 출범하면서 해산했다.

트 중에는 겉으로는 대일 협력을 통해 자신들의 권익 보호를 꾀하면서, 뒤로는 유사페 게릴라와 내통하는 이들도 적지 않은 형편이었다. 필리핀에서의 일본 지배는 현지 엘리트에게 '이용'만 당했을 뿐, 정치적·사회적 변화는 별반 일어나지 않았다고 말해도 좋을 것이다.

일본 군정하에서 대정익찬회 같은 조직으로 갈리바삐(KALIBAPI, Kapisanan sa Paglilingkod sa Bagong Pilipinas)[71]가 결성되었고, 주민을 도나리구미(隣組)로 편성해 항일 게릴라 활동을 방지키 위해 상호 감시하는 기구로 활용했다. 미군의 반격이 임박했던 1943년 10월에 이르러 일본은 필리핀 공화국에 '독립'을 부여하면서, 전전戰前 세대 엘리트로 대법원 판사를 지냈던 호세 라우렐을 대통령으로 내세웠다. 버마를 비롯한 동남아시아 여타 지역과는 달리, 필리핀에서는 게릴라 활동에 대한 경계심에서 일본군은 필리핀 공화국 군대를 따로 만들지는 않았고, 대신에 마카필리(Makapili, Makabayang katipunan ng mga

---

71) 타갈로그어로는 '신 필리핀 건설 봉사단'이라는 뜻이며, 일본에서는 '신히토新比島 건설 봉사단'이라고 했다. 갈리바삐는 당파색이 없는 정당 조직으로 1943년 10월에 새 헌법에 근거해 108명의 구성원을 선출하여 국민 집회를 설립했다. 갈리바삐의 장관은 베니그노 아키노Benigno Aquino였는데, 후에 마르코스 대통령의 정적으로 1983년 암살당했던 베그니노 아키노 주니어Benigno Aquino, Jr.의 부친이자 11대 대통령 코라손 아키노Corazon Aquino의 시부이며, 15대 대통령 베니그노 아키노 3세의 조부이다.

Pilipino)[72]로 불리며 일본에 협력했던 민병 조직 정도가 있었을 뿐이었다.

하지만 반일 게릴라 활동은 끈질기게 이어졌고, 일본의 지배는 더욱 폭력적·억압적 색채를 노골화했다. 그러한 경향은 미군의 반격으로 필리핀이 전쟁터로 변하고, 일본의 패색이 더욱 짙어지는 가운데 한층 더 강화되었다. 1945년 2월 미군과의 사이에서 벌어졌던 마닐라 공방전에서 수많은 주민이 일본군에게 살육되는 등,[73] 각지에서 주민 학살 사건이 빈발했다.

2. 타이

한편 타이에서는 피분 쏭크람 수상이 프랑스·영국에게 빼앗겼던 '실지 회복'을 주창하면서, 우선 1940년에는

---

72) 아시아·태평양 전쟁 중에 필리핀에서 일본군을 지원키 위해 필리핀인이 만들었던 무장 조직으로 일본에서는 '히토比島 애국동지회'라고 불렀다. 1944년 12월에 이전의 필리핀-미국 전쟁의 지휘자였던 아르테미오 리카르테와 독립운동가로 베니그노 라모스 Benigno Ramos 등을 지도자로 하여 5,000명 정도의 규모로 창설되었다.

73) 참고로 본래 일본 육군은 마닐라를 무방비 도시로 해서 개방할 생각이었으나, 해군 측의 반대로 격렬한 시가전이 벌어지게 되었다. 그 결과 '마닐라 대학살'로 불릴 만큼 대규모 사상자가 발생해 약 10만 명 이상의 시민들이 목숨을 잃었고, '동양의 진주'로 불렸던 마닐라시는 완전한 폐허로 변해버렸다고 알려져 있다.

프랑스령 인도차이나와의 사이에서 전쟁을 일으켰다. 일본이 이윽고 개입해서 전쟁을 타이 쪽에 유리한 형세로 조정해주었고, 결과적으로 타이는 라오스의 메콩강 서안과 캄보디아 서부 지역을 할양받게 되었다.[74] 아시아·태평양 전쟁이 발발하자 1941년 12월 21일에 일본-타이 동맹조약(공동방위조약)이 체결되었고, 타이는 일본의 동맹국으로서 연합군에게 선전포고[75]를 행하는 동시에 일본군의 주둔을 수용하게 되었다. 일본군 주둔은 마음이 내키지 않는 일이었으나, 타이는 일본과의 동맹조약을 적극적으로 '활용'했다. 곧 일본의 소극적 반대를 무릅쓰고 버마로 군대를 진격시켜, 또 다른 '실지 회복'의 대상이었던 샨Shan주[76]에 군대를 주둔시켰다. 타이는 자국과 동맹을 맺어서 얻게 되는 이점을 일본 측에 적극적으로 부각했다. 그 결과 버마의 샨주 외에도, 앞의 5강에서 언급했듯이 1909년 영국과의 조약으로 영국령 말라야에

---

74) 1940년 11월 양국 군대가 국경에서 충돌함으로써 개전이 되어 두 달 동안 전쟁이 지속되었다. 지상 전투는 타이가 우위를 점하고, 해상 전투는 프랑스령 인도차이나가 우세를 보였으나, 이윽고 일본이 중간에 개입·조정하여, 1941년 1월에 정전에 돌입했고, 3월에 협정을 통해 타이 쪽이 영토를 할양받았다.

75) 1942년 1월 25일 타이는 미국과 영국에 선전포고를 했다.

76) 현재 미얀마 전체 면적의 25퍼센트를 차지하고 있으며, 여러 나라와 인접한 지역(북쪽으로 중국, 동쪽으로 라오스, 남쪽으로 타이)이다. 역사적으로 영토 분쟁이 잦았고, 지금도 수많은 자치구와 독립 분쟁의 소지가 있는 지구를 포함하고 있다. 현재까지 샨족의 자치권 확대를 요구하는 소수민족 무장조직 샨주군(SSA, Shan State Army)이 활동하고 있다.

편입되었던 말레이반도의 4개 주[77]의 '실지 회복'까지도 달성하기에 이르렀다.

하지만 그 후에는 태면(타이-버마) 철도 건설을 위해 타이에서 수많은 노동자가 징용되는 등, 전쟁 부담이 국민의 생활을 점차 압박하는 상황이 벌어지게 되었다. 그러한 와중에 1943년 11월 도쿄에서 개최되었던 대동아회의에 수상이 직접 참석하지 않고 대리인을 파견하는 등, 피분 쏭크람 수상 자신도 차츰 일본 측과 거리를 두었다. 일본군의 패색이 짙어가던 1944년에 피분 쏭크람 수상은 하야하고, 인민당 문관파文官派 인물(쿠엉 아파이웡 Khuang Aphaiwong)이 수상이 되었다. 이 정권은 표면상으로는 대일 협력을 지속했지만, 다른 한편에서는 연합군 측에 가담했던 타이인 조직인 '자유 타이 운동'(쎄리타이운동)[78]과도 밀접한 연관을 맺고 있었다.

일본이 이윽고 포츠담 선언을 수락하자, 1945년 8월 16일 '자유 타이 운동'과 연결되어있던 섭정 쁘리디 파놈

---

77) 뻬르리스Perlis·끄다Kedah·끌란딴Kelantan·뜨렝가누Terengganu의 4개 주를 가리킨다.
78) 2차 대전 동안 타이에 진주했던 일본군에 대항해 타이인이 조직했던 지하 레지스탕스 운동을 가리킨다. 자유 타이 운동은 연합군에게 타이 국내의 주요 군사 정보를 제공하고, 인도차이나반도에서 연합군의 작전 수행에 여러모로 기여했다. 한편 타이 국내에서는 섭정인 쁘리디 파놈용이 자유 타이 운동 조직을 만들어서 비밀리에 활동했다. 그는 연합국 측에 '자유 타이'를 '자유 프랑스'와 동등한 망명 정부로 인정해줄 것을 요청하는 등 다방면의 활동을 펼쳤다. 이 같은 '자유 타이 운동'의 성과는 전후에 타이가 주권을 지킬 수 있게끔 해주었던 주요 요인의 하나로 작용했다.

용은 국왕의 명의로 '미국·영국에 대한 선전포고는 타이 국민의 의사에 반하고, 일본의 강요로 이루어진 것이다'라는 취지의 평화 선언을 발표했다. 그러한 노력을 통해 전후 처리 과정에서 타이가 추축국樞軸國[79], 곧 패전국으로 규정되는 사태를 모면하게 되었다.[80]

---

79) 2차 대전에서 일본·독일·이탈리아가 맺었던 3국 동맹을 지지하며, 미국·영국·프랑스 등의 연합국과 대립했던 여러 나라를 가리킨다.

80) 이렇듯 피분 쏭크람의 친일 외교와 쁘리디 파놈용의 친미 외교로 상징되는 타이의 이중적 외교 행적을 학자들은 타이의 '대나무 외교Bamboo Diplomacy'라고 불렀다.

VI. 서로 다른 대일 감정
-말라야와 싱가포르

민족 집단마다 지배자에 대한 대응이 서로 달랐던 것은 식민지에서 흔히 나타나는 현상이지만, 싱가포르를 포함한 말라야에서는 그러한 현상이 두드러지게 나타났던 편이다.

이미 언급했듯이 아시아·태평양 전쟁 개전 이전부터, 싱가포르를 포함한 말라야 지역이 화인 세력 항일운동의 거점이 되어있었기 때문에, 말라야에서의 일본 군정 또한 화인들에 대해서는 강압적 태도로 군림했다.[81] 일본군이 싱가포르를 점령한 직후였던 1942년 2월에는, 제25군이 헌병대를 동원해 화인계 남성에 대한 '검증'을 실시했고, '반일 분자'의 혐의를 받았던 수많은 화인 남성들이 살해되었다. 희생자의 규모는 일본 측 기록으로는 5천 명으로 되어있으나, 싱가포르 측에서는 일반적으로 5만 명 정도라고 알려져 있다.[82] 그러한 화인 숙청 사건은 말

---

81) 영국령 말라야의 인구는 1940년 무렵에 말레이인 228만 명에 대해 화인 인구는 235만 명 정도에 달하고 있었다.

82) 1942년 2월 15일 일본군이 싱가포르를 함락시키고 난 뒤 3월경까지 자행되었던 이 사건의 피해자 규모에 관해서는 최근 연구는 8,600명 정도로 보고 있다.

레이반도 각지에서 발생했다. 대체로 싱가포르를 '쇼난 섬昭南島'[83]으로 개칭한 데서도 전형적으로 드러나듯이, 강압적인 '일본화'를 강제로 시행했던 점이 말라야 군정의 특징이었다고 하겠다.

한편으로 일본군은 화인이 지닌 경제력에 대한 기대감도 강해서, 거액의 헌금을 화인들에게 요구했다. 화인들 중에는 면종복배[84]하면서, 겉으로는 경제적으로 일본 군정에 협력하는 동시에 뒤로는 반일 단체와도 연락을 취하는 사람들이 상당수 있었다. 화인 세력에 기반을 두었던 말라야공산당MCP은 1942년 3월에는 말라야 항일인민군(MPAJA, Malaya People's Anti-Japanese Army)이라는 반일 무장조직을 결성했고, 1944년에는 실론에 있었던 연합군 동남아시아 사령부SEAC로부터 지원을 받기에 이르렀다.

반면에 말레이인에 대해서 일본은 그들의 민족주의를 활용하려는 방안을 모색했다. 일본은 앞의 강의에서 언급한 바 있는 청년말레이연합KMM에 접근했고, 그 지도자였던 이브라힘 야콥은 1944년에는 일본군에 의해 조

---

83) 이러한 명칭은 '쇼와昭和 시대에 정복한 남쪽의 섬'이라는 뜻에서 유래했다고 한다.
84) '면종복배面從腹背'는 낯으로는 따르고 배로는 등진다는 뜻으로, 겉으로는 지지하고 받드는 체하면서 속으로는 반대하고 딴짓을 한다는 말이다.

직된 수마뜨라-말레이 의용군PETA의 장교가 되었다. 그는 인도네시아의 수카르노 등과 협력하면서, 인도네시아·말라야를 포괄하는 '대인도네시아Greater Indonesia'의 실현을 꾀했지만, 일본의 패전으로 그러한 꿈은 무산되고 말았다. 일본은 풍부한 자원을 보유한 말라야를 일본 영토로 편입할 계획을 세우고 있던 터라, 청년말레이연합이 지나치게 강대해지는 것을 바라지 않았고, 이윽고 그 조직은 군정 당국에 해산을 요구받기에 이르렀다. 그러한 와중에 청년말레이연합의 일부 세력이 말라야 공산당과의 접촉을 시도하는 움직임이 나타나기도 했다.

VII. 인도네시아 독립전쟁과 1차 인도차이나전쟁

1. 인도네시아 독립전쟁[85]

2차 세계대전이 종결되었던 시점에서 네덜란드나 프랑스 어느 쪽도 식민지 지배를 포기할 생각은 아직 없었다. 그로 인해 인도네시아와 인도차이나에서 독립을 요구하는 민중들과의 사이에서 또다시 전쟁이 시작되었다.

충돌은 우선 일본군을 무장 해제시키기 위해 상륙했던 영국령 인도 육군British Indian Army[86]과의 사이에서 벌어졌다. 이것은 영국 역시 식민지 대국으로서 네덜란드와 프랑스의 복귀에 대해 동정적인 태도를 보였기 때문이었다. 인도네시아에서는 1945년 10월 말에 동부 쟈바 수라

---

85) 일본이 연합군에 항복한 후에 네덜란드령 동인도에서, 독립을 선언한 인도네시아 공화국과 이를 저지하고서 다시 식민지화하려고 시도했던 네덜란드 사이에 벌어졌던 전쟁으로, 1945년에서 1949년까지 4년 5개월 동안의 기간에 약 80만 명이 희생되었다.

86) 영국이 인도를 식민 통치하던 시대인 영국령 인도 제국 시대(1857~1947)의 인도군 Indian Army을 가리킨다. 엄밀하게는 주인駐印 영국 육군British Army in India를 지칭하는데, 일본에서는 '영인군英印軍'으로 부르기도 했다. 이하 간단히 줄여서 '영국군'으로 번역한다. 참고로 인도네시아의 일본군 무장 해제의 임무는 영국군 동남아시아 사령부에 일임되었는데, 동부 인도네시아 지역은 사령부 예하의 오스트레일리아군이 진주하여 순탄하게 점령했으나, 쟈바와 수마뜨라의 경우는 연합군이 진주하면서 곳곳에서 충돌이 벌어지는 상황이 전개되었다.

바야에 상륙했던 (인도인 보병 위주의) 영국군과의 사이에서 무력 충돌이 벌어졌고, 이것이 독립전쟁의 시작을 알리는 도화선이 되었다. 네덜란드군의 복귀가 본격화되었던 1946년 11월에 이르러, 네덜란드와 인도네시아 공화국 사이에 공화국에 의한 쟈바·마두라Madura·수마뜨라의 실질 지배를 인정하는 링가자티Linggarjati 협정이 체결되었으나, 네덜란드가 동부 쟈바에서 군사 행동을 재개했던 관계로 협정은 이내 파기되고 말았다.

네덜란드는 쟈바·수마뜨라의 주요 도시를 점령하는 한편 각 지역에 공화국에 대항하는 괴뢰정권을 수립했다. 그러나 1947년에 국제연합이 개입하면서, 1948년 1월에는 렌빌 협정Renville Agreement[87)]에 의해 정전이 이루어졌다. 그 후에 1948년 9월에 동부 쟈바의 마디운 Madiun에서, 인도네시아 공산당PKI과 그 영향 아래 있던 부대가 공화국 정부에 대항해 쿠데타를 일으켰다가 진압

---

87) 1948년 1월 자까르따 외항 만중 쁘리옥Tanjung Priok에 정박해있던 미국 군함 렌빌호에서 조인된 정전 협정으로, 쟈바섬 중부·서단부西端部 지역과 마두라섬을 공화국의 영토로 인정하는 이른바 반 묵 라인Van Mook Line에 근거해 휴전이 성립되었다. 그러나 12월에 네덜란드에 의해 이 협정은 일방적으로 파기되었다.

당하는 사건이 발생했다(마디운 사건Madiun Affair[88]). 이 같은 공화국 측의 혼란을 틈타서 네덜란드는 군사적 공세를 강화했고, 1948년에는 수카르노 등 공화국 지도부 대다수를 체포하기에 이르렀다.[89]

하지만 네덜란드의 이 같은 군사적 공세는 국제 여론의 비난을 초래하게 되었고, 1949년 12월에는 UN 안전보장이사회가 이들의 석방을 결의하게 되었다. 미국 또한 동서 대립이 심화되는 와중에 공산당의 반란을 진압했던 공화국 정부를 긍정적으로 평가하게 되었고, 그 결과 네덜란드 쪽에 압력을 가했다. 네덜란드는 평화 협상에 응하지 않을 수 없게 되었고, 1949년 12월에 발효하는 헤이그 협정Hague Agreement[90]에 근거해 인도네시아 연

---

88) 1948년 당시 인도네시아 제3의 도시 마디운에서 공산당이 일으켰던 반란으로 '마디운 쿠데타'로 불리기도 한다. 모스크바에서 갓 돌아온 무소Musso의 지휘 아래 인민정부 수립을 위한 무장 반란을 감행했으나, 공화국 군대의 토벌 작전으로 말미암아 실패로 끝나고 말았다. 이로 인해 1920년 아시아에서 최초로 창당된 공산당으로 30년 가까이 세력을 확장해왔던 인도네시아 공산당은 괴멸적 피해를 입고 말았다. 흔히 인도네시아 정치사에서 그 후로 국군과 공산당이 대결하는 양상의 출발점이 되었던 사건으로 평가받고 있다.

89) 12월에 수카르노와 핫타, 아구스 살림Agus Salim 외상 등 각료 대부분이 체포되었고, 공화국 정부는 네덜란드에 항복했다.

90) '원탁회의 협정Round Table Conference Agreement'이라고도 한다.

방공화국(RIS, Republik Indonesia Serikat)[91]에 주권을 이양할 것을 약속했다. 1950년에 접어들어 네덜란드가 고집했던 연방국가를 구성하는 (연방주聯邦州) 각 지역이 점차 자진 해산해서 공화국으로 합류했다. 같은 해 8월에 공화국 잠정 헌법이 공포됨으로써 연방제는 폐지되었고, 마침내 단일한 인도네시아 공화국이 성립되기에 이르렀다.

2. 1차 인도차이나전쟁

한편으로 프랑스의 복귀는 영국군이 진주했던 북위 16도선 이남의 남부 베트남 지역에서 시작되었는데, 1945년 9월 23일에는 영국군의 지원을 받은 프랑스와, 사이공의 DRV 세력 사이에 충돌이 발생했다. 북부에서는 중

---

91) 뉴기니섬을 제외한 현재의 인도네시아 영토에 있었던 연방국가이다. 2차 대전 종결 후에 치러졌던 인도네시아 독립전쟁의 결과로 1949년 12월에 네덜란드가 네덜란드령 동인도의 주권을 이양할 적에 발족했으나, 1950년 8월에 소멸했다. 자바섬 및 수마트라섬 일부로 이루어진 인도네시아공화국을 비롯한 7개 국negara과 9개의 구舊 직할령neo-land으로 이루어졌는데, 인도네시아공화국을 제외하고서 모두가 네덜란드가 설립한 괴뢰정권들이었다. 영어로는 'United States of Indonesia'로 표기하며, '인도네시아 합중국'으로 불리기도 했다.

국 국민당의 군대가 진주했는데,[92] 중국군이 철수하는 1946년 3월에 프랑스는 프랑스 연합Union française(2차 대전 이후 제4 공화정 하에서 구축된, 프랑스와 식민지로 구성되는 국가연합)[93]이라는 틀 안에서 DRV의 독립을 승인한다는 협정을 체결했다. 그런데 그 후에 프랑스는 DRV에 의한 베트남 통일을 거부했고, 그 결과 1946년 12월에는 DRV와 프랑스 사이에 전쟁이 본격화되기 시작했다.

프랑스군은 캄보디아와 라오스에서도 독립파 세력의 저항을 배제[94], 이들을 다시금 제압하고서 캄보디아에서는 시하누크 왕, 라오스에서는 시싸왕 웡 왕이 다스리는 왕국 정부를 손아귀에 넣게 되었다. 그러나 크메르 이싸

---

92) 루한盧漢 장군이 지휘하는 20만 명의 중국 국민당군이 윈난과 광둥으로부터 넘어와서, 북위 16도의 다낭 이북 지역의 하노이를 비롯한 모든 성에 일시에 진주했다.
93) 프랑스 제4 공화정이 발족한 1946년 10월 헌법에 기초하여 형성된 국가 형태. 영국의 영연방British Commonwealth of Nations을 모방해서 프랑스와 식민지·보호령을 평등한 권리와 의무로 통일했던 연합체를 가리킨다. 1958년에 프랑스공동체Communauté francaise로 개편되었다.
94) 1945년 9월 프랑스가 재등장하면서 캄보디아에서는 '프랑스로부터의 독립'을 주장한 쏜 옥 탄은 프랑스로 추방되었고, 라오스에서도 펫싸랏이 주도하던 라오 이싸라 운동을 견제하여 무력화하는 일에 힘을 쏟았다.

락Khmer Issarak[95])과 라오 이싸라Lao Issara[96])로 통칭되었던 독립파의 저항이 계속되었던 탓에, 전쟁은 점차 인도차이나 전역으로 확산했고, 베트남·캄보디아·라오스의 독립 세력과 프랑스 사이의 전쟁은 이윽고 '인도차이나 전쟁'[97])으로 불리게 되었다.

이 전쟁은 인도네시아 독립전쟁의 경우와 마찬가지로 독립전쟁의 성격을 띠지만, 그 해결에는 1954년까지 더

---

95) '자유 크메르' 또는 '독립 크메르'라는 뜻으로 흔히 '크메르 자유민족 통일전선'으로 일컬어졌다. 본래 반프랑스·반식민지주의를 주장하는 독립운동 조직으로서 '크메르 이싸락'은 1945년 좌우파 제 세력으로 결성되었는데, 특히 1945~1953년 사이에 캄보디아의 독립을 위해 적극적으로 활동했다. 하지만 이후에는 캄보디아 왕국을 전복하기 위한 무장투쟁을 시작했다. 참고로 '이싸락'이라는 명칭은 원래 비공산주의자를 지칭했으나, 1950년대 초기에 이르러 베트민과 연관된 공산 게릴라 세력이 비공산 계열 여러 세력을 통합하면서 '이싸락'으로 자칭하기도 했다.

96) 라오스에서는 1945년 8월 15일 일본이 항복한 뒤에, 당시 루앙 프라방 왕국의 수상이면서 민족주의자였던 펫싸랏 등에 의해 라오 이싸라(자유 라오스) 운동이 결성되었다. 10월에 라오 이싸라 세력에 의해 현재의 라오 인민민주공화국의 국토와 거의 대등한 영역을 지닌, '빠텟 라오Pathet Lao'(라오스 국)라고 불릴 만한 라오스 임시 인민정부 수립과 독립이 선언되었다. 하지만 국내에는 훗날 라오스 왕국의 국왕이 되었던, 북부의 루앙 프라방 왕국의 시싸왕 웡 왕을 포함해서 라오 이싸라 정부에 반대하는 세력이 여전히 건재했다. 국외에서 라오 이싸라 정부를 지원했던 세력은 북베트남의 DRV가 유일했는데, 이윽고 1946년 5월 라오 이싸라 정부는 타이로 망명을 하게 되었고, 그 후 1949년 7월에 프랑스연합 내에서 라오스 왕국의 독립이 승인되자, 1949년 10월에 망명 정부도 해산하고 말았다. 그러나 망명 정부가 해산된 후에도, 본래 라오 이싸라군을 지휘하던 쑤파누웡Souphanouvong은 베트남에서 DRV의 도움을 받아 반프랑스 저항 세력을 조직하고 있던 까이썬Kaysone·누학Nouhak 등과 협력하여 1950년 베트민의 지배 지역에서 내우 라오 이싸라Neo Lao Issara 항불抗佛 임시정부를 수립하고, 게릴라전을 통해 라오스 영내에 '해방구liberated zone'을 건설하려 노력했다. 그 결과 베트남 인접 지역에 쌈 느어Sam Neua·퐁 살리Phong Saly 등 무장 세력이 실질적으로 지배하는 정치적 영토를 확보하기에 이르렀다.

97) '인도차이나전쟁' 또는 '인도차이나 독립전쟁'은 1946년에서 1954년까지 전개되었는데, 베트남에서는 흔히 '반프랑스 전국 항전'으로 불렸고, 영어권에서는 '1차 인도차이나전쟁'으로 일컬어진다. 처음 베트남 영토에서 시작되었으나 곧이어 전 인도차이나로 확산되었다. 참고로 우리가 흔히 말하는 베트남전쟁은 '2차 인도차이나전쟁'을 지칭한다.

오랜 시간을 필요로 했다. 그것은 인도차이나전쟁이 동서 대립이라는 틀 안에서 새판이 짜였기 때문이었다.

동서 대립 속의 전쟁이라는 새판이 짜이기 전까지, DRV는 공산당이 정권을 장악한 국가치고는 매우 독특한 존재였다고 하겠다. 우선 권력을 장악했던 공산당 자신이 1945년 11월에 '자발적 해산'을 선언했다. 이것은 북부 베트남에 진주해있던 중국 국민당과의 마찰을 피하고자 행한 조치[98]였는데, 동시에 DRV가 '공산당 정권'이 아닌 '애국자 정권'이라는 점을 부각하기 위한 조치이기도 했다. 실제로도 DRV의 각료 중에는 '불인처리' 이후 수립된 쩐 쫑 낌 내각의 각료를 지냈던 인물도 포함되어 있었다. 또한 중국에서는 국민당과의 내전 상태에 돌입한 공산당이, 지주제를 철폐하는 토지개혁을 이미 실시하고 있었으나, 베트남에서는 애국 지주 계층을 반프랑스 통일전선에 결집하기 위해서 관련 조치를 발동시키지 않고 있었다.

---

98) 중국 국민당군은 북부 베트남에 진주할 때 '베트남 국민당Việt Nam Quốc Dân Đảng'과 '베트남 혁명동맹회Việt Nam Cách mệnh Đồng minh Hội' 등 우익 세력을 대동하고 와서 공산당에 맞서는 세력으로 키우려 했다. 이에 호찌민은 이들 세력과의 충돌을 피하려고, 표면상 공산당의 자진 해산을 결정했고, 1946년 1월 총선을 통해 이들 세력을 아우르기 위해 베트남 국민당 및 베트남 독립동맹과의 연립정부를 수립했다. 그러나 이는 이름뿐이었고, 실질적인 권력은 공산당 세포조직이 주도하는 베트민이 장악했다.

호찌민 DRV의 저항 따위는 간단히 진압할 수 있으리라 여겼던 프랑스의 판단은 빗나갔으나, 베트남 측 또한 고전을 면치 못함으로써 전쟁은 장기화 양상을 띠게 되었다. 이 같은 상황에서 1949년 10월 중국에서 공산당이 정권을 장악하여 중화인민공화국이 수립되었던 일은, 베트남의 항전에는 든든한 버팀목이 출현한 것과 마찬가지였다고 하겠다. 신중국 및 사회주의 진영의 맹주 소련의 지지를 얻으려고, 1950년 초엽에 호찌민은 중국을 경유해 모스크바로 갔다. 당시 모스크바에는 마침 마오쩌둥도 방문하고 있던 터라[99], 2월에는 마오쩌둥의 주선으로 스탈린과 호찌민의 회담이 성사되었다. 이때 스탈린은 중국과 소련 등 사회주의 진영[당시에는 '민주 진영'이라고 자칭함]의 지원을 바란다면 베트남의 독자성을 포기하라는 식으로 노골적인 압박을 가해 왔다.

당시에는 이른바 '중국 모델'이 스탈린도 공인했던 '아시아 혁명'의 보편적 모델이었다. 호찌민에게는 베트남의 독자성을 포기하고, '중국 모델'을 도입하는 길 이외에 달리 선택지가 없었다. 1951년 그때까지 지하에서 잠행

---

99) 당시 마오쩌둥은 1949년 12월부터 다음 해인 1950년 2월에 걸쳐서 처음으로 소련 모스크바를 방문하고 있었다.

했던 인도차이나 공산당은, 이윽고 베트남·캄보디아·라오스 별개의 당으로 분리를 하게 되었고, 베트남에 관해서는 베트남 노동당이라는 이름으로 당이 공공연히 활동을 재개했다. 이윽고 DRV는 이러한 노동당의 지도하에 있는, 세계의 '민주 진영'의 일원이라는 사실이 강조되기에 이르렀다. 호찌민은 스탈린을 '세계 혁명의 총사령관', 마오쩌둥을 '아시아 혁명의 총사령관'으로 일컬었다. 더욱이 항전 시기임에도 불구하고 토지개혁을 발동하는 상황까지도 상정하게 되었다.[100] 이렇듯 이념적 연대를 강조함으로써 DRV는 중화인민공화국에게서 지원을 얻게 되었지만, 그 반면에 베트남은 독자성의 상실이라는 커다란 대가를 치러야만 했다.

한편 중화인민공화국의 등장 이후, 미국은 공산화된 중국의 영향력 확대를 저지해야 한다는, 동서 대립의 문맥에서 프랑스의 인도차이나전쟁을 본격적으로 지원하게 되었다. 이리하여 이 전쟁은 동서 대립의 구조로 새판을 짜기에 이르렀다.

미국의 압력이 가해지면서, 프랑스 쪽은 점차로 민족주의자에게 양보하는 자세를 보이게 되었다. 1949년에

---

100) 이후 북부 베트남에서는 1953년 말부터 1956년까지 토지개혁이 실시되었다.

는 대프랑스 협력으로 복귀했던 전 황제 바오 다이를 원수로 내세운 베트남국(Quốc gia Việt Nam 國家越南)[101], 아울러 친프랑스적 입장을 취했던 캄보디아 및 라오스의 왕국 정부에게 프랑스연합 내에서의 독립이라는 지위를 승인했고, 1953년에는 더욱 완전한 주권을 캄보디아·라오스에 부여하게 되었다.

하지만 인도차이나전쟁에 정전의 기운이 싹트기 위해서는 스탈린 사후에 동서 긴장 완화의 시기가 도래할 때까지 기다려야만 했다. 1954년 제네바 회담Geneva Conference은 미·영·불·소 4대국 외상의 합의에 따라 한반도의 통일[102]과 인도차이나전쟁 휴전을 의제로 해서 개최되기에 이르렀다. 이러한 경위가 보여주듯이 제네바 회담은 전쟁터에서 싸우는 당사자 간의 직접 교섭이 아니라, 강대국이 주도하는 국제회의로서 설정된 것으로

101) 1949년부터 1955년까지 존속했던 국가로 응우옌 왕조의 마지막 황제 바오 다이가 국가 원수였던 관계로 '바오 다이 정권'으로도 일컬어졌다. 영어로는 'State of Vietnam'으로 표기했다.

102) 제네바 회담은 1954년 4월 26일~7월 20일 사이에 스위스 제네바에서 두 가지 목적으로 개최된 국제회담이었다. 첫째 주제는 한국전을 공식 종결하는 한반도 평화협정의 체결이며, 둘째 주제는 베트남 분단에 관한 협약이었다. 첫째 주제는 주요 참가국 가운데 미국 측의 논의 거부로 인해서 결국 둘째 주제만이 논의되고 결과가 도출되었다. 참고로 제네바 회담은 한국이 주권국가로 최초로 참가했던 중요 국제회의로서, 한국전 후에 남·북한이 처음으로 국제회의에 참석해서 통일 방안을 공개적 장소에서 논의했던 회의였다. 하지만 회담은 결국 50여 일의 기나긴 논쟁 끝에 성과 없이 종결되고 말았다. 한국전 직후 한반도 문제의 정치적 해결을 위한 유일한 기회였던 제네바 회담의 결렬로 인해 한반도는 휴전 체제하에 지금까지도 분단 상태로 남아있게 되었다.

서, 전쟁터의 현실뿐만이 아니라 강대국의 의도가 강하게 작용하게 되었던 것이다.

인도차이나전쟁에 관한 회담이 시작되기 직전인 5월에, 프랑스군 정예 부대가 베트남과 라오스 국경 지대에 있는 디엔 비엔 푸(Điện Biên Phủ 奠邊府)에서 (베트민군에게) 항복을 했다.[103] 군사적으로 프랑스는 궁지에 빠지게 되었고, 전세를 만회하기에 곤란한 상황에 놓여있었다.[104] 회담은 라오스·캄보디아 항전 세력 참가의 가부, 베트남에서의 군사 분계선 설정 등의 문제를 둘러싸고 난항을 거듭하다가, 7월 21일에 이르러 간신히 베트남·라오스·캄보디아 각 나라에 관한 정전협정을 체결하게 되었다. 이러한 제네바협정Geneva Agreements에서 베트남에 관해서는, 최종 선언에 명시된 2년 후(1956년 7월)의 총선거 실시 공약과 맞교환으로, 남북을 거의 양분하는 북위

---

103) 디엔 비엔 푸는 베트남 북부에 라오스와 국경을 접하고 있는 분지 지형의 고장으로, 이곳에서 1954년 3월~5월에 걸쳐 1차 인도차이나전쟁 최대의 전투가 벌어졌다. 1953년 프랑스군은 북베트남 DRV 군대의 주력을 유인키 위해 이 지역에 대규모 진지를 구축했다. 그러나 베트남군이 분지 주변의 산지에 대형 중화기를 배치했던 까닭에 프랑스군은 고전했고, 1954년 5월 7일 결국 디엔 비엔 푸의 프랑스군은 항복했다. 베트남군과 프랑스군을 모두 합쳐 1만 명 정도의 전사자를 기록한 이 전투는 때마침 열렸던 제네바 평화회담에 커다란 영향을 끼쳤고, 프랑스는 베트남에서 물러날 수밖에 없었다.
104) 디엔 비엔 푸 전투에서 궁지에 몰린 프랑스는 미국·영국 등에 군사적 지원을 요청했으나 모두 거절당하고 말았다. 그런데 이 시기에 한국의 이승만 대통령은 미국에 두 차례 한국군을 파병할 것을 제안했다. 하지만 한국군 파병에 부정적인 국제 여론을 우려했던 미국은 그러한 제안을 거절했다고 알려져 있다.

17도선에 잠정적인 군사분계선[105]을 설정하는 것으로 합의를 보았다. 당시 베트남에서는 베트민의 실효적 지배가 전 국토의 4분의 3 정도에 달했으므로, 베트남을 양분하는 경계선의 설정은 DRV의 입장에서는 커다란 양보라고 하겠다. 이것은 전쟁터의 현실보다는 강대국의 의도 쪽이 우선시되었던 결과였다.

당시에 중국과 소련 모두 인도차이나전쟁이 장기화하여 미국이 개입하는 사태를 경계했으므로, 베트남에 양보를 강요하는 설득자 역할을 떠맡았다. 약소국 베트남으로서는 전쟁의 장기화가 도리어 중소中蘇의 지원도 여의치 않은 상태로 미국과 대결케 하는 상황을 초래할 위험성이 있는 이상, 불만스럽기는 해도 협정에 조인하지 않을 도리가 없었던 셈이다. 제네바 회담은 강대국 사이의 긴장 완화라는 틀 속에서 이루어진 규제였던 까닭에, 베트남 남북 분단이라는, 훗날 베트남전의 원인이 되었던 무거운 짐을 베트남에 지우는 결과가 되고 말았다.

---

105) 영어로는 'Vietnamese Demilitarized Zone'라고 표기하는데, 한국의 '38도선'에 빗대어 보통 '17도선'으로 일컫기도 한다.

Ⅷ. 독립과 새로운 국제 질서

1. 필리핀의 독립

 1946년에 필리핀 공화국이 독립했고, 초대 대통령에 마누엘 로하스Manuel Roxas가 취임했다. 로하스는 과도정부 시대의 재무장관으로 일본 군정에 협력했던 경력을 지닌 인물이었다. 미국은 전시 중에 일본에 협력했던 지주층을 정계에 복귀시켜, 엘리트 지배 체제를 안정시키려 했다. 의회 의석은 지주층 정당인 국민당 Nacionalista Party과 자유당Liberal Party이 다수를 차지했는데, 1946년 선거에서는 농민 운동과 손잡았던 훅발라합과 연관된 좌파 의원도 하원에서 여섯 석을 획득했다. 하지만 로하스 대통령은 이들 의원의 당선을 무효화하고, 훅발라합의 소탕에 착수했다. 훅발라합은 무장투쟁 노선으로 전환했고, 1950년에는 인민해방군(HBM, Hukbong Mapagpalaya ng Bayan)으로 이름을 바꾸고서 세력을 확장했다. 1952년 이후는 라몬 막사이사이Ramón

Magsaysay[106] 국방장관이 미국의 경제적·군사적 원조를 받아서 소탕 작전을 추진한 결과, 인민해방군의 활동은 수그러들었다. 라몬 막사이사이는 1955년에는 대통령에 당선되었고, 농지 개혁을 약속하는 등의 정책을 펼쳤다.

2. 버마의 독립과 내전

2차 대전이 종결된 뒤에 영국은 당초 버마를 영연방을 구성하는 자치령으로 만들고자 구상했으나, 완전 독립을 추구했던 아웅산은 국내의 여러 세력을 규합하여 영국과의 협상에 임했다. 그 결과 1947년 1월 영국의 애틀리 Attlee 수상과 맺은 협정을 통해 1년 이내에 완전한 독립을 약속받게 되었다.

영국에서 귀국한 아웅산은 국내 각 정파 지도자들과 샨주의 삥롱Panglong에서 회의를 열어서, 버마인이 많이

---

106) 1907~1957. 필리핀의 정치가. 7대 필리핀 대통령을 역임했는데, 그의 통치 기간은 국민의 신뢰와 지지 속에서 흔히 '황금시대'로 일컬어졌다. 뜻밖의 비행기 추락 사고로 사망한 후에 그의 업적을 기려 만들어진 막사이사이상은 흔히 '아시아의 노벨상'으로 일컬어진다.

거주하는 관구管區 버마와 소수민족이 거주하는 지역을 합쳐서 연방국가를 결성하고, 소수민족에는 주州의 지위와 자치권을 부여하기로 했다.[107] 1947년 4월에 치러진 제헌의회 선거에서 아웅산을 총재로 하는 반파시스트인 민자유연맹AFPFL(버마어 약칭으로 '빠사빠라')가 압승을 거두었지만, 그 직후인 4월 17일에 아웅산과 여섯 명의 각료가 암살당하고 마는 사태가 발생했다.[108] 아웅산이라는 인물의 존재에 힘입어 간신히 도달했던 여러 세력의 통일은 그의 죽음으로 말미암아 붕괴되어버렸다.

1948년 1월에 버마연방공화국Union of Burma이 독립을 달성했고, 초대 수상에는 우 누U Nu[109]가 취임했다. 그러나 독립과 동시에 꺼잉족(카렌족)과 카렌니Karenni족 등의 소수민족이 분리 독립을 요구하면서 무장투쟁을 시작했고, 버마공산당CPB도 무장투쟁 노선을 채택함으로써 버마는 내전 상태에 돌입하게 되었다. 상황이 이렇게 되자

---

107) 미얀마 독립의 국부로 일컬어지는 아웅산과 영국 애틀리 수상은 미얀마 독립의 선행 조건으로 변방 지역에 거주하는 소수민족의 의사를 존중해야 한다는 단서를 달았다. 그 결과 1947년 2월에 열린 삥롱 회의에서 아웅산과 소수민족 대표들은 독립 후 미얀마의 국민통합에 관한 처음으로 논의의 장을 열게 되었다. 꺼잉족의 회담 거부로 산족·까친족Kachin·친Chin족 대표만이 참석한 가운데 소수민족별로 자치주와 자치제도를 인정하는 연방제 수립 등의 조항을 담은 삥롱 협정이 체결되었다.

108) 아웅산 암살의 배후는 1939년 수상을 사임했던 바 모의 후임으로 수상직을 대행했던 우 쏘U Saw라는 인물로 밝혀졌고, 그는 암살한 주도한 혐의로 교수형에 처해졌다.

109) 참고로 아시아 출신의 첫 UN 사무총장으로 한국인에게 '우 탄트'라는 이름으로 잘 알려진 우 딴U Thant은 우 누의 절친한 친구였다.

버마 국군이 떠맡은 역할과 비중은 점점 커져갔고, 이윽고 1960년대에 접어들어 군부가 정권을 장악하는 바탕이 마련되었다.

3. 말라야연방의 형성과 독립

1945년에 말라야에 복귀했던 영국은, 처음에 싱가포르는 직할 식민지로 분리한 위에 여타 지역은 모두 통합해 말레이인 술탄의 권한을 줄이고 말라야에 거주하는 모든 이에게 동등한 시민권을 부여한다는, 말라야연합Malayan Union 구상안을 발표했다. 이러한 구상은, 경제적으로 말레이인보다 우위에 서 있는 이민, 특히 화인계 이민을 우대하는 조치로서 말레이인의 우위를 부정하는 방안이라고 여겨서 다양한 말레이인 단체가 반대 뜻을 나타냈다. 1946년에 연합말레이민족기구(UMNO, United Malays National Organisation)[110]가 결성되어서, 말라야연합 반대 운동이 본격적으로 전개되었다. 본래 'Malayan'이라는

110) '통일말레이국민조직'이라고도 한다.

용어가 당시의 말레이인에게는 외래의 정주자를 연상시키는 말이었다는 점도 반발을 초래한 요인으로 작용했다.[111]

그 결과 말라야연합 방안은 1948년 1월에 폐지되고, 술탄의 권한을 강화하고 비말레이계 주민의 시민권 획득에는 엄격한 제한이 가해지는 말라야연방Federation of Malaya이 발족하게 되었다. 하지만 이 방안은 화인계 주민의 불만을 사게 되었고, 말라야 공산당은 말라야연방은 영국이 재식민지화를 노리는 것이라고 비판하고 무장투쟁 노선으로 전환했다. 영국은 1948년에 이르러 비상사태를 선포하고 철저한 탄압에 착수했다. 동시에 영국은 화인계, 인도계 엘리트 계층에 정치 참여 기회를 부여하는 데 힘을 쏟았다. 그 결과 1946년에 이미 결성되었던 말라야인도인 회의(MIC, Malaysian Indian Congress)[112]에 뒤이어서, 1949년에는 말라야화인협회(MCA, Malaysian Chinese Association)[113]가 탄생했다. MIC와 MCA는 UM-

---

111) 기존에 쓰이던 '말레이Malay'와 '믈라유Melayu'와 비교하여 'Malayan'은 새로운 정체성을 규정하는 어감이 강한 단어라고 할 수 있다.

112) 정당으로서 일본어로는 '말레이시아인도인회의', 중국어로는 '말레이시아인도국민대회당(馬來西亞印度國民大會黨)' 약칭 '국대당國大黨'으로 불리고 있다. 현재에도 여당 연합인 국민전선BN에 참여하고 있다.

113) 정당으로서 일본어로는 '말레이시아화인협회', 중국어로는 '말레이시아화인공회(馬來西亞華人公會)' 약칭 '마화공회馬華公會'로서 말레이시아 화인 세력을 대표하는 정당이다. 본래 말라야 공산당에 대항하는 반공·보수 정당으로서 현재에도 여당 연합인 국민전선의 제2세력에 해당한다.

NO와 총선에서 협력하면서[114], 1955년 연방입법의회 선거에서 압도적인 승리를 거두었다. UMNO의 총재 뚠꾸 압둘 라만Tunku Abdul Rahman은 그러한 여세를 몰아서 영국과의 독립 협상에 임했고 1957년에 이르러 말라야 연방의 독립이 드디어 실현되었다.[115] 헌법은 말레이인 에게는 '특별한 지위'를 인정하는 한편 비말레이인의 경우 출생지주의에 근거한 국적 취득을 인정함으로써, 비말레이인이 '이방인'으로 배척당하는 일이 없게끔 배려했다.

한편 싱가포르에서도 자치의 움직임이 나타나고 있었는데, 노동 쟁의가 빈발하는 등 사회 불안이 지속되는 상태였다. 1959년에는 자치정부 발족을 위해 모든 의원을 민선으로 뽑은 최초의 입법의회 의원 선거가 치러졌다. 이 선거에서 화인계 노동조합과 학생 운동을 지지 기반

---

114) UMNO가 MIC·MCA와 손잡고 정당 연합인 동맹당Alliance Party을 결성해 총선에 임했다. 동맹당은 이후 1973년에 국민전선Barisan Nasional으로 이름을 바꾸었는데, 1957년부터 현재까지 민주국가 중에서 가장 장기 집권하는 여당으로 알려져 있다.

115) 본래 '말라야연방Persekutuan Tanah Melayu'은 말레이반도의 아홉 주와 페낭·믈라카 두 영국령 식민지로 구성되어 1948년 1월에 수립되었다가, 1957년에 완전 독립을 이룩하고서, 이후 1963년 9월까지 존속했던 연방국가이다. 1963년에 국명을 말레이시아로 개명했다. 1963년 9월 말라야연방의 라만 수상의 제창으로 국가 확대를 꾀해서, 말레이시아Malaysia로 국명을 바꾸고, 기존 말라야연방을 종식시키고, 싱가포르·사라왁(영국령 북보르네오)·사바Sabah를 포함한 말레이시아연방을 형성했다. 이후 1965년에 싱가포르가 탈퇴함으로써 현재의 '말레이시아'로 존속하고 있다. 수카르노의 인도네시아는 1963년 1월부터 말라야연방의 행위를 신식민주의로 규정하고서, 말레이시아연방을 형성하려는 구상에 대해 이를 반대하는 '대결정책Confrontation policy'에 돌입할 것임을 선언했다.

으로 하는 인민행동당People's Action Party이 승리를 거두었고, 동당의 지도자인 리콴유(Lee Kuan Yew, 李光耀)[116]가 자치 정부의 수상에 취임했다. 리콴유는 산업 투자 장려책과 영어에 역점을 두는 교육 정책 등으로, 훗날 경제 발전의 기반을 구축해나갔다.

4. 독립의 찬란함과 반둥 회의

식민지 체제의 붕괴는 2차 세계대전 이후 국제 정치에서 나타난 커다란 변화였는데, 동남아시아는 그 같은 독립의 움직임이 세계에서도 가장 빨리 분출되었던 지역의 하나라 하겠다. 1950년대까지 식민지 지배에서 벗어나 해방을 달성했던 아시아·아프리카 국가들의 독립은 신흥 독립국이라는 말로써 표현되듯이, 지극히 '찬란한' 그 무엇으로 받아들여졌다. 동남아시아 각국은 이 같은 전

---

116) 1923~2015. 싱가포르의 정치가. 1955~1990년까지 초대 수상 및 인민행동당 총재를 역임하며 오늘날의 싱가포르를 만든 정치가로 평가받고 있다. 퇴임 후에도 수석 장관 Senior Minister 및 내각 고문Minister Mentor으로 있으면서 싱가포르 정치에 절대적 영향력을 유지했다.

세계 신흥 독립국들의 연대라는 점에 있어서도 적극적인 역할을 수행했다.

1948년에 네덜란드가 인도네시아에서 수카르노 등 지도자들을 체포했을 당시에, 그러한 사태에 우려를 표명했던 버마의 우 누 수상은 인도의 네루Nehru 수상에게 인도네시아 사태를 협의하기 위한 아시아 독립국의 정부 간 회의 소집을 요청했다. 그 같은 요청으로 소집되었던 회의가 1949년 1월 뉴델리에서 개최되었던 아시아 독립국가 회의로서 15개국이 참가했다.[117] 곧이어 한국전이 일어났고, 미군을 중심으로 한 UN군이 38도선을 넘어 북진하려는 움직임을 보였을 때, 그러한 사태 진전이 중국과의 전면전으로 비화할 것을 우려한 나머지, 인도가 중심이 된 아시아·아프리카 그룹 12개국이 1950년 11월에 38도선에서의 한반도 정전 요구 결의안을 제출하기도 했다. 이 결의안에 동남아시아에서는 버마·인도네시아가 참가했다. 이 같은 아시아·아프리카 그룹에는 이후 타이·필리핀도 가세했고, 1950년대 중반경 UN에 가입했던 아시아·아프리카 가맹국 20개국 가운데 16개국을 결집

---

117) 1월 20~24일에 걸쳐 열렸던 이 회의의 정식 명칭은 '인도네시아 문제에 관한 아시아 국가 간 회의Asian Conference on Indonesia'로서, 회의에서 채택된 결의안은 당시 UN 사무총장에게 전달되어 안전보장이사회에까지 보고되었다고 한다.

하는 정도까지 이르게 되었다. 이들 국가의 동서 대립에 대한 자세는 각양각색이었지만, 신흥 독립국들 사이에는 냉전 분위기와는 거리를 두고서 독자적으로 평화적인 국제 질서를 모색하고자 하는 움직임이 확산되어갔다.

제네바 회담의 개최가 예정되어있던 1954년 4월, 실론의 수도 콜롬보Colombo에 인도·파키스탄·실론·버마·인도네시아 5개국 정상들이 모여서, 인도차이나 평화 정착에 대한 강력한 희망을 표명했다. 당시 콜롬보 회의[118]에서 인도네시아가 제안했던 것이 아시아·아프리카 회의 Asian-African Conference[A·A회의]였다. 이 같은 제안은 다음 해인 1955년 4월에 인도네시아의 반둥에서 1회 아시

---

118) 1954년 4월 28일에서 5월 2일에 걸쳐 콜롬보에서 인도를 비롯한 5개국 정상들이 만나서 향후 아시아·아프리카 회의 필요성을 주장했고, 이후 이들 5개국과 이집트·중국이 중심이 되어 아시아·아프리카 회의를 성사시켰다. 이들 5개국이 만났던 회의를 콜롬보 회의라 하고, 이들 5개국을 콜롬보 그룹이라고 일컫게 되었다.

아·아프리카 회의[반둥Bandung 회의][119]로 결실을 보았고, 아시아·아프리카 29개국이 참가했다. 동남아시아에서는 당시 독립을 이룩했던 모든 국가가 참가했다.

이 회의에는 동서 양 진영에 속하는 국가도 참가했지만, 그와 같은 체제와 입장을 뛰어넘어 반식민주의와 평화공존의 의지를 표명했다. 2차 대전 이전의 국제 정치가 일부 제국주의 열강이 주역을 맡고, 동남아시아를 비롯한 아시아·아프리카 지역은 객체에 지나지 않았다는 점을 고려하면, 이러한 반둥 회의는 식민지주의의 붕괴를 상징하는 세계사적 전환이었다고 말할 수 있다.

---

119) 1955년 4월 18일~24일에 인도네시아 쟈바섬 서부의 고원 도시 반둥에서 아시아·아프리카 29개국[당시 세계 인구의 54퍼센트를 차지] 정상들이 모여서 아시아·아프리카 회의를 개최했다. 일련의 회의를 주도했던 이들은 인도의 네루 수상과 중국의 저우언라이周恩來 총리, 그리고 반둥 회의 주최국 인도네시아의 수카르노 대통령이었다. 이 회의에서는 반제국주의·반식민주의·민족 자결 정신 등에 근거해서 '세계 평화와 협력 추진에 관한 선언'[평화 10원칙]을 채택·선언하기도 했다. 이러한 선언은 중립주의·협력을 기본으로 기본적 인권과 주권의 존중, 인종 평등, 내정 불간섭, 분쟁의 평화적 해결 등을 강조하는 '반둥 정신'을 표방하고 있다. 참고로 역사상 비백인 국가만으로 이루어진 최초의 국제회의였던 반둥 회담에 일본 및 남북 베트남은 초청을 받았으나, 반대로 중국과 적대 관계인 타이완, 한국·북한 및 소련 위성국으로 간주된 몽골 인민공화국은 초대를 받지 못했다. 1964년에 개최키로 예정되었던 2회 아시아·아프리카 회의는 개최 예정국인 아프리카 알제리에서 쿠데타가 일어나는 바람에 열리지 못하고 말았다. 이후에도 끊임없이 회담 정례화에 대한 논의가 이루어지고 있는데, 최근인 2015년 4월 22일에도 반둥 회의 60주년 기념행사가 인도네시아 자까르따에서 전 세계 109개국의 대표가 참석한 가운데 개최된 바 있었다.

격추된 미군기 조종사를 체포한 베트남 여성 민병(베트남 민주
공화국 우표, 1967년). 우표 겉면에는 '1964년 8월 5일부터 1967
년 6월 5일까지 베트남 북부에서 미군기 2,000대가 격추되었
다'라는 문구가 쓰여있다.

	동남아시아	세계
1957	타이, 싸릿에 의한 쿠데타	
1959	인도네시아, 수카르노가 '교도 민주주의' 제창	
1960	남베트남 해방민족전선NLF 결성	중소 분쟁 격화
1961	동남아시아 연합ASA 창설	제1회 비동맹 국가 회의
1962	버마, 네 윈에 의한 쿠데타	쿠바 위기
1963	말레이시아연방 결성 남베트남에서 군사 쿠데타, 응오 딘 지엠 대통령 피살	
1964	인도네시아, 수카르노가 '말레이시아 분쇄 투쟁' 지시 통킹만 사건	
1965	인도네시아, UN 탈퇴 미국에 의한 상시적 북폭 개시 미 지상군 전투부대, 남베트남 다낭에 상륙 캄보디아, 미국과 단교 존슨 대통령, 남베트남에 미군의 대규모 병력 투입 결정 싱가포르, 말레이시아연방에서 이탈 인도네시아, '9·30사건' 발생 필리핀, 마르코스 정권 발족	
1966	인도네시아, 수카르노가 실권을 수하르토에게 이양	
1967	ASEAN 발족	
1968	남베트남, 뗏 대공세 인도네시아, 수하르토 대통령 취임	
1969	말레이시아, 인종 폭동	
1970	캄보디아, 론 놀에 의한 쿠데타 미군·남베트남 정부군, 캄보디아 침공 말레이시아, 부미뿌뜨라 정책 시작하다	
1971	ASEAN, 동남아시아 평화자유중립지대 선언	미중 접근 달러 위기, 주요국 변동 환율제로 이행
1972	필리핀, 마르코스 대통령 계엄령 선포	미국 닉슨 대통령 방중
1973	베트남전쟁에 관한 파리 평화협정 조인 타이, 민주화 운동으로 타넘 퇴진	1차 석유파동
1974	일본 다나카 수상 동남아시아 방문에 즈음해, 각지에서 반일 데모	
1975	베트남전쟁 종결 라오 인민민주공화국 발족	1회 선진국 정상회담
1976	1회 ASEAN 정상회의, 동남아시아 우호협력 조약 조인 민주 캄푸치아 발족 인도네시아, 동티모르 병합 베트남 사회주의 공화국 발족, 타이에서 군사 쿠데타	

I. 냉전 구조와 동남아시아

1. 초점화[1]하는 동남아시아

1948년에 유럽에서 명확히 드러났던, 미국을 맹주로 하는 서구권[자본주의 진영]과 소련을 맹주로 하는 동구권[사회주의 진영]의 대립 양상은 1949년 중화인민공화국의 수립과 1950년 한국전 발발을 통해 아시아에서도 구체적으로 나타났다.

1950년은 냉전 구조와의 관련 속에서 동남아시아를 생각할 때 매우 중요한 해이다. 이 해에는 바로 전해에 탄생한 중화인민공화국이 DRV를 승인하고, 곧이어 소련도 뒤를 이었는데, 이에 대항해 미국이 프랑스의 인도차이나전쟁에 대한 직접적 원조에 나섰던 해로서 인도차이나전쟁이 동서 진영 간의 냉전 구조 속에서 새판이 짜였

---

1) '초점'은 사람들의 관심·주의가 집중되는 중심점을 가리키는데, '초점화'는 서사의 전개 과정에서 주체의 행위나 상황 요소에 초점을 맞추어 집중적으로 탐구한다는 정도의 뜻으로 이해할 수 있다.

던 해이기도 하다.[2]

이 시기 미국의 동향은 세계적인 위기와도 관련이 있었다. 중화인민공화국의 수립은 두 가지 의미에서 미국에는 도전이었던 것이다. 우선 한국·타이완·동남아시아 등 중국 주변의 여전히 귀추가 불분명한 지역들이 중국 영향 아래에 놓일 위험성이 있었다. 게다가 중화인민공화국의 수립은 적어도 단기적으로는 과거 일본의 최대 시장인 중국이 미국 주도의 자본주의 세계경제에서 이탈해버리는 결과를 의미했다. 이는 세계경제, 특히 일본 경제의 재건에 있어서 중대한 문제였다. 일본 경제의 복구가 진척되지 않으면 자본주의 세계경제에 있어 심각한 문제인 동시에 궁극적으로 일본이 중국에 밀착할 위험성도 내포했다고 판단했던 것이다.

이 같은 위기 상황에 미국이 대응키 위해, 그들의 세계전략에서 중요한 의미를 띠는 지역 구도에 등장했던 곳이 바로 '동남아시아'였다고 하겠다. 동남아시아는 미국의 세계전략에서 중국 혁명의 영향이 곧바로 파급될 수도 있는 위험성을 지니는 동시에, 정치적·군사적으로 확

2) 1950년 1월 18일 중국이 전 세계에서 처음 호찌민 정부를 외교적으로 승인한 데 이어 소련 역시 1월 말경에 호찌민 정부를 외교적으로 승인했다. 이에 대항해 미국은 2월에 바오 다이의 베트남국을 외교적으로 승인하고 군사 원조를 개시하는 조치를 취했다.

보할 수만 있다면 선진국, 특히 중국을 대체할 시장이 필요한 일본 경제 재건에 있어 매우 적극적인 의미를 지니는 지역으로 급속히 주목을 받게 되었다. 당시 동남아시아에는 서구 열강의 식민지주의에 대한 강한 반감이 존재했으나, 미국은 '공산주의 위협'에 대항하려면 그러한 식민지주의와 힘을 합쳐서라도 이 지역의 정치적·군사적 안정을 도모하고 자본주의 세계경제에 통합해가는 길을 모색하게 되었다.

이처럼 미국의 세계전략에서 중요성이 증대하는 동남아시아 지역에서 우선 가장 심각한 군사적 문제가 다름 아닌 베트남, 즉 인도차이나였다. 미국은 이 지역을 도미노의 첫 번째 패로 간주하는 이른바 '도미노 이론domino theory'[3]을 끌어대며, 미국이 자국의 권익을 확보하려는 것이 아니고, (미국이 세계의) 패권국으로 당연히 짊어져야 할 정치적·군사적 의무라는 식의 명분을 내걸고 개입이라는 길을 선택했다. 그리고 이 같은 선택이 훗날 베트남전으로 이어지게 되었다.

---

3) 한 나라의 정치 체제가 붕괴되면 그 파급 효과가 이웃 나라에도 미친다는 이론. 미국의 아이젠하워Eisenhower 대통령이 도미노 게임에서 첫째 패를 넘어뜨리면 패 전체가 연쇄적으로 모두 쓰러지는 현상을 빌려 베트남의 공산화에 뒤이어 동남아시아 전역이 공산화될 위험성을 언급한 '도미노 이론'을 주창했다. 그 결과 프랑스의 1차 인도차이나전쟁(1945~1954)을 지원하면서 미국의 개입이 시작되었다.

그렇지만 이렇듯 1950년대 초반에 너무나도 노골적으로 일본과 동남아시아를 얽어매려는 미국의 움직임은, 도리어 일본군 점령 시대의 기억이 생생히 남아있던 동남아시아로부터 '미국판 대동아공영권'이라는 비난을 자초했다. 게다가 실제로 1950년대 초반 단계에서 일본 경제 부흥에 직접적인 영향을 미쳤던 사건은 한국전 쪽이었지 동남아시아는 아니었던 것이다. 하지만 이러한 전략적 의의를 지니게 되었던 동남아시아의 지역성은, 그후로 베트남전을 정점으로 한 냉전 구조 속에서 뚜렷하게 실체화되었다고 할 수 있다. 이렇게 보면 냉전이 동남아시아를 국제정치에서 중요한 의미가 있는 지역으로 부상시켰다고 하겠다.

그렇지만 냉전은 동시에 동남아시아를 분열 상태로 내몰았다. 1960년대 초반 상황을 살펴보면, 한창 국가 건설에 매진하던 말라야·싱가포르를 제외하고서, 우선 베트남은 북부가 공산 진영, 남부가 자유 진영의 '세력 범위'로 간주되었다. 또한 동남아시아에 기반해 1954년에 결성되었던 자유 진영에 속하는 반공 군사동맹 동남아시아조약기구(SEATO, Southeast Asia Treaty Organization)[4]에 가입했던 국가는 타이·필리핀이었고, 그 밖의 버마·라오스·캄보디아·인도네시아는 중립적 입장을 표방했다.

2. 냉전에의 주체적 대응

냉전은 미국과 소련이라는 핵무기를 보유한 초강대국이 주도하는 국제 질서였지만, 정작 미국·소련 간에는 직접적인 전쟁은 일어나지 않았던 까닭에 냉전cold war[5]이라고 일컬어졌다. 핵보유국인 강대국 사이에는 핵무기를 배경으로 한 '공포의 균형balance of terror'[6] 상태가 형성되어있다. 그 때문에 당장이라도 세계 대전으로 비화될 듯 보이는 초강대국, 또는 동서 양 진영의 '세력권'

---

4) 1954년 9월에 오스트레일리아·프랑스·영국·뉴질랜드·파키스탄·필리핀·타이·미국 8개국에 의해 결성된 반공 군사동맹으로 흔히 '시토'로 불렸다. 프랑스령 인도차이나에서 프랑스가 철수한 후, SEATO는 냉전 이후 동남아시아에서 중국의 공산주의 확산을 막기 위해 1954년 9월 마닐라에서 '동남아시아 집단 방위 조약Southeast Asia Collective Defense Treaty'(마닐라 조약Manila Pact)에 8개국이 서명함으로써 창설되었다. 기구 자체는 1977년 6월에 해산했다.
5) 2차 대전 이후 1946년부터 1991년까지 지속되었던 동서 냉전은 달리 '미소 냉전'이라고도 했다.
6) 핵무기의 상호 보유가 전쟁 억지력으로 작용하는 상태를 가리킨다.

이 분명한 유럽에서의 전쟁이 일어날 가능성은 도리어 감소했다. 그 반면에 양 진영의 어느 쪽에 속하는지 불분명했던 이른바 '회색지대gray zone'를 둘러싼 대립은 오히려 격화되기 일쑤였다. 동남아시아가 바로 그와 같은 '회색 지대'였던 것이다.

'회색 지대'에서는 베트남전의 경우처럼 실제의 전쟁인 열전hot war도 일어났으나, 한편으로 경제 개발 경쟁도 중요한 의미를 띠고 있었다. 그 당시 대다수 신흥 독립국은 경제적 곤란에 직면해있었다. 국민 경제의 진흥을 위한 산업화에는 막대한 자금이 소요되었는데, 대다수 신흥 독립국은 그러한 자금을 얻기 위해서는 농산물이나 광물 자원 같은 일차 산품 수출에 기댈 수밖에 없었다. 그런데 이것은 식민지 시대에 형성되었던 모노컬처 monoculture 경제 구조를 강화할 뿐이었다. 1960년대 초반 무렵에 이르러, 서유럽 및 일본 같은 2차 대전 이전 산업 중심 지역의 부흥이 일정 정도 궤도에 오르자, 다음으로 이들 신흥 독립국의 경제적 곤란에 다시금 국제 사회의 이목이 집중되었고, 그 결과 '남북문제North-South divide of the world[7]라는 용어가 보편화되기에 이르렀다. 정치면에서 독립을 이룩했던 신흥국이 경제적 측면에서는 여전히 선진국이나 그들 국가의 다국적 기업들에 지배당하는 상황을 '신식민지주의neocolonialism'라고 비난하는 목소리도 곳곳에서 생겨나게 되었다.

반제국주의적 분위기가 팽배했던 제3세계에 가장 먼저 주목했던 나라는 소련이었다. 흐루쇼프Khrushchev[8] 수상은 전쟁이 아니라 경제 방면의 경쟁을 통해서 서방 국가들과 대항해야 한다고 생각했고, 이윽고 기술개발·경제원조·경제성장이라는 세 분야에서 도전을 시도하는 이른바 '대외적 경제 공세'에 착수했다.

한편으로 미국 또한 제3세계가 경제적 곤란을 겪는 와중에서 사회 변혁을 내세우며 공산주의 세력이 영향력을 확대한다는 점과, 소련의 대외적 경제 공세에 맞서 제3세계 친미 정권에게 군사 원조 일변도로만 지원해주는 기존 방식으로는 상황에 대처할 수 없음을 인식하기 시

---

7) 1960년대에 접어들어 지적되었던, 지구 규모에서 선진자본국과 개발도상국(후진국) 사이에 경제적 격차가 존재한다는 문제 및 그러한 문제 해결을 위해 인류 전체에 주어진 과제를 지칭하는 용어이다. 대부분의 선진국이 북반구에, 후진국 및 개발도상국이 적도 인근이나 남반구에 집중되어있는 데서 유래된 용어이다. 영어로 달리 'Global North and Global South'라고도 한다.

8) 1894~1971. 러시아의 혁명가·노동운동가·정치가. 본명은 니키타 세르게예비치 흐루쇼프Nikita Sergeyevich Khrushchev. 1953년부터 1964년까지 소련의 국가원수 겸 공산당 서기장을, 1958년부터는 수상 겸 국가평의회 의장을 역임했다.

작했다. 그래서 1960년대에 접어들면서 사회 변혁의 필요성을 인정하고, 개혁 촉진과 개발 원조를 한데 묶어서 활용하려는 새로운 접근법을 채택하기에 이르렀다. 동남아시아에 그 후 등장하게 되는, 개발을 지상 과제로 내걸고 오로지 경제성장만을 추구하고, 그러한 성과를 바탕으로 위로부터 국민 통합을 꾀했던 '개발독재' 유형 정권들은 그 같은 미국의 정책적 전환에 기민하게 대응한 산물이었다고 하겠다.

이렇듯 냉전 구조는 강대국이 주도하는 국제 질서였는데, 여기에 '편입된' 동남아시아는 그러한 구조에의 적응을 그저 순순히 받아들이려 했던 것만은 아니었다. 베트남전 당시에 미국과 전쟁을 치르던 베트남이 스스로 '사회주의 진영의 동남아시아 전초 기지'로서 자리매김했던 이유는 소련·중국이라는 사회주의 강대국들의 지원을 '얻어내기' 위함이었다. 더욱이 베트남전이 격화되던 1960년대 중반부터 베트남은 스스로를 '세계혁명의 초점'으로 자리매김하게 되었다. 이는 미국이 베트남에 씌우고자 했던 '중국 주변부 혁명'이라는 식의 자리매김을 베트남 공산주의자들이 극복하려고 생각하면서부터 나타났던 현상이라고 할 수 있겠다.

미국이 동남아시아에서 행한 냉전 정책은 어느 의미에서는 지극히 역설적이었다고 하겠다. 그러한 정책의 최대 과제는 물론 중국 봉쇄였다. 그렇지만 이는 지정학적으로 볼 때 통일되고 자립한 베트남의 존재가 동남아시아에 대한 중국의 영향력 확대를 막는 최상의 방파제라는 사실을 애써 무시한 정책이었다. 도리어 베트남의 남북 분단 상태는, 북베트남으로 하여금 중국을 중심으로 한 궤도에 하릴없이 자리 잡게끔 강요하는 상황을 초래하고 말았다. 베트남 입장에서는, 베트남전은 냉전이 불러일으킨 북위 17도선에 의한 분단을 극복하려는 싸움인 동시에 냉전이 베트남에 들씌웠던 '중국 주변부 혁명'이라는 굴레에서 벗어나려는 싸움이기도 했다. 베트남전을 단순히 '미중 대리전'으로만 보려는 견해는 이상과 같은 사실을 전혀 무시한 의논이다.

1960년대 전반 동남아시아에서 힘을 얻었던 중립주의도 냉전에 주체적으로 대응키 위한 방편의 하나였다. 동남아시아에서는 베트남전이라는 열전이 벌어졌던 만큼, 그 같은 대결적 상황으로부터 거리를 둠으로써 자국의 안전과 자립을 지키려는 중립주의적 경향 또한 단단하게 뿌리내리게 되었다. 동남아시아의 반미적 중립주의는 인도네시아의 수카르노 체제 붕괴, 캄보디아의 시하누크 추방 등으로 인해 차츰 붕괴되어갔다. 하지만 초강대국의 전횡에서 벗어나 자유로워지고자 했던 그러한 정신은 동남아시아에 뿌리를 내렸고, 뒤이어 아세안으로 계승되어갔다. 그 같은 중립주의 또한 냉전 구조에서 하나의 주체적 역할을 담당했다고 본다면, 냉전 시대의 동남아시아는 표면상으로는 자유 진영에 속하는 나라, 공산 진영에 스스로를 연계한 나라, 중립주의를 표방한 나라 등으로 뿔뿔이 '분열'되었지만, 어느 경우에나 자립을 추구하면서 냉전 구조에 주체적으로 대처코자 했던 경우라고 보아야 하겠다.

II. 베트남전쟁

1. 1954~1965년 사이의 베트남전쟁

1954년 제네바협정으로 1차 인도차이나전쟁은 종식되고, 북위 17도선을 경계로 베트남은 남북으로 분단되었다. 미국은 이러한 군사 분계선을 냉전 상황에서 맞대결하는 동서 양 진영의 세력 범위를 구획하는 경계로 파악하고, 베트남 전역이 공산주의가 지배하는 북부의 주도하에 통일되어, 남부를 상실케 되는 상황을 저지하고자 했다. 베트남전의 한쪽 당사자는 남부의 친미 반공 정권(처음에는 베트남국, 1955년 이후로는 베트남공화국Việt Nam Cộng Hòa)과 그들을 지원하는 미국 및 동맹국들이었다. 이에 맞대결하는 쪽은 남부의 친미 정권을 타도하고 남북통일을 이루려 했던 북부의 DRV와 남부의 남베트남 해방민족전선NLF[9]이었다.

---

9) 베트남전 중 미국과 연합한 응오 딘 지엠의 남베트남 공화국(사이공 정권)에 대항키 위해 1960년 12월에 결성된 무장투쟁 조직으로, 베트남어 정식 명칭은 '베트남 남부 해방민족전선Mặt trận Dân tộc Giải phóng miền Nam Việt Nam'이었다. 우리나라에서는 흔히 '베

현재 베트남에서는 '항미抗美 구국 전쟁[Kháng chiến chống Mỹ cứu nước 抗戰反美救國)'[10]이라고 부르고 있다. 이 같은 명칭은 베트남전을 미국의 침략에 항거했던 베트남의 투쟁으로 간주하려는 견해를 나타내고 있다. 이렇듯 '항미 구국 전쟁'이라고 일컫게 되면, 1954년 제네바협정에 의거한 분단 시점부터 1975년 남베트남 친미 정권이 붕괴할 시점까지 치렀던 전쟁을 지칭하게 된다. 이에 반해서 남베트남의 친미 정권 관계자 사이에서는 이 전쟁을 남북 베트남 간의 내전으로 간주하려는 경우가 적잖다 하겠다. 하지만 그 같은 경우에도 전쟁 기간은 대체로 1954~1975년까지의 시기로 보고 있다.

이에 대해 미국이 치렀던 전쟁으로 베트남전을 보려는 입장에서는, 1961년 케네디Kennedy 대통령 정권이 남베트남에 대해 군사 지원을 강화했던 이후 시기를 중시

트콩Việt Cộng[Việt Nam Cộng Sản 越南共産)이라는 호칭으로 친숙한 편이다. '베트콩'이란 호칭은 응오 딘 지엠의 사이공 정권과 연합군 쪽에서 대항하는 반군 단체 및 통일전선 조직을 경멸조로 일컫던 말로써, 응오 딘 지엠 대통령이 처음 사용했다는 이야기도 있다. 정치 단체·통일전선 조직으로서의 약칭은 '해방전선(Mặt trận Giải phóng 解放戰線)', 군사적 문맥에서는 '해방군(Giải phóng quân 解放軍)'으로 일컬어졌다. 이 조직은 1968년 뗏(구정) 대공세를 주도했고, 1969년 6월에 '남베트남 공화 임시 혁명정부'를 수립하기도 했다. 1976년 7월에 해산되어 기능이 정지되었고, 이후 '베트남 조국전선'에 흡수·합병되었다. 참고로 영어로는 'National Liberation Front for South Vietnam'으로 표기하는데, 이후 본문에서는 영어 약칭 'NFL'과 '베트콩'을 혼용하기로 한다. 참고로 미군 측은 이들에 대해 'Vetnamese Communist'의 머리글자를 따서 'V.C.' 혹은 통신 용어로 '찰리Charlie'라는 별명을 사용하기도 했다.

10) 베트남 역사 교과서에서는 줄여서 '반미 항전[Kháng chiến chống Mỹ 抗戰反美)이라고도 하며, 달리 '반미 구국 전쟁'이라고도 번역하기도 한다.

하는 견해도 있다. 또한 미군 전투부대가 직접 참전한 미국의 국지전limited war[11]으로 규정된 베트남전의 경우는 1965~1973년까지 치렀던 전쟁을 가리킨다.

또 베트남전은 본래 남베트남의 친미 정권과 NFL 간의 내전이었는데, 미국의 개입으로 말미암아 규모가 커졌다고 보는 견해도 있는데, 이 경우는 1960년의 NFL 결성으로부터 1975년까지의 시기에 베트남전이 치러졌다고 보는 입장이다. 이 강의에서는 베트남에 있어서 베트남전이라는 견해를 취하면서, 그 시기도 1954~1975년까지를 베트남전의 시기로 규정하고 다루어보고자 한다.[12]

1954년 제네바협정 이후 남베트남에 대한 지배를 공고화했던 쪽은 응오 딘 지엠〔Ngô Đình Diệm 吳廷琰〕[13] 정권이

---

11) '전면전total war'에 대응하는 개념으로, 현재까지의 대부분 전쟁은 국지전이라 할 수 있다. '한정 전쟁limited war'은 군사력 행사에 있어 지역·수단·무기·범위 따위에 제한을 두고 벌이는 전쟁으로, 핵무기 시대 전쟁의 특징으로서 '국지전'도 그 가운데 한 형태라고 할 수 있다. 2차 대전 이후의 국지전에는 강대국에 의한 무력 개입, 중소국 간의 무력 분쟁, 국내전, 민족해방전쟁 등의 여러 유형이 존재한다.

12) 일반적으로 오늘날 베트남의 역사 교과서에는 이 시기를 다음과 같이 세 시기로 나눠 기술하고 있다.
①1954~1965년: 북부에 있어서 사회주의 건설, 미 제국주의와 남베트남 사이공 정권에 대한 투쟁.
②1965~1973년: 온 나라가 직접적으로 항미구국의 전쟁을 치르다.
③1973~1975년: 남베트남 해방의 완수와 국가 통일.

13) 1901~1963. 베트남의 정치가. 1954년 이후 제네바협정으로 프랑스군이 철수하자, 미국의 지원으로 베트남국의 수상이 되었고, 1955~1963년 사이에 베트남 공화국 초대 대통령을 지냈다. 정권을 잡은 뒤에 독재 정치를 펼치다 1963년에 일어난 군사 쿠데타로 살해되었다. 1953년·1957년에 한국을 방문한 바 있으며, 한국에서는 흔히 '고딘디엠'이라는 이름으로 잘 알려져 있다.

었다. 응오 딘 지엠 정권은 친프랑스 세력을 교묘히 배제한 뒤에[14], 1955년에는 응오 딘 지엠 본인이 대통령으로 취임하는 베트남공화국을 수립했다. 당시 북부에서 정권을 장악한 정당인 베트남 노동당이 남북통일 선거 시행에 대한 기대를 품고서 남베트남에서의 무장투쟁 발동을 자제했던 배경도 작용해서, 응오 딘 지엠 정권은 1950년대 말경에는 남베트남에 대해 안정적 지배를 확립한 듯이 보였다.

하지만 붕괴 위기에 직면한 남부 당 조직[15]의 강력한 요청이 제기되자 하노이의 노동당 중앙도 1959년에는 남베트남에서의 무장투쟁 재개를 승인했다. 이를 계기

---

14) 미국은 1950년 2월 바오 다이의 베트남국을 외교적으로 승인, 군사 원조를 개시해 1950년 12월에 국군을 발족시켰다. 뒤이어 우편·세관·철도 등의 업무도 점차 프랑스에게 이양받았으나, 바오 다이 정권은 여전히 프랑스의 괴뢰 국가라는 본질에는 변함이 없었다. 이에 베트남국 초대 수상 응오 딘 지엠은 1955년 10월에 국민 투표를 실시, 승리함으로써 공화제로 전환해 베트남공화국의 독립을 선언했다. 이윽고 친프랑스 세력의 상징인 바오 다이는 프랑스로 망명했다. 다음으로 응오 딘 지엠은 체제 강화를 위해 각종 무장 세력의 해체를 꾀했는데, 이에 바오 다이의 비호 및 프랑스군의 묵인하에 응오 딘 지엠 체제에 도전하던 불법적 폭력집단 빈 쑤옌 파(Bộ đội Bình Xuyên 部隊平川)는 까오 다이·호아 하오 등의 종교 단체 등과 통일전선을 구축, 응오 딘 지엠 정권의 전복을 꾀했다. 그러자 응오 딘 지엠은 군대를 동원해 신속히 빈 쑤옌 파를 괴멸시키고, 각 파벌의 군대를 지방으로 쫓아냈다. 미국은 즉시 응오 딘 지엠에 관한 지지를 선언하고 프랑스 측에 더는 간여하지 말라고 경고했다. 1년 내에 프랑스군은 모두 철수했고, 베트남 내 프랑스군 사령부도 폐쇄되었다.

15) 응오 딘 지엠 정권은 공산주의를 불법화하고, 1955~1956년에 공산주의자를 적발키 위한 또 꽁(Tố Cộng 訴共) 운동을 전개하여 남베트남에 남아있던 수백 명의 노동당원이 구속되거나 처형되었다. 이로 인해 남부의 공산당 조직은 혁명을 이끌 세포 조직이 붕괴될 상황에 직면하게 되었다.

로 농촌 지역에서는 응오 딘 지엠 정권에 반대하는 봉기가 확산되었다. 이런 가운데 노동당의 지도로, 1960년 12월에는 NFL이 결성되기에 이르렀다.

베트남전 당사자들은 앞서 국지전으로 치렀던 한국전의 '교훈'을 중시했다. 노동당 수뇌부는 한국전 당시에 북한 정규군이 공공연히 군사 분계선인 38도선을 넘어 남진했던 행위가 도리어 미군의 개입을 부르고 한반도 분단을 지속시켰던 것이라고 생각했다. 그래서 베트남에서는 북베트남 정규군 즉, 인민군이 군사 분계선을 넘어 남베트남으로 들어가지 말고, 가능한 한 남베트남 내부에서 응오 딘 지엠 정권을 몰아내려고 했던 것이다. 그러한 목적으로 만들어진 것이 바로 NFL였다. 베트남 민족주의에 있어서 베트남 통일은 지상 과제였고, 'DRV'와 '베트남공화국'도 모두 통일 베트남을 대표하는 정권으로 스스로 자리매김했으며, 국명에 결코 '북' 또는 '남'이라는 수식어를 사용하지 않았다. 그런 가운데에서 '남베트남'을 명칭에 붙였던 NFL은 남베트남의 조직이라는 사실을 스스로 강조하는 이색적인 존재였다 하겠다.

그 후에도 남베트남에서는 미국의 오판이 계속되었다. NFL의 탄생으로 취약함을 드러내었던 응오 딘 지엠 정권을 지원키 위해 미국의 케네디 정권은 군사 고문단[16]을 증파하는 등의 원조를 확대했지만, 그것은 도리어 응오 딘 지엠 정권의 독재 체질을 강화시키는 결과를 초래했다. 1963년에는 여러 도시에서 불교도들이 대규모 반정부 시위를 일으켰다.[17] 이런 상황 전개에 위기감을 느꼈던 남베트남 군부는 같은 해 11월에 쿠데타를 일으켜 응오 딘 지엠 정권을 몰아냈다. 미국은 독재 정권이 무너짐으로써 남베트남의 상황이 안정되기를 기대했으나, 그 후로도 남베트남 군사정권은 안정된 통합을 이루지 못하고 여러 번 쿠데타가 반복되면서 위기 상황에 맞닥뜨리

16) 케네디 정권은 1961년 5월에 미군 정규군으로 구성된 베트남 군사원조고문단(MAAGV, Military Assistance Advisory Group Vietnam)을 베트남에 증파했다. 그러나 '군사고문단'이라는 명목과는 달리 실제로는 NFL 게릴라를 소탕하기 위한 특수부대 요원과 군사 물자 지원의 대폭적 증가를 결정했고, NFL을 괴멸시키기 위해 각종 무기를 사용한 군사 공격을 개시했다. 아이젠하워 정권 때부터 파견되었던 MAAGV는 규모는 이전과 비교해 13배 정도로 대폭 늘어나 1963년 11월에는 16,263으로 증원되었다. 한편 1962년 2월에는 남베트남 군사원조 사령부(MACV, Military Assistance Command Vietnam)를 설치, 폭격기·무장 헬리콥터 등 각종 항공기와 전차 같은 전투용 차량 및 중화기 장비를 지원하는 등, '군사고문단'이라는 명목의 특수작전 부대라고는 하나, 사실상 정규군 파견과 별반 다를 바가 없는 지원이었다. MACV는 1973년 3월에 해체되었다.

17) 특히 당시 불교도 반정부 시위에서 가장 상징적 사건으로, 노스님 틱 꽝 득(Thích Quảng Đức 釋廣德)이 자진해서 사이공 거리에서 분신했는데, 그의 분신 모습이 뉴스를 통해 전 세계에 전달되면서 응오 딘 지엠 정권에 대한 국제적 규탄의 목소리가 높아졌다. 더욱이 독신인 응오 딘 지엠의 제수로서 실질적 퍼스트 레이디였던 쩐 레 쑤언(Trần Lệ Xuân(별명 마담 뉴Madame Nhu)이 이에 대해 '바비큐 쇼'라고 비난함으로써 사태는 걷잡을 수 없이 악화하고 말았다.

고 말았다.[18]

이 같은 상황 변화에 대해 노동당 내부에서는 이 기회에 북베트남 정규군을 남베트남에 투입해 단번에 남베트남의 반공 정권을 몰아내야 한다고 주장하는, 레 주언(Lê Duẩn 黎筍)[19] 노동당 제1서기를 중심으로 한 강경파 세력이 새롭게 등장했다. 그 결과 1963년 12월의 당중앙위원회에서는 종래의 전략을 전환해서 인민군 전투부대를 남베트남에 투입하기로 결정했다.

한편 케네디 대통령 암살[20] 이후 정권을 인수한 존슨 Johnson 대통령도 전쟁을 가속화하는 판단 두 가지를 내렸다. 하나는 이제 남베트남 반공 체제를 유지하려면 미

---

18) 응오 딘 지엠의 독재에 반발해 일찍이 1960년 11월 군부 내 불만 세력에 의한 쿠데타 시도가 있었으나 장성들의 비협조로 실패로 끝나고 말았다. 상황이 악화되자 케네디 정권은 응오 딘 지엠의 제거를 결정했고, 이윽고 1963년 11월 즈엉 반 민(Dương Văn Minh 楊文明) 장군이 쿠데타를 일으켜 군사혁명위원회를 조직했다. 그리고 쿠데타의 와중에 응오 딘 지엠 형제는 살해되고 말았다. 그러나 즈엉 반 민은 무능했고, 미국의 간섭을 배제하려는 등의 태도로 미국과 갈등을 빚자, 3개월 후인 1964년 1월 응우옌 카인(Nguyễn Khánh 阮慶) 장군이 무혈 쿠데타를 일으켜 새 군사 정부를 수립했다. 응우옌 카인 역시 독재 정치를 강화하면서 미국과 불협화음을 빚게 되자, 미국의 묵인하에 군부 강경파인 공군사령관 응우옌 까오 끼(Nguyễn Cao Kỳ 阮高奇)와 육군 중장 응우옌 반 티에우(Nguyễn Văn Thiệu 阮文紹)가 1964년 12월 쿠데타를 일으켜 그를 축출하고 정권을 장악했다. 이윽고 1965년 6월 응우옌 까오 끼가 총리로서 실질적 권력을 장악하고, 응우옌 반 티에우는 대통령에 취임했다. 응우옌 반 티에우 대통령은 한국에서는 흔히 '티우 대통령'으로 일컬어졌다.

19) 1907~1986. 베트남의 혁명가·정치가. 1960년 노동당 제1서기로 선출되어 호찌민 후계자로서 북베트남을 이끌었고, 남북 베트남이 통일된 후에 초대 베트남 공산당 서기장으로서 통일 베트남의 최고 지도자가 되었다. 1986년 공산당 서기장 재직 중 사망했다.

20) 응오 딘 지엠 정권이 붕괴된 지 3주 후인 1963년 11월 22일 케네디 대통령은 텍사스주 댈러스에서 암살되었다.

군이 전면에 나서지 않을 수 없다는 점, 또 하나는 남베트남 반란의 근원이라 할 북베트남에 대한 공격이 필요하다는 것이었다. 1964년 8월 통킹만 사건(북베트남 연해 통킹만에서 미군 군함과 북베트남군과의 교전을 이유로 미군이 북베트남을 폭격한 사건)을 거쳐, 1965년 2월에는 북베트남에 대한 상시적 폭격(북폭)을 개시했고, 같은 해 3월에는 남베트남에 미국 지상군 전투부대의 투입을 단행했다.

이러한 미국의 움직임을 노동당 지도부는 미국이 강해서가 아니라 위기감을 표출한 것으로 받아들였고, 이어서 북베트남 인민군 전투부대를 남베트남에 대규모로 투입하기로 했다. 그러한 결정에 맞서 존슨 대통령도 같은 해 7월에는 미군 지상 부대의 대규모 투입을 결정했는데, 이로써 베트남전은 냉전 시대 최대의 국지전으로 비화하고 말았다.

2. '한정된 국지전'으로서의 베트남전쟁

베트남에 전면적으로 개입하기에 앞서 미국 측에도 '한국전의 교훈'은 커다란 영향을 끼치고 있었다. 존슨 정권은 한국전에서처럼 중국이 개입하게 되는 대규모 지상전은 되도록 피하고 싶었다. 한국전에서 미 지상군은 38도선을 넘어 북진했고 한때는 북한을 중국과 인접한 국경 지대까지 몰아넣었다. 그것이 도리어 중국에 참전할 빌미를 주었다는 '반성'을 통해, 베트남전에서는 북베트남 영내까지 미 지상군을 진격시키는 선택지는 채택하지 않고 지상군에 의한 전투는 남베트남으로만 한정시켰다. 그러한 미국의 선택은 중국의 마오쩌둥에게도 확실하게 전해졌고, 중국은 북베트남에 이르는 보급로를 방어하기 위한 공병 또는 대공포 부대를 파견했으나[21], 지상전에서 미군과 대치하는 상황이 일어나지 않도록 신경을 썼다. 미사일 부대 등을 파견해 북베트남을 지원했던 소련 또한 마찬가지의 입장을 취했다.

---

21) 베트남전을 '항미원월抗美援越 전쟁'으로 규정하고 있는 중국 측의 기록에 따르면 북베트남에 대한 중국의 군사 지원은 주로 공병·철도병 및 대공포 부대 위주로 이루어졌으며, 1965~1970년 사이에 총인원 32만 명의 인민해방군이 북베트남으로 파견되었다고 한다. 가장 많이 파견했던 해인 1967년에는 17만 명의 인민해방군이 북베트남으로 파견되었다.

미중이 전쟁터에서 직접 부딪쳤던 한국전에서는 핵무기 사용이 검토되는 등 세계대전으로 확산할 위험성마저 생겨났다. 이에 반해 베트남전에서는, 전쟁 범위는 베트남·인도차이나로, 지상전은 남베트남으로만 한정되었다. 강대국 간의 직접 대결은 회피하고 세계대전으로까지 확산시키지 않겠다는 '암묵적 합의'가 있었던 것이라고 하겠다. 이런 점에서 한국전과 비교할 때 베트남전은 '한정된 국지전'이었던 것이다.

하지만 이런 측면은 어떤 면에서는 베트남과 인도차이나라는 '한정된 전장'에서 전쟁의 강도를 훨씬 높이는 결과를 가져왔다. 강대국은 세계대전으로 확산되는 것을 우려하지 않게 되었고, 핵무기를 제외한 온갖 최신 무기를 전장에 투입하는 일이 가능해졌다. 인도차이나에서 미군이 사용했던 탄약 총량은 2차 대전 당시의 2.4배에 달했다. 직접적인 피폭자뿐만 아니라 2세·3세까지 후유증을 유발하는, 미군에 의한 고엽제 살포도 이러한 전쟁의 기본 구도 속에서 실시되었던 작전이었다.

한편으로 '한정된 국지전'은 주변 국가에도 또 다른 의미를 지니고 있었다. 전쟁의 피해를 당하지 않으면서 경제 발전을 추구하는 일이 가능케 되어, 일본·한국 및 동남아시아 국가들은 1960~1970년대에 걸쳐서 급속한 경제발전을 이루었다. 주변 국가의 경제 발전과 베트남 및 인도차이나에서 벌어진 고강도의 격렬한 전쟁은 서로 밀접한 연관이 있었다.

또 하나의 문제는 미국이 자국에 별반 이권도 걸려있지 않던 베트남에, 어째서 대규모 미군을 투입했을까 하는 점이다. 이 문제 또한 당시 동남아시아 전역의 정세와 관련이 있다 하겠다. 뒤에서 상세히 다루겠지만 미국이 베트남에 본격적 개입을 결정했던 1965년은 미국에는 위기적 상황이었다. 이해 1월에는 '말레이시아 분쇄 투쟁'[22]으로 반미적 색채를 강화하던 인도네시아 수카르노 정권이 UN에서의 탈퇴를 선언했다. 뒤이어 5월에는 캄보디아의 시하누크가 미국과의 국교 단절을 선언했다. 또한 8월에는 싱가포르가 말레이시아에서 분리 독립을 단행했다. 이런 유동적 상황하에 미국이 만일 남베트남

---

22) 이 사태는 1963~1966년 사이에 인도네시아가 말레이시아 연방의 확장에 반대하면서 벌어진 군사적 갈등이라고 정의할 수 있다. 1961년 5월에 말라야연방의 라만Rahman 수상 정부가 말라야·싱가포르·영국령 보르네오(브루나이를 포함)를 단일한 정치 체제로 편입시키는 말레이시아연방 구상을 표명한 것에 대해, 인도네시아 수카르노 정부는 1963년 1월부터 말라야연방의 행위를 신식민주의로 규정하고, 말레이시아연방을 형성하려는 일체의 구상에 대해 그를 반대하는 '대결정책Confrontation policy'에 돌입할 것임을 선언했다. '말레이시아 분쇄 투쟁'은 달리 '말레이시아 대결konfrontasi 정책'이라고도 하며, '인도네시아-말레이시아 분쟁' 또는 '보르네오 분쟁'으로도 불린다.

에서 NFL도 참가하는 중도 연립 정부의 발족[23]을 용인하는 등의 타협적 자세를 보인다면, 여타 동남아시아 국가에도 심각한 악영향이 미칠 것은 불 보듯 뻔한 일이었다. 미국으로서는 남베트남의 친미 정권을 유지하는 일에 강경한 자세를 보이지 않으면 동남아시아 전체에서 미국의 영향력이 크게 흔들릴 우려가 있었다. 미국은 패권국으로서 자국이 국제 세계에 ('세계의 경찰' 역할을 자임하며) 관여하는 행위에 대한 신뢰를 확보키 위해서, 아무런 이권이 없었던 베트남에 미군을 대규모로 투입했던 것이다.

하지만 동남아시아 정세는 지극히 유동적이어서, 미군이 베트남에 개입했던 직후인 1965년 9월에 일어난 인도네시아 9·30사건[24]의 여파로, 비공산권 국가로는 세계 최대 당원수[25]를 자랑하던 인도네시아 공산당이 붕괴되고 친미 반공 입장의 수하르토Suharto 정권이 탄생함으로써 미국에는 크게 개선된 환경이 조성되었다. 하지만 동남아시아가 '개발의 시대'를 맞이하고, 대다수 국가의

---

23) 일찍이 쿠데타로 등장한 즈엉 반 민과 응우옌 카인 정권은 중립주의를 표방하며 NFL과도 타협하는 자세를 보였으나, 그로 인해 미국과 갈등을 빚으면서 권좌에서 축출된 바 있었다. 이후 버마 출신의 UN 사무총장 우 딴U Thant이 외교적 중재를 통해 '중도 연립 정부neutralist coalition government'의 수용 가능성을 미국 측에 타진했으나, 존슨 행정부는 그 같은 남베트남 중립화 방안을 거부했던 것으로 알려져 있다.
24) 8강 주석 85) 참조.
25) 당시 인도네시아 공산당은 약 300만 명의 공산당원을 보유했다고 알려져 있었다.

경제 발전이 궤도에 오르는 1970년대까지는 여전히 시간이 필요했던 상황이었다. 미군의 베트남전 개입은 그러한 시점까지 '공산주의의 위협'을 막아내는, 말하자면 '시간 벌기' 역할을 했던 것이었다. 미국이 1950년대에 구상했던 '일본의 경제 발전을 뒷받침하는 지역으로서의 동남아시아'라는 구조는 베트남전을 거치면서 1970년대에는 실체화되었고, 미국의 베트남에 대한 군사적 개입이 지녔던 국제적 의미는 퇴색하게 되었다.

3. 1965년~1975년 베트남전쟁

최고조의 시기에 50만 명을 넘었던 대규모 미군[26]과 7만 명에 가까운 한국 등 참전 동맹국 군대의 투입[27]으로 인해 북베트남과 남쪽 NFL은 막대한 희생을 치러야 했

---

[26] 베트남전이 최고조에 달했던 1968년도에 미군 파견 규모는 54만 명에 이르렀다.

[27] 한국군의 베트남전 파병은 본래 1961년 미국을 방문했던 박정희 국가재건최고회의 의장이 당시 케네디 대통령에게 제안했으나 받아들여지지 않다가, 존슨 대통령 행정부가 이를 수용하여 1964년부터 단계적으로 이루어졌다. 1964~1972년까지 이루어진 한국군의 파병은 1968년에 5만 명을 포함해 총인원 32만 명에 달했다. 한국 이외에 시토 SEATO 가맹국 타이·필리핀, 그리고 오스트레일리아·뉴질랜드가 각각 전투부대를 파견했다.

고, 반미 세력 측의 전사자는 120만 명에 달했다. 여기에 남베트남 정부군 측과 민간인 희생자까지를 포함하면 베트남전에서 남북 베트남 희생자는 모두 300만 명 정도에 이르렀다.

하지만 미군은 군사력의 우위를 전장에서 충분히 발휘하지는 못했다. 미군의 장기는 상대방을 압도하는 화력·기동력을 동원해 적군과 대치하는 전선을 적진 쪽 깊숙이 몰아세우는 식의 전술이었는데, 지상 전투를 남베트남 지역으로만 한정한 탓에 그러한 전투 형태가 아닌, 게릴라를 상대하는 '전선 없는 전투'를 치러야만 했다. 남베트남에서 미군은 적군에게 상대의 인적 보급 능력을 훨씬 웃도는 손실을 입힌다는 이른바 '소모전attrition warfare 전략'을 채택했다. 하지만 북베트남과 NFL은 새로운 병력을 북에서 남으로 지속적으로 내려보냈기 때문에 미군의 그러한 전략은 실패하고 말았다.

북베트남에서 남베트남에 지원했던 인원 보급은 1959~1975년까지의 시기에 전투 요원을 중심으로 총인원 230만 명에 달했다. 당시 농업국이던 북베트남에서 공업국에 맞먹는 전쟁 동원이 가능했던 배경에는 소련·중국의 모델을 본뜬 '합작사合作社'[28]라는 사회주의적 집단 농업 체제가 있었기 때문이다. 북폭을 개시한 후에 북베트남에 확산했던 고급 합작사는 농지를 집단으로 소유·경작하는 합작사로 청년 남성 대다수를 군인으로 동원하는 일을 가능케 해주었다. 그러한 합작사 체제로 구현되었던 '빈곤을 공유하는 사회주의'의 이념은 전시 체제의 기반으로서는 커다란 공헌을 했다. 하지만 그처럼 전쟁에 공헌했다는 사실 때문에 경제적 불합리성의 측면이 감추어지는 통에 베트남전 이후에 있어서 전환이 늦어지고 말았던 것이다.

한편으로 미군은 전장에 남겨진 적의 사체를 계산하는 '전사자 수body count'를 통해서 전황을 판단했다. 애초에 베트남인 민간인과 게릴라의 구별이 매우 어려운 상황에서 베트남인의 사체라면 무조건 전과로 간주했다. 이러한 방식이 미군으로 하여금 베트남 민간인을 적대시하게끔 하는 경향을 더욱 조장했고, 그 결과 미국 국내뿐만 아니라 국제적으로도 비난 여론을 불러일으켰다.

1968년 음력설, 곧 뗏(Tết 節)을 기해서, 북베트남 인민

---

28) 베트남어로는 '홉 딱 싸 농 응히엡'(Hợp tác xã nông nghiệp 合作社農業)으로 불렸는데, 1981년에 이르러서야 농업 생산 단위를 합작사에서 개별 농가 세대로 전환하게 되었다.

군과 남부의 NFL이 남부의 여러 도시에 대해 일제 공격 즉, 뗏(구정) 대공세를 펼치자, 미국 국민은 전황이 미국 측에 유리하게 전개되지 않는다는 인상을 강하게 받게 되었다.[29] 베트남전에서 미군 전사자는 58,000여 명 남 짓으로 베트남 측 희생자 수에 비하면 극히 적은 편이었 다. 하지만 베트남전이 베트남에는 총력전이었던 반면 에, 미국에는 국력 일부를 제한적으로 투입하는 정도의 국지전이었다는 시각에서 보자면 그것은 '감내하기 힘든 희생'이었던 것이다.

1969년에 출범한 닉슨Nixon 정권은, 뗏 대공세라는 무 모한 도시 공격의 과정에서 북베트남과 NFL 측이 상당 한 인적 피해를 입었다는 약점을 기화로 삼아, 베트남전 에 대한 미군의 관여 범위를 점차 축소했다. 동시에 남베 트남 반공 친미 정권을 끝까지 유지하기 위해 NFL의 '성 역'(안전지대)이 위치했던 인근국 캄보디아로 전장을 확대 시키는 한편, 미중 접근을 통해 북베트남을 외교적으로

---

29) 1968년 1월 30일에 시작된 이 군사 공세는 '구정 대공세' 또는 '뗏 대공세'로 불리는 데, 미국을 포함한 전 세계에 베트남전의 실상을 알리는 한편 베트남전 반전 운동이 급 속히 확산되는 계기가 되기도 했다. 이 일로 궁지에 몰린 존슨 대통령은 북폭을 전면 중 지하고, 차기 제38대 대통령 선거에 불출마를 선언하게 되었다. 한편 베트남전을 둘러싼 파리 평화 교섭이 북베트남과 시작되었다.

견제하려고 했다.[30] 오랜 세월에 걸쳐 지원자였던 중국이 미국과 화해했다는 사실은 북베트남 지도부에게 커다란 충격을 주었다. 하지만 이미 '중국 주변부 혁명'이라는 굴레에서 벗어나고자 했던 베트남 노동당은, 그러한 상황 변화에도 남베트남의 해방과 남북통일을 단념할 의사는 추호도 없었고, 도리어 남베트남의 해방과 남북통일의 과업을 서두르게 되었다.

이윽고 미국민의 '반전 여론'은 닉슨 정권의 예상을 뛰어넘어 급속히 나빠졌고, 결국 1973년에 체결된 파리 평화협정에 근거해 미군은 베트남에서 철수했다. 그 후에도 남베트남에서의 전투는 계속되었으며, 1975년 4월 30일에 북베트남 인민군과 NFL의 군사 공세에 남쪽 베트남공화국 정부가 붕괴했고 이로써 베트남전은 종결되었다.[31] 베트남이 베트남 사회주의공화국(Cộng Hoà Xã Hội Chù Nghĩa Việt Nam 共和社會主義越南)의 이름으로 남북통일

---

30) 1971년 7월 닉슨 대통령의 지시로 키신저Kissinger 보좌관이 비밀리에 중국을 방문했고, 1972년 2월에는 닉슨 대통령이 직접 중국을 방문해 공식 외교 관계를 회복하겠다는 내용의 미중 공동 성명을 발표했다. 이후 미국과 중국은 1979년 1월 1일자로 공식적인 외교 관계를 수립하게 되었다.

31) 사이공의 함락과 함께 남베트남 정부가 붕괴하고 난 후에, NFL이 1969년에 남부의 여러 세력과 함께 결성했던 남베트남 공화국 임시 혁명정부가 남베트남 전역을 장악했다. 그러나 그 같은 임시 정부는 북베트남의 괴뢰정권에 불과했으므로, 정식 정부로 전환되지 않은 상태에서 1976년 4월에 제네바협정 이래의 현안이었던 남북 통일 선거가 치러졌다. 이후 1976년 7월 1일에 남북 베트남 통일과 베트남 사회주의 공화국(북베트남이 남베트남을 흡수함)의 수립이 공식 선포되었다.

을 완성한 시기는 이듬해인 1976년에 이르러서였다.[32]

4. 베트남전쟁과 라오스·캄보디아

　라오스와 캄보디아 모두 베트남전의 영향을 크게 받았
다. 당초 북베트남은 베트남 영내의 17도선을 공공연히
넘어서는 행위는 미군의 개입을 초래할 것으로 판단했
다. 그래서 라오스·캄보디아의 산악지대를 우회하는 루
트를, 북베트남에서 남베트남으로 이어지는 보급로로 중
시했다. 그 같은 보급로는 '호찌민 루트Ho Chi Minh trail'[33]
로 불렸는데, 미군은 그 같은 루트를 차단하려고 했던 까
닭에 베트남전의 불길은 라오스·캄보디아에까지 번지게

---

32) 1976년 6월 24일 베트남전 이후 최초의 남북 통일국회가 소집되었고, 7월 2일 국회
결의에 따라 현재의 베트남 국호가 결정되었다. 공식 영어 표기는 'Socialist Republic of
Vietnam', 약칭은 'SRV'로 표기된다. 아울러 1945년 이래 베트남 민주공화국에서 사용해
온 '진군가(Tiến Quân Ca 進軍歌)와 금성홍기金星紅旗를 그대로 국가·국기로 채택했다. 통
일 베트남의 수도는 하노이로 정하고, 사이공은 호찌민시로 이름을 바꾸었다. 참고로
2013년 헌법 개정 시에 현재의 '베트남 사회주의 공화국'이라는 국명을 1945년 8월 혁명
에 의해 독립했을 때의 국명인 '베트남 민주공화국'으로 다시 고치려는 움직임이 있었으
나 변경은 이루어지지 않았다.
33) 베트남전 당시 북부의 DRV로부터 중립국인 라오스·캄보디아의 영내를 거쳐 남부
베트남까지 통하는 루트로 직선거리로 1,400킬로미터에 이르렀다고 한다. NFL에 대한
육상 병참 보급로로 사용되었는데, 베트남어로는 '드엉 쯔엉 선(Đường Trường Sơn 塘長山)'
이라고 하는데, '쯔엉 선 산맥의 길'이라는 뜻이다.

되었다.

제네바협정에서 라오스에 대해서는, 인도차이나전쟁 중에 DRV와 동맹을 맺었던 좌파 조직[라오스 애국 전선]의 무장 세력 집결지[지배 지역]가 인정된 바 있었다.[34] 라오스 왕국 정부Royal Lao Government와 좌파 세력[내우 라오 학쌋] 사이에는 여러 차례 연합정부 수립을 위한 시도가 있었고, 1962년에는 라오스의 중립을 보장하는 국제 조약이 체결되기도 했다.[35] 하지만 그 후에 베트남전이 격화하는 와중에 중립 연합정부는 붕괴했고, 좌우파 사이의 군사적 대립은 날로 격화되었다. 베트남전이 종결된 1975년에는 라오스에서도 좌파 애국전선이 정권을 장악하면서 라오 인민민주공화국Lao People's Democratic

---

34) 1954년 4월의 제네바 회담에 라오스 측에서는 라오스 왕국 정부 대표가 참석했는데, 이윽고 조인된 제네바협정에서는 DRV 및 베트민군과 동맹을 맺었던 내우 라오 이싸라Neo Lao Issara 세력이 지배하는 북부의 퐁 살리Phong Saly와 쌈 느어Sam Neua 두 지역이, 빠텟 라오Pathet Lao로 통칭되던 좌파 무장 세력의 '임시 재집결temporary regroupment'을 위해 할당되었다. 라오스 왕국 대표는 그러한 결정에 대해 크게 반대하지 않았다. 내우 라오 이싸라는 1956년에 내우 라오 학쌋Neo Lao Hak Xat[라오스 애국전선], 약칭 NLHX로 이름을 바꾸고 있다. 이와 관련된 보충 설명은 7강 주석 96) 참조.

35) 라오스 문제 해결을 위한 국제회의가 미국·중국·소련·프랑스·캄보디아 및 남북 베트남 등 15개국이 참가한 가운데 1961년 5월부터 1962년 7월에 걸쳐서 스위스 제네바에서 개최되었다. 이 회의의 결과가 '라오스 중립화에 관한 국제 협약International Agreement on the Neutrality of Laos', 곧 2차 제네바협정으로 조인되었고, 1962년 7월 23일자로 발효되었다.

Republic이 수립되었다. [36)]

한편 캄보디아의 경우는 제네바협정에서 좌파 세력[인민혁명당]의 무장 세력 집결지는 인정받지 못했고, [37)] 노로돔 시하누크Norodom Sihanouk[38)] 국왕을 중심으로 한 캄보디아 왕국 정부가 좌파 세력을 탄압하며 일원적인 통치를 실시했다. [39)]

---

36) 라오스 애국전선[내우 라오 학싸]은 라오 이싸라와 빠텟 라오로부터 발전한 정치 조직으로 볼 수 있으며, 1972년에는 당명을 라오 인민혁명당(LPRP, Lao People's Revolutionary Party)으로 고치고 있다. 그 후 라오 인민혁명당은 지배 정당으로 정권을 장악하고서, 1975년 국왕의 퇴위 선언과 함께 왕정을 공화정으로 바꾸고 있다. 이로써 약 600년 동안 지속되었던 라오스 왕정은 막을 내리고 라오 인민민주공화국이 탄생하게 되었다.

37) 캄보디아의 좌파 세력은 기존의 인도차이나 공산당이 해체되면서 1951년 9월 크메르 인민혁명당(KPRP, Kampuchean People's Revolutionary Party)으로 재결집했다. 제네바협정에서는 캄보디아는 라오스 경우와는 달리 좌파 무장 세력 크메르 이싸락의 군사 집결지를 따로 인정치 않았고 무장 해제할 것을 결정하고 있다.

38) 1922~2012. 캄보디아의 국왕·정치가. 국왕으로 1941~1955년, 1993~2004년의 두 차례에 걸쳐 재위했다. 프랑스식으로 'h'를 묵음으로 읽어 '시아누크'라고 읽기도 한다. 또한 1955~1993년 사이에 중단된 기간이 있었지만, 대통령과 외무장관을 역임했다. 1941년 18세의 나이로 국왕에 즉위했고, 1954년 2월 프랑스의 인도차이나 연방에서 탈퇴하여 독립을 쟁취하면서 신생 '캄보디아 왕국Kingdom of Cambodia'을 수립했다. 이후 '독립의 아버지'로 불리면서 1970년까지 실질적인 권한을 가지고서 캄보디아를 통치했다. 이윽고 베트남전이 한창이던 1970년 3월에 수상 겸 국방상인 론 놀의 쿠데타로 인하여 축출·폐위되었다. 1993년 입헌군주제가 회복되어 국왕에 재즉위했다가, 2004년 10월에 현 국왕인 아들 노로돔 시하모니Norodom Sihamoni에 왕권을 양위하고 퇴위했다. 2012년 10월 그가 이전에 약 13년간 망명 생활을 했던 중국 베이징에서 사망했다. 1941년 이후로 혼란이 극심했던 캄보디아의 정치적 상황에서 두 차례 국왕, 한 차례 실권을 장악한 왕자, 직명 없는 국가원수[대통령] 및 수상·국회의장 그리고 망명정부 수반 등 수많은 직책을 역임했던 까닭에, 흔히 '전 세계 국가의 정권에서 가장 많은 경력을 소지했던 정치가'로도 유명하다 하겠다.

39) 프랑스의 비시 정권이 붕괴했던 1945년 3월에 일본군에 의해 프랑스군이 무력화되고, 프랑스령 인도차이나가 해체되자 시하누크는 베트남·라오스에 뒤이어 캄보디아의 독립을 선언했다. 하지만 1945년 8월에 일본이 패망하자, 이웃한 베트민 세력의 침공을 염려한 시하누크는 일단 프랑스의 캄보디아 귀환을 용인하는 한편 외교적 노력을 기울여서 1949년에 프랑스연합 내에서 독립을 인정받게 되었다. 뒤이어 1954년 2월에 프랑스 인도차이나 연방에서 탈퇴하여 신생 '캄보디아 왕국'으로서 완전한 독립을 쟁취했다. 이윽고 국왕에서 물러나 정치가로 변신한 그는 1955년 4월 '인민 사회주의 공동체', 곧

시하누크는 당초 중립 정책을 내세우며 전쟁의 불길이 자국까지 파급되는 상황을 막으려고 했다.[40] 하지만 남베트남에서 친미 정권이 열세에 놓인 상황을 보고서는 점차 반미적 성향을 강화하게 되었다. 베트남 노동당도 이윽고 반미적 색채를 강화하는 시하누크와 연계를 중시하게 되었는데, 이에 대해서 자신들을 탄압하는 시하누크와 손을 잡는다고 생각해서, 캄보디아 인민혁명당 내에서 베트남에 대한 비판 세력이 늘어나게 되었다.[41]

1963년 폴 포트Pol Pot[42]를 중심으로 한 세력이 인민혁명

'쌍쿰Sangkhum'으로 불리는 정치 조직을 결성하여, 같은 해 총선에서 압승함으로써 일당 정치 체제를 구축하고서, 자신이 수상 겸 외무 장관으로 취임했고, 1960년 4월에 국왕인 부왕父王이 사망하자 신설한 국가원수(대통령) 직에 취임했다. 1955~1965년 사이에 시하누크는 쌍쿰이 구성한 일당 정치 체제를 통해서 비교적 안정적인 통치를 했는데, 일부 학자는 이를 '왕제王制 사회주의'라고 부르고 있다.

40) 시하누크는 1955~1965년 사이에 비교적 안정된 국내 상황을 배경으로 외교 방면에서는 A·A회의 및 비동맹 정상 회의 등에 참가하는 등 중립주의 정책을 표방했다. 이렇듯 동서 양 진영을 넘나드는 이중 외교로 이웃한 베트남·라오스가 전화에 휩싸이는 와중에도 캄보디아는 비교적 평화를 유지할 수 있었다. 하지만 시하누크는 자신의 정치적 필요에 따라 (철저한) 반공주의와 중립주의, 그리고 (때로는) 공산주의 협력자로 변덕스럽고 일관성 없이 통치 이데올로기를 전환함으로써 베트남전이 본격화되는 1965년 이후에는 심각한 정치적 위기를 맞이하게 되었다.

41) 시하누크는 베트남전에서 공산주의자들이 승리할 가능성이 있다고 판단해, 대내외적으로 불안정한 정세 속에서 미국·중국, 그리고 DRV 사이에서 중립주의를 표방하며 양다리 외교를 펼쳤다. 그러다가 대미 관계가 악화, 1965년에는 미국과 외교 관계를 단절하고서 DRV를 비롯한 공산 세력과 제휴하며 관계 개선을 시도했다. 그러한 시하누크의 지나친 이중 외교는 그의 중립 정책 자체를 위태롭게 만들었고, 특히 북베트남 공산 세력과의 유대에 대해서는 그를 반대하는 세력의 반발이 매우 심한 편이었다.

42) 1925~1998. 캄보디아의 공산주의자·정치가. 본명은 살롯 사Saloth Sar라고 하나, 폴 포트 본인이 동일 인물인지에 대해 공식적으로 확인된 바는 없다. 흔히 '폴 포트Pol Pot'로 알려져 있으며, 민주 캄푸치아 수상·캄푸치아 공산당 서기장을 역임했고, 크메르루주의 정신적 지도자로 알려져 있다. 1976~1979년 동안의 민주 캄푸치아 폴 포트 집권 기간에 킬링필드로 알려진 대학살로 악명을 떨쳤다. 1979년 베트남군의 침공으로 정권을 잃고 난 후에 체포되어 1998년 가택 연금 상태에서 사망했다.

당의 명칭을 비밀리에 캄푸치아 공산당[KCP, Kampuchea Communist Party]으로 개칭했는데, 이것은 캄보디아 공산 세력의 '베트남 (공산당) 이탈'을 상징하는 사건이라 하겠다.

다른 한편으로 시하누크의 반미 성향은 캄보디아 왕국 정부 내에서 친미 우파 군부의 반발을 초래했다. 1970년 에는 론 놀Lon Nol을 중심으로 한 군부가 쿠데타를 일으 켜 시하누크를 국외로 추방하고서 크메르 공화국Khmer Republic을 수립했다. 미군과 남베트남 정부군은 그 기회 를 틈타서 캄보디아 국내에 있던 북베트남과 NFL의 '성 역'[안전지대]을 파괴하기 위해 캄보디아 영내로 침공했다. 그 후 캄보디아에도 전쟁의 불길이 번지면서, (베트남전을 넘어서서) 2차 인도차이나전쟁으로 불리게 되었다. [43]

시하누크는 크메르 공화국에 대항해 '민족연합 왕실 정부Royal Government of National Unity'[44]를 수립하고, 당 시까지 적대시해왔던 캄푸치아 공산당[크메르루주Khmer Rouge][45] 등 좌파 세력과도 손을 잡았다. 또한 베트남 노

---

43) 학자에 따라서는 1961~1975년 사이의 베트남·미국 간의 전쟁을 2차 인도차이나전 쟁, 1978년부터 1989년까지 인도차이나 내부의 전시 상황을 3차 인도차이나전쟁으로 분 류하는 경우도 있다.
44) 1970~1976년 사이에 중국 베이징에 있던 캄보디아 망명정부로, 프랑스어로는 '캄푸 치아 왕국 민족연합 정부'(GRUNK, Gouvernement Royal d'Union Nationale du Kampuchéa)로 불렸다.
45) 급진적인 좌파 크메르 지식인들이 주축이 되어 1976년에 결성한 무장 단체를 일컫 는 명칭으로, 프랑스어로 '붉은 크메르인'이란 뜻이다. 1975년 론 놀의 크메르 공화국이

동당도 폴 포트를 지도자로 하는 캄푸치아 공산당과 공동 투쟁을 벌이게 되었다. 론 놀의 우파 군사 세력은 약체여서 베트남 노동당은 캄보디아에서의 전세를 유리하게 이끎으로써, 뗏 공세 이후 군사적으로 곤경에 빠져있던 남베트남 정세의 활로를 뚫을 요량으로, 캄보디아에 대규모 인민군 병력을 투입했다.

캄보디아 우파 군사정권은 프놈펜에 고립되었고, 1975년 4월, 베트남전 종결에 앞서 크메르 공화국은 붕괴했고, 이듬해인 1976년에 폴 포트를 중심으로 한 공산당에 의해, 민주 캄푸치아Democratic Kampuchea가 수립되었다. 이처럼 캄보디아 정세 추이는 베트남전의 최종 국면에서, 베트남 노동당이 직면했던 군사적 곤경에 활로를 열어주는 역할을 했지만, 그와 동시에 반베트남 성향을 마음속 깊이 숨기고 있던 폴 포트가 이끄는 공산당 세력을 권좌에 올려놓기도 했던 것이다. 그러한 행위에 대한 '응보'는 베트남전이 종결된 얼마 후에 나타나게 되었다. [46)]

붕괴되고 민주 캄푸치아 정부가 수립되자, 실질적 권력을 장악했던 캄푸치아 공산당 내의 폴 포트 파를 흔히 '크메르루주'라는 속칭으로 일컫게 되었다.
46) 1976년 이후 폴 포트의 크메르루주 정권은 캄푸치아 공산당 내의 친베트남 세력을 숙청하고, 베트남과 국경 무력 분쟁을 벌이게 된다. 1977년에 베트남과의 외교 단절에 이어 국경 분쟁이 격화되자, 이에 대한 맞대응으로 1978년 베트남군이 캄보디아에 대해 대대적인 침공을 시작하여 1979년 1월에 프놈펜을 함락하는 등 캄보디아 전역을 장악했다. 이러한 베트남의 행동을 징계하기 위해 크메르루주를 지원하는 중국이 베트남을 침공하는 중국-베트남 전쟁이 발발하여 1979년 2월 17일에서 3월 7일까지 전투가 벌어졌다. 이윽고 베트남의 지원 하에 캄푸치아 인민공화국이 수립되기에 이르렀다.

III. 개발과 독재

1. 타이의 개발주의

타이에서는 1947년에 정권을 잡은 피분 쏭크람[47)]이 반공의 기치를 선명히 내세워 미국의 지원을 얻는 한편, '타이인을 위한 타이 경제'라는 경제 민족주의를 강조하며 다수의 국영 기업을 설립했다. 1957년 선거에서 피분 쏭크람 여당이 저질렀던 부정행위에 대한 비판이 거세지는 가운데, 싸릿 타나랏Sarit Thanarat[48)] 장군이 혁명단을 조직해 다시 쿠데타를 일으켜 피분 쏭크람 정권을 무너뜨렸고, 이듬해 1958년에 수상에 취임했다. 싸릿 타나랏 정권은 의회민주주의를 배제하고, 민족·불교·국왕으

---

47) 1947년 11월에 피분 쏭크람·파오 씨야논Phao Siyanon·싸릿 타나랏의 육군 3인방은 쿠데타를 일으켜 정권을 장악했다. 이 정변은 중간에 3년간(1973~1976) 들어섰던 문민정부를 제외하고, 1988년까지 40년 넘게 지속되었던 군사정권의 개막이라는 점에서 타이 정치사에서 매우 중요한 사건이라 하겠다. 1948~1951년 사이에 여러 차례 발생한 쿠데타의 위험을 물리치고, 피분 쏭크람은 파오 씨야논·싸릿 타나랏 두 사람과 권력을 나누며, 1957년까지 10년 동안 타이의 정치를 주도했다.
48) 1908~1963. 타이의 군인·정치가. 두 차례 쿠데타를 통해 수상에 오른 싸릿은 재임 중에 병사했다. 경제성장의 기반을 닦은 치적으로 평가받고 있다.

로 이루진 타이적인 원리[49]를 근간으로 하는 독재 체제를 구축했다.

싸릿 타나랏은 개발[빳따나phátthanaa)[50])을 자기 정권의 지상 과제로 강조했다.[51] 외국 자본 도입을 허용치 않았던 피분 쏭크람과 달리 그의 정권은 외자를 적극적으로 유치해 수입대체 산업화[ISI, import-substitution industrialization) 정책[52]을 축으로 하는 개발 정책을 추진했다. 1959년에는 국가경제개발청[NEDB, Office of the National Economic Development Board)을 설치하고, 1960년에는 산업투자장려법이 제정되었다. 1962년에는 녹다운[KD, knock-down) 생산[53] 사업에 대폭적인 우대 조치를 도입해서, 일본 도요타 자동차가 타이에 자동차 조립 공장을 세우는 등, 일본 자동차 산업의 진출이 본격화되었다.

싸릿 타나랏 정권은 공산주의의 위협에서 타이를 지킬

---

49) 왓치라웃Vajiravudh, 곧 라마 6세[재위 1910~1925)가 처음으로 타이 민족주의와 정체성의 핵심 요소로 '[국가와) 민족·불교·국왕'의 원리를 거론하기 시작했다.
50) 타이어로 '개발' '발전' '진보' '성장'의 뜻을 가진다.
51) 싸릿 타나랏 정권은 군부를 중심으로 화교 자본·외국 자본 3자의 협력 관계 위에서 민간자본의 활력을 원동력으로 삼아 경제 발전을 꾀하고자 했던 것이다.
52) 외국에서 수입하는 공업 제품을 국산화함으로써 해외 의존도를 줄여 근대적 산업화와 경제 발전을 이루려는 정책으로 달리 '수입대체 정책'이라고도 한다. 1950~1960년대에 라틴 아메리카 국가들 및 아시아 여러 나라가 실시했다. 참고로 본격적인 경제 발전을 위해서는 수출지향 산업화 정책으로 전환이 요구되었다. 9강 주석 4) 참조.
53) 녹다운 방식은 부품 또는 반 완제품의 상태에서 수출해서, 현지에서 기술을 제공해 조립 생산하는 방식으로, 주로 자동차 생산이나 가구 유통 등에서 활용하고 있다. 일본 기업은 이러한 방식에 근거해 자동차·가전·섬유 등에서 집중적인 투자를 했다.

것을 강조했고, 베트남전의 양상이 격화되는 가운데 타이를 공산 세력 방어의 최전선으로 간주했던 미국의 지원을 적극적으로 받게 되었다.

1963년 싸릿 타나랏의 사후에 뒤를 이은 타넘 낏띠카쩐Thanom Kittikachorn 정권도 싸릿 타나랏 정권의 노선을 그대로 답습했다. 미국이 베트남에 대한 북폭을 본격화하자, 타이는 미군기지 설치를 허용했고 아울러 지상군의 파병도 단행했다. 타이는 1960년대에 평균 6.8퍼센트라는 높은 경제 성장률을 기록했는데, 그 배경에는 반공 노선을 분명히 하면서 베트남전 참전국이었던 타이에 대해 미국과 세계은행의 막대한 지원이 이루어진 요인이 있었다. 군사적 필요에 따라서 인프라 정비가 추진되었을 뿐만 아니라, 베트남전에 파견된 미군 병사를 위한 휴양지로 타이의 관광 개발이 적극적으로 이루어졌다. 예를 들어 베트남 북폭에 활용되는 미군 기지였던 우타파오Utapao 근처의 파타야Pattaya가 개발되어, 훗날 타이를 대표하는 리조트 관광지로 기반을 닦았던 것이다.[54] 미군기지 건설, 기지 관련 종사자들의 임금 등을 포함한 베

---

54) 오늘날 타이 최고의 휴양지로 매년 수많은 외국인이 찾는 세계적 관광지가 된 파타야는 크게 파타야 해변과 쩜티안Jomtien 해변으로 나뉜다. 흔히 '동양의 하와이' 또는 '타이의 리비에라'라는 별명으로 불리고 있다.

트남전 특수의 비중은, 타이 경제에 있어 1968년 GDP에서 차지하는 비율이 4.7퍼센트에 달했던 것으로 추산되고 있다.

싸릿 타나랏 정권과 타넘 낏띠카쩐 정권은 산업화의 가속적加速的 추진이라는 경제적 요청과 냉전 체제 하에서의 국내 위기관리 체제의 구축이라는 정치적 요청에 부응하고자 했던, 동남아시아 '개발주의'의 선구적 유형이 되었고, '개발독재developmental dictatorship'[55]라고도 일컬어졌던 강권 통치를 시행했다. 그 같은 억압적 체제에 대한 국민의 불만은 날로 높아졌고, 1973년에는 학생을 중심으로 한 대규모 반정부 시위가 일어나면서 타넘 낏띠카쩐은 해외로 달아났다.[56] 타이는 민주주의를 회복했지만, 베트남전 종결로 인해 인도차이나에 공산주의 정권이 생겨나자, 군부와 반공 세력은 공산당·좌파정

---

55) 경제 발전을 위해서는 무엇보다 정치 안정이 필요하다고 주장하며, 국민의 정치 참여를 극도로 제한하고 독재를 정당화하는 경우를 가리킨다. 또한 그 같은 정치 운영을 통해 이룩한 경제 발전의 성과를 국민에게 분배함으로써 지배의 정당성을 담보하려는 정치 체제를 '개발독재 체제'라고 일컫는다. 달리 '개발주의developmentalism'라는 용어를 사용하기도 한다.

56) 1963년에 권력을 승계받은 타넘 정권하에서도 정치적 계파 간의 갈등으로 정국의 불안이 계속되었다. 이에 타넘 수상은 1971년에 친위 쿠데타를 일으켜 헌법을 폐지하고 의회를 해산했으며, 족벌 독재 체제를 구축했다. 이후 1973년 10월 군정 타도와 민주화 요구로 시작되었던 학생 시위가 '피의 일요일 사건'('10월 14일 사건'으로 학생·시민 77명 사망, 444명이 행방불명됨)으로 학생혁명으로 비화되자, 타넘 정권은 붕괴되고 타넘 본인은 외국으로 달아나고 말았다.

당·노동운동·농민운동에 대한 경각심을 더욱 높이게 되었다. 유혈 사태도 빈번히 발생하는 가운데 1976년에는 군부 쿠데타로 헌법·국회가 폐지되고 정당 활동도 금지되었다.[57]

2. 필리핀의 개발독재

필리핀에서는 막사이사이의 뒤를 이었던 카를로스 가르시아Carlos Garcia[58] 대통령 치하에서, 1957년부터 고관세 정책에 따른 수입대체 산업화 정책이 촉진되었다. 미국 기업이 비교적 일찍부터 진출했던 필리핀은 1950년대 시기에는, 도시국가 싱가포르를 제외하고서 동남아시

---

57) 1973년 10월 '학생혁명'으로 해외로 달아났던 타넘 낏띠카쪈이 1976년 9월 출가한 승려 신분으로 귀국을 강행하자, 10월 6일 학생들이 쎄니 쁘라못Seni Pramoj 수상 정권에게 그의 처벌을 요구하는 항의 집회가 대규모로 일어났다. 당시 학생·시민들이 탐마삿 Thammasat 대학교에서 항의 집회를 벌이는 와중에, 경찰이 출동·진압하다가 다수의 사상자가 발생하는 '피의 수요일 사건'(탐마삿 대학 학살 사건)이 일어나게 되었다. 이에 당시 국방상이던 쌍앗 찰러유Sangad Chaloryu 해군제독은 군사 쿠데타를 일으켜 계엄령을 선포하고, 쎄닛 프라못 수상은 실각하고 말았다. 쌍앗 찰러유 국방상이 주도했던 쿠데타는 일명 '반동 쿠데타'라고도 불렸는데, 정부의 좌경화 경향과 불안한 약체 연립 정부에 대한 불신 및 왕정·왕실에 대한 보호를 명분으로 내세웠다. 이로써 1973년 타넘 정권 붕괴로 민정으로 복귀했던 타이 정국은 3년 만에 다시 군부 정치로 복귀하고 말았다.
58) 막사이사이의 대통령직을 승계한 그는 1957년 재선에 성공함으로써 전후에 미국의 후원 없이 당선된 첫 필리핀 대통령이었다.

아에서는 산업화가 가장 발달된 나라였다. 하지만 1960년대에 접어들면 국내 시장이 포화 상태에 이르고, 다양한 경제·사회 문제들이 발생했다.[59] 농촌에서 인구가 유입됨으로써 마닐라에는 빈민가가 형성되었다.[60] 그러한 상황은 산업화 과정에서 형성된 도시 중산층 사이에서 반체제 운동을 확산시켰다.

1968년에는 신공산당(CPP, Communist Party of the Philippines)[61]이 결성되고, 다음 해에는 산하 군사 조직인 신인민군(NPA, New People's Army)이 창설되었다. 또한 남부 민다나오섬에서는 이슬람교도와 새로 이주해온 가톨릭교도와의 대립이 격화되었다.[62] 일부 이슬람 세력은

---

59) 참고로 필리핀의 제조공업 성장률은 1955~1960년의 7퍼센트에서 1960~1965년에는 4.5퍼센트로 낮아졌다.

60) 2차 대전 이후 농민이 큰 비중을 차지하는 필리핀 인구는 1949년 1900만 명에서 1961년 2741만 명으로 급격히 늘어났다. 그 결과 농촌을 떠나 도시로 이주하는 농민이 늘어났고, 이윽고 도시 인구를 급증시켜 실업 문제와 주식인 쌀값의 폭등을 초래했다.

61) 1968년에 결성된 필리핀의 공산당으로 2차 대전 이전인 1930년에 결성된 필리핀 공산당PKP(소련파 공산당)와 구별하기 위해 'ML파 공산당'으로 일컬어지고 있다. 필리핀 공산당CPP은 창당 이후 지하 정치 조직으로 운영되고 있으므로 자세한 사항은 비밀이라 알길이 없다. 무장 혁명을 통한 필리핀 정부 전복을 목표로 내걸고 있는데, 산하에 무장 조직으로 신인민군과 민족민주전선NDF를 거느리고 있다. 6강 주석 22) 참조.

62) 현대의 민다나오섬에는 필리핀 인구의 5퍼센트를 차지하는 이슬람 신자 모로인 Moro('무어인'Moors'의 스페인어로 필리핀에서 무슬림을 통칭하는 말)의 거점이 되고 있다. 그러나 민다나오섬의 인구는, 특히 필리핀 독립 이후 수십 년에 걸친 국내 이민 정책의 결과로 거주민의 대다수가 가톨릭교도로 이루어지게 되었다. 따라서 사회의 주도권을 빼앗긴 무슬림의 분노와 수백 년간에 걸친 분리 독립 운동이 활성화되어 모로 민족 해방전선 MNLF·모로 이슬람 해방전선(MILF, Moro Islamic Liberation Front)·신인민군NPA 등 다양한 반정부 단체가 필리핀군과 내전을 벌이게 되었다.

필리핀으로부터 분리 독립을 요구하며 1970년에는 모로 민족 해방전선(MNLF, Moro National Liberation Front)을 결성해서 무장투쟁을 전개했다. [63)

1965년 대통령에 취임한 페르디난드 마르코스Ferdinand Marcos[64)는 1969년에 재선에 성공한 이후, 1972년에는 폭력에 따른 치안 악화를 이유로 들어 계엄령을 선포했고, 이후 1986년까지 장기 집권 체제를 이어갔다. 그 같은 마르코스 체제는 필리핀에서의 개발독재 체제로 간주할 수 있다. 마르코스는 '과두제寡頭制 지배의 타파'[65)와 '신사회 건설New Society Movement'을 목표로 내걸고서 자신의 강권 통치를 정당화했다. 필리핀은 미국의 동맹국으로 베트남전에 참전했고, 미군의 클라크Clark 공군

---

63) '모로 민족 해방전선'은 이슬람교도의 정치 조직으로, 본래는 분리 독립을 요구·투쟁하는 반정부 무장 세력이었으나, 1996년의 평화 협정 이후 '이슬람교도 민다나오 자치지역(ARMM, Autonomous Region in Muslim Mindanao)의 정부로서 존속하고 있다. 모로 이슬람 해방전선MILF는 1977년 모로 민족해방전선에서 분파한 모로인 해방조직으로 현재까지 활동하고 있다.

64) 1917~1989. 필리핀의 독립운동가·정치가. 상원의장을 역임하고 1965년 제10대 대통령, 1969년 재선에 성공했으나, 이후 1972년에 계엄령을 선포해 독재 체제를 구축해서 1986년까지 21년간에 걸쳐 필리핀을 철권 통치했다. 일명 '에드사 혁명Edsa Revolution'으로 불렸던 민주화 혁명으로 하야한 후에 1989년 망명지 미국에서 사망했으나, 유해가 필리핀에 돌아온 지 30년이 지난 2016년에 이르러 격렬한 찬반 여론 속에서 마닐라에 있는 필리핀 영웅묘지에 안장되었다.

65) 마르코스 정권 이전의 필리핀 정·재계를 지배했던 과두제적oligarchic 엘리트 세력은 대체로 전통 지주 세력·화인 기업인 세력·신흥 정실 자본가의 세 유형으로 구성되어있었다. 따라서 정치 엘리트들 역시 정당보다는 주로 이런 부유한 가문이나 가족 주변에서 많이 배출되었다. 따라서 취약한 정당 체제하에서 치러지는 필리핀의 선거는 이들 과두 엘리트 파벌 간 정치 권력의 연속적 교체에 불과했다고 볼 수 있다.

기지와 수빅만Subic Bay 해군기지는 베트남 출격·보급기지로서 중요한 역할을 담당했다.

필리핀은 또한 벼농사에 있어서 '녹색 혁명Green Revolution'[66]이 동남아시아에서 가장 빠르게 1967년부터 시작되었던 나라였다. 다수확 품종 벼의 도입으로, 오랫동안 쌀 수입국이었던 필리핀도 1978년부터 1981년 사이에는 일시적으로 쌀 수출국이 되기도 했다.

다수확 품종의 재배는 비료 등의 비용이 종전보다 훨씬 많이 소요되었기 때문에, 영농 자금이 부족한 대부분의 필리핀 농민에게는 부담이 매우 컸다고 할 수 있다. 마르코스 정권에서는 일련의 토지개혁이 추진되어 소작인은 농지를 취득하기 위한 융자를 받을 수 있게 되었다. 그 같은 개혁은 일정한 성과를 거두어서 농민들이 지주에 의존하는 비중이 감소하기는 했으나, 그 대신에 대형 농기계를 소유하고서 농업 투입재[67]를 취급하는 상인 역할을 겸했던 부농들이 출현하게 되었다.

한편으로 마르코스 정권에서는 투자촉진법과 수출

---

66) 농업 분야에서 품종 개량 등 새로운 농업 기술의 도입으로 많은 수확을 올리는 농업상의 모든 개혁을 일컫는 말이다. 특히 1960년대 개발도상국에서 일어난, 농작물의 대량 생산에 근거한 비약적인 식량 생산력의 증대를 지칭한다.
67) 농사에 투입되는 종자·농약·비료·농기계·농자재 등을 통칭하는 말이다.

장려법의 개정으로 외자 도입이 촉진되었고, 세계은행 및 국제통화기금IMF의 융자와 미국·일본으로부터의 원조액도 증가했다. 미군이 베트남에서 철수하기로 했던 1973년에, 마르코스는 필리핀에 자리 잡은 미군 기지에 대한 전면적 재검토를 요구하는 한편, 기지의 존속을 원했던 미국에서 교묘하게 군사·경제 원조를 끌어냈다. 1979년에 개정된 기지 협정을 통해 클라크·수빅만 두 기지를 대폭 축소시켰던 반면에 필리핀에는 추가적인 군사 원조를 제공하기로 했던 것이다. 마르코스 정권에 의한 경제 개발 추진으로 1960년대에는 연평균 4.9퍼센트였던 경제 성장률이 1970년대에는 6.2퍼센트를 기록하게 되었다.

그러나 거액의 외자 차입으로 인해 대외 채무가 늘어났고, 동시에 경제적 이권 또한 마르코스 대통령과 그의 측근crony 그룹[68]에 쏠리게 되자, 1980년대로 접어드는

---

68) 마르코스 대통령이 계엄령을 선포하고 강권 통치를 하던 1972~1981년 동안 그의 독재 정치를 돕던 열두 명의 최측근 인사들은 'Rolex 12'라는 별명으로 통칭되었다. 마르코스가 신임의 표시로 롤렉스 시계를 그들에게 선물했다는 소문에서 유래된 별명이나 진위는 확인되지 않았다. 또한 2004년에 발간된 『세계 부패 보고서Global Corruption Report』에 따르면 마르코스는 인도네시아의 수하르토 대통령과 더불어 세계에서 가장 부패한 정치가로 뽑혔는데, 그의 부정 축재와 재산의 해외 은닉에는 필리핀 기업가 열 명이 관련되어있는 것으로 이야기되고 있다. 이렇듯 정치와 경제 관료의 유착을 통해 경제 성장이 어떤 특정 집단에게만 혜택을 주어 성장케 하는 불공정 경제 체제를 '측근 자본주의crony capitalism'라고 일컫기도 한다.

시기에는 그의 강권 통치에 대한 비판 여론이 점차 높아
져 갔다.

3. 인도네시아-수카르노 정권에서
수하르토 정권으로

네덜란드에서 독립한 인도네시아 공화국에서는, 1950
년의 잠정헌법(UUDS, Undang-undang Republik Indonesia
Sementara)[69]에 따라 대통령 권한을 대폭 제한하고 의회
주도로 내각을 구성해 국정을 담당케 하는 의회제 민주
주의 국가 건설을 추진코자 했다. 1955년에 치러진 총선
에서는 국민당(PNI, Partai Nasional Indonesia), 공산당PKI,
개혁파 이슬람의 마슈미Masyumi 당, 전통파 이슬람의 나

---

69) 인도네시아는 독립 이후 1945년에 인도네시아 공화국 헌법Undang-undang Dasar
Republik Indonesia, 1949년에 인도네시아 연방공화국 헌법Konstitusi Republik Indonesia
Serikat, 1950년에 인도네시아 공화국 잠정헌법을 제정하고, 1959년에 인도네시아 공화
국 헌법을 재공포하고 있다.

흐다뚤 울라마(NU, Nahdatul Ulama)[70]가 서로 다투었다.[71] 이러한 중앙 정계의 격심한 경쟁과 더불어, 중앙과 지방의 이해관계 대립에서 비롯된 지역의 반란이 빈발하여 정치적 혼란을 더욱 가중시켰다.

쟈바 출신 수카르노 대통령과 수마뜨라 출신 모함마드 핫타Mohammad Hatta[72] 부통령의 정치적 제휴는 정권을 지탱하며 여러 세력의 균형을 잡아주는 상징과도 같았다. 하지만 여타 지역의 쟈바에 대한 불만을 배경으로

---

70) '울라마(종교 학자들)의 부흥'이라는 의미를 지닌 '나흐다뚤 울라마NU'는 동부 쟈바를 중심으로 1926년 창설된 정통 이슬람 종교 조직으로, '무함마디야Muhammadiyah'와 더불어 이슬람의 양대 세력으로 알려져 있다. 조직의 활동 거점은 중동부 쟈바 농촌 지역에 편재한 뻬산뜨렌Pesantren(이슬람 기숙학교)이며, 인도네시아에서 최대의 인원 동원력을 지닌 단체로 알려져 있다. 조직상으로는 각 지역의 울라마의 자립성을 존중하는 느슨한 형태의 연합체로, NU로서의 지도부 선출·활동 방침·이슬람법 샤리아의 해석에 관한 의논·결정 등은 5년마다 열리는 한 차례 대회에서 결정되었다. 1973년에 해산했고 현재는 종교 조직으로 활동하고 있다. 참고로 수하르토 정권이 붕괴된 이후에는, NU를 기반으로 한 민족각성당(PKB, Partai Kebangkitan Bangsa)이 발족되어, 오랫동안 NU 총재를 지냈던 압둘라흐만 와히드Abdurrahman Wahid가 동당 출신으로 인도네시아 제4대 대통령으로 선출되기도 했다. 1999~2001년까지 여당이었으며, 2014년 대선 때에는 민주항쟁당 PDIP 조코위 후보를 지지하기도 했다.

71) 총 232명의 의석을 놓고 치러진 선거 결과로 제1당 마슈미당은 21퍼센트, 제2당 NU는 18.4퍼센트, 제3당 PNI는 16퍼센트, 제4당 PKI는 5.6퍼센트였고, 42퍼센트 이상의 나머지 의석은 군소 정당과 무소속이 차지했다. 총선 결과에 따라 마슈미당의 모함마드 낫시르Mohammad Natsir가 수상이 되어 인도네시아 사회당(PSI, Partai Sosialis Indonesia)과 연립내각을 출범시켰다.

72) 1902~1980. 인도네시아 독립운동가·정치가. 인도네시아 독립운동 지도자의 한 사람으로 1945~1956년까지 초대 부통령, 1948~1949년까지 총리, 그리고 1949~1950년까지 외상을 겸임했다. 수카르노와는 출신·성격·신념 등 여러 면에서 대조적이었으며, 때로는 정치적으로 예리한 비판자이기도 했다. 참고로 인도네시아 루피아 지폐에 그의 초상화가 실려있으며, 수도 자까르따에는 그의 이름과 수카르노 초대 대통령의 이름을 딴 수카르노-하타Soekarno-Hatta 국제공항이 설립되었다.

1956년 12월 핫타가 부통령직에서 사임하자[73] 지방에서 일제히 불만이 터져 나왔고, 1957년에는 서수마뜨라와 남술라웨시에서 반란이 일어났다. 이 같은 외도外島[74] 지역의 반란에서는 부통령 핫타의 복귀와 천연자원 수출로 얻는 이익을 지방으로 환원해달라는 요구가 제기되었다.[75] 하지만 수카르노는 이런 요구를 거부하고 비상사태를 선포하여 군이 반란을 진압토록 했다. 또한 1959년에 서구적 민주주의는 인도네시아에 적합하지 않다면서 1950년에 제정된 잠정헌법을 파기하고, 대통령에게 강력한 권한을 부여했던 1945년 헌법[76]으로 복귀해서 '교도

---

73) 실제로는 수카르노가 주창했던 교도 민주주의 개념에 핫타가 강력 반대했고, 결국 수카르노와의 이견을 좁히지 못한 채 부통령직을 사임하게 된 것이다.

74) 권력 중심 지역인 자바섬에 대해 나머지 섬 지역을 일컫는 말이다.

75) 1956년 12월부터 1957년 1월까지 수마뜨라 여러 지역의 지방군 사령부들은 지방정부의 행정권을 인수해 자까르따의 간섭 없이 군 위원회가 자치적으로 운영할 것임을 천명했다. 이어서 1957년 3월 비슷한 시도가 술라웨시 지역에서도 잇달아 발생했다. 이들은 중앙 정부 세수의 공평 분배와 수카르노-핫타 정·부통령 체제의 원상 복구를 요구했는데, 이 중 핵심 문제는 지방정부에 불리한 세수 분배 방식이었다. 당시 이들 지방군의 반란으로 인해 인도네시아는 사실상 국가 분열의 상태에 놓여있었다.

76) 1945년 헌법(보통 'UUD-45'로 표기함)은 우선 제정 자체가 미완성이고 내용이 불명확해 서구의 헌법과는 달리 통일적 체계를 갖추고 있지 못했다. 그런데도 '숨빠 뻐무다 Sumpah Pemuda'(청년의 맹세)나 '빤쟈실라'Pancasila'(건국 5원칙)의 정신을 명시하는 등의 역사적 상징성에 근거해 근본 규범으로서 규범력을 인정받아왔다. 곧 1945년 헌법은 향후 독립국가 형성과 더불어 재정비하여 영구적인 헌법을 제정할 수 있을 것으로 기대하고서 서둘러 선포했던 '선언적 성격'의 헌법으로 이해할 수 있다.

민주주의Demokrasi Terpimpin[77]라는 이름의 대통령 전제專
制 체제[78]를 구축했다. 이 같은 체제는 민족주의·종교〔이
슬람〕·공산주의의 3자 제휴〔나사콤NASAKOM〕[79]를 표방했지
만 실제로 세력을 확대했던 쪽은 군부와 공산당이었다.

　수카르노는 인도네시아에 잔존하는 네덜란드의 이권
을 일소하려 애썼고, 1957년 이후 네덜란드 기업 몰수와
국유화를 정책을 폈다. [80] 이어서 1960년에는 네덜란드
와 외교 관계를 단절했고, 당시 아직은 네덜란드령이었

---

77) '교도 민주주의guided democracy'는 서구식 민주주의를 거부하고, 인도네시아 전통
에 근거한 인도네시아식 민주 제도를 가리킨다. 그 내용은 첫째 인도네시아 사회의 전통
적 상부상조 체제를 의미하는 '고똥 로용Gotong Royong' 내각의 이름하에 전 정당이 참여
하는 거국 내각을 출범시키고, 둘째 공동 논의와 합의에 기초한 의사 결정 방식인 '무샤
와랏Musyawarat'에 근거해, 대통령을 의장으로 하고 노동자·농민·민족기업가·부인·청
년·지방·군대 등 직능인 단체 대표로 구성된 내각의 고문 기관으로 국민협의를 결성하
는 것 등을 골자로 했다.
78) 1959년 7월에 수카르노 대통령은 제헌의회의 해산과 1945년 헌법 체제로 복귀할 것
을 명하는 '대통령 포고Dekret'를 공포했다. 이러한 '포고'를 법원法源〔법이 생겨나는 근거〕으
로 간주할 어떠한 법적 근거가 없는데도 불구하고, 그 후로 1945년 헌법은 수카르노 체
제 및 그에 뒤이은 수하르토 체제를 떠받치는 법적 근거가 되었다. 1959년 이후로 수카
르노 대통령은 아무런 법적 근거도 없이 '대통령결의Penetapan Presiden'와 '대통령규칙
Peraturan Presiden'을 마구 남발했고, 자신의 권위주의 체제를 유지하는 수단으로 활용
했다. 참고로 1965년 9·30사건이 발생하고, 수카르노 대통령이 실각한 다음 해에, 당
시 수하르토 육군 소장이 작성했다고 알려진 '명령서surat perintah〔작성 일자에 근거해 '3·11명
령서'로 불림〕를 근거로, 대통령직 권한을 장악했고, 이듬해 1967년에 대통령 대행, 그리고
1968년에 정식으로 대통령이 되어서 1998년까지 장기 강권 정치를 실시했던 것이다.
79) 민족주의Nasionalisme를 표방하는 정당인 인도네시아 국민당 이하 3개 정당, 이슬람
종교Agama 세력을 대표하는 '나흐다뚤 울라마' 이하 5개 정당, 그리고 인도네시아 공산
당(Komunisme)의 3대 정치 세력으로 성립되는 체제였다. 수카르노 자신이 주장하는 교
도 민주주의의 특징을 나타내기 위해 각 세력이 대표하는 이념의 머리글자를 따서 '나사
콤Nas-A-Kom' 체제로 명명했다. 참고로 1945년 이후의 인도네시아 정치사는 1945~1949
년의 독립전쟁기, 1950~1959년의 헌정기, 1959~1965년의 나사콤 체제〔교도 민주주의〕 시기
로 나뉜다고 하겠다.
80) 1958년 11월 네덜란드계 기업국유화법을 공포하여, 농장 77사, 광산회사 92사, 무역
회사 32사, 은행·보험사 31사 등 네덜란드인이 소유한 253개 기업을 국유화했다.

던 서이리안Irian Jaya Barat〔현재의 파푸아Papua〕[81] 탈환을 노리는 '서이리안 해방투쟁'[82]을 전개했다. 한편으로 말라야연방이 인접한 영국령 보르네오〔사바, 사라왁〕를 통합하고, 1963년에 발족한 말레이시아연방〔뒤에서 언급함〕을 영국의 신식민지주의로 규정하면서 '말레이시아 분쇄 투쟁'을 전개했다.[83] 이런 일련의 사태는 인도네시아의 국제적 고립을 초래했고, 1965년에는 인도네시아는 UN에서 탈퇴해서 중국·북한 등에 접근했다〔1966년 UN 복귀〕[84].

수카르노의 반제국주의적 성향은 인도네시아 공산당에게는 순풍으로 작용해 공산당은 당세 확장에 성공했

81) 서이리안 지역은 현재 오스트레일리아 북쪽에 있는, 세계에서 두 번째로 큰 섬인 뉴기니섬의 서부 지역을 가리키는 명칭이다. 서뉴기니 또는 서파푸아라고도 하며 과거에는 '네덜란드령 뉴기니〔1895~1962〕' '서이리안〔1963~1973〕' '이리안 자야Irian Jaya〔1973~2001〕' 등으로 불렸다. 이후 파푸아주로 바뀌었다가 2003년 이후에는 서파푸아Papua Barat주가 신설되었다. 뉴기니섬의 동부는 파푸아뉴기니 영토이다.

82) 1952년에 네덜란드가 이리안의 장래에 관해 원주민인 파푸아인의 자치권을 우선하여, 인도네시아에서 분리해 독립 국가로 만들고자 했다. 인도네시아는 이에 대항해 이리안 지방자치성을 설립, 이 지역이 자국 영토임을 주장했으나, 이윽고 1961년 네덜란드가 네덜란드령 뉴기니의 독립을 정식 승인하고, 무력 개입하면서 '이리안 해방투쟁'을 주창한 인도네시아와 무력 분쟁을 빚게 되었다. 당시 미국 케네디 대통령의 중재로 양국은 합의를 이뤘고, 그 같은 합의에 근거해 일단 이 지역은 UN의 통치하에 놓였다가, 1963년 5월 인도네시아로 통치권이 공식으로 이양되었다.

83) 7강 주석 115) 참조.

84) '말레이시아 분쇄 투쟁'이 한창 진행 중이던 1965년 1월 말레이시아가 UN 안전 보장이사회 비상임 이사국으로 선출된 데 반발해 수카르노는 UN에서 탈퇴하기로 결정, 신흥 세력을 규합해 '제2 국제연합'이라 해야 할 '코네포CONEFO', 정식 명칭은 '신흥국 세력 회의Conference of New Emerging Forces'를 결성했다. 그는 또한 앞서 1963년에 대안적 올림픽을 표방하는 새로운 국제 스포츠 대회 '신흥국 경기 대회〔가네포GANEFO, Games of New Emerging Forces〕'를 창설한 바 있는데, 신흥국 회의 창설 역시 이러한 일련의 외교 정책의 연장선상이었던 것으로 볼 수 있다. 1961년 1월 인도네시아·중국·북한·베트남민주공화국 등 4개국의 회원국으로 창설했으나, 1966년 수하르토에 의해 해체되었다.

고, 300만 명의 당원을 자랑하며 사회주의권 이외의 국가에서는 세계 최대 규모의 공산당으로 성장했다. 그러나 수카르노 정권이 제정했던 정당 규제책에 좇아 당 조직을 공공연히 드러내었는데, 이것이 도리어 탄압에는 취약한 체질을 만들고 말았다.

이렇듯 공산당의 세력 확장은 군부 및 이슬람 세력과의 사이에서 정치적 대립을 격화시키게 되었다. 그중에서 1965년 9월 30일 심야부터 이튿날 새벽에 걸쳐 국군 내부 일부 친공親共 부대에 의한 쿠데타 미수 사건[9·30사건][85]이 발생했다. 사건의 진상은 오늘날까지도 여전히 오리무중이지만[86], 사건을 신속하게 진압했던 육군전략예비군 사령관 수하르토[87]의 명령으로 공산당 세력에 대

85) 인도네시아에서 이 사건은 공식적으로 'G30S'[Gerakan 30 September]/PKI[Partai Komunis Indonesia], 곧 '인도네시아 공산당이 일으킨 9월 30일 운동'으로 불리고 있다. '9·30 (쿠데타)사건' 또는 '9·30 (쿠데타)사태' 또는 '9·30운동' 등이라고도 하는데, 그밖에도 군부 쪽에서는 '게스따뿌Gestapu'[Gerakan September Tiga Puluh]라는 신조어를 사용하기도 한다. 참고로 이러한 9·30사건의 진상과 역사적 평가에 대한 흥미로운 저서가 이미 한국어로 번역·소개되어 있다. 바바 기미히코馬場公彦, 『세계사 속의 중국 문화대혁명世界史のなかの文化大革命』(헤본샤平凡社 신서 891, 헤본샤, 2018; 한국어판 장원철 옮김, AK 커뮤니케이션즈, 2020). 또한 기록 영화로는 9·30사건 이후에 벌어진 인도네시아의 대학살 상황을 소재로 미국의 조슈아 오펜하이머Joshua Oppenheimer 감독이 제작한 〈액트 오브 킬링The Act of Killing〉〈침묵의 시선The Look of Silence〉 2부작이 있는데, 역사 다큐멘터리의 걸작으로 평가받고 있다.

86) 9·30 (쿠데타) 사건의 배후에 관해서는 학자들에 따라 대체로 다섯 가지 가능성이 제기되고 있다. ①인도네시아 공산당이 주범이고 중국이 배후라는 설, ②국군 내부의 권력 투쟁설, ③수카르노 대통령이 주모자라는 설, ④수하르토 육군상이 배후 흑막이라는 설, ⑤미국 중앙정보부CIA가 관여했다는 설 등이 그것이다.

87) 1921~2008. 인도네시아의 군인·정치가. 초대 대통령인 수카르노에게서 정권을 이양받아 1966년부터 1998년까지 32년간에 걸쳐 독재 정치를 펼쳤다.

한 철저한 토벌이 이루어졌고, 그로 인해 공산당 조직은 괴멸적인 타격을 입게 되었다. 각 지역에서 공산주의자로 처형·살해당했던 이들이 50만 또는 100만 명에 이른다고 일컬어지고 있다.[88]

이윽고 정치적 실권을 장악했던 수하르토는 1968년 3월에 대통령에 취임했고 전임 수카르노 정권의 정책을 크게 바꾸어서 말레이시아 대결 정책 중지, UN 복귀, 서방 국가들과의 관계 개선, 중국과의 단교[89] 등을 실시하는 동시에 국내 정책의 중심축을 개발에 두게 되었다. 이후로 수하르토는 1999년까지 장기간 정권을 유지하면서 국가 목표를 '혁명'에서 '개발'로 바꾸었고, 그 결과 동남아시아 개발독재를 대표하는 존재가 되었다.[90]

수하르토 정권은 1967년 외자투자법을 제정하고, 국

88) 인도네시아군 소식통이 공포한 숫자로는 희생자 수는 87,000명에 이르고, 미국 CIA 조사에 근거하면 대략 25만 명 정도가 살해되었다고 알려져 있다. 일부 연구자들은 희생자를 최소한 50만 명 정도로 보고 있고, 인도네시아 육군 치안질서회복사령부는 희생자가 100만 명에 달하고 있다고 발표하고 있다.

89) 9·30사건과 관련해 인도네시아 공산당의 배후에 중국 정부가 있다고 의심한 인도네시아는 1967년 10월에 중국 대사관·영사관의 폐쇄와 외교관원을 철수할 것을 통지했다. 게다가 부상당한 외교관원을 철수시키기 위해 중국 전용기가 인도네시아 영내로 진입하는 일조차 허용하지 않았다. 이로써 양국의 외교 관계는 중단되었고 인도네시아 수하르토 정권은 반공·반중·반화교 노선으로 돌아서게 되었다.

90) 수하르토 정권은 이전 '혁명'을 강조하던 수카르노 시대를 '구질서Orde Lama'로, 반면에 '개발'을 추진하는 자기 시대를 '신질서Orde Baru'로 규정하였다. 또한 수하르토는 '국가 개발 대통령bapak pembangunan nasional', 그의 정부는 '개발 내각kabinet pembangunan'이라는 별명으로 불렸다. 또한 그는 1983년 인도네시아 최고 권력 기관인 국민협의회MPR로부터 '국가 개발의 아버지Bapak Pembangunan Nasional'라는 칭호를 부여받기도 했다.

가개발기획청(BAPPENAS, Badan Perencanaan Pembangunan Nasional)[91]을 설치했다. 인도네시아에 반공 정권이 탄생한 것을 미국을 비롯한 서방 국가는 환영했고, 외국으로부터의 원조와 투자가 증가했다. 석유를 위주로 한 외화 수입을 통해 수입대체 공업을 중심으로 한 제조 공업 및 석유·천연가스 중심의 광공업 개발을 주축으로 한 개발 정책이 본궤도에 진입했고, 1950년대는 연평균 3.5퍼센트에 머물렀던 경제성장이 1970년대에는 평균 7.9퍼센트를 기록하게 되었다.

인도네시아의 (중국계) 화인 인구는 전체 인구의 3~4퍼센트[92]에 지나지 않았으나, 도시의 민간 경제활동에서는 지배적 지위를 차지하고 있으며[93], 1960년대 말부터 진출이 활발해졌던 일본계 기업을 중심으로 한 외자계 제조업 또한 화인계 기업들과 제휴하여 공동 경영하는 경우가 많았다. 그로 말미암아 화인계 주민과 비화인계 주민 간의 경제 격차가 발생했고, 이를 배경으로 1973년 8월에는 반둥에서 반화인 폭동이, 1974년 1월의 다나카 가쿠에

---

91) 영어로는 'National Development Planning Agency'로 표기한다.
92) 약간의 차이는 있으나 현재 인도네시아의 중국계 인구는 300만 명 내외로 볼 수 있다.
93) 흔히 3퍼센트의 화인이 인도네시아 전체 경제의 70퍼센트를 쥐고 있고, 인도네시아 재벌 20명 가운데 17명이 화인이라고 알려져 있을 정도이다.

이田中角榮 일본 수상 방문 시에는 자까르따에서 반일 폭동이 발생하였다.[94] 수하르토 정권은 이 사태를 계기로 외자에 대한 제한과 외국 자본과 공동 경영할 경우 주식 51퍼센트 이상은 쁘리부미Pribumi[비화인계 인도네시아인] 기업이 보유해야만 한다는 등의 규제 조치를 도입했다.

수하르토는 정부와 군부 세력이 공개적으로 지지하는, 골카르Golkar[95]라는 익찬翼贊[관제] 정당을 결성하고 1971년 총선에서 압승을 거두었다. 1973년에 정당은 골카르 이외에 이슬람계 4당을 통합한 개발통일당[PPP, Partai Persatvan Pembanguran], 세속 민족주의와 그리스도교계 5당을 통합한 인도네시아 민주당[PDI, Partai Demokrasi Indonesia]만 허용되었고, 1997년까지 익찬형翼贊型[96] 총선이 치러졌다. 정·부통령을 선출하는 국민협의회는 수

---

94) 1974년 1월 9일에 학생혁명으로 불리는 유혈 사태로 군정이 무너진 지 얼마 안 된 타이의 방콕을 다나카 일본 수상이 방문하자, 1972년 이후 반일 감정이 높아가던 분위기에서 타이 국민은 다나카 수상에 대해 대대적인 항의 시위를 벌였다. 방콕의 학생 시위대를 피해 1월 14일 자까르따에 도착한 다나카 수상은 타이보다도 더욱 격렬한 반일 시위에 직면하게 되었다. 처음 일본 기업의 현지 진출에 반발한 학생들의 시위는 이윽고 수많은 시민이 가세하여 반일 폭동으로 발전했고, 마침내 도요타와 합작 회사인 도요타 아스트라 본사 빌딩이 시위대의 방화로 불타고 말았다. 그 같은 반일 폭동으로 인해 여덟 명이 사망하고 수많은 시민들이 체포되었다.

95) 1964년에 수하르토의 통치 조직으로 급조된 정당으로 '직능 집단Golongan Karya'이라는 말에서 머리글자를 따서 '골카르'로 불렸다. 골카르는 원래 인도네시아 공산당의 다양한 전위 조직에 대항키 위해 군부가 만든 군부 산하의 전위 조직에서 유래되었는데, 이후 인도네시아 군부도 직능 그룹의 일원으로 정치에 본격적으로 참여하게 되었다.

96) 관제 정당인 골카르와 수하르토 정권이 허용한 두 야당만으로 이루어졌다는 뜻이다.

하르토 대통령이 임명하는 의원이 과반수를 차지했고, 수하르토가 수차례나 대통령에 선출되는 짜임새로 이루어져 있었다.[97]

1974년 포르투갈에서 우파 독재 정권이 무너지자[98], 후임 포르투갈 정부는 식민지 독립을 승인하겠다는 입장을 분명히 밝혔다. 포르투갈령이었던 동티모르에서는 독립을 요구하는 이들이 좌파계 동티모르 독립혁명전선Revolutionary Front for an Independent East Timor〔프레틸린Fretilin〕[99]을 결성하여, 인도네시아와의 합병을 요구하는 이들과 대립했다. 1975년 포르투갈은 동티모르에 대한 권리를 포기했고, 프레틸린이 동티모르 민주공화국 Democratic Republic of Timor-Leste 독립을 선언하자, 동티모르의 사회주의화를 우려한 인도네시아는 군대를 투입

---

97) 32년간 장기 독재를 펼친 수하르토 체제 역시 수카르노가 교도 민주주의로서 1945년 헌법에 의거, 국민협의회를 통해 대통령을 간접 선거로 뽑는 정치 제도를 그대로 계승하고 있다고 볼 수 있다.

98) 유럽의 최장기 독재로 알려진 에스타도 노보Estado Novo〔새로운 국가〕 체제를 구축해 1932~1968년까지 36년간 독재자로 군림했던 안토니오 살라자르António Salazar가 1970년 사망한 뒤, 그의 후임자 카에타노Caetano 수상은 점진적 개혁을 추진했으나 에스타도 노보 체제와 해외의 포르투갈 식민지 유지에는 변화를 보이지 않았다. 하지만 포르투갈 군부 내 좌파 청년 장교들이 체제에 불만을 품고서 마침내 1974년 4월 25일 '카네이션 혁명Carnation Revolution'〔4·25혁명〕으로 일컬어지는 무혈 쿠데타를 일으켰고 내각은 붕괴되고 말았다. 이후 민주화된 포르투갈은 마카오를 제외한 모든 해외 식민지에 대한 권리를 일괄 포기했다.

99) 포르투갈어 명칭 'Frente Revolucionária de Timor-Leste Independente'의 머리글자를 따서 '프레틸린Fretilin'이란 약칭으로 불렸다.

해 동티모르를 병합했다. UN 안보리는 인도네시아의 침공을 비난했으나, 사회주의 정권의 등장을 바라지 않는 미국은 병합을 묵인했고, 이후 현지에서는 프레틸린과 인도네시아 국군의 항쟁이 계속되었다. 또한 수마뜨라섬 북단의 아쩨에서는 1970년대 중반에 독립파에 의해서 자유아쩨운동(GAM, Gerakan Ache Merdeka)이 결성되어 무장투쟁을 개시했다.

4. 버마식 사회주의의 성립

버마에서는 1948년의 독립 이래 우 누 정권이, 대외적으로는 비동맹 중립, 대내적으로는 의회제 민주주의에 근거한 통치를 했으나, 소수민족·공산당 등의 무장 반란이 잇달았고, 여당 내부에서도 대립이 격화되어, 정권은 안정이 되지 못했다.

그러는 가운데 1962년에는 아웅산의 동지로 국군의

지도자인 네 윈Ne Win[100]이 일으킨 쿠데타로 우 누 수상은 실각했고, 네 윈이 혁명평의회 의장으로 정치적 실권을 장악했다. 네 윈은 '버마식 사회주의Burmese Way to Socialism'라는 이름의 선언을 하고서, 상공업의 국유화 및 농산물 생산·유통도 국가 통제에 두며, 외국의 투자·원조에 의존하지 않는, 자력에 의한 사회주의 국가 건설을 목표로 내걸었다.

군인이 중심이 되었던 버마 사회주의계획당[BSPP, Burma Socialist Programme Party]이 결성되었고, 1964년에는 여타 정당의 활동은 모두 금지되었다. 1974년에는 버마 연방 사회주의 공화국Socialist Republic of the Union of Burma 헌법이 제정되어, 형식상으로는 민정 이양이 이루어졌으나, 실제로는 BSPP 일당독재 체제에 변함이 없었다. 폐쇄적인 사회주의 체제에서 경제는 장기간 부진과 정체에 빠지고 말았다.

---

100) 1911~2002. 미얀마의 독립운동가·군인·정치가. 떠킹당 당원으로 1941년 일본의 공작기관 미나미키칸의 주선으로 이른바 '30인의 지사' 중의 한 사람으로 군사 훈련을 받은 뒤 버마 독립군의 대대장이 되었다. 1944년에는 항일운동에 참가했고, 1948년에 참모총장이 되었다. 1958년·1962년 두 차례 쿠데타로 정권을 장악했고, 이후 혁명평의회 의장[원수]·수상·국방상·군 최고사령관 등을 역임했다. 1974~1981년에 국가평의회 의장[대통령], 1962~1988년에 버마 사회주의계획당 의장을 지냈으나 정치적으로 독재자라는 비난을 받았다. '네 윈'이란 일종의 무호武號로 지었던 이름으로 '빛나는 태양'이란 뜻이다. 그의 통치술은 개인 숭배와는 무관하게 철저하게 막후에서 버마를 통치했고, 국민 앞에 모습을 드러내는 일은 1년에 2회 정도에 그쳤던 것으로 알려져 있다.

IV. 말레이시아의 결성과 싱가포르의 독립

1961년 5월, 말라야연방의 라만Rahman[101] 수상은 기존의 말라야연방에 영국령 싱가포르·브루나이·사라왁·사바를 더해 말라야연방을 확대해서, 말레이시아연방을 만들겠다는 구상을 발표했다. 그 같은 구상에는 좌파 세력이 강했던 싱가포르를 말라야연방에 재통합함으로써 싱가포르의 공산화를 막겠다는 의도가 깔려있었지만, 싱가포르를 말라야연방에 통합하게 되면 화인 인구가 말레이인 인구를 웃돌 염려가 생겨났다. 따라서 그것은 말레이인으로서는 수용키 어려운 방안이므로, 싱가포르뿐만 아니라 영국령 보르네오(사라왁, 북보르네오)까지 포함해 말레이시아로 만들려는 구상이 부상하게 되었다. 영국과 말라야연방은 1963년 8월까지 말레이시아를 발족시키는 데 합의했다.

이에 대해 필리핀의 디오스다도 마카파갈Diosdado Macapagal 대통령은 일찍이 술루 왕국의 술탄이 지배했

---

101) 1903~1990. 말레이시아 정치가. 본명은 뚠꾸 압둘 라만Tunku Abdul Rahmand이다. 말레이시아 독립의 아버지로 불리며 말레이시아 초대 총리를 역임했다.

던 사바 지역에 대한 필리핀의 영유권을 주장하며, 그러한 구상에 반대 입장을 나타냈다.

또한 브루나이에서는 1962년에 브루나이가 말레이시아에 참가하는 방안을 반대하는 무장봉기가 일어났다.[102] 그러한 봉기는 영국군에 의해 진압되었으나, 브루나이의 수장인 술탄은 그러한 사태의 발생을 계기로 말레이시아에 참가하는 일을 중단하고 말았다[브루나이는 1984년에 독립]. 게다가 인도네시아 수카르노 대통령은 앞에서 언급했듯이, 1963년에는 '말레이시아 분쇄'를 선언하고서,[103] 사라왁·사바의 국경 지대에서 군사 작전을 개시했다.

그 같은 반대에도 불구하고 1963년 9월 16일에는 말라야연방·싱가포르·사바·사라왁으로 구성된 말레이시아 연방이 출범했다. 하지만 이번에는 말레이인 중심의 국가 건설을 지향하는 연방 정부와 화인까지를 포함한 각

---

102) 1962년 12월에 이슬람 군주제와 말레이시아 연방 결성을 반대하는 이른바 '브루나이 봉기Brunei revolt'가 일어났는데, 그 같은 반란은 자칭 북갈리만탄 국민군North Kalimantan National Army이라는 민병 무장 조직이, 인도네시아의 지원을 받았던 좌익 정당 브루나이 인민당(PRB, Partai Rakyat Brunei)과 합세하여 일으킨 것으로 알려져 있다. 참고로 당시 인구 84,000명 정도의 작은 국가인 브루나이에서는 선거를 통한 의회 구성, 헌법 제정 등 현대식 정치 제도를 도입하면서도 술탄이 입법·사법·행정에 관한 여러 직책을 동시에 가지고 그 3부를 통제한다는 점에서 명목상의 입헌군주제와는 다른 실세 군주제의 성격을 지니고 있다.
103) 1963년 7월에 수카르노 대통령은 격정적인 수사를 동원해 말레이시아를 '쳐부수겠다'고까지 선언하고 있다.

민족의 평등을 중시하는 싱가포르주 사이에 대립이 발생했다. 양자 간의 대립은 더욱 심각해져, 1965년 8월 연방의회는 싱가포르를 연방에서 추방할 것을 결의했고, 한편으로 싱가포르 또한 말레이시아로부터의 분리 독립을 선언하기에 이르렀다. 그것은 이 기간에 싱가포르에서 좌파에 대한 단속이 강화됨으로써 공산화에 대한 우려가 줄어든 사정도 그 같은 분리를 촉진시켰다고 하겠다.

1. 말레이시아의 행보

말레이시아는 1960년대 줄곧 연평균 6.5퍼센트의 경제 성장률을 기록했지만, 화인계 주민과 비화인계 주민 간의 소득 격차는 좀처럼 좁혀지지 않았다. 1969년의 총선에서 헌법상 말레이인을 우대하는 규정에 반대하는 야당이 약진했던 것이 계기가 되어, 그동안 쌓이고 쌓인 말레이인의 불만이 폭발해 각지에서 말레이인과 화인 간에 충돌이 벌어지게 되었고, 200명 가까운 사망자가 발생했

다. [104]

　라만 수상의 뒤를 이어 1970년에 수상에 취임했던 압둘 라작Abdul Razak은 '부미뿌뜨라Bumiputra 정책'[105]이라는, 말레이인·선주민을 우대하고, 여타 민족과의 경제적 격차를 시정하는 정책을 내세웠다. 동시에 1971년부터는 농촌 지역에서의 빈곤의 해소와 민족 간 격차를 시정키 위해 사회 구조의 재편을 시도하는 '신경제 정책'(NEP, New Economic Policy)이 도입되었다. 후자의 범위에는 공업 부문에서 말레이인 고용 확대, 말레이인 자본가 육성, 공무원직 우선 배정, 국립대학 입학 우대 등의 정책이 포함되어있었다. 그와 함께 국어로서 말레이어(믈라유어)[106], 자원 배분에 관한 '말레이인의 특별 지위', 술탄의 지위에 관한 헌법 규정을 '민감한 문제Sensitive issues'로 지정해, 공적 논의를 금지하는 조치도 취해졌다.

　그와 같은 정책들은 차기의 후세인 온Hussein On 정권, 마하티르 빈 모하마드Mahathir bin Mohamad 정권에도 그

---

104) 1969년 5월 10일에 실시된 총선에서 화인계 세력을 대표하는 야당의 의석수가 크게 늘자, 이에 항의해 일어났던 말레이시아 역사상 최악의 민족 충돌 사건으로 흔히 '5·13사건'으로 불리고 있다. 총격과 방화로 얼룩진 폭동이 일어난 후 사망자 196명, 부상자 439명이 발생한 대참사로 기록된 이 사건의 여파로 라만 수상은 사임하게 되었다.
105) '부미뿌뜨라'는 '땅의 자식'이란 뜻으로 말레이계 주민과 선주민先住民을 가리킨다.
106) 3강 주석 85) 참조.

대로 계승되고 있다. 1970년대에도 말레이시아는 연평균 8.0퍼센트의 성장률을 기록했고, 싱가포르와 더불어 동남아시아에서는 공업국의 선두 주자가 되었다.

2. 싱가포르의 행보

1965년에 말레이시아에서 분리 독립했던 싱가포르에 대해서, 국가로서의 앞날을 비관적으로 보는 견해가 많았던 편이다. 리콴유 자신도 마지막까지 말레이시아에 잔류하는 쪽으로 기대를 걸었는데, 그쪽이 천연자원·수자원의 결핍, 국방력의 취약성 등을 해결하는 데도, 아울러 싱가포르 경제를 떠받치는 시장을 확보하는 데도, 불가결한 전제라고 생각했던 것이다. 인구가 150만 명 남짓 되는 화인계 국가 싱가포르가 말레이시아·인도네시아 같은 말레이계 국가에 둘러싸인 채, 국가로서 과연 자립을 유지할 수 있을지는 여전히 의문시되었다.

리콴유는 그 같은 난국을 중계 무역항으로의 입지 조건을 최대한 살리는 정책과 인적 자원의 적극적 개발을 통해서 극복하려고 했다.

싱가포르에서는 1950년대 후반부터 수입대체 산업화가 추진되어서, 조선·정유업 등의 분야에서 활발히 공장을 유치하고, 산업과 고용을 창출하는 정책을 펼쳤다. 이윽고 1960년대 후반 이후에는 전기電機·전자 부품 제조 등의 노동집약적 산업의 발전을 통해 국제 가공업의 중심으로 발돋움하려는, 수출지향 산업화 정책을 추진하기에 이르렀다. 이윽고 1970년에는 기계·수송기기가 싱가포르의 주요 수출품으로 부상하게 됨으로써 공업화가 본궤도에 올랐다는 점을 보여주게 되었다. 그 같은 산업 분야에 인재를 공급하는 교육에도 힘을 쏟았는데, 특히 영어 교육 방면에 역점을 두었다.

한편으로 싱가포르의 앞날에 불안감이 드리웠던 시기에 영국군이 철수해야 한다는 문제가 발생했다. 영국이 대외적인 군사 관여를 축소해가는 과정에서 싱가포르의 영국군 기지도 1971년에는 폐쇄될 예정이었는데, 영국군 기지에서 얻는 수입이 커다란 비중을 차지했던 싱가포르에서 기지 철수는 달리 말하면 경제적 문제이기도 했다. 그와 같은 시기에 발생한 것이 베트남전으로 인한 전쟁 특수였다. 예를 들면 1968년의 베트남전 특수는,

남베트남 대상의 정유 제품 수출을 중심으로 해서 싱가 포르 GDP의 7.8퍼센트에 달했다. 베트남전은 싱가포르 가 자립하게 되는 목적을 달성할 때까지 일종의 '시간 벌 기' 단계로서, 중요한 의미를 지니는 것이었다.

V. 아세안의 결성

이제껏 살펴보았듯이 동남아시아라는 지역성은 연합군이 일본에 반격하기 위한 기본 틀이었다가, 이윽고 냉전 시대 미국의 세계전략에서는 중국 혁명의 영향을 봉쇄하고 일본 경제를 떠받치기 위한 (지역의) 새판으로 중시되기도 했지만, 어느 경우나 외부 세계에서 이식된 틀이었다고 하겠다. 하지만 동남아시아 사람들 사이에서도 이러한 지역의 새판 속에서 스스로를 자리매김하려는 시도는 2차 대전 이후 비교적 이른 시기부터 나타나고 있었다.

그 같은 움직임의 선구라 할 수 있는 것이 1947년에 결성된 동남아시아 연맹Southeast Asian League이었다. 이 기구는 당시 타이의 정권을 장악했던 '자유 타이 운동'[107] 이 인도차이나 3국의 프랑스에 대한 항쟁을 지원할 목적으로, 타이에 거점을 두었던 베트남 공산주의자와 라오스 독립파 망명정부 인사 등으로 결성된 조직이었다. 식민지주의에 저항하는 동남아시아 국가들의 협력을 위한

---

107) 7강 주석 78) 참조.

조직이라는 점에서, '동남아시아 연맹'이라는 명칭을 붙였던 것이다. 그렇지만 이 조직은 결성 직후에 자유 타이 정권이 붕괴[108]했던 탓에 그다지 실질적인 활동은 펼칠 수가 없었다.

동남아시아 국가들이 주도하여 정부 차원에서의 동남아시아라는 기본 틀에서 지역 협력 기구가 최초로 만들어진 것은 1961년에 결성된 동남아시아 연합(ASA, Association of Southeast Asia)에 이르러서였다. 이 기구는 1950년대 말에 말라야연방의 라만 수상과 필리핀의 카를로스 가르시아 대통령이 제창한 지역 협력 기구창설의 결과로, 말라야연방·필리핀·타이 3개국으로 결성되었다.[109] 그런데 이 기구는 가맹국 간의 경제·사회·문화 등 제 분야에서의 상호 협력을 목적으로 하고, 정치·안전보장 분야에서의 협력은 제외되었다. 그러나 ASA의 경우 말레이시아 결성을 둘러싼 가맹국 간의 대립으로 말미암아 기능 부전의 상태에 빠지고 말았다.[110]

---

108) 1946년 3월에 출범한 내각 수반 쁘리디 파놈용은 2차 대전 동안 타이 국내에서 자유 타이 운동을 이끌었던 인물이었으나, 그의 '자유 타이Free Thai' 정부는 152일간의 단명 내각으로 끝나고 말았다.

109) 1961년 6월 29일 방콕에서 발족되었다.

110) 이 밖에도 1963년 8월에 마닐라에서 디오스다도 마카파갈 필리핀 대통령의 주도로 말라야연방·필리핀·인도네시아 3개국의 연합 기구인 '마필린도MAPHILINDO'를 결성하려는 시도가 있었으나 실패하고 말았다.

1965년 필리핀 선거에서 말레이시아와의 융화를 주장한 마르코스가 대통령이 되었고, 인도네시아에서는 말레이시아 대결 정책을 추진했던 수카르노 대통령이 9·30 사건으로 사실상 실각하자, 다시금 지역 협력의 기운이 되살아나서 1966년에는 ASA가 활동을 재개했다.

말레이시아를 둘러싼 분쟁은 지역의 안정을 위해서는 선린 우호 관계가 불가결하다는 점을 당사국들에 강하게 각인시켰다. 1966년 타낫 커만Thanat Khoman 타이 외상은 말레이시아 압둘 라작Abdul Razak 부수상·필리핀 나르시소 라모스Narciso Ramos 외무장관·인도네시아 아담 말리크Adam Malik 외상 등과 회담하고서, 동남아시아의 새로운 지역 협력기구 창설을 위한 공동 선언안을 매듭지었다. 기존의 ASA를 확대하는 게 아니라 새 기구를 창설키로 했던 것은 비동맹 입장을 고수하는 인도네시아의 참가를 이끌어내려는 방안이었다. 말레이시아에서 분리 독립을 할 수밖에 없었던 싱가포르에도, 그 같은 새 기구는 역내에서의 고립을 벗어나기 위해서도 환영할 만한 일이었다. 이리하여 1967년 인도네시아·말레이시아·필리핀·싱가포르·타이 5개국 대표가 방콕에 모여서, 새로운 지역 협력기구 창설에 합의했다. 새 기구의 명칭은 동남아시아 국가 연합〔아세안ASEAN, Association of Southeast Asian Nations〕이라 하고, ASEAN 창립 선언〔방콕 선언Bangkok Declaration〕이 조인되었다. 이러한 ASEAN의 창설로 기존의 ASA는 발전적 해체를 하게 되었다.

ASEAN의 결성에 참여했던 5개국은 모두 공산주의 반대 입장을 취하는 나라들이었지만, ASAEAN은 반공 군사동맹으로 결성된 것은 아니었고, 선린 우호 관계의 구축을 목표로 지향하고자 했다. 이러한 점이 훗날 ASEAN이 동남아시아 10개국을 모두 포괄하는 조직으로 발전하는 주된 요인이었다고 하겠다.

방콕 선언은 그 전문에서 '외부 간섭으로부터 역내 국가들의 안정과 안전을 수호한다'[111]라는 점을 강조했는데, 외부 간섭을 배제하고 동남아시아의 자율성을 확보하려는 이러한 경향은, 그 이후의 국제정치 변동 속에서 좀 더 뚜렷한 ASEAN의 지향점으로 작용하게 되었다.

미국의 베트남전 개입 축소, 미중 외교적 접근이라는 상황이 발생하는 와중에, 1971년 11월에 개최되었던 ASEAN 특별 외상회의에서 말레이시아 라작 수상의 제

---

111) 영어 원문에는 'ensure their stability and security from external interference'라고 되어있다.

창으로 동남아시아 자유중립지대(ZOPFAN, Zone of Peace, Freedom and Neutrality) 선언이 채택되었다. ZOPFAN 선언은 동남아시아가 외부 세력의 (어떠한 형태의) 간섭도 받지 않는,[112] 평화·자유·중립 지대로서 인정받기 위해 노력한다는 장기적 목표를 표명했다.

1975년 베트남전이 종식되고, 인도차이나 3국에 사회주의 정권이 성립되자, ASEAN은 1976년에 가맹국의 수뇌부가 한곳에 모여 ASEAN의 결속력을 과시하기 위해, 인도네시아 발리에서 1회 ASEAN 정상회의를 개최했다.

이 회의에는 인도네시아 수하르토 대통령, 말레이시아 후세인Hussein 수상, 필리핀 마르코스 대통령, 싱가포르 리콴유 수상, 타이 큭릿 쁘라못Kukrit Pramoj 수상 등이 참석했다. 동 회의에서 채택되었던 것이 동남아시아 우호협력 조약(TAC, Treaty of Amity and Cooperation)[113] 및 ASEAN 협력 선언이었다.

동남아시아 우호조약은 조약 체결국 간의 관계로서, ①(모든 국가의) 독립·주권·평등·영토보전 (및 주체성의 상호 존중), ②외부의 간섭 없이 국가로서 존재할 권리, ③(상호)

---

112) 영어 원문에는 'free from any form or manner of interference by outside Powers' 라고 되어있다.
113) '발리 조약'이라고 일컫기도 한다.

내정 불간섭, ④분쟁의 평화적 수단에 의한 해결, ⑤무력에 의한 위협 또는 행사의 포기, ⑥조약체결국 상호 간 효율적 협력 등을 제창하고서, 아울러 명칭을 ASEAN이 아닌 동남아시아로 채택함으로써 인도차이나 3국에도 문호를 개방하는 자세를 보였다.[114]

베트남전이 베트남에 있어 자립을 위한 전쟁이었다고 한다면, ASEAN의 이러한 행보도 모양은 다르지만, 역시 자립을 향한 발걸음이라 하겠다.

---

114) 이 조약은 ASEAN 최초의 정상회의에서 체결된 다국간 조약으로 그 후 UN 총회에서 승인되었다. 참고로 동남아시아 이외의 국가가 이 조약에 가입할 경우에는 ASEAN 회원국 전원의 동의를 받아야 하는데, 한국은 2004년, 북한은 2008년에 가입하는 등, 현재 동남아시아 이외에 총 29개국이 가입하고 있다.

9강
경제 발전·아세안 10·민주화:
1970년대 중반~1990년대

인도네시아 수하르토 대통령의 사임 표명(자까르따, 1998년 5월 21일)

	동남아시아	세계
1978	베트남군, 캄보디아 침공	중국, 개혁·개방으로 전환
1979	캄보디아 인민공화국 수립 중국-베트남 전쟁 발발 UN, 인도차이나 난민 문제 국제회의	소련, 아프가니스탄에 군사 개입, 신냉전
1980	타이, 쁘렘 정권 발족	
1981	말레이시아, 마하티르 정권 발족	
1982	3개 파벌에 의한 민주 캄푸치아 연합정부 발족	
1983	필리핀, 아키노 전 상원의원 암살	
1984	브루나이 독립, ASEAN 가입	
1985	인도네시아, 수하르토 체제를 밑받침하는 정치 5법 공포	고르바초프, 소련공산당 서기장에 취임 플라자 합의
1986	필리핀, 마르코스 정권 붕괴 베트남, 도이 머이 개시	
1988	타이, 찻차이 정권 발족 버마에서 국군 쿠데타	
1989	버마, 국호를 미얀마로 변경 캄보디아에서 베트남군 철수	베를린 장벽 붕괴 미소 정상, 몰타 회담에서 냉전 종식 선언
1990	미얀마, 총선거	
1991	캄보디아 문제 파리 국제회의, 최종 합의문서 조인	걸프만 전쟁 소련 붕괴
1992	타이, 쑤찐다 수상 사임 ASEAN 경제각료 회의에서 자유무역지대AFTA 구상 제창	
1993	캄보디아, 총선거 실시, 왕국 정부 발족	
1994	ASEAN 지역포럼ARF 제1회 회의	
1995	베트남, 대미 국교 정상화, ASEAN 가입	세계무역기구WTO 발족
1997	라오스·미얀마, ASEAN 가입 아시아 금융위기 발생 타이, 신헌법 초안 가결	
1998	인도네시아, 수하르토 대통령 퇴진 필리핀, 에스트라다 대통령 당선	
1999	캄보디아, ASEAN 가입	

Ⅰ. 냉전 체제 붕괴에서 포스트 냉전기로

1. 냉전 후의 빛과 그림자

이 시기의 가장 중대한 세계사적 사건은 냉전 체제의 종식과 소련·동유럽 사회주의 체제의 붕괴라고 해야 할 것이다.

베트남전으로 인해 미국의 세계 패권은 뿌리째 흔들렸다. 경제 방면에서도 베트남전의 비용으로 치렀던 달러 유출과 일본·유럽의 부상에 따른 미국의 국제 경쟁력 저하로 달러 위기가 발생했다. 그러한 와중에 발생했던 1973년의 1차 석유파동[1] 이후, 미국뿐만 아니라 수많은 자본주의 국가들이 경제 불황에 빠졌다. 이윽고 그 같은 불황을 극복할 대응책으로 찾아낸 방법이 기존의 에너지 과다소비형 산업(重厚長大型)[2]에서 고도의 마이크로 전자

---

1) 1973년의 아랍 산유국들의 석유 무기화 정책으로 발생한 석유 공급 부족과 석유 가격 폭등으로 세계경제가 큰 곤란을 겪었던 사태를 가리키며, 흔히 '오일 쇼크oil shock'라고 불렸다.
2) 무겁고 두껍고 길고 큰 것을 다루는 산업이라는 뜻으로 일반적으로 중화학 공업을 일컫는다.

공학(ME, Micro Electronics)화·정보화를 활용한 에너지 절약형 산업(輕薄短小型)[3]으로의 산업 구조 전환 및 다국적 기업의 발전을 주축으로 하는 세계화globalization의 길이었다.

경제 방면의 세계화가 급속히 진행되어 세계적 규모에서 산업 재배치와 분업 재편성이 이루어지게 되었다. 자본·노동·기술의 국경을 넘어선 이동이 활발해지고 생산도 국제화되었다. 이런 환경에서 가능케 되었던 일이 개발도상국에서의 '수출지향 산업화export-oriented industrialization'[4]라는 성장 전략이었다. 이는 경제발전의 기본 단위를 국민 경제가 아닌 세계경제 쪽에 두려는 새로운 성장 전략이었다. 아시아 신흥공업 경제지역(NIES, Newly industrializing economies, 한국·타이완·홍콩·싱가포르)[5]에 이어, ASEAN 선발 국가(타이·말레이시아·싱가포르·인도네

---

3) 가볍고 얇고 짧고 작다는 뜻으로 일반적으로 정보화 시대 전자기기와 같은 첨단 산업을 지칭한다.

4) 개발도상국이 자국 시장의 구매력이 부족한 상황에서 수출을 확대함으로써 규모의 경제를 활용한 산업화를 달성하려는 발전 전략이다. 이를 위해서는 외자계 기업을 적극 유치하는 한편 관세 인하·수출 가공 지역·관련 인프라 정비·기술 도입·연구 개발(R&D) 지원 등의 시책이 필요하게 된다. 개발도상국이 본격적인 경제발전을 하려면 기존의 수입대체 산업화import-substitution industrialization 정책에서 이러한 정책으로의 전환이 반드시 요구되는 것이다. 아시아 신흥공업국NIES이나 ASEAN 국가들의 산업화가 성공한 배경에는 이 같은 정책 전환의 성공이 있었다.

5) '신흥공업국(NICS, Newly industrialized countries)'이나 '아시아의 네 마리 호랑이Four Asian Tigers' '아시아의 네 마리 작은 용Four Little Dragons'과 같은 표현을 쓰기도 한다.

시아·브루나이·필리핀), 그리고 그 후로 중국 및 베트남을 비롯한 1990년대의 ASEAN 신규 가맹국〔캄보디아·라오스·미얀마·베트남)[6]으로 확산된 수출지향 산업화는 바로 이와 같은 시대였기 때문에 가능했던 발전 노선이었다고 하겠다.

다른 한편으로 사회주의 쪽에서는, 앞의 강의에서 언급했듯이 북베트남의 '빈곤을 공유하는 사회주의'는 베트남전을 승리로 이끄는 데 크게 이바지했다. 그것은 1930년대 스탈린 시대 소련에서 기원했는데, 전후에 탄생한 중국까지를 포함한 사회주의 국가에서는 정도 차는 있으나 거의 공통된 특징으로, 전쟁 위기 속에서 국민의 긴장감을 전제로 해야만 비로소 성립 가능한 체제였다. 따라서 전시 체제의 기반으로서는 효율적이지만 전쟁의 위기가 사라지면 이내 그 모순이 드러나고 마는 것이다. 베트남전의 '승자'를 배출했던 체제인 사회주의가 종전 후에는 세계적으로 체제의 문제점을 드러내었고, 그 결과 소련·동구권 사회주의 체제의 붕괴로까지 이어졌던 기본적 요인은 바로 그와 같은 요인에 있었던 것으로 보인다.

미중 접근과 베트남전 종식으로 국제 사회의 안정된

---

6) 4개국의 머리글자를 따서 흔히 'CLMV'라고 일컫는다.

구성원이 되면서, 국가의 존립이 위협받는 상황을 벗어나게 된 중국·베트남에서도, 그렇듯 '빈곤을 공유하는 사회주의'는 바로 기능부전의 상태에 빠지고 말았다. 그와 같은 위기를 극복키 위한 대처 방안이, 1979년에 시작된 중국의 개혁·개방이고, 베트남 경우에도 같은 해인 1979년에 부분적인 개혁이 시작되었고 이윽고 1986년의 도이 머이Đổi mới〔혁신(개혁)하다〕로 이어졌다.

이들에 비해 소련의 대응은 늦은 편이었다. 소련은 산유국이라서 석유파동 이후에 유가가 급등했던 덕택에 경제적 모순이 뒤늦게 드러났고, 시대에 뒤처진 '중후장대형' 산업화로부터의 전환을 도모하지 않았던 실책 등이 겹쳤기 때문이다. 1985년 고르바초프Gorbachev가 페레스트로이카perestroika〔재건(개혁)하다〕를 시작했을 때는 이미 위기가 체제 자체를 위협하는 지경에 이르렀다.

1970년대 미국의 데탕트Détente〔긴장 완화〕 정책이 중소대립을 이용하려는 성격을 강하게 지녔던 탓에, 이 시기에는 중소 간의 대립이 세계 여러 지역에서 군사 분쟁을 초래하는 상황이 벌어졌다. 그 결과 사회주의의 기반을 한층 더 뒤흔들게 되었다. 그러한 전형적 사례가 베트남전 종결 직후에 벌어진 캄보디아 분쟁이었다. 베트남전을 승리로 이끌었던 베트남이 중국 주변 국가라는 규정성을 이탈해 한층 더 자율성을 가지려 하자, 중국은 그것이 소련 영향력의 확대라고 판단하고서 베트남에 대해 적대적 자세를 취했던 캄보디아의 폴 포트 정권을 지원하게 되었다. 베트남군의 캄보디아 진공, 뒤이어 중국·베트남 전쟁으로 비화해 국제화되었던 캄보디아 분쟁은, 1979년 소련의 아프가니스탄 침공에 따른 미소 대립의 재연, 즉 '신냉전' 구조와 뒤섞이며 장기화의 길로 접어들었다.

전후에 잇따라 독립을 이뤘던 아시아·아프리카 각국은 정치·경제의 자립이라는 주장을 국제적으로 공유하며 제3세계를 형성했지만, 그러한 제3세계에 분기가 일어난 것도 바로 이 시기였다. 1980년대에는 이른바 누적 채무debt accumulation[7] 문제가 수많은 개발도상국을 괴롭혔다.

다른 한편 1970년대에서 1980년대에 걸쳐서, 개발도상국 가운데 수출지향 산업화 정책을 지렛대 삼아 급속한 경제 성장을 이룩한 나라들이 출현했다. 경제협력개

7) 상환 능력을 초과해 과도하게 누적된 한 나라의 대외 채무external debt를 가리킨다. 특히 개발도상국이 경제 개발을 위해 선진국에서 무분별하게 차관을 들여왔다가 갚지 못하는 거액의 대외 채무를 말하는 경우가 많다.

발기구OECD는 1979년 보고서에서 이런 나라들을 신흥공업국NICS이라고 불렀다. 그 후로 NICS에 속하는 중남미 국가는 심각한 채무 위기에 직면케 되었고,[8] 유럽 각국도 관광 수입과 외국인 노동자에 의존하는 구조가 심화되었던 탓에, 1986년 선진국 정상회담[9]에서 쓰였던 신흥공업경제지역NIES이라는 용어는 오로지 동아시아의 '네 마리 작은 용Four Little Dragons'인 한국·타이완·홍콩·싱가포르만을 지칭하게 되었다.

1985년의 플라자 합의Plaza Accord[10] 이후 달러 대비 자국 통화 가치가 급격히 올랐던 일본 및 동아시아 NIES의 자금이 ASEAN 선발 가맹국으로 유입되어, NIES의 경제 성장은 점차 ASEAN으로까지 확산했다. 1990년대에는 이러한 대열에 중국과 베트남도 뒤를 잇게 되었다. 1990년 동남아시아 각국의 수출을 보면 ASEAN 선발 가맹국인 싱가포르·말레이시아·필리핀·타이에서는 각종 제조업 생산품이 1위를 차지했고, 공업국형 무역 구조를 나

---

8) 대표적으로 멕시코·브라질 같은 경우는 풍부한 천연자원과 국내시장을 기반으로 수입대체 산업화를 추진했지만, 수출 대부분은 일차 산품에 의존했던 탓에 1980년대에 접어들어 경제 성장은 둔화되고 말았다.

9) 1975년 창설된 선진 7개국 정상회담(G7)을 가리킨다.

10) 1985년 9월에 선진 5개국[미국·영국·프랑스·서독·일본] 재무장관·중앙은행장들이 미국 뉴욕의 플라자 호텔에서 합의한 달러화 약세를 유도하기로 한 합의를 가리킨다. 달러 가치를 내리고 엔화·마르크화 가치를 높이는 것이 골자로, 달러 강세로 무역 수지 적자에 허덕이던 미국이 일본을 압박해 내놓은 합의이다.

타내게 되었다. 전기電機 산업에서 나타나듯이, 일본에서 부품과 구성재를 수입해서, 이윽고 완성품을 미국으로 수출하는 방식이 1980년대 후반의 전형적 유형이라고 하겠다.

1970년대에서 1980년대 사이의 ASEAN 선발 가맹국의 경제 발전은 개발독재를 추진하는 지도자들에 의한 억압적 통치 체제에서 추진되었다. 냉전 체제가 완화된 만큼 각국의 정치 체제는 한층 더 자립성이 두드러지게 되어, 싱가포르 리콴유 정권, 말레이시아 마하티르 정권, 인도네시아의 수하르토 정권 등 동남아시아는 개발독재 전성기의 양상을 보여주었다. 그렇지만 필리핀에서는 마르코스의 개발독재가 1986년의 '피플파워 혁명'[11]으로 붕괴하는 등, 한편으로 개발체제의 동요도 시작되었다고 할 수 있겠다.

하지만 1980년대 말까지 경제 성장이 순조로웠던 것은 ASEAN 선발 가맹국의 경우에 국한되었다. 폴 포트 정권을 군사력으로 붕괴시켰던 탓에 국제적으로 고립되었던 베트남은 당시 소련과의 관계를 강화할 수밖에 없었고 경제는 더욱 침체 일로에 빠졌다. 캄보디아·라오스·미

---

11) 9강 주석 46) 참조.

얀마도 경제가 침체되었던 탓에 동남아시아 안에서도 '번영'과 '정체'가 병존했다.

2. 세계화에 대한 대응

냉전 체제는 1989년의 베를린 장벽 붕괴, 몰타 회담 Malta Summit에서 미국과 소련의 냉전 종식 선언[12], 또한 1991년 소련의 해체로 종언을 고하게 된다. 뒤이은 포스트 냉전 시대는 미국을 중심으로 한 일극 체제Unipolar system로 시장 경제와 민주화가 글로벌 스탠더드[13]로 자리 잡게 되었다. 이런 상황은 동남아시아에도 커다란 영향을 끼쳤다. '신냉전'의 해소로 캄보디아 분쟁이 수습 국면에 들어서는 한편 국가에 의한 위기관리 체제의 존립 근거가 흔들리기 시작했다. 또한 경제 자유화가 진전됨

---

12) 1989년 12월 지중해 몰타에서 열린 미·소 정상회담에서 미국의 조지 부시George Bush 대통령과 소련 고르바초프 서기장은 동서 양 진영은 냉전 체제를 끝내고 새로운 협력 시대로 접어들었다고 선언했다. 또한 핵무기 감축 등 군축 협정과 지역 분쟁의 해결 원칙에도 합의했다.
13) 단일화된 세계 시장에서 기준·규격으로 통용되는 세계적 표준global standard을 지칭하는데, 이러한 세계적 표준은 본래 강자의 논리·기준이기 때문에 시대에 따라서 변한다고 보아야 한다.

에 따라 국가에 의한 경제에의 개입이 정당성을 잃게 되었고, 동남아시아의 개발독재를 추진해왔던 권위주의 체제의 기반을 뒤흔들게 되었다. 1980년대부터의 경제 성장을 통해 도시 중산층이 대두했다는 점도 정치적 변화를 촉진시켰으며, 1998년 인도네시아 수하르토 체제가 붕괴한 사실은 그러한 변화를 가장 상징적으로 보여주는 사건이 되었다.

앞서 언급했듯이 플라자 합의 이후 대對 동남아시아·중국 직접 투자가 급격히 늘어나자, 그 과정에서 동북·동남아시아 모두를 포함한 광의의 동아시아 역내 분업이 급속히 발전했고, 하나의 경제권으로서 통합을 이루게 되었다. 그 같은 상황은 '발전하는 ASEAN'에 구심력을 부여했고, 이윽고 캄보디아 분쟁이 해결되자 베트남·미얀마·라오스·캄보디아가 잇달아 ASEAN에 가입함으로써, 1999년에는 ASEAN 10이라는 형태로 동남아시아의 일체화가 마침내 실현을 보게 되었다.

급속하게 진행된 세계화는 다른 한편으로 지역 및 로컬 문화가 개성에 입각한 자기주장을 강화하게끔 만들었다. 경제면에서도 1986~1994년 동안 관세 무역 일반 협정(GATT, General Agreement on Tariffs and Trade)의 우루과

이 라운드가 지극히 다양한 전 세계 123개국이 참가한 가운데 협의가 진행되었으나, 최종 합의를 이끌어내기까지 상당히 오랜 시간을 끌게 되었다. 그에 대한 반성에서 전 세계에 공통되는 보편적 규칙은 존중하되 양국 간 또는 인접한 지역별로 자유 무역권을 형성하려는, '열린 지역주의open regionalism'가 대두하게 되었다. 미국 등이 두드러진 경제 성장을 보이는 동아시아에 관해 관심을 높이면서, 환태평양이라는 기본 틀 안에서의 경제 협력을 모색하게 되었고, 이윽고 1989년에는 아시아태평양 경제협력체APEC가 발족하게 되었다. ASEAN 역시 그러한 흐름 속에서 자신의 존재감과 위상을 높여갔다. 1990년대 전반에는 지역 협력의 기본 틀과 관련해, 자유무역과 다원적 민주주의라는 이른바 보편적 가치를 기반으로 해서 미국·오스트레일리아 등도 가세한 '아시아태평양' 권역으로 결속할지, 아니면 '아시아적 가치' 등과 같은 특성을 강조해 같은 '동아시아'로서 아시아 국가끼리의 결속을 다질 것인지의 두 갈래 방향이 제시되었다. 1990년에 말레이시아 마하티르 총리가 제창했던 동아시아 경제 그룹(EAEG, East Asian Economic Group)은 후자의 입장을 대

표하는 주장이었다.[14)]

하지만 동아시아 여러 나라는 외국의 투자를 유치키 위해 규제를 지나치게 완화했던 탓에 실물 경제와는 동떨어진 과도한 투자가 초래되었고, 동시에 단기 채무가 증가함으로써 경영 적자와 생산성 저하라는 문제에 직면하게 되었다. 1997~1998년 사이에는 금융 위기가 일어나고 말았으니, 이른바 아시아 통화 위기 사태였다. 이윽고 위기를 겪고 나서 그 같은 위기의 재발 방지 시스템을 지역 단위에서 구축해야 할 필요성이 재부각되게 되었다.

또 하나 이 시대를 특징짓는 세계사적 움직임으로는 종교의 부활을 들어야 하겠다. 한때는 근대화가 진척됨에 따라 종교의 역할은 축소되리라고 예상했던 적도 있었지만, 실제로는 세계적 규모로 산업화·근대화가 진척되는 가운데 종교가 맡아야 할 사회적·문화적 역할을 재인식하고, 더욱 강화하려는 움직임이 확산되었다. 그 같은 경향은 그리스도교·이슬람교·불교·힌두교 및 그 밖

---

14) EAEG는 1992년 유럽연합EU 결성 및 북미 자유무역 협정NAFTA 체결이 이루어지는 등 급변하는 국제 무역 환경의 흐름 속에서 일찍이 1990년에 마하티르 총리가 제안했던 동아시아 지역의 무역 블록trade bloc으로, 기존의 ASEAN에 더해서 한국·중국·일본 등을 대상국으로 삼았다. 하지만 EAEG는 미국 등의 강력한 반대로 끝내 실현되지는 못했다. 이윽고 1997~1998년의 아시아 금융 위기를 겪으면서 마하티르의 구상은 다시 각광받게 되었고, 1997년에 ASEAN에 한중일 3국이 참여하는 형태로 제도화된 ASEAN+3(APT)는 그 같은 마하티르의 구상이 마침내 결실을 보았던 것이라 하겠다. 10강 주석 14) 참조.

의 모든 종교에서 공통적으로 나타나는 현상이었는데, 1979년 이란의 이슬람 혁명을 계기로 일어났던 이슬람 부흥 운동은 이윽고 동남아시아 지역에도 커다란 영향을 끼치게 되었다.

이슬람 부흥Islamic revival 운동[15]은 예컨대 수하르토 체제가 붕괴한 뒤 인도네시아에서 베일[히잡hijab, 인도네시아어로는 질밥jilbab 또는 뚜둥tudung][16]을 착용하는 여성이 늘어나는 것과 같이, 일상생활에서 한층 더 경건한 무슬림으로서 행동하려는 경향을 가리킨다. 이에 반해 이슬람주의는 이슬람법[샤리아Syariah][17]에 근거해 통치되는 이슬람 국가의 실현을 목표로 내건 정치적 주장을 말한다.

---

15) 이러한 '이슬람 부흥운동'은 단순히 '이슬람 원리주의fundamentalism'나 일부 과격한 테러 집단이 표출하는 정치적인 것뿐만이 아니라, 개인 행동거지와 무슬림 상호 간의 연대감의 고양 등으로 나타나는 세세한 제반 현상까지를 포함한 광의의 '이슬람 부흥운동'을 지칭하는 것으로 보아야 한다.

16) 인도네시아 여성이 착용하는 머릿수건인 '질밥'[히잡]은 종교적 상징의 의미보다는 이슬람에서 권고하는 복식 정도의 의미로 착용한다고 볼 수 있다. 수하르토 정권이 붕괴된 이후에 그동안 억눌려왔던 이슬람의 목소리가 높아지면서, 사회적으로 점차 이슬람적 가치를 강조하는 분위기가 강해짐에 따라 여성의 질밥 착용이 확산되는 추세이다. 인도네시아 이슬람, 특히 상당수 쟈바인들이 신봉하는 이슬람은 끄자웬Kejawen[쟈바 신비주의]이라고 하여 힌두 문화적 요소가 많이 가미되어있는 편이다. 참고로 이슬람 여성의 복식은 히잡·차도르chador[얼굴만 제외하고 머리와 상체를 휘감는 천]·니캅niqab[눈을 제외한 얼굴 가리개]·부르카burka[얼굴을 비롯해 온몸을 가리는 천] 등으로 구분되고 있다.

17) '샤리아'는 본래 '물 마시는 곳에 이르는 길'의 뜻으로, 인간이 마땅히 걸어가야 하는 길로서 이슬람법을 지칭하는 말이다. 서양의 법률이 금지·의무의 체계임에 반해 샤리아는 인간 행위를 더욱 세분해서 ①와집wajib, 파르드fard[의무], ②만두브mandub, 무스타하브mustahabb[권장], ③할랄halal[허가], ④마크루흐makruh[기피], ⑤하람haram[금지]의 다섯 범주로 구분하고 있다. 예를 들면 '청혼'은 '할랄'에 속하고, 절도·강간·음주·도박 등은 해서는 안 되는 '하람'에 속한다는 식이다. '샤리아'는 달리 'Sharia'로 표기하기도 한다.

II. 캄보디아 분쟁에서
아세안 10으로

1. 전환점으로서의 캄보디아 화평和平[18]

1975년 4월, 캄보디아에서 우파 정권을 몰아내고 정권을 장악했던 세력은 폴 포트를 중심으로 한 캄푸치아 공산당(크메르루주)으로, 1976년에는 국명을 민주 캄푸치아 Democratic Kampuchea로 바꾸었다. 하지만 폴 포트 파의 권력 기반은 취약한 편이었다. 난민으로 넘쳐났던 도시에는 폴 포트 파는 지지 기반이 거의 없었다. 게다가 폴 포트 파는 반베트남 입장이 강했는데, 캄푸치아 공산당 내부에는 베트남과의 협력을 중시하는 세력도 적잖게 존재했다. 폴 포트 정권은 도시 거주 주민을 모두 농촌 지대로 추방했고, 농촌에서는 집단 농장에서 사람들을 엄하게 감시하는 체제를 만들어 명령을 따르지 않거나 반항하는 이들을 살해한다는 식의 공포 정치를 행했다. 또한 베트남과의 관계를 악화시키고서 공산당 내부에서 동조하지

---

18) 싸움을 멈추고 평화롭게 된다는 뜻이다.

않는 인사들을 '베트남의 앞잡이'로 몰아서 숙청했다. 외국 연구자 중에는 폴 포트 체제에서 학살당한 희생자 수를 170만 명 전후로 보려는 이들도 적잖은 편이다.[19]

이 같은 공포 정치는 베트남이 소련으로 치우치는 것을 경계한 중국이 폴 포트 정권을 지원함에 따라, 국제적으로도 지지를 받게 되었다. 이는 베트남에 있어서는 심각한 안보상의 위협이었다. 베트남은 폴 포트 반대파를 지원해서, 1978년 말에는 캄보디아 영내로 침공을 개시해, 폴 포트 파 세력을 타이 국경 지역으로 몰아냈다. 이윽고 1979년 1월에는 헹 쌈린Heng Samlin을 국가원수로 내세운 캄푸치아 인민공화국(PRK, People's Republic of Kampuchea)이 수립되었다. 이에 맞서서 중국은 1979년 2월에, 베트남을 '징벌'한다는 명목을 내세워 베트남 북부 국경지대를 공격함으로써 중국-베트남 전쟁이 발발했다. 이 같은 공격은 베트남군의 캄보디아 영내에서의 군사적 활동을 견제하려는 의미가 강한 것이었다.

소련권 이외의 국제 사회는 베트남을 '침략자'라고 비

---

19) 이른바 '킬링필드killing field'로 불리는 역사상 전례가 없던 이 같은 집단 학살genocide의 피해자 규모에 대해 폴 포트 자신은 80만 명을 학살했다고 인정했고, 미국 정부는 희생자 규모를 120만 명으로 추산했다. 심지어 베트남 쪽은 식량 부족으로 아사한 이들까지 합쳐 약 330만 명의 희생자가 발생했다고 주장했다. 어쨌든 1972년 캄보디아 인구를 710만 명 정도로 봤을 때 1975년 중반에서 1978년 말 사이에 인구의 25퍼센트 정도가 학살됐다는 사실만은 분명하다고 하겠다.

난했다. ASEAN 또한 1979년 1월, 캄보디아에서 외국군이 즉각 전면 철수할 것을 요구하는 공동 성명을 발표했다. 민주 캄푸치아 정권은 UN에서 여전히 의석을 유지했으나, 대량 학살로 국제적 비판의 대상이었던 폴 포트 파 세력만으로 국제 여론의 지지를 얻기는 힘들다고 판단했던 ASEAN 국가들은 반베트남 입장을 내세웠던 시하누크와 쏜 산Son Sann 전 수상을 적극적으로 끌어들였다. 그 결과 1982년에 폴 포트 파를 비롯한 세 개 파벌이 참여한 망명 정부인 민주 캄푸치아 연합정부(CGDK, Coalition Government of Democratic Kampuchea)가 수립되었다.[20] 이로써 동남아시아에서는 베트남을 중심으로 한 인도차이나 3개국과 ASEAN 국가들이 캄보디아 문제를 둘러싸고서 국제무대에서 상호 간에 대립하는 구도가 생겨나게 되었다.

하지만 베트남으로서는 중국의 위협에 맞선다는 견해에서 보자면, ASEAN 국가들은 '적'이 아니라 도리어 이해와 지지를 구해야 할 대상이라 하겠다. 또한 ASEAN

20) 1982년 6월에 ASEAN의 주선으로 말레이시아 꾸알라룸뿌르에서 세 파벌이 협정을 맺었고, 망명 정부 주석은 시하누크, 외교 담당 부주석은 크메르루즈의 끼우 쌈판Khieu Samphan, 총리는 쏜 산이 맡기로 합의했다. 민주 캄푸치아 연합정부는 캄보디아의 합법 정부로 UN의 승인을 받고, 이전의 민주 캄푸치아 정부의 UN 의석도 승계하게 되었다. 참고로 이 당시 북한의 김일성이 망명 정부를 적극적으로 지지한 결과 1982~1991년 사이에 북한의 평양이 망명 정부의 실질적 수도 역할을 하게 되었다.

국가 중에서도 중국에 대한 경계심이 강했던 인도네시아·말레이시아는 베트남과의 대화를 중시하는 등 외교 무대에서 보여주는 대립의 막후에서는 상호 간에 이해가 증진되는 구조가 생겨나게 되었다. 또한 캄보디아에서는 헹 쌈린 정권의 실효적 지배가 세를 늘려서, 해당 정권을 배제한 화평 교섭은 생각하기 어렵게 되었다는 상황도 대화를 촉진하는 요인으로 작용했다. 소련에서 고르바초프 정권이 등장함으로써 미소 대립, 중소 대립의 긴장이 완화되었고, 캄보디아 분쟁의 당사자들 간에도 대화의 기운이 싹트게 되었다. 이윽고 베트남이 1989년에 캄보디아에서 철군을 단행했고, 베트남과 ASEAN 나라들 간의 관계도 급속히 개선될 조짐을 보였다. 캄보디아 문제에 관한 '최일선 국가'로서 반베트남 대열의 최선봉에 섰던 타이 또한 '인도차이나를 전쟁에서 시장으로'라는 구호를 내세우며 종래의 반베트남 입장을 전환했다.

하지만 최종적으로 캄보디아 문제를 해결하는 데는 강대국 간의 동의가 필요했다. 1989년부터 파리에서 개최된 캄보디아 평화국제회의에는 당사자인 캄보디아 4개파[21]·베트남·라오스·ASEAN 6개국에 더해 UN 안보

---

21) 헹 쌈린 파(프놈펜 정부)·시하누크 파·폴 포트 파·쏜 산 파의 네 개 세력을 가리킨다.

리 5개 상임이사국, 오스트레일리아·인도·일본·캐나다 등이 참가했다. 회의는 난항을 거듭했지만, 최종적으로 화평 이후의 총선 실시와 새 정권을 수립하기까지의 기간, UN 캄보디아 과도 통치기구(UNTAC, United Nations Transitional Authority in Cambodia)[22]에 모든 권한을 이양한다는 합의가 이루어졌고, 마침내 1991년 10월에는 평화협정[23]이 체결되기에 이르렀다.

2. 아세안 10을 향한 발걸음

베트남전이 종결된 직후 ASEAN은 인도차이나 3국과의 평화공존을 제창했다. 하지만 이러한 시도는 앞서도

---

22) 약칭으로 'UN 과도정부'라고 한다.
23) 1991년 10월 23일 회의에 참가한 19개국이 '캄보디아 분쟁의 포괄적인 정치적 해결에 관한 협정Agreement on a Comprehensive Political Settlement of the Cambodia Conflict', 약칭 '파리 평화 협정Paris Peace Agreements'에 조인했는데, 이로써 1970년 이래 계속되었던 캄보디아 내전은 종식되었다. 협정의 요점은 다음과 같았다. ①UN 안보리는 문민·군인으로 구성된 UNTAC을 설치한다, ②캄보디아 최고민족평의회(SNC, Supreme National Council)를 이행 기간에 캄보디아를 대표하는 유일한 합법 기관으로 간주한다, ③정치적 중립을 확보키 위해, UN은 행정기관 등을 직접 관할한다, ④SNC 의장(시하누크)은 SNC가 UNTAC에 행하는 조언을 결정한다, ⑤SNC 의장이 결정할 수 없는 경우에는 결정권을 UN 사무총장의 특별대표에게 위임한다, ⑥캄보디아 네 파벌은 무장 세력의 70퍼센트 삭감에 동의한다, ⑦총선거는 각 주마다 비례 대표제로 시행한다. 이윽고 1993년 5월에 총선거를 실시했다.

언급했듯이 캄보디아 분쟁으로 일시적으로 좌절을 겪어야만 했다. 베트남군의 캄보디아 침공은 ASEAN의 내정 불간섭이라는 원칙에 어긋나는 행동으로 간주되어, ASEAN으로서는 그러한 행위를 도저히 용납할 수는 없었다. 1980년대 전반에 ASEAN은 UN 등의 무대에서 베트남을 비난했고, 캄보디아의 반베트남 세 파벌의 연합 정부를 지지하는 점에서는 대외적인 의견 일치를 보였지만, 내부적으로는 베트남에 대해 강경 자세를 취하는 타이·싱가포르와 중국의 위협을 중시하며 베트남에는 유연히 대응할 것을 주장하는 인도네시아·말레이시아가 서로 대립했다. 이 시기에 국제무대에서 ASEAN의 존재감은 높아졌으나 기구로서의 ASEAN은 그다지 커다란 힘을 발휘하지는 못했다. 1984년에 독립을 달성한 브루나이의 ASEAN 가입 정도가 눈에 띄는 사건일 뿐이었다.

그러나 국제 정세가 '신냉전'이 완화되는 쪽으로 방향을 틀자, ASEAN과 인도차이나 3국 사이에는 곧바로 관계 개선이 이루어지게 되었다. 이것은 경제 방면의 세계화가 급속히 이루어지는 가운데에서, ASEAN은 경제 통합을 한층 심화시키고, 더 나아가 동남아시아 전역을 포괄하는 방향의 확대를 완수함으로써 탈냉전 시대Post-

Cold War era[24] 세계 속에서 자신의 지위를 확고히 다지려 했기 때문이었다.

ASEAN 국가들은 나라 별로 현저한 경제 성장을 기록했지만, 역내 경제 협력은 결실을 보지 못하고 있었다. 하지만 경제 방면의 세계화로 지역 간의 경쟁이 격심해지는 와중에 1992년의 정상 회의에서 ASEAN은 역내 관세율을 원칙적으로 5퍼센트 이하로 낮추는 아세안자유무역지대(AFTA, ASEAN Free Trade Area)를 1993년부터 15개년 계획으로 시행하는 데 합의했다.[25]

그 무렵에 베트남이 ASEAN에 가입하겠다는 의사를 밝혔다. 이렇듯 베트남이 ASEAN에 접근케 된 배경에는 ①동아시아 지역의 비약적 경제 발전에 참여, ②대미·대일 관계 등을 촉진하는 토대 마련, ③중국의 잠재적 위협에의 대처 등의 이유가 있었다고 판단된다. 또한 주권을 존중하고, 가맹국의 합의로 운영되었던 ASEAN은 베

---

24) 역사적으로 1947~1991년 사이 미국·소련이 대립했던 시기를 '1차 냉전 시대'로 보고, 소련이 붕괴된 1991~2017년까지 시기를 '탈냉전 시대' 또는 '포스트 냉전 시대'라고 일컫고 있다. 이러한 탈냉전 시대를 규정짓는 가장 눈에 띄는 특징은 '세계화'라고 일컬어지고 있다.

25) 1992년 1월에 싱가포르에서 열렸던 제4회 ASEAN 정상회의에서 '싱가포르 선언'이 채택, AFTA가 정식으로 창설되어 1993~2008년 사이에 실현하는 것을 목표로 삼았다. AFTA 발족 당시 ASEAN 가맹국은 6개국(브루나이·인도네시아·말레이시아·필리핀·싱가포르·타이)이었고, 그 후에 베트남·라오스·미얀마·캄보디아가 잇달아 ASEAN에 가입함으로써 ASEAN 10에 의한 지역경제 협력권이 형성되기에 이르렀다.

트남에는 가입하기에 부담이 덜한 조직이었다. 그것은 화평을 이루게 되면 장차 경제 발전이 기대되는 인도차이나 지역을 자신들의 경제권에 편입하는 것은, ASEAN의 국제적 지위 강화에 힘을 쏟던 ASEAN 선발 가맹국의 입장에서도 환영할 만한 일이었다. 1992년 정상회의에서는 동남아시아 모든 국가가 동남아시아 우호협력조약TAC[26)에 가입하는 것을 환영한다는 데 합의했다. 그 결과 베트남은 곧바로 TAC에 가입해 ASEAN의 옵서버가 되었고, 1995년에는 정식으로 가입을 이루었다. 이윽고 1997년에는 라오스·미얀마가, 1999년에는 캄보디아가 ASEAN에 가입함으로써 동남아시아 전역을 포괄하는 ASEAN 10이 마침내 실현되었다(2002년에 독립한 동티모르 가입은 2021년 현재까지도 실현되지 않고 있다). 그것은 동남아시아 역사상 최초로 자발적 의사로 지역의 일체화를 실현했다는 점에서 획기적인 의의를 지닌 사건이다.

이렇듯 자기 변혁을 완수한 ASEAN은 좀 더 광역에 기반한 제도 구축에도 적극적으로 착수하게 되었다. ASE-AN은 1979년부터 일본 등 역외域外 대화 파트너 국가도 참여하는 형식의 ASEAN 확대 외무장관 회의(PMC,

---

26) 8강 주석 114) 참조.

Post Ministerial Conference)를 개최하기도 했으나, ASEAN 의 존재감이 묻힐 수도 있는 광역 제도 구축에는 소극적인 편이었다. 선진국 주도로 진행되었던 APEC 설립을 둘러싸고도 ASEAN은 애초에는 소극적이었으나, APEC이 ASEAN의 요구를 받아들이자 자신감이 붙은 ASEAN은 1994년에는 ASEAN 지역 포럼(ARF, ASEAN Regional Forum)을 개최하게 되었고, 아시아·태평양 지역 외의 주요국들이 매년 지역 안전보장 대화에 참가하게 되었다.[27] 이어서 1996년에는 ASEAN의 요청으로 한·중·일 3개국도 참가한 동아시아 국가와 EU 국가들 사이의 대화 기구로서 아시아·유럽 정상회의(아셈ASEM, Asia-Europe Meeting)가 발족했다. 더 나아가 아시아 금융 위기를 겪으며 동아시아로서의 지역 협력 필요성이 한층 부각된 1997년에는 ASEAN 정상회의에 한·중·일 정상이 참여한 'ASEAN+3' 정상회담이 열렸고, 동시에 ASEAN과 한·중·일 개별적으로 개최하는 'ASEAN+1' 형식의 정상회의도 개최하게 되었다.[28]

---

27) ARF는 1994년에 시작된 아시아·태평양 지역에 있어서 정치·안전보장 분야를 대상으로 하는, 유일한 정부 간 포럼이다. 현재 참가국은 ASEAN 이외에 한국·북한을 비롯한 총 27개국에 이르고 있다.
28) 9강 주석 14) 참조.

III. 개발독재의 종식과 개혁의 모색

1. 인도네시아-수하르토 체제의 붕괴

1970년대에는 세계적으로 유가가 폭등해 산유국인 인도네시아는 혜택을 누렸지만, 1980년대에 접어들어 유가가 하락하자 자국 통화를 평가 절하하고 수출지향 산업화를 추진해 공업국으로의 전환을 꾀했다.

1980년대에는 세계적인 이슬람 부흥 운동의 조류가 인도네시아에도 파급되어, 급진적 이슬람주의가 출현하게 되었다. 이러한 사태를 경계한 수하르토 정권은 모든 정당과 대중 단체에 '빤짜실라Pancasila'(1945년 헌법 전문에 명기된 인도네시아 건국 5원칙. ①유일신에 대한 신앙, ②인도주의, ③인도네시아의 통일, ④민주주의, ⑤사회적 공정. '유일신에 대한 신앙'은 알라를 유일신으로 받드는 이슬람을 존중하면서도, 그 밖의 신을 신앙하는 종교까지도 배려한 표현으로 이슬람 국가를 수립하자는 요구에 제동을 걸었다)[29]를 유일한 원칙으로 삼을 것을 요구하는, 신정당법과 대중단체법 등의 정치 5법을 1985년에 공포했다.[30]

1980년대 중반은 수하르토 정권의 체제 안정 장치가 확립되었던 시기였다. 익찬[관제] 정당이었던 골카르는 1983년부터 대대적인 조직 재편이 이루어져 세가 크게 불어나 있었다. 그렇듯 세를 불리는 과정에서 당시까지는 골카르에 참여하지 않았던 다수의 사회 엘리트층이 입당하게 되었고, 주로 국군·관료로 이루어졌던 골카르의 인적 구성이 크게 바뀌게 되었다. 그러한 과정에서 당시까지 수하르토에 비판적이었던 이슬람 세력과 학생 운동가, 쁘리부미Pribumi 실업가 계층이 골카르를 통해 체

---

29) '빤짜실라'는 '청년의 맹세Sumpha Pemuda'와 더불어 인도네시아인의 정신적 근간이자 헌법적 가치를 형성하고 있다. '빤짜실라'는 원래 산스크리트로 불교의 '오계五戒'를 지칭하는 말이었으나, 인도네시아에서는 이를 '다섯Panca'의 '원리sila'라는 뜻으로 확대 해석한 것이다. 이를 좀 더 자세히 설명하면 ①'최고 유일신에 대한 신앙의 원칙', ②'정의롭고 예절 바른 인간성을 위한 '인도주의 원칙', ③'인도네시아 통일을 위한 '민족주의 원칙', ④'대중 합의와 대의 제도를 바탕으로 한 '민주주의 원칙', ⑤'인도네시아 전체 국민을 위한 '사회 정의의 원칙'으로 볼 수 있다. 이러한 '빤짜실라'의 개념은 수카르노의 측근인 야민Yamin이 창안했고, 수카르노가 처음 사용했던 것으로 알려져 있다. 참고로 현재 인도네시아에서는 종교가 의무화되어있으며, 국민 종교로는 이슬람교 이외에 힌두교·불교·가톨릭교·개신교의 5대 종교 이외에 유교까지도 신앙 종교로 인정하고 있다.

30) 1970년대부터 이슬람을 배척과 통제의 대상으로 삼아 철저한 탈脫 이슬람화 정책을 추진했던 수하르토 정권은 1980년대에 들어서서 정치적 이슬람 세력의 탈정치화를 위한 여러 정책을 시행했다. 그 같은 탈 이슬람화의 더욱 구체적 조처로 수하르토 정권은 모든 정당으로 하여금 빤짜실라 원칙을 수용하도록 법제화를 시도했다. '조직organisasi'과 '사회masyarakat'의 머리글자를 따서 '오르마스Ormas'로 명명된 이 법안에는, 모든 정당 및 사회 단체는 빤짜실라를 유일한 기본 원칙으로 삼아야 한다는 조항이 포함되어있었다. 이로써 인도네시아의 경우 이슬람 세력들이 주장해온 정교일치의 국가 이념은 빤짜실라 체제 아래로 수용되게 되었다.

제 내부로 편입됨으로써, 1980년대 후반 이후로 수하르토 체제는 안정된 시기를 맞이하게 되었다.

인도네시아 경제는 플라자 합의 이후 1987년부터 1997년 아시아 금융 위기의 시기까지 호황기를 누렸고, 경제 자유화와 민간자본 활용이 적극적으로 추진되었다. 그런 와중에 수하르토 대통령 일족을 정점으로 하는 기업가들에 의한 이권 비즈니스와 정계·관계·재계의 유착 구조가 더욱 심각해지게 되었다. 정치 일선에서도 1990년대 전반 이후에 골카르 내부에 대통령 일족과도 가까운 국군자녀회 간부 출신 세력이 크게 부상했고,[31] 1980년대에 골카르에 참여했던 사회세력 집단과의 사이에서 정치적 직위의 분배를 둘러싼 경쟁이 격화되었다. 대통령 일족과 그들과 가까운 집단이 차츰 골카르 내에서 중요한 직위에 발탁되자, 사회세력에서 기용된 집단은 상대적으로 그 지위가 낮아지게 되었다. 또한 국군 내부에서도 수하르토의 측근과 군 주류파 사이에 틈이 생기게 되었다.

아시아 금융 위기가 인도네시아에 영향을 미치자 곧바

---

31) 참고로 수하르토의 차남 밤방 뜨리핫모쬬Bambang Trihatmodjo가 국군자녀회 회장에 취임하면서 이 모임의 간부들이 정권의 요직에 기용되는 등 강력한 정치적 세력으로 부상했다.

로 수하르토 체제에 대한 비판의 소리가 높아졌다. 1998년 3월 이후 학생과 지식인을 중심으로 부정부패 척결과 정치·경제의 전면적 개혁〔레프르마시reformasi〕을 요구하는 민주화 운동이 고조되었다. 이와 연동해 골카르 내부에서도 지위가 하락했던, 사회세력에서 기용된 집단이 체제 내 대화파로서 대두해 민주화 세력과 손을 잡고 합의를 형성해갔다. 그들은 정치 시스템의 미비, 특히 입법부의 정부 감시 기능 및 입법 기능이 제 역할을 다하지 못했던 점이 경제 위기를 초래한 주원인이라는 데 인식을 공유했고, 입법부의 복권을 통한 제도 구축에 따라 개혁을 추진하자는 데 의견 일치를 보게 되었다. 또 그러한 개혁의 걸림돌이었던 수하르토 개인 지배를 종식시키는 데도 합의했다. 5월에 자까르따에서 폭동이 일어나 많은 희생자가 발생하자[32] 국회는 대통령에게 사직을 권고했고, 이윽고 경제 각료 열다섯 명이 사임을 표명하고 국군도 대통령에 대한 지지를 철회한 가운데 수하르토는 퇴진을 강요받기에 이르렀다.

---

32) 1998년 5월 12일 자까르따 소재 대학에서 일어났던 반정부 시위에서 대학생 네 명이 사망한 사건이 발단이 되어 대규모 시위는 전국적인 폭동으로 변했고, 약 2주간의 무정부 상태를 끝으로 5월 21일 사임을 발표함으로써 32년간에 걸친 수하르토 대통령의 장기 독재는 막을 내리게 되었다.

수하르토가 퇴진한 후에 (부통령) 하비비가 임시 대통령(1998. 5~1999. 10)이 되었고, 1999년 6월에 자유로운 총선거를 시행했다. 그리고 선출된 의원을 주체로 하는 국민협의회가 10월에 소집되었고, 압두라흐만 와힛 Abdurrahman Wahid이 제4대 대통령에 취임했다.

2. 말레이시아-마하티르 정권

후세인 온 정권에 뒤이어 1981년에 수상이 되었던 마하티르Mathathir[33]는 그 후에 2003년까지 여섯 차례 22년 동안 수상을 지내며 장기 정권을 유지했다.[34] 마하티르 정권은 대규모 인프라 정비와 국산 자동차 산업을 비롯한 중공업화, 외자 도입을 통한 수출지향 산업화를 추진해 1988~1997년까지 10년 동안 연평균 10퍼센트를 넘는

33) 1925~ . 말레이시아의 의사·정치가. 제4대 수상(1981~2003)·제7대 수상(2018~2020)을 역임했고, 2020년에는 잠정 수상을 지내기도 했다. 정치 초년병 시절 라만 수상을 비판하며 『믈라유 딜레마Dilema Melayu』라는 책을 지어 유명세를 떨쳤다. 1981~2003년 동안 장기 집권하면서 말레이시아를 '동남아시아의 우등생'이라고 불릴 정도로 성장시킨 업적으로 평가받고 있다. 2018년의 수상 취임 시에는 92세의 나이로 민주적 선거로 선출된 최고령 지도자로 기록을 세우기도 했다.
34) 마하티르 정권은 일반적으로 정치적 자유를 상당 정도로 제한하는 특징을 지닌 '경쟁적 권위주의competitive authoritarianism' 체제로 일컬어지고 있다.

GDP 성장률을 달성했고, 국민의 생활 수준도 급격히 향상했다.

그에 더하여 부미뿌뜨라 정책을 실시했던 덕분에 말레이인 사회에도 커다란 변화가 일어났다. 국립대 입학생 가운데 부미뿌뜨라(말레이인과 선주민) 출신의 비율이 1970년의 40퍼센트에서 1980년에 이르러 67퍼센트로 상승했다. 고등 교육을 받는 말레이인 학생 수 증가와 공기업 및 외자계 수출 산업에서 일하는 말레이인 노동자 수 증가 등의 변화 속에서 말레이인들 사이에서 이슬람 부흥 운동이 일어났다.

마하티르 정권은 이슬람 국가를 지향하는 과격한 이슬람주의는 억누르면서도 이슬람과 개발의 상호 융합을 꾀했고, 말레이시아라는 세속 국가의 틀 안에서 이슬람화 촉진을 도모했다. 마하티르는 대학생을 중심으로 하는 이슬람 부흥 운동 단체인 말레이시아·이슬람 청년 운동(ABIM, Angkatan Belia Islam Malaysia)의 지도자였던 안와르 빈 이브라힘Anwar bin Ibrahim[35]을 통일말레이 국민 조직(UMNO, United Malays National Organisation)에 입당시켜, 1982년의 총선에서 하원의원으로 발탁했다. 안와르는 그 후에 부수상까지 올랐고, 한때는 마하티르의 유력한 후계자로 지목되었다.

UMNO는 화인계 정당 및 인도계 정당과 손잡고 여당 연합인 국민 전선(BN, Barisan Nasional)을 형성해 오랫동안 정권을 유지했는데, 1980년대에는 부미뿌뜨라 정책을 통해 말레이인의 경제적 이익을 옹호하는 동시에 이슬람적 가치의 옹호자로서도 정책을 폈다. 1981년에 시작된 '동방 정책Look East policy'[36]은 한국과 일본의 집단

---

35) 1947~ . 말레이시아 정치가. 본래 인도계 이민 가정 출신으로 학생 시대에 ABIM의 지도자로 정부 비판 활동으로 투옥되는 등 명성을 떨쳤다. 1982년 ABIM 대표를 사임하고 마하티르에게 발탁되었고 UMNO에서 승승장구해, 1993년 권력 2인자인 부수상에 올라 한때는 수상 대행을 할 정도로 마하티르와 돈독한 관계를 유지했다. 그러나 아시아 금융위기를 둘러싼 정책상 이견으로 마하티르와 대립하다 1998년 부수상직에서 실각해 UMNO로부터 축출되었다. 그 후에 그는 대규모 시위 군중을 동원해 마하티르의 퇴진 운동을 벌이다가 부패와 동성애 혐의로 재판에 넘겨져 2004년까지 징역을 살게 되었다. 2008년 정계에 복귀했으나 2014년 다시 동성애로 재판에 회부되어 유죄를 받았다가 2018년 국왕의 사면으로 석방되었다. 2018년 그의 아내가 일찍이 창당한 인민정의당(PKR, Parti Keadilan Rakyat) 총재로 정계에 복귀했고, 당시 UMNO에서 이탈해서 야당으로 수상에 재취임했던 마하티르와 다시 손잡게 되었다. 이렇듯 그는 최근 말레이시아 정국에서 가장 논란이 많았던 인물 중의 하나로 현재는 제1야당의 당수로 활약하고 있다.
36) 1981년 12월에 마하티르 수상이 제창했던 근대화 촉진 정책으로, 한국·일본의 근대화를 본보기로 삼아 국민 교육을 하고, 의식 개혁을 단행해 경제 발전을 촉진코자 했던 것이다. 한국과는 주로 인적 자원 개발 분야에서 협력을 맺었는데, 1983년부터 기술연수생·유학생·공무원을 한국에 파견, 일정 과정을 이수하도록 추진했다. 2012년부터는 제2차 동방정책이 양국 간의 협의로 진행되고 있다.

주의groupism[37]를 배우는 동시에 이슬람적 노동 윤리를 권장하는 측면도 지니고 있었다.

이러한 정치적 안정을 배경으로 1971년 이래의 신경제 정책이 종료되는 1991년에는, 말레이시아를 2020년까지 선진국에 진입시킨다는 '비전 2020' 프로젝트가 새로이 수립되었고, '말레이시아 국민 의식'을 강조하는 한편으로 비非말레이인 사회에도 개발과정에 참여할 기회를 제공하는 등의 정책이 시행되었다.

하지만 UMNO 지도부 내의 잦은 권력 투쟁이 반복되었고, 1997년 아시아 금융 위기의 대처를 둘러싸고서, 안와르 부수상 겸 재무상을 중심으로 하는 UMNO의 젊은 활동가 그룹이 마하티르가 추진하는 기업가 육성책이 '정실주의cronyism'라는 비판을 가하면서 안와르는 지위를 박탈당하고 실각했다.

---

37) 개인주의individualism의 반대 개념으로 개인의 이익보다는 집단의 이익을 존중하고, 개인끼리 서로 협력해 사회생활을 영위하는 사회학적 원리를 가리킨다.

3. 싱가포르-인민행동당의 지배

동아시아 NIES에서 한 축을 담당했던 싱가포르는 1980년대에 컴퓨터 산업·석유화학 산업·금융업 등에 주력했고, 1990년대에는 정보통신·연구개발에도 힘을 쏟게 되었다. 리콴유 정권에서는 경제 성장이 일정한 수준에 도달하자 풍요로움을 내세운 정치 체제의 정당화에 한계가 노출되었다. 그 같은 상황에서 새로운 통합의 상징으로 강조되었던 것이 전통적 가치·문화로의 복귀였다.

싱가포르에서는 국민 대다수에게 모어가 아닌 영어로 교육을 함으로써, 다민족 사회인 싱가포르가 잠재적으로 (위험성을) 내포하고 있는 민족 대립을 완화하려는 방침을 취해왔다. 그 결과 영어로 수업하는 학교가 1965년 61퍼센트에서 1969년에는 91퍼센트까지 늘어났다. 하지만 1980년대에 들어서자 화인 사회에서는 표준 중국어(북경 관화, 만다린Mandarin) 교육에도 힘을 쏟게 되었다. 그 같은 교육 정책의 전환은 유교적 전통으로의 회귀를 강조하는 '아시아적 가치'의 주장과 궤를 같이하는 것이라고 할 수 있다. '아시아적 가치Asian values'론[38]은 서구 언론과 정부로부터 싱가포르 내정에 대해 제기되는 비판에, 그것을 서구적 가치의 일방적 강요라며 반박하는 논거를 제공하는 역할도 해주었다.

수상직은 1990년에 리콴유에서 고촉통(Goh Chok Tong, 吳作棟)에게 승계되었고, 2004년에는 리콴유의 장남인 리센룽(Lee Hsien Loong, 李顯龍)이 물려받았다.

---

38) 동아시아 지역에서 개발독재 체제를 통해 구체화한 경제 발전은 '아시아의 기적'으로 일컬어지는 한편 ASEAN 체제의 발달은 '발전도상국에 의한 가장 성공한 지역 통합'으로 찬양되면서, 그러한 정치·경제 동향의 활성화는 새로이 '아시아'라는 틀에 부합되는 지역적 일체성을 모색할 필요성을 느끼게 했다. 1990년대에 활발히 제기되었던 이른바 '아시아적 가치'론은 기본적으로 동아시아 국가들이 국제 사회에서 기왕의 종속적 위치에서 벗어나 독자적 자율성을 확보하려는 시도였던 동시에 리콴유·마하티르의 경우에서 보듯이 국내 정책의 틀을 넘어서서 외교 수단의 일환으로 활용되기도 했다. 리콴유 같은 이들이 주장했던 아시아적 가치는 사상적으로는 유교적 가치에 기반한 특징을 지녔으며, 정치·경제 영역에서는 문화적 가치가 상이한 동아시아에서는 개인의 정치적 권리가 중시되는 서구형 민주주의가 적합하지 않다는 주장 등으로 요약될 수 있었다. 리콴유는 자신의 그러한 주장을 1994년 「문화는 운명이다Culture is Destiny」라는 논문으로 발표했고, 그에 대해 한국의 김대중 대통령이 「문화는 운명인가?Is Culture Destiny?」라는 반론을 펴는 등 국제적으로 활발한 논란이 벌어지기도 했다. 그러나 '아시아적 가치'론은 언설 자체가 지녔던 개념의 애매성·불완전성에 더해서, 1997년 타이 통화 위기로 촉발되었던 동아시아 금융 위기로 인해 그 효용성에 대해 의문이 제기되는 한편, 사실상 싱가포르·말레이시아·한국 등의 개발독재 권위주의 체제를 정당화하려는 정치적 개념으로 인식됨에 따라서 더는 진척을 보지 못하고서 이후의 '동아시아 공동체' 논쟁으로 바통을 넘겨주고 말았다.

4. 타이-국왕을 국가원수로 하는 민주주의

1976년 쿠데타 후에 수립된 타닌 끄라이위치안Thanin Kraivichien 정권은 사회운동을 엄격히 통제했던 탓에, 그 지도자가 공산당에 합류하는 사태를 불러왔다. 공산당의 세력 확장을 염려했던 군부 쿠데타로 1977년에는 군사정권이 탄생했고, 1980년에는 육군사령관 쁘렘 띤술라논드Prem Tinsulanonda[39]이 수상에 취임했다. 쁘렘은 경제성장을 통해 발언권이 강화되었던 중산층이 많은 방콕에서는 자유 선거를 실시해, 선거 결과를 존중하는 한편 의회 내 정당과의 협조에도 힘쓰는 등 군사정권이 솔선수범해 민주주의를 실현코자 노력했다. 동시에 국민의 소리를 체제 안으로 끌어들여 공산주의자를 고립시키는 정책으로 전환했다. 때마침 중국-베트남 전쟁이 발발하는 통에 타이 공산당CPT 내부에서도 중국파와 베트남파가 갈려 대립이 심화되었던 탓에, 공산당에서 이탈해 투항하는 이들이 대규모로 생겨나자, 쁘렘 수상은 1984년

---

39) 1920~2019. 타이의 군인·정치가. 일찍이 국방상·수상·추밀원장을 역임했고, 2016년 라마 9세 국왕 서거 후에는 라마 10세 즉위까지 국왕 업무를 대행했다. 탁씬 친나왓 전 수상과는 정치적으로 반대되는 입장으로, 탁씬 수상은 군부 쿠데타로 축출된 이후에 쁘렘 추밀원장을 쿠데타로 배후로 지목하기도 했다.

에 타이 국내에서의 냉전 종결을 선언했다.

1988년 총선에서 제1당이 되었던 타이국민당Thai Nation Party의 찻차이 춘하완Chartchai Chunhavan 정권이 출범했다. 찻차이 정권은 플라자 합의 이후의 경제 호황을 배경으로 '인도차이나를 전장에서 시장으로'라는 구호를 내걸고 캄보디아 평화 협상을 적극적으로 추진하는 등의 정책을 폈다. 하지만 여당 의원들의 이권 챙기기가 기승을 부리자[40] 1991년에는 쑤찐다 크라쁘라윤Suchinda Kraprayoon 육군사령관이 쿠데타를 일으키게 되었다.

그러나 군부는 외교관 출신인 아난 빤야라춘Anan Panyarachun을 수상으로 지명했다. 아난 수상은 부정부패 척결과 행정기구 효율화를 추진해 높은 평가를 받았다. 이를 계기로 깨끗한 정치가 이루어지려면 부패한 국회의원이 아닌 유능한 전문가 집단이 국정을 맡아야 한다는 인식이 생겨났고, 그 후로 의회제 민주주의 비판에 대한 논거를 제공하게 되었다.

하지만 1992년 총선을 치르고 나서 수찐다 육군 사령관이 수상에 취임함으로써 커다란 비판을 불러일으켰

---

40) 찻차이 정권 3년 동안은 경제 성장률이 13퍼센트에 달하는 등 호황을 누렸으나, 그의 정권은 '뷔페 캐비닛'이라고 야유당할 정도로 심각한 부정부패의 온상이 되었다.

다. 수찐다를 반대하는 시위대와 군대의 충돌로 수많은 사람이 죽거나 체포되는 사태가 발생하자[41] 푸미폰 Bhumibol 국왕(라마 9세, 재위1946~2016)이 조정에 나서서, 시위·집회는 해산하는 대신 체포된 사람들을 석방하고 수찐다 총리가 사임하는 것으로 매듭을 풀면서 민정 이양이 실현되었다. 군부와 민주화 운동이 대결하는 가운데 국왕이 독자적 주체로 정치에 영향력을 행사케 되었던 현상도 이 시기 타이 정치의 커다란 특징이었다. 이윽고 1978년 헌법에 '국왕을 국가원수로 하는 민주주의'가 명문화됨으로써, 입헌군주제라는 틀을 넘어선 국왕의 정치 개입이 정당화되게 되었다.[42]

군사정권을 무너뜨리는 데 큰 역할을 했던 중산층도 교육 수준이 낮은 유권자들이 부패한 정치가를 의회로

---

41) '잔인한 5월'로 불렸던 이른바 5월 민주화 운동 기간, 군대와 시민 시위대 간의 충돌로 인해 40명이 죽고 600명 이상이 다친 걸로 집계되었다. 당시 방콕 시장으로 민주화 운동을 이끌었던 짬렁 시므엉Jamrong Srimung은 '청백리 시장'으로 한국에서도 언론 보도를 통해 유명세를 탔다.

42) 이렇듯 국왕을 전면에 내세우는 이른바 '타이식 민주주의'는 본래 쿠데타로 1959~1963년 동안 집권했던 싸릿 타나랏 정권에서 비롯된 것이다. 그는 1932년의 입헌혁명 이후 민주주의는 모두 서구식 민주주의로 타이의 실정에는 맞지 않는다고 비판하면서, '국왕을 국가원수로 하는 민주주의'가 곧 타이식 민주주의라고 하면서 국왕의 중요성을 강조했다. 동시에 20세기 초 라마 6세가 주창했던 민족·불교·국왕의 3원칙을 가져와 국시國是로 삼고 그 같은 타이적 원리를 근간으로 하는 독재 체제를 구축했다. 이렇듯 싸릿은 정권의 권위를 높이기 위해 국왕의 존재를 최대한 활용했다. 이 시기부터 푸미폰 국왕은 행사 참석과 지방 순행 등 그의 일거일동이 미디어를 통해 국민에게 널리 알려지게 되었다. 이렇듯 1960년대부터 강화된 타이 정치에 있어서 국왕의 위상은 1978년 헌법에 명문화됨으로써 타이식 민주주의의 중요한 특징으로 자리 잡게 되었다.

보낸다는 식으로, 의회제 민주주의에 대한 회의를 품게
되었다. 아시아 금융 위기로 정치가에 대한 불신이 최고
조에 달했던 1997년에, 대졸 이상의 학력 보유자가 아니
면 국회의원·각료가 되는 것을 금지하는 헌법이 성립되
었다. 추언 릭파이Chuan Leekpai 정권은 IMF의 권고를 수
용해 철저한 긴축 재정과 규제 완화를 시행했다. 이윽고
2001년 총선에서는 이를 비판하고 농민의 채무 상환 유
예와 농촌 지역의 공공사업 확대, 적극적 경기 부양책을
내세운 탁씬 친나왓Thaksin Shinawatra[43]의 타이애국당
(TRT, Thai Rak Thai Party)[44]이 집권당이 되었다.

---

43) 1949~ . 타이의 실업가·정치가. 객가계 화인 출신으로 중국 이름은 치우따신丘達新
이다. 경찰관과 실업가 생활을 거쳐 정치에 투신, 제31대 수상을 역임했고, 2006년 9월
쿠데타로 실각한 이후에는 해외에서 망명 생활을 하고 있다. 2011년 그의 여동생 잉락
친나왓Yingluck Shinawatra이 제36대 수상이 되었고, 이후 여러 우여곡절을 겪으면서도
2019년 타이 총선에서는 탁씬계 정당이 원내 제1당을 차지하고 있다. 참고로 축구를 좋
아해 2007년 영국 망명 기간에는 프리미어 리그의 맨체스터 시티 FC의 구단주가 되었던
적도 있다.
44) '타이를 사랑하는 타이인의 당'이라는 뜻의 당명을 가진 타이애국당은 1998년 창당
되었고, 2006년 9월 탁씬 수상이 군사 쿠데타로 실각하자 정당 활동이 금지되었다. 이윽
고 2007년 5월에 타이 헌법재판소는 동당에 대해 해산 명령을 내렸다.

5. 필리핀-마르코스 정권 붕괴와
'이익 정치interest politics'의 등장

이 시기에 제일 먼저 민주화 움직임이 표면화되었던 나라는 필리핀이었다. 마르코스 정권의 강권 정치에 대한 불만이 높아졌던 시기인 1981년에 마르코스의 측근 crony 기업가가 거액의 부채를 남기고 해외로 도피해 금융 위기가 일어났고, 그로 인해 정권의 정당성을 둘러싸고 심각한 위기가 발생했다. 1983년에 마르코스의 정적이었던 베니그노 아키노Benigno Aquino 전 상원의원이 필리핀으로 귀국하던 도중 (마닐라 공항에서) 암살되었던 사건으로 인해 마르코스 정권에 대한 신뢰도는 나라 안팎에서 실추되었다. 그런 와중에 실시되었던 1986년 대통령 선거에서는 마르코스와 야당 단일 후보 코라손 아키노Corazón Aquino(베니그노 아키노의 부인)가 대권을 다퉜는데, 이윽고 국민의회는 마르코스가 '당선'을 발표했으나 선거 감시단의 집계로는 아키노가 승리한 결과였다.[45]

---

45) 1986년 2월 7일에 투표가 실시되었고, 개표 결과 민간 선거 감시 단체인 '자유 선거를 위한 국민운동'(NAMFREL, National Citizens' Movement for Free Elections)은 아키노 후보가 약 80만 표차로 이겼다고 발표했다. 참고로 마르코스의 영향하에 있던 중앙선거관리위원회는 마르코스가 160만 표 차로 승리했다고 발표했다.

아키노는 시민들에게 불복종 운동을 촉구했고 국방상 및 가톨릭 교회의 추기경도 마르코스에 반대하는 의견을 표명했고, 100만 명의 인파가 아키노의 상징색인 황색 셔츠를 입고 거리를 가득 메우자, 마르코스도 마침내 망명길에 오를 수밖에 없었다. 이 사건은 '피플파워 혁명 People Power Revolution'[46]으로 불리고 있다.

이윽고 대통령에 취임한 코라손 아키노는 민주주의 정착을 위해 노력했고, 1987년 헌법에서는 임기 6년 대통령의 재선 금지를 명문화했다. 1992년에 탄생했던 피델 라모스Fidel Ramos 정권은 반정부 세력들과도 적극적으로 화해하는 정책을 펼쳐서, 민다나오섬에서 분리 독립 운동을 전개하던 모로 민족 해방전선MNLF과 평화협정을 체결했다.

아키노 정권 말기부터 필리핀 경제는 본격적인 개방

---

46) '피플파워 혁명'은 1986년 2월 22일 군 개혁과 장교들의 쿠데타 봉기로부터 25일 아키노 정권 수립에 이르기까지 필리핀에서 발생했던 혁명을 가리킨다. 달리 '에드사 혁명 Edsa Revolution'이라고도 하는데, '에드사'는 마닐라 수도권의 아기날도Aguinaldo 공군기지에 면해있는 거리 이름으로, 부정 선거에 항의하는 100만 시위 군중이 이 거리에 모였던 데에서 '에드사 혁명'으로 불리게 되었다. 이 밖에도 '필리핀 2월 혁명' '필리핀 시민혁명' '2월 정변' 또는 '황색Yellow 혁명'이라는 명칭을 사용하기도 한다. 한편 이 혁명을 지원하기 위해 방송되었던 라디오 녹음 음성 및 원고는 이후 유네스코 세계기록유산으로 등재되었다. 참고로 1986년 필리핀 민주화 운동은 그 후에 연쇄적으로 이어지는 한국 (1987)·버마(1988)·중국(1989) 및 동구권 민주화 운동의 기폭제가 되었고, 최종적으로 1990년의 베를린 장벽 붕괴와 1991년의 동서독 통일 및 소련 해체로까지 연결되는 세계사적 의미를 지닌 사건으로 해석하는 입장도 존재한다.

체제로 이행되어 1990년대를 통해 무역산업 구조가 크게 변화했고, 1998년에는 비재래형 공업제품이 전체 수출의 88퍼센트를 차지하는 등 순조로운 경제 성장을 기록했다. 그러나 같은 해 대통령 선거에서는 라모스 대통령 집권기의 경제 성장을 실감하지 못했던 서민층의 지지를 배경으로, 빈곤 대책을 내세운 조셉 에스트라다 Joseph Estrada가 대통령에 당선되었다.

포스트-마르코스post-Marcos 시기[47)]의 필리핀 정치에서는 소수 유력 가족을 대표하는 구정치 명문가가 부활은 했지만,[48)] 예전처럼 엘리트 정치가 부활한 것이 아니라 한층 더 경쟁적인 참가형 민주주의가 전개되는 상황이 되었다. 일인 일표제로 치러지는 선거에서는 빈곤층에게서 표를 얻는 것이 중요한 의미를 지니지만, 그와 같이 대중의 인기를 겨냥한 선심성 정책은 자칫하면 부정부패의 온상이 되기에 십상이다. 경제 발전의 혜택이 자신들에게도 미치기를 요구하는 빈곤층을 기반으로 한

---

47) 달리 '포스트-에드사post-Edsa 시기'라고도 한다.

48) 2022년 5월 9일에 치러졌던 대통령 선거에서는 마르코스의 장남인 전 상원의원 봉봉 마르코스Bongbong Marcos(약칭 'BBM')가 대통령으로, 그리고 현 두테르테 대통령의 딸 사라 두테르테Sara Duterte가 BBM과 손잡고서 부통령에 당선되었다. 이로써 1986년 2월 민중에 의한 '에드사 혁명'으로 부친 마르코스 대통령이 축출된 이후 36년 만에 마르코스 가문 출신의 대통령이 다시 출현하게 되었다.

'이익 정치'와, 청렴결백한 정치를 희망하는 중산층을 기반으로 하는 '도덕 정치'가 대항하는 구조가 필리핀에서도 출현했다.

6. 베트남-도이 머이의 행보

베트남전이 종결된 후에도 베트남에서는 경제적 곤경이 계속되었다. 그것은 캄보디아 분쟁에 개입했던 탓에 베트남이 국제적으로 고립당한 데다가, 앞서 언급했듯이 '빈곤을 공유하는 사회주의'로부터 근본적 전환이 지연되었기 때문이다. 1970년대 말부터 1980년대 초반에 걸쳐 베트남에서는 국외로 탈출하는 난민이 대량 발생했고,[49] 게다가 캄보디아·라오스에서 오는 난민까지를 포함한 인도차이나 난민 문제가 국제 사회의 시선을 끌면

---

49) 베트남전이 끝나고 남베트남이 통합된 후, 많은 사람이 재교육 캠프에 억류되는 상황을 피해 험한 파도와 해적을 만날 위험을 무릅쓰고 배를 타고 해외로 탈출을 꾀했는데, 이들을 가리켜 보트피플boat people이라고 불렀다. 이러한 보트피플은 1978년부터 다낭 지역을 중심으로 급격히 증가했다고 알려져 있다. 이렇듯 1975년 이후로 세계 각지로 탈출했던 인도차이나 난민의 규모는 대략 200만 명 정도로 추계되는데, 그중에 베트남인이 60퍼센트 정도를 차지하고 있다.

서 베트남에 대한 국제적 비난 여론이 들끓었다.

경제적 곤경 속에서 1979년 이후로 베트남 공산당(1976년에 노동당에서 개칭함)은 부분적 개혁에 매진했지만, 성과는 제한적이었다. 1970년대 말부터 1980년대 중반에 걸쳐 훗날 도이 머이(쇄신)로 이어지는 역할을 맡았던 쪽은, 농업합작사의 생산청부제 등 제대로 작동치 않는 '빈곤을 공유하는 사회주의'를 포기했던 사람들이 몰래 행했던 '불법 거래'와, 그것을 지방정권이 채택해 '지방의 실험'으로 부르며 시행착오를 거듭했던 일련의 개혁들이었다. 그런 상황들이 공산당 최고 지도자의 인식을 변화시켰고, 이윽고 1986년 제6차 공산당 대회에서 '빈곤을 공유하는 사회주의'와 결별하고 도이 머이를 채택하는 데까지 이르게 했다. 그 같은 의미에서 베트남의 도이 머이는 '밑으로부터의 이니셔티브'에서 발생한 것이라 하겠다. 물론 소련의 고르바초프가 페레스트로이카 개혁을 제창했던 주변 상황도 도이 머이에 순기능으로 작용했지만, 도이 머이의 기원은 아무래도 페레스트로이카의 영향보다는 국내 동향에 있었다고 볼 수 있겠다.

도이 머이를 시작했던 베트남은 소련 등 사회주의 진영과의 관계를 주축으로 삼았던 기존 외교 노선에서 '세계 모든 국가와 친구가 된다'라는 전방위 외교로 전환했고, 캄보디아 평화협정 조인, 중국과의 관계 정상화(1991), 미국과의 국교 수립(1995), ASEAN 가입(1995) 등을 통해 장기간의 국제적 고립 상태를 벗어났다.[50] 그러한 과정에서 ASEAN과의 관계가 개선되었다는 사실이 중요한 의미를 지닌다고 하겠다.

도이 머이의 경제면 시책은 아시아 NIES, ASEAN 선발 가맹국의 경제 발전 대열에 합류하는 것에 주안점을 두고, 외자 도입을 비롯한 경제의 대외 개방과 시장 메커니즘을 도입하는 내용이 핵심 골자였다. 이는 나중에 '사회주의 지향 시장 경제'를 목표로 삼는다는 구호로 집약되게 된다.[51] 1993년 이후 일본을 비롯한 서방 진영의 경제 원조도 본격화하고, 외국에서의 투자도 늘어나 베트남 경제는 마침내 발전 궤도에 오르게 되었다.

정치면에서는 소련·동구권 사회주의 체제 붕괴를 보고서, 베트남은 정치적 다원주의polyarchy(야당을 포함한 복

---

50) 참고로 한국과는 1992년에 외교 관계를 수립했고, 1994년 미국이 베트남에 대한 경제 제재를 해제했으며, 2006년에는 세계무역기구WTO에 가입하고 있다.
51) 이러한 시장 경제의 강조와 더불어 사유 경제 부문이 확대되었는데, 예를 들어 농업에 있어서 1988년 농가 계약제와 1993년 신토지법을 통하여 명목상으로는 토지사용권만을 농민에게 부여했으나, 사유와 유사한 권리 행사가 가능하도록 허용함으로써 토지소유의 실질적 사유화가 완성되었다.

수 정당제)를 거부하게 되었다. 그 결과 공산당 일당 지배 체제를 견지하면서 그 테두리 안에서 입법 기관의 역할 강화 및 법치 국가의 형성 등과 같은 '정치 시스템 개혁' 을 추진코자 했다. 1980년대까지 사회주의 보편 모델에 충실했던 베트남 또한 도이 머이 이후에는 '호찌민 사상' 을 전면에 내걸고 베트남 실정에 맞는 사회주의를 지향 하게 되었다.

7. 라오스-찐 타나칸 마이 전개

캄보디아 문제에서 베트남과 보조를 함께했던 라오스 는 1986년 라오 인민혁명당LPRP 제4차 대회에서 찐 타나 칸 마이chin tanakan mai(신사고)를 제창하며 베트남의 도 이 머이와 유사한 개혁을 시행하게 되었다. 찐 타나칸 마 이를 경제 분야에 적용한 것이 신경제 메커니즘으로, 그 같은 명칭대로 세계은행·IMF·아시아개발은행 등의 처 방전에 기반해서, 가격 자유화·농업 자유화·무역 자유 화·국영기업 개혁·외자 도입·세제 개혁·관련법 정비 등의 다방면에 걸친 개혁에 착수했다.

라오스도 1992년 타이와의 우호 협력 조약 체결, 1997년 ASEAN 가입 등으로 대외 관계를 다각화했다. 베트남과의 관계는 여전히 긴밀한 편이었고, 2000년 중국과 정상 상호 방문 이후로는 중국과의 관계도 급속히 확대해 가게 되었다.

8. 캄보디아-캄보디아 왕국의 부활

캄보디아에서는 1993년 UNTAC 감독 아래 총선거가 치러졌다. 폴 포트 파는 선거를 보이코트했기 때문에, 선거는 왕당파 푼신펙FUNCINPEC당[52]과 인민혁명당에서 개칭한 인민당(CPP, Cambodian People's Party)[53]이 제1당의 자리를 놓고 다퉜는데, 푼신펙당이 승리함으로써 시하누

---

52) 당의 공식 명칭은 '독립·중립·평화·협력의 캄보디아를 위한 민족통일 전선National United Front for an Independent, Neutral, Peaceful and Cooperative Cambodia'이나, 프랑스어 명칭의 머리글자를 따서 'FUNCINPEC'으로 불렸다. 시하누크의 쌍쿰Sangkhum에서 비롯된 왕당파 정당이다.

53) 1991년 10월에 당명을 기존의 '캄푸치아 인민혁명당'에서 '캄푸치아 인민당'으로 바꾸면서, 1991년 체결된 파리 평화협정에 근거해 복수 정당제를 채택하는 등 마르크스 레닌주의를 공식적으로 포기했다.

크의 차남으로 동당의 당수였던 라나리드Ranariddh가 제
1총리, 인민당의 훈 센Hun Sen[54]이 제2총리가 되었다. 이
어서 신헌법이 제정되었고, 캄보디아는 시하누크를 국왕
으로 하는 캄보디아 왕국Kingdom of Cambodia이 되었다.

그 후에도 라나리드와 훈센의 대립은 계속되었고,
1997년에는 양 파벌이 수도 프놈펜에서 무력 충돌을 벌
이는 사태까지 발생했고, 라나리드는 실각했다.[55] 이러
한 사태는 국제 사회의 비난을 초래했으며, 때마침 예정
되어있던 캄보디아의 ASEAN 가입은 (서방 세계의 압력으로)
연기되었다가, 1999년에 이르러서야 가까스로 실현되었
다. 1998년 총선에서는 인민당이 승리를 거뒀고, 훈 센
을 제1총리로 내세우며 훈신펙당과의 연립 정권이 형성
되었다.

---

54) 1951~ . 캄보디아의 군인·정치가. 집안은 중국 하이난海南섬 출신의 화인계로, '훈
센'이라는 이름 역시 '雲昇'이라는 한자명의 하이난 발음에 대응하는 것으로 알려져 있
다. 민주 캄푸치아에서 군사령관으로 있다가 1977년 폴 포트와 결별했다. 1978년 베트
남군 침공 이후 수립되었던 친베트남 캄푸치아 인민공화국에서 외상·수상을 지냈다.
이후에는 캄보디아 왕국 수상, 캄보디아 인민당 의장을 맡고 있는데, 1985년 1월 서른
네 살로 세계 최연소 수상이 된 이후로 37년째 장기 집권을 지속하고 있다. 참고로 그는
1975년 내전 시기에 전투에서 왼쪽 눈을 잃고서 이후로는 의안을 끼고 있다고 한다.
55) 1997년 당시 캄보디아 정국이 불안정하고 제2인자로서 자신의 지위에 불만을 품었
던 훈 센은 친위 쿠데타를 일으켜 라나리드와 푼신펙의 주요 인물들을 제거했다.

9. 미얀마-군사정권의 연명책

버마는 1970년대 후반부터 제한적으로 외국 원조를 받아들였고, 일시적으로는 국영기업의 생산도 증대되고, '녹색 혁명'의 성과도 나타나서 쌀 생산량 또한 늘어났다. 그러나 그 후에는 경제가 침체되면서 도리어 채무 문제가 심각해진 탓에 UN에 의해 최저개발국(LDC, Least Developed Country)[56]으로 분류되는 지경까지 이르게 되었다.

악화하는 경제 상황 속에서 1988년 대규모 반정부 운동이 일어나 네 윈은 사임했지만, 소요 사태가 가라앉지 않았던 탓에 국군이 다시 쿠데타를 일으켜 소 마웅Saw Maung을 의장으로 하는 국가 법질서회복 평의회(SLORC, State Law and Order Restoration Council)가 권력을 장악했다.[57]

---

56) 달리 '후진국' '후발 발전도상국' '후발 개발도상국'이라고도 한다. UN의 분류에 의하면 아시아에서는 네팔·동티모르·라오스·미얀마·방글라데시·부탄·시리아·아프가니스탄·예멘·캄보디아 등 총 9개국이 이에 해당한다.

57) 1988년 3월부터 학생을 중심으로 시작된 시위는 이윽고 반체제·반독재를 외치는 민주화 운동으로 발전했고, 7월 23일에 네 윈이 퇴진함으로써 그의 장기 독재 정권은 막을 내렸다. 그 같은 민주화 운동은 이윽고 8월 8일에 벌어졌던 대규모 총파업·데모를 기점으로 해서 이른바 '8888 민주화 항쟁8888 Uprising'으로 불리게 되었다. 그러나 9월 18일 SLORC에 의한 쿠데타가 일어남으로써 민주화 운동은 유혈 진압으로 막을 내리게 되었다. 군대에 의한 진압 과정에서 학생·승려 수천 명이 희생된 것으로 알려져 있다.

SLORC는 국호를 미얀마 연방Union of Myanmar으로 변경했고, 시장 경제와 복수 정당제 도입 및 총선 실시를 약속했는데, 이윽고 1990년에 총선이 실시되었다. 이 선거에서는 민주화를 요구하는 아웅산 수찌Aung San Suu Kyi[58]가 이끄는 전국민주연맹(NLD, National League for Democracy)이 총 485석 가운데 392석을 차지하는 압승을 거두었는데도 불구하고,[59] SLORC는 정권을 이양하지 않고서 민주화 운동을 무력으로 억압했다.

군사정권 당국은 종래의 버마식 사회주의의 오류를 인정하고, 경제 개방 정책으로 전환했다. 무역도 자유화되고, 국경 무역 또한 합법화되었으며, 타이·중국에서 소비재가 수입되어 장기간의 물품 부족 사태가 상당히 해

---

58) 1945~ . 미얀마의 정치인·외교관·작가. 미얀마 군사 정권하에서 오랫동안 민주화 운동 지도자로 활동했으며, 1991년 노벨평화상을 수상했다. 2015년 11월 총선에서 승리함으로써 정권 실세로 등장해 외상·국가 고문을 맡았다. 2021년에 일어난 '2·1쿠데타'로 현재는 군사정권에 의해 억류 상태에 놓여졌다. 참고로 '아웅산 수찌'라는 이름에서 그녀가 독립 영웅인 아웅산 장군의 딸이기 때문에 '아웅산'이 그녀의 성이라고 생각하기 쉽다. 하지만 미얀마는 부계·모계로 이어지는 혈족 사회가 아닌 종교 중심 사회인 관계로 한국같이 후손에게 이어지는 성이 따로 없다고 한다. 대신 점성술에 근거해 태어난 요일마다 짓는 이름의 음절이 정해져 있는데, 아웅산 수찌의 이름 일부가 부친의 이름과 같은 것은 딸이기 때문이 아니라, 부녀가 태어난 요일(일요일)이 우연히 같았고, 자신의 부친을 위해 일부러 같은 이름을 쓴 것이며, 부친의 이름 외에도 조모·모친의 이름에서 각각 1음절을 가져와 지었던 이름이라고 한다. 하지만 미얀마에서는 이런 관행이 일반적이진 않다. 미얀마에서는 우리말 '여사'에 해당하는 경칭 '도Daw'를 붙여 '도 아웅산 수찌'라고 부르는 경우가 일반적이라고 한다.

59) 당시 네 원이 내세웠던 민족통일당(NUP, National Unity Party)은 수도 양곤에서 단 한 석도 얻지 못했고, 전통적으로 여당세가 강한 농촌이나 군인 가족들의 집단 거주지에서도 NLD가 압승을 거두었다.

소되었다. 한편 외국 투자법이 제정됨으로써 석유·천연 가스의 탐사·채굴에 외자 투자가 이루어졌고, 목재 가공에 ASEAN 여러 나라의 투자가 유치되는 등 상황이 호전되었으나, 이윽고 아시아 금융 위기가 일어나 이후에는 아시아 국가들의 직접 투자는 급감하고 말았다.

1992년에 소 마웅의 뒤를 이었던 땅 쉐Than Shwe 장군은 1997년에는 SLORC를 국가 평화와 발전 평의회〔SPDC, State Peace and Development Council〕로 개칭하고서 장기간 정권을 유지하겠다는 강경 자세를 보였다. 그런 가운데 미얀마는 1997년에 ASEAN 가입을 실현하게 되었다. 이는 내정 불간섭을 조직 원리[60]로 삼았던 ASEAN의 입장에서, 인권 문제로 서방 국가에서 비판을 받는 미얀마 국내 문제에 간섭하지 않겠다는 의지를 표명한 것이었지만, 서방 국가들의 비판은 좀처럼 가라앉지 않았다. 정치체제의 변혁 없이 경제 자유화를 추진한다는 것이 얼마나 어려운 일인가를 미얀마의 사례는 잘 보여주었다.

---

[60] '내정 불간섭' 원칙은 UN 헌장 2조 7항에도 명시되어있는 사항으로, 타국의 내정에 관련된 사항에 간섭해서는 안 된다는 원칙이다.

10강
21세기 동남아시아

ASEAN 10의 정상들

(미얀마에서 최초로 개최된 24회 ASEAN 정상회의, 2014년 5월)

	동남아시아	세계
2000	제1회 ASEAN 민중회의 개최	
2001	타이, 탁씬 정권 발족	
2002	동티모르 민주공화국 수립	
	ASEAN, 중국과 '남중국해에 있어서 관계 당사국의 행동선언' 합의	
2003	'ASEAN 협력선언 II', ASEAN 공동체 설립을 제창	
2004	인도네시아, 유도요노 정권 발족	
	수마뜨라 앞 인도양 지진·해일	
2005	인도네시아, 아쩨 분쟁에 관한 평화협정	
	동아시아 정상회의EAS	
2006	타이 사법부, 총선거 결과 무효 판결	
2007	ASEAN 헌장 조인	리먼 브러더스 파산으로 인한 세계 금융 위기
2008	미얀마, 신헌법 제정	
2009	중국, 구단선九段線을 제시하고 남중국해에 대한 영유권 강화	
2011	'ASEAN 협력선언 III'	UN 총회 '지속가능한 발전 목표SDGs' 제창
2015	미얀마, 총선거에서 NLD 압승	
	ASEAN 공동체 발족	
2016	타이, 푸미폰 국왕 서거	
2017	미얀마, 국군에 의한 로힝자족 무장세력 소탕 작전	미국, 트럼프 정권 발족
2018	말레이시아 총선거, 여당 연합 패배	
2020		코로나 사태 발생
2021	미얀마, 군사 쿠데타 발생	

Ⅰ. 지구적 과제와 동남아시아

'지속가능한 발전'이라는 개념은 한정된 지구 자원과 인간의 삶이 양립할 수 있는 발전을 추구하고, 현재 지구 상에서 삶을 누리는 세대와 미래 세대가 공평하게 발전의 혜택을 누리게끔 해야 한다는 발상에서 제창되었다. 1992년 UN 지구 정상 회의Earth Summit[1]를 통해 전 세계로 확산했고, 2015년 UN 총회에서는 '지속가능한 발전을 위한 2030 의제The 2030 Agenda for Sustainable Development'를 채택·선언하고서, 2030년을 기한으로 하는 열일곱 가지 '지속가능한 발전 목표(SDGs, Sustainable Development Goals)'가 제정되었다.[2] SDGs는 이제 인류 전체의 과제라는 인식이 정착되었다 하겠다.

SDGs의 전신으로 2001년에 책정되었던 밀레니엄 개

---

1) 1992년 6월 브라질 리우데자네이루Rio de Janeiro에서 열린 국제회의로, 전 세계 185개 국 관계자가 참여해 지구 환경보전 문제를 다뤘던 회의이다. 정식 명칭은 환경 및 개발에 관한 UN 회의(UNCED, United Nations Conference on Environment and Development)로, 약칭 리우 회의Rio Summit라고도 한다.
2) 2015년 9월 UN 총회에서 2015~2030년 동안 국제 사회가 공통으로 추진해야 할 장기적 발전 지침으로 '지속가능한 발전을 위한 2030 의제'가 채택·선언되었다. 여기서 제시된 SDGs는 17개 목표goal와 169개의 구체 목표target로 이루어져 있다.

발 목표(MDGs, Millennium Development Goals)[3]가 개발도
상국을 위한 발전 목표였던 데 반해, SDGs는 선진국·개
발도상국 모두가 함께 추진해야 할 과제라는 점이 특징
이다. 지속 가능한 세계는 세대 간의 공평함뿐만 아니라
지역 간의 공평함도 확보해야 할 필요성이 있다는 인식
과, 발전에 뒤따르는 불평등과 격차, 경쟁의 폭력적 해결
을 회피하고 지구적 규모에서 공평한 발전을 추구해야
한다는 인식 등이 반영되어있다.

지속 가능한 발전과 지구온난화·기후변동에의 시급
한 대처, 인간의 안전보장 등의 글로벌한 과제에 대한 인
식이 확산되고, 이들 과제 해결을 위한 글로벌 거버넌스
global governance[4]의 필요성을 인식하게 되었던 것은 21
세기의 커다란 특징이라고 해야 할 것이다.

과거 20년 동안 세계에서 가장 기후변동의 영향을 많
이 받았던 10개국 가운데 베트남·미얀마·필리핀·타이
가 포함되어있다. 동남아시아는 해수면 상승·강우량 감

---

3) 2000년 UN 총회에서 2001~2015년 기한으로 정했던 MDGs는 다음과 같은 8개 목표
를 제시했다. ①극도의 기아·빈곤의 박멸, ②초등교육의 완전 보급의 달성, ③젠더 평등
추진과 여성 지위 향상, ④영유아 사망률의 삭감, ⑤임산부 건강 개선, ⑥에이즈HIV, 말
라리아, 기타 질병 만연의 방지, ⑦환경의 지속 가능성 확보, ⑧발전을 위한 글로벌한 파
트너십 구축.
4) 세계에서 일어나는 다양한 문제를 해결하기 위해 지역·국경을 초월해 국가들끼리 체
계적으로 상호 협력하는 것을 가리킨다.

소·삼림 화재의 증가⁵⁾·태풍 세기의 증가 등, 기후변동의 영향을 가장 강하게 받았던 지역의 하나로 생각할 수 있다. 경제적 측면에서는 2100년에는 기후변동의 영향으로 동남아시아 전체 GDP의 2.2퍼센트가 감소할 것으로 예상되는데, 여기에 사람들의 건강 악화, 자연재해 증가까지 감안하면 피해가 7.5퍼센트까지 늘어날 것이라는 예측도 나오고 있다.

이렇듯 글로벌한 과제에 대한 사람들 의식의 고양은 대재해 등이 발생했을 적에 그에 대응하는 국제 NGO 활동의 발전을 촉진시켰다. 2004년 인도양 지진과 그에 뒤이은 쓰나미(해일)⁶⁾로 큰 피해를 봤던 인도네시아 아쩨 지방은, 1998년 수하르토 체제 붕괴 이후에 분리 독립을 요구하는 자유아쩨운동GAM이 국군에 대항해 내전을 벌이고 있는 상태였다. 지진 해일 피해 복구를 위해 수많은 국제기구, 외국 정부, 국제 NGO들이 현지에 들어갔고,

---

5) 동남아시아 최악의 연무煙霧로 기록되었던 1997년과 2015년 인도네시아 수마뜨라와 깔리만딴의 밀림 화재는 인도네시아는 물론 말레이시아·싱가포르·브루나이·타이 등 주변국에까지 심각한 피해를 끼쳤다. 특히 밀림을 개척하기 위해 숲에 불을 마구 지르는 탓에 발생한 연무가 심각한 대기 오염을 초래하고 남중국해를 가로질러 건너편 인근 국민에게까지 건강상의 피해를 끼칠 정도로 중대한 환경 파괴 문제를 일으키고 있다.

6) 2004년 12월에 수마뜨라섬 북부 반다 아쩨Banda Aceh에서 남남동쪽 인도양에서 발생했던 진도 9.1의 지진 및 해일로 인해 인도네시아를 포함한 주변 7개국에 막대한 피해를 봤다. 사망자·행불자의 규모가 227,898명에 이르렀고, 이재민의 수는 500만 명에 달했는데, 역사상 피해 규모가 컸던 일곱 번째의 지진 해일로 기록되고 있다.

결과적으로 이른바 '외부에 개방된' 지역으로 바뀌게 되자 아쩨 분쟁에는 커다란 변화가 초래되었다. 인도네시아 국군은 애초에 복구 지원을 독점적으로 관리코자 했으나 인도네시아 정부가 현지에 대거 투입된 국제 NGO에 대응키 위해 아쩨·니아스Nias 복구재건청(BRR, Badan Rehabilitasi dan Rekonstruksi)을 설치하자 군대의 역할은 축소되었다. GAM 측에서도 내전을 계속하는 행위가 복구에 방해가 된다는 인식이 생겨났다. 그리고 무엇보다도 아쩨 주민의 외부 세계와의 접촉, 정보의 습득이 급속하게 늘어났던 점도 상황의 변화를 촉진시켰다.

그리하여 2005년 8월에 핀란드의 중재로 헬싱키에서 인도네시아 정부와 GAM은 평화 협정을 조인하기에 이르렀다. 이는 세계화 시대의 국제적 재해 복구 지원이 지역 분쟁의 해결로 이어졌던 하나의 전형적 사례였고, 한편으로 국제 NGO와 연계된 형태로 동남아시아 현지에서도 NGO에 의한 시민 사회의 활동이 발전하게 되는 하나의 계기가 되었다.

냉전 체제의 붕괴로 가속화되었던 세계화하에서는, 시장 경제라는 하나의 체제에 세계 국가의 태반이 편입되었고, 경제 규모가 확대됨에 따라 중산층이 늘어나고, 빈곤이 줄어들었다. 게다가 디지털화로 말미암아 개발도 상국도 수평적으로 혁신에 참여하는 일이 가능해져서, 상호의존적인 관계는 한층 심화했다. 요컨대 인터넷의 보급에 따라 지식의 독점이 곤란해지고 대중의 파워가 늘어나는 등의 '빛'을 분명 가져다주었다. 그 반면, 경쟁 의 격화, 빈부 격차의 확대, 환경 파괴, 이문화異文化 간의 마찰 증가, 미국의 거대 IT 기업으로의 정보 집중, 가짜 뉴스와 사이버 공격의 횡행, IT를 활용한 국가에 의한 국 민 감시 체제 강화 등 갖가지 '그늘' 또한 심각해지는 양 상이다. 세계화 과정에서 불리한 상황인 개발도상국에 서 민족주의가 격화되었을 뿐만 아니라, 선진국에서도 개발도상국 저임금 노동력과의 경쟁, 이민 노동자의 증 가로 중산층의 임금은 오르지 않으며, 빈부 격차와 고용 불안정이 증대하면서 반세계화의 경향이 날로 강화되고 있다. 2017년 미국에서 트럼프Trump 정권이 출범한 것 이나, 2020년 영국이 EU를 탈퇴했던 브렉시트Brexit도 결 국 그러한 흐름 속에서 나타난 현상이라 하겠다.

또한 중국이 대국으로 부상하는 동향도 21세기가 되면 서 더욱 명확해졌다. 2000년대 초반까지 중국은 미국과 지역 안보를 둘러싼 대립은 될수록 회피하며 경제 성장에 힘을 쏟았다. 동시에 기존의 국제 제도에의 참여를 중시하는 대외 정책을 펼쳤다. 하지만 점차 순조롭게 성장하는 경제력을 배경으로 군사력·외교력이 커지자 자신감이 붙었고, 2008년 '(미국 투자은행) 리먼 브러더스Lehman Brothers 파산' 사태로 인해 세계금융 위기가 발생했고 미국의 힘이 쇠퇴하는 상황을 보고서는 국제무대에서 미국에 버금가는 강대국으로서 자기주장의 목소리를 높여갔다. 해양 진출도 그 가운데 하나로 2009년에는 남중국해 대부분 해역을 포괄하는 수역('구단선九段線' 또는 '우설牛舌'이라고 불리는 선으로 둘러싸인 해역)[7]에 대한 중국의 관할권을 강력하게 주장하고 나섰다. 베트남·필리핀 등과 영유권을 둘러싸고 분쟁을 벌이는 난샤南沙군도〔스프래틀리Spratly군도)[8]에서 (군사) 시설 건설 등의 움직임을 강화하면서, 이를 경계하는 미군과의 사이에서도 긴장이 고조되는 등

---

7) '구단선'은 달리 '남해구단선南海九段線' '우설선牛舌線' 'U자선' 등으로 불리는데, 중국이 주장하는 남중국해의 해상 경계선을 가리킨다. 1947년에 설정되었으며 1953년부터 남중국해 해역 90퍼센트 이상을 중국의 영해로 설정·주장하고 있다. 이러한 문제로 베트남·필리핀·말레이시아 등 인접국들과 영유권 분쟁을 겪던 와중에 2013년 필리핀이 국제상설중재재판소(PCA, Permanent Court of Arbitration)에 제소하여, 2016년에 PCA는 중국의 구단선 주장에 아무런 법적 근거가 없고, 국제법을 위반한다고 판결했다. 하지만 중국은 이를 무시하고 남사군도에 군사 기지를 건설하는 등 여전히 힘의 논리로 당사국들과 대립하고 있는 실정이다.

8) 대부분 산호섬으로 이루어진 군도로 베트남어로는 쯔엉사(Trường Sa 長沙)군도, 타갈로그어로는 칼라얀Kalayaan군도 등으로 부르고 있다. 현재 이 섬에 대해서는 중국·베트남·필리핀·말레이시아·브루나이가 영유권을 주장하고 있다.

남중국해를 둘러싼 분쟁이 점차 격화되고 있다.

경제면에서도 중국 시장의 성장은 최종 생산품의 거대 소비 시장을 제공함으로써 동남아시아를 포함한 역내 무역을 심화시키고, 공급망supply chain[9]의 확충을 가져다주었다. 하지만 한편으로 중국 기업의 대외 진출로 인해 동남아시아 지역 고유 산업의 '탈脫 제조업' 현상이 촉진되었으며 '경제의 서비스화'가 진행되었다. 세계적인 경제 활성화에 힘입어 많은 저소득국이 중소득국으로 상승하게 되었다.[10] 하지만 세계적으로 보자면 중소득국이 더욱 상승해 고소득국이 되는 경우는 드문 편이다. 이렇듯 중소득국이 고소득국으로 도약하지 못하고 중소득국에 머무는 현상은 '중진국의 덫middle income trap'으로 불리며, 2000년대 후반 이후로 시선을 끌게 되었다. 이는 저임금의 우위를 활용한 수출 산업 위주의 성장이, 인건비 상승으로 인해 경쟁력을 상실하고 성장이 둔화되는 탓에 나타나는 현상인데, 여기서 벗어나기 위해서는 산업 고도화, 중산층 증가를 통한 내수 진작, 인프라·교육

9) 달리 '글로벌 공급망'(GVC, Global Value Chain)이라고도 한다.
10) UN과 세계은행은 국민총소득GNI에 따라 국가를 '최저개발국LCD', '빈곤국'(US$ 1,005 이하), '저소득국'(US$ 1,006~1,915), '중소득국'(US$ 1,916~3,975), '중진국'(US$ 3,976~6,925)으로 분류하고 있다. 2015년 기준으로 세계 빈곤층의 75퍼센트 이상이 중소득국에 거주하고 있다고 알려져 있다.

의 정비 등이 필수적으로 전제되어야 한다. 동남아시아 국가들과 같은 후발 중소득국에서는 중산층이 증가는 했지만, 수치상으로는 여전히 빈곤층이 더 많은 편이다. 게다가 빈곤층보다 중산층의 임금 상승률이 더 높은 탓에 소득 격차가 더욱 벌어지는 경향이 나타난다. 그러한 상황이 빈곤층의 불만을 가중시켜 이윽고 정치에도 커다란 영향을 미치게 되었다.

Ⅱ. 아세안 공동체 발족

1. 지역 통합의 심화와 아세안 경제공동체

아세안ASEAN은 1997년 아시아 금융 위기와 1999년 ASEAN 10의 성립 이후 지역 통합을 가속화시켰다. [11]

---

11) 독자의 편의를 위해 주요 연도순으로 ASEAN의 발자취를 간단히 정리하면 다음과 같다.
* 1967년, ASEAN 창립.
* 1976년, 제1회 ASEAN 정상회의 개최. 동남아시아 우호조약TAC과 'ASEAN 협력 선언' 채택.
* 1984년, 브루나이 가입.
* 1992년, 제4회 ASEAN 정상회의에서 역내의 관세 철폐를 통한 자유무역을 실현시키기 위해 ASEAN 자유무역 지대AFTA의 창설을 채택.
* 1994년, ASEAN 지역포럼ARF의 창설을 채택.
* 1995년, 베트남 사회주의 공화국 가입.
* 1997년, 라오스 인민민주공화국 가입. 미얀마 연방 가입.
* 1999년, 캄보디아 왕국이 가입함으로써 ASEAN 10의 실현.
* 2003년, 제9회 ASEAN 정상회의에서 'ASEAN 협력선언 Ⅱ'를 채택하고, 2020년까지 ASEAN 공동체 창설을 제창함.
* 2007년, ASEAN 공동체 창설 시기를 2015년으로 5년 앞당기기로 함. ASEAN 헌장 조인. ASEAN 경제공동체AEC 창설을 위한 청사진을 발표함.
* 2008년, ASEAN 헌장 발효.
* 2011년, 'ASEAN 협력선언 Ⅲ', 동티모르 가입 신청.
* 2015년, 제27회 ASEAN 정상회의에서 'ASEAN 공동체 비전 2025'를 채택함. ASEAN 공동체 창설.
* 2017년, ASEAN 창설 50주년.
* 2019년, 미군과 실시하는 최초의 합동 군사 훈련을 타이 동부 지역에서 실시함.
* 2020년, 11월에 2021년 ASEAN 정상회의에 대비해, RCEP 제4차 정상회의를 화상회의로 개최하고, RCEP의 서명식이 거행됨.
* 2021년, 10월에 ASEAN 정상회의가 개최되었으나, 2월에 군사 쿠데타가 일어난 미얀마 군정의 최고 지도자는 초청을 받지 못함으로써, 미얀마가 빠진 상태에서 회의가 개최되는 이례적 사태가 발생함.

1998년 '하노이 행동계획'[12]부터 2000년 'ASEAN 통합 이니셔티브'(IAI, Initiative for ASEAN Integration)[13]에 이르는 일련의 선언의 표명을 통해, ASEAN은 선발 가맹국과 신규 후발 가맹국(캄보디아·라오스·미얀마·베트남. CLMV) 사이에 역내 (개발) 격차가 존재함을 인정하고, 이러한 '개발 격차 축소'(NDG, Narrowing the Development Gap)가 ASEAN의 통합에서 매우 중요하다는 사실을 확인했다.

또한 역외 국가와의 관계에서도 지역 협력의 중추 hub로서의 기능을 강화하고, 1997년 ASEAN+3(ASEAN+한·중·일)에 이어, 2005년에는 동남아시아 우호협력조약TAC 가입을 전제 조건으로 삼아 동아시아 정상회의 (EAS. 발족 당시는 ASEAN+3에 인도·오스트레일리아·뉴질랜드를 더한 ASEAN+6. 2011년 이후에는 미국·러시아까지 포함한 ASEAN+8으로 확대)를 출범시켰고, 2011년에는 ASEAN+6로 이루어진 광역의 자유 무역 협정으로 역내 포괄적 경제동반자 협

---

12) '하노이 행동계획Hanoi Plan of Action'은 1998년 제6회 ASEAN 정상회의에서 채택되었던 제1차 중기계획(1999~2004)을 가리킨다. 1997년에 발생했던 아시아 금융 위기의 사회적 영향을 중시하고, 거시 경제 및 금융에 관한 협력 강화를 통해 경제 통합을 촉진하고, 세계화에 대응키 위해 국제 사회, 특히 아시아·태평양 지역에서의 ASEAN의 역할 강화, ASEAN의 기구 및 메커니즘의 개선에 관한 내용 등이 핵심 골자였다.
13) ASEAN 통합 이니셔티브(IAI, Initiative for ASEAN Intergration)는 ASEAN의 후발 가맹국 캄보디아·라오스·미얀마·베트남(CLMV)에 대해 개발 격차를 줄이기 위한 지원을 함으로써, ASEAN 지역 통합을 한층 촉진하는 것을 목적으로 한 이니셔티브를 가리킨다.

정(RCEP)을 제창했다.[14] 1990년대에는 앞의 9강에서 언급했듯이 아시아적 원리를 내세우며 '동아시아'를 제창한 바 있지만, 21세기에 접어들어 발전하는 '동아시아'로서의 연대는 오히려 보편적 원리에 입각한 '개방된' 지역 협력으로서의 새로운 구상이 전개되었다.

중국은 2000년대에 ASEAN 국가들과의 협력에 열의를 보였고, 2001년에는 타국에 앞서 ASEAN과 중국 간의 자유무역 지대 출범을 제안하기도 했다.[15] 이 같은 중국의 움직임에 대항하려는 의도를 깔고서, 일본과 미국

---

14) 2005년에 기존의 ASEAN+3에 오세아니아 2개국(오스트레일리아·뉴질랜드)과 인도를 포함한 ASEAN+6의 형태로 출범한 동아시아 정상회의(EAS, East Asia Summit)는 2011년 이후에 새로운 자유 무역 협정FTA의 창설에 대한 논의를 거듭했다. 그러한 논의의 결실이 2020년 11월에 15개국(ASEAN+3+2)이 참가하는 새로운 FTA인 역내 포괄적 경제동반자 협정(RCEP, Regional Comprehensive Economic Partnership Agreement)의 체결로 나타나게 되었다. 한국의 경우 RCEP은 2020년 협정 체결 이후로 준비 과정을 거쳐 2022년 2월 1일부터 발효하게 되었다. 9강 주석 14) 참조. 그러나 중국이 주도하는 RCEP을 견제하고, 인도·태평양 지역에서 중국의 경제적 영향력 확대를 억제키 위해 미국은 자신이 주도하는 '인도·태평양 경제프레임워크(IPEF, Indo-Pacific Economic Framework)라는 다자 경제협력체를 2022년 5월 23일에 공식 출범시켰다. 한국을 포함한 13개국이 가입한 이 기구에서 미국은 디지털 통상, 국경 간 정보 이동 등에 관한 국제 규칙을 주도하는 한편 반도체·배터리 등의 글로벌 공급망을 확보함으로써 반중 경제동맹을 구축하려 하는데, ASEAN에서는 중국과의 관계가 밀접한 라오스·미얀마·캄보디아는 이에 참여하지 않고 있다.
15) 2007년 제2회 동아시아 정상회의에서 중국·한국은 ASEAN+3에 의한 동아시아 자유무역지대EAFTA 구상을 제안했다. 이에 대항해 일본은 동아시아 정상회의 참가국 전원에 의한 경제동반자 협정EPA인 동아시아 포괄적 경제동반자 협정(CEPEA, Comprehensive Economic Partnership in East Asia) 구상을 제창했다. 이 같은 두 가지 제안은 이후 협의를 거쳐 RCEP으로 통합하게 되었다. 참고로 FTA는 무역자유화를 위한 무역 장벽 제거에 중점이 있는 반면에, EPA는 상품·서비스뿐만이 아니라 인적 자원·지적 재산권·자본 투자·경쟁 정책 등 다양한 협력과 광범위한 분야에서의 제휴에 초점을 맞추고 있다. 이 책의 저자가 EAFTA에 대한 중국의 제안이 '2001년'에 있었다고 했으나, 동아시아 정상회의가 2005년에 시작되었다는 사실에 비추어볼 때 아마도 '2007년'의 착오로 보인다.

또한 ASEAN에 적극적으로 접근하게 되었던 상황 변화도 ASEAN의 존재감을 높여주었다. 상호 간 정치적 대립으로 인해 한·중·일 3개국 간의 제휴가 좀처럼 진척되지 않던 상황에서 ASEAN은 그에 대신해 동아시아 지역 협력의 중추로서 기능하게 되었다.

그런 가운데 ASEAN은 2003년의 'ASEAN 협력 선언 II'(Declaration of ASEAN Concord II)에서 안전보장 공동체, 경제공동체, 사회·문화공동체로 이루어진 'ASEAN 공동체ASEAN Community' 결성을 추진하겠다는 구상을 제시했다.[16] 애초에는 2020년까지 ASEAN 공동체를 창설하는 것을 목표로 했으나 준비 과정에서 창설 연도를 2015년으로 앞당기기로 했다.[17] 공동체라고는 하지만 종래의 주권 존중 및 내정 불간섭 원칙은 변함없이 유지하면서 여전히 EU와는 다른 형태의 공동체를 모색하고자 했다.

ASEAN이 공동체 출범을 서둘렀던 가장 중요한 배경으로는 아시아 금융 위기 및 중국의 대두라는 상황 속에서 동남아시아 지역이 여전히 외국 (투자) 자본에 매력 있

---

16) 2003년 10월 인도네시아에 발리에서 개최한 정상회의에서 채택·선언한 '아세안 협력선언 II'는 달리 '발리 협력선언 II'로 불리기도 한다.
17) 2015년 말레이시아 꾸알라룸뿌르에서 열린 제27회 ASEAN 정상회의에서 ASEAN 공동체 창설과 함께 'ASEAN 공동체 비전 2025ASEAN Community Vision 2025'를 채택·선언했다.

는 지역으로 남고자 하는 경제적 동기가 있었다. 따라서 ASEAN 공동체 속에서도 가장 핵심적 의미를 지니는 것은 경제공동체였다 하겠다.

ASEAN 공동체가 가맹국의 국가 주권을 전제로 한 공동체라는 규정에서 보듯이, 이러한 경제공동체 또한 EU같이 단일 통화 및 관세 동맹으로 연결되는 강력한 법적 구속력을 지니는 공동체는 아니었다. 그것은 달리 ASE-AN 자유무역지대AFTA의 연장선상에서 새로운 관련 조치들 ―상품 교역에 더해 서비스의 자유화, 자본 및 숙련 노동자의 좀 더 자유로운 이동의 실현 등등― 을 추가한 형태의 느슨한 조직의 공동체였다.

ASEAN 국가들은 지금껏 자국의 취약한 서비스 산업 보호라는 명분으로, 상품 교역과 비교해서 서비스 산업의 자유화에는 신중한 자세를 보였으나, 서비스 산업의 단계적 자유화가 경제공동체의 주요 과제가 되면서 근래에는 CLMV 국가에서도 일본의 대형 유통·편의점 업체가 진출하기 시작했다. 하지만 노동 인력의 이동에 대해서는 나라마다 소득 격차가 큰 편이고, 이동의 자유화로 인해 각국의 산업구조가 붕괴될 수도 있으므로 신중한 태도를 하고서, 당분간 숙련 노동자만을 (이동) 자유화의 대상으로 삼고 있다. 또한 자국 산업 보호를 위한 비관세 장벽도 상당히 남아있고, 공동체의 형성도 이제 겨우 시작한 단계여서, ASEAN은 2025년을 기한으로 경제공동체(AEC, ASEAN Economic Community)를 완성하는 것으로 목표를 정했다.

ASEAN 경체공동체 청사진[18]에는 '단일 시장과 생산기지' '경쟁력 있는 지역경제' '균형 있는 경제발전' '글로벌 경제로의 통합'이라는 네 가지 중장기 목표가 제시되어있다.[19] 이 가운데서도 핵심이 되는 항목은 '단일 시장과 생산기지'이다. '단일 생산기지'가 이렇듯 강조되는 이면에는 최근의 동남아시아 경제 발전의 양상이 고스란히 반영되었다.

1990년대 이후 한국·일본 등의 제조업이 동남아시아에 진출하는 추세에 발맞춰서 고도의 생산 공정 간의 분업을 동반하는 생산 네트워크가 확대되었다. 그것은 수송망 같은 물리적 인프라 및 통관 시스템 같은 제도적 인

---

18) 영어로는 'ASEAN Economic Community Blueprint 2025'로 표현된다.
19) 참고로 기타 보고서에는 다음 같은 다섯 가지 중장기 목표로 요약·제시되는 경우도 있다. ①고도로 통합되고 결속된 경제(Highly Integrated & Cohesive Economy), ②경쟁력 높고 혁신적이며 역동적인 아세안(Competitive, Innovative, Dynamic ASEAN), ③연결성 및 분야별 협력 강화(Enhanced Connectivity & Sectoral Cooperation), ④탄력적이고 포괄적이며 인간 중심의 아세안(Resilient, Inclusive, People-centered ASEAN), ⑤글로벌 아세안(Global ASEAN).

프라의 개선 그리고 정보·통신혁명 발전을 전제로 해서 전체 생산 과정을 복수의 블록으로 나눠서 그것들을 알맞은 지역에 분산 배치하고, 네트워크를 통해 가장 적절한 형태로 상호 간 연결하는 생산 형태이다. 좀 더 단순화하면, 단순 노동을 활용하는 생산 공정은 저임금 노동력이 풍부한 후발 가맹국에 배치하고, 약간의 숙련도가 필요한 공정은 중진국, 더욱 숙련된 인재를 필요로 하는 공정은 선발 가맹국에 배치하는 식의 생산 방식이다. ASEAN 경제공동체가 지향하는 목표는 역내에서 이러한 공정 간의 분업을 통해 ASEAN 전체가 '단일 생산기지'가 될 수 있는 상황이다.

ASEAN 국가들의 '발전 단계의 격차development gap'는 고도의 생산 공정 분업 체제를 구축하는 데는 유리한 조건으로 작용했다. 공정 간의 분업은 후발 가맹국과 후발 지역에도 공장을 유치케 함으로써 발전의 혜택을 넓힐 것으로 기대되고 있다. 그러나 '단일 시장과 생산기지'는 후발 가맹국에는 마냥 장밋빛 전망만을 주는 것은 아니라 하겠다. ASEAN 지역이 '지역을 횡단하는cross-regional' 생산 활동의 장으로서, 동시에 확대되는 소비 시장으로서 모두 크게 발전할 가능성을 지녔다는 점은 분명한 사실이지만, 외자에 의존하는 수출 산업화 정책이 기본으로 역내 무역 및 역내 투자는 여전히 낙후되어있는 형편이다. 특히 CLMV 국가들은 국내 자본 형성이 미숙한 단계에서, 다국적 기업이 주도하는 분업 체제에 편입된 탓에 상당히 불리한 입장에 놓여있다는 점은 부정할 수 없는 사실이라 하겠다.

어쨌든 ASEAN의 역내 통합을 촉진키 위한 '연결성 강화enhancing connectivity'는 매우 중요한 과제로 등장했다. 2010년 ASEAN 제17회 정상회의에서는 물리적 연결성(도로·정보통신 기술 등의 하드 인프라), 제도적 연결성(수송협정·월경越境 수속·인재 양성 등의 소프트 인프라), 인적 연결성(교육·문화·관광 분야 등에서 사람들의 원활한 이동)이라는 'ASEAN 연결성 마스터플랜'(MPAC, Master Plan on ASEAN Connectivity)이 제창되었다. ASEAN 연결성 강화를 상징하는 사업이 베트남(다낭)에서 미얀마(몰먀잉Mawlamyine)까지 동남아시아 대륙부를 횡단하는 자동차 도로 '동서 경제 회랑'(EWEC, East-West Economic Corridor)[20]이다. 2006년부터 정비에 착수했던 동서 경제 회랑은 2015년에 전 노선이 개통되었으며,

---

20) 동서경제회랑(EWEC, East-West Economic Corridor)은 전장 1,450킬로미터로 2006년 12월에 개통되었다. 미얀마에서 인도-미얀마-타이 삼국 간 고속도로로 인도와도 연결되어 있다. 10강 주석 64) 참조.

CLMV 국가들의 경제 발전에 있어 촉매제 역할을 할 것으로 기대되고 있다.

2. 'ASEAN의 중심성'과 시련

ASEAN이 광역의 지역협력 중심hub[21]으로 기능하게 되었던 배경에는 우선 ASEAN이 동남아시아 전역을 포괄하는 조직으로 성장했다는 점을 들어야 하겠다. 2018년 기준으로 ASEAN은 인구가 6억 5천만 명 내외로 GDP가 세계경제에서 차지하는 비율이 3.4퍼센트였으나, 2030년에 이르면 인구가 7억 8천만 명이 되고 GDP 비율

---

21) ASEAN이 지역 협력의 중심으로 작용하는 전체 메커니즘을 도표로 정리해보면 다음과 같다.

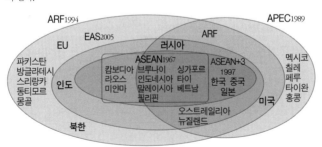

은 4.34퍼센트가 될 것으로 전망되고 있다. 동남아시아 전역을 아우르는 ASEAN은 인도양·태평양을 연결하는 전략적·지정학적 가치를 증대시키며 시장 및 생산기지로 커다란 비중을 차지하게 되었다.

여기에 더해 ASEAN이 중소국으로 이루어진 연합체라는 사실도 중요한 의미를 지닌다. 중국이 부상하고 미국의 패권이 쇠퇴하는 가운데 동남아시아·동아시아에서 미중 간의 경쟁과 대립이 격화되고 있는데, 이런 상황에서는 이 지역에서 강대국의 어느 한쪽이 통합의 중심 역할을 맡으려고 해도 관계 당사국 간 합의를 이끌어내기는 매우 어려운 형편이다. 오히려 다른 나라에 안보상 위협이 될 가능성이 적은 ASEAN 쪽이 지역 협력 추진을 위한 '운전석'에 자리 잡는 구도가 훨씬 받아들이기 쉬운 편이 되는 것이다.

이 같은 구도를 ASEAN 자신도 'ASEAN의 중심성 centrality'이라고 일컬으며 중시하고 있다. 요컨대 ASE-AN 국가들은 물론 역외의 어떤 강대국도 동남아시아에서 강대국의 어느 한쪽이 패권을 장악하는 것 같은 지역 질서를 원하지 않는다(설령 원한다고 하더라도 당분간은 실현 불가능하다)라고 여겨지는 상황이 오히려 'ASEAN의 중심성'

이 힘을 발휘하게끔 해주는 것이다, 이것은 ASEAN의 전략이라는 관점에서 보자면, 역외의 강대국들 사이에서 힘의 균형을 잡아줌으로써 ASEAN의 이익을 극대화할 수 있는 반면에 강대국 간 패권 다툼이 격화되면 균형을 잡는 일이 불가능해지고 마는 위험성을 내포하고 있는 것이다.

2010년대부터 활발해진 중국의 군사적 진출로 긴장감이 고조되고 있는, 남중국해를 둘러싼 분쟁에서도 중국은 양자주의bilateralism에 입각해 양국 간 교섭을 통한 해결을 주장하는 데 반해 ASEAN 국가들은 ASEAN이 마련한 다국간 대화를 통한 협의를 주장하고 있다. 그러한 입장의 연장선상에서 2002년에 중국과 합의한 '남중국해에 있어서 관계 당사국의 행동선언'(DOC, Declaration on the Conduct of Parties in the South China Sea)을 법적 구속력을 가지는 '행동 규범'(COC, Code of Conduct)으로 격상시킬 것을 주장하고 있다.

ASEAN으로서는 가맹국이 하나로 결속해 중국과의 교섭에 임하는 자세를 취해야 하는데, 중국과 ASEAN 일부 가맹국 간의 대립이 격화됨으로써 ASEAN 내부에서 의견의 불일치가 생겨나고 있는 셈이다. 2012년 ASEAN

외상 회의에서는 중국에서 거액의 원조를 받는 회의 의장국 캄보디아가 남중국해 문제를 공동성명 문안에 넣는 것에 반대함으로써, ASEAN 역사상 처음으로 공동성명을 채택하지 못하는 사태가 발생했다. 현 단계 수준의 분쟁에서도 의견이 일치하지 않는다면, 미·중 간에 남중국해를 둘러싼 패권 다툼이 한층 격화되는 경우 ASEAN은 자국 안보를 미국에 의지하는 쪽과 중국에 의지하는 쪽으로 분열될 수밖에 없다는 우려도 항상 존재하는 형편이다. 이것은 궁극적으로 안전보장을 역외의 강대국에 맡길 수밖에 없는 중소국 연합체 ASEAN의 본질적인 취약성으로 보아야 하겠지만, 오히려 사정이 그렇기에 ASEAN으로서는 남중국해의 고조되는 긴장을 일정 수준 이하로 제어하는 일에 강한 동기 유발을 가지는 것이라 보아야 할 것이다.

다른 또 하나의 시련은 ASEAN이 주권 존중·내정 불간섭·합의를 원칙으로 하는 느슨한 공동체라는 사실과 관련된 측면이다. ASEAN의 이러한 존립 방식은 한때는 EU와 비교해 통합의 정도가 약하고, 뒤떨어진 방식의 지역 통합으로 간주했으나, EU에서 영국이 탈퇴했던 사태와 관련해보면 도리어 느슨한 공동체라는 데서 생기는 강점과 관련해서 새삼 주목을 받게 되었다. 하지만 ASE-AN 국가들 가운데 민주화를 이룩한 나라가 증가하는 한편 인권에 주목하는 NGO 활동이 활발해짐에 따라 민주주의의 촉진이라는 관점에서 보자면 주권 존중·내정 불간섭·합의를 원칙으로 하는 ASEAN 존립 방식의 타당성 여부에 대해 다시금 되잡아 묻게 되는 것이다.

2003년 'ASEAN 협력선언 Ⅱ'에서는 '민주적'이라는 단어가, 2006년 '위양짠 선언'에서는 '인권'이라는 단어가 ASEAN의 공식 문서에서는 처음으로 등장했다. 2007년에 제정된 'ASEAN 헌장Charter'에서는 종래의 주권 존중·내정 불간섭의 입장을 견지하면서도 민주주의 및 인권의 추진에 대해서도 강조하고 있다. 2000년에 제1회 회의가 개최되었던 ASEAN 민중회의(APA, ASEAN People's Assembly)라고 불리는, 각국의 NGO가 참여하는 시민사회의 지역적 네트워크도 탄생하였다. 이러한 동향은 1990년대까지는 앞서 언급한 바 있듯이 '아시아적 가치'를 강조하는 경우가 많았던 데에 비해 커다란 변화라고 할 수 있다. ASEAN은 1990년대에는 미얀마 군사정권을 묵인해왔으나, 21세기에 접어들어서는 '건설적 관여 constructive engagement'라는 태도를 보이면서 군정에 대한 비판을 강화하게 되었다. 2005년에는 미얀마가 2006년 ASEAN 의장국에 취임하는 것을 사퇴시켰고, 2007년에는 군사정권이 민주화 운동을 무력 탄압했던 사태를 강력하게 비판했다.

이렇듯 민주주의와 인권을 둘러싸고, 이미 민주화를 달성한 인도네시아·필리핀이 민주주의·인권의 추진을 위해서는 내정 불간섭 원칙을 넘어선 대책이 필요하다는 태도를 보이지만, 신규 가맹국 간에는 종래의 원칙을 견지해야 한다는 의견이 강한 편이다.

그러나 후자에 속하며, 공산당 일당 지배가 지속되고 민주화 추세에 역행하는 일이 잦았던 베트남에서도 변화가 일어나고 있다. 베트남 공산당은 1991년의 당 대회에서 공산당이 지향하는 사회주의 사회의 구체적 모습을 제시하는 슬로건으로 '부유한 국민, 강한 나라, 공정한 문명사회'를 내걸었다. 하지만 2001년부터는 여기에 '민주적'이라는 단어를 추가해 '부유한 국민, 강한 나라, 공정하고 민주적인 문명사회'로 바꿨다. 더욱이 2011년에는 '민주적'이라는 말이 앞으로 나와서 '부유한 국민, 강한 나라, 민주적이고 공정한 문명사회'라는 슬로건으로 고치게 되었다. 이것은 ASEAN의 변화와 방향을 같이하는 것으로, 베트남이 ASEAN 가맹국으로 민주주의 추세에 역행하는 자세를 취하는 것이 손해라고 판단하고 있다는 징표로 이해할 수 있겠다.

Ⅲ. 각국의 현황

1. 인도네시아-안정된 정치

 인도네시아에서는 수하르토 체제가 무너진 이후 동티모르·아쩨·파푸아Papua에서 분리 독립운동이 재연되었던 이외에도 각지에서 민족·종교를 달리하는 주민들 간에 항쟁이 벌어져 국민 통합을 둘러싸고 위기 상황이 발생했다. 그 같은 위기를 인도네시아는 대통령·의회 권한의 명확화, 지방자치 제도 도입, 대통령·의회의 대립을 재정裁定하는 헌법재판소 설치 등과 같은 제도 개혁을 통해 극복해왔다. 2004년 대통령 직선제, 2005년 지방자치단체장[22] 직선제 도입 이후에 인도네시아 정국은 안정되었다.

 대통령 직선제가 도입된 이후 수실로 밤방 유도요노 Susilo Bambang Yudhoyono 대통령(재직 2004~2014)[23]·조꼬 위도도Joko Widodo 대통령(재직 2014~ , 별칭 조꼬위Jokowi)의

---

22) 현재 인도네시아는 33개소의 1급 지방자치 단체와 440개소의 2급 지방자치 단체가 있으며, 2급 지방자치 단체는 다시 349개의 군Kabupaten과 91개의 시Kota로 구성되어있다.
23) 유도요노 대통령은 인도네시아 역사상 최초로 국민 직선으로 선출된 대통령이다.

2대에 걸친 대통령 치하에서 인도네시아는 정치적 안정을 이뤘고, 중국·인도 등의 시장에서 수요가 늘어난 석탄 및 팜유palm油[24]의 수출량 확대에 힘입어 순조로운 경제 발전을 누리게 되었다. 조코위 대통령은 쟈바 지역 (가구 사업을 하던) 영세기업가 출신으로, (인도네시아 역사상) 엘리트나 군인 출신이 아닌 최초의 대통령이 되었다.[25] 이렇듯 정치적 안정을 누리게 된 데는 부패 척결위원회(KPK, Komisi Pemberantasan Korupsi)와 헌법재판소 등의 제도가 효율적으로 기능하는 측면도 이바지한 바가 있어서, 현재의 인도네시아 정치는 과거에 비해 크게 변화했다고 말해도 좋은 정황이라 하겠다.

근래에 아쩨 분쟁은 2005년의 평화협정 조인 후에, 2006년에는 인도네시아 국회가 '아쩨 통치법Law on governing Ache'을 제정해 아쩨 지역에 대해 대폭적인 자치권을 부여했다. 또한 같은 해에 실시된 주지사 선거

---

24) 기름야자palm 열매에서 뽑아낸 기름으로 'palm oil' 'palm butter'라고 한다. 빵을 만들 때 버터 대신으로 쓰고, 식용유로도 쓰인다. 비스킷·초콜릿·비누·세제 등에도 쓰이는데, 전 세계 수출량의 60퍼센트를 인도네시아가 차지한다. 한편으로 2022년 2월 러시아가 일으킨 우크라이나 전쟁 이후로 세계 각국이 '식량 보호주의'를 내세우며 식재료 수출을 금지하는 상황 가운데 인도네시아 역시 4월에 세계 최대 생산량을 지닌 팜유 수출을 금지함으로써 세계 식량 위기와 인플레이션을 더욱 가중시키고 있다.
25) 2014년 10월에 취임한 조꼬위 대통령은 '일하는 내각Kabinet Kerja'을 출범시키고서, 특히 '서민파' 대통령이라는 평가에 걸맞게 서민의 삶의 현장을 중시하는 '블루수깐blusukan'(예고 없이 불쑥 찾아가는 현장 방문) 리더십을 펼쳐서 국민의 폭넓은 지지를 받았다. 이후 재선에 성공해 2019년 10월부터는 두 번째 대통령 임기를 수행하고 있다.

에서는 이전 자유아쩨운동GAM의 간부였던 인사가 당선되었다. 동티모르에서도 독립운동이 활발해짐에 따라, 1999년에 인도네시아는 동티모르가 '완전 분리 독립'을 택할지 아니면 '특별 자치주로 인도네시아 통치에 잔류'할지에 대해 주민투표를 할 것을 제안했다. 하지만 인도네시아군이 정부 의사에 반하여 잔류파 민병대를 선동해 주민을 협박·살해하는 사태가 벌어지면서 동티모르 전역이 혼란에 빠졌다. 그로 말미암아 UN이 개입하는 상황이 초래되었다. 이윽고 동티모르는 UN 동티모르 과도행정 기구(UNTAET, United Nations Transitional Administration in East Timor)의 관리 아래에 놓였다가,[26]

---

26) 1999년 5월에 인도네시아와 (동티모르의 식민 본국) 포르투갈 간에 동티모르 자치 확대 관한 주민 투표 실시가 합의되었고, UN 안보리의 결의에 따라 주민투표 지원을 위한 UN 동티모르 미션(UNAMET, United Nations Mission in East Timor)이 결성되었다. UNAMET는 1999년 8월 30일에 동티모르의 독립 여부를 묻는 주민투표를 했고, 이윽고 전체 유권자의 95퍼센트인 45만 명이 투표에 참가해 78.5퍼센트로 완전 분리 독립을 지지하는 결과가 나왔다. 하지만 결과가 이렇게 나오자 친 인도네시아 자치정부를 지지하는 '통합파' 민병대가 인도네시아군의 묵인하에 무자비한 살상을 전개했다. 이들 민병대의 만행으로 1,000~2,000명 정도의 인명이 희생되었고, 도시 거주 주민 25만 명 정도가 인도네시아령 서西티모르로 피난하는 사태가 벌어졌다. 이렇듯 악화일로에 치달았던 동티모르의 치안을 회복하기 위해 9월에 오스트레일리아군을 주축으로 한 UN 평화유지 다국적군 동티모르 국제군(INTERFET, International Force for East Timor)이 투입되어 치안을 회복하는 한편 인도네시아군을 완전 철수하게 함으로써 동티모르에 대한 인도네시아의 강압 통치는 막을 내리게 되었다. 이윽고 UN은 주민투표 결과에 근거해 동티모르 독립을 지원키 위해서 기존의 UNAMET를 개편·확대해 UNTAET를 설립했다. UNTAET의 임무는 치안 유지, 인도적 지원 실시, 공공 서비스 및 정부 기구 설립 지원 등이었다. UNTAET는 한국에도 잘 알려진 구스마오Gusmao 초대 대통령 등 동티모르 독립파 인사들과 정부 기구 설립 작업에 착수했고, 2002년 5월 20일에 동티모르는 마침내 독립을 선언, UNTAET는 해산되었다. 그 후의 동티모르에 관한 지원은 UN 동티모르 지원단(UNMISET, United Nations Mission of Support to East Timor)이 떠맡아서 2005년 5월까지 활동·해산했다.

2002년에 동티모르민주공화국Democratic Republic of Timor-Leste[27]으로 마침내 독립을 이루었다. 파푸아에서는 교섭 상대가 되어야 할 독립운동 조직의 온건파 지도자가 군에 의해 암살당함으로써 분쟁 해결은 요원해지고 말았다.[28]

2. 타이-탁씬 파와 탁씬 반대파의 항쟁

타이에서는 2001년에 출범한 탁씬 정권이 '마을 발전 기금Village Development Fund'[29] 및 '30바트baht 의료[30]' 제

---

27) 약칭은 '티모르 레스떼Timor-Leste'(East Timor)로 불리는데, 동티모르 국어로 지정된 테툼Tetum어로는 'Republika Demokratika Timor Lorosa'e'로 표기한다. 테툼어 '티모르 로로새Timor Lorosa'e'는 '해 뜨는 나라, 티모르'라는 뜻이다.

28) 1965년에 결성되었던 서파푸아 독립운동 조직인 '자유파푸아 운동'(OPM, Organisasi Papua Merdeka)의 지도자 켈리 크왈릭Kelly Kwalik은 2009년 12월에 인도네시아군의 공격을 받고 사망했다.

29) 탁씬 수상이 주도한 획기적인 친서민 정책의 하나로, 정부가 원금을 만들어 갹출한 기금을 바탕으로 주민 스스로 의사 결정에 따라 융자 및 자금 회수 등을 집행하는 주민 참가형 방식으로 운영되었다. 탁씬 정권은 그 밖에도 선거에서 농촌 표를 얻기 위한 목적으로 저금리 농업 융자, 지역 특성에 따른 중소 사업 등을 추진했는데, 그러한 정책의 효과로 2003~2004년 동안 농촌의 소득은 연 20퍼센트씩이나 증가했다.

30) 탁씬 정권이 출범한 이듬해 2002년부터 실시된 의료 제도로, 초진료 30바트(1,000원)로 폭넓은 의료 혜택을 받게끔 하는 저소득층 대상의 의료 제도였다. 하지만 초창기 '30바트로 모든 질병을 치료한다'라는 방침은 2005년부터는 '30바트로 질병을 예방한다'라는 방침으로 바뀌기도 했다.

도 등을 실시해 빈곤층이 많은 동북부 농촌 등에서 확고한 지지 기반을 다졌다. 이에 대해서 도시 거주 중산층은 그러한 정책들이 빈곤층을 향한 '돈 뿌리기 정책'이라고 강력하게 비판하고 나섰고, 한편으로 탁씬 수상의 카리스마적 성향은 '국왕을 국가원수로 하는 민주주의'라는 타이 정치의 근간을 뒤흔들 수도 있다는 우려를 자아내게 했다.[31]

2005년 총선에서는 탁씬이 승리했는데,[32] 탁씬에 반대하는 세력은 2006년에 '국민민주주의연대'〔PDA, People's Alliance for Democracy〕를 결성해 대규모 거리 시위를 펼쳤다. 탁씬은 의회를 해산하고 선거를 했으나, 선거에서 승리할 가망이 없었던 탁신 반대파는 처음부터 선거를 거부해버렸다. 선거에서는 탁신 파가 승리를 거뒀으나,[33] (푸미폰) 국왕에서 선거에 대해 판결을 내려달라는

---

31) 실제로 탁씬 정권은 현실 정치에 대한 왕실의 간섭을 줄이고, 영국·일본처럼 순수한 입헌군주제를 추진하려 했기에 푸미폰 국왕과는 시종 불편한 관계에 있었다. 아울러 탁씬 수상의 국왕에 대한 불경은 한편으로는 군부에 쿠데타를 일으킬 수 있는 좋은 명분을 제공한 결과가 되고 말았다.

32) 2005년 2월의 총선에서 탁씬 수상이 이끄는 타이락타이Thai Rak Thai당(타이애국당)은 남부를 제외한 전 지역에서 압승을 거두어 하원 500석 중 377석을 차지하는 제1당이 되었다. 아울러 집권당은 타이 역사상 최초로 강력한 1당에 의한 정부 여당이 되었고, 탁씬 자신도 최초로 연임하는 수상이 되었다. 제2당은 쁘라차티빳Prachathipat당(민주당)으로 96석을 차지하는 데 그치고 있다.

33) 2006년 2월에 의회가 해산되고 4월 2일에 조기 총선이 치러졌으나, 야당의 선거 보이콧과 방해로 말미암아 400개 선거구 가운데 39개 선거구가 유효표 부족으로 인해 재선거가 결정되는 사태가 벌어졌다.

요청을 받은 사법 당국은 행정재판소와 헌법재판소 합의를 통해 선거 결과가 무효라는 판결을 내렸다. 사태가 교착 상태에 빠져버린 와중에 군부가 다시 쿠데타를 일으켜 계엄령을 선포했다.[34] 그 후에 타이의 사법 당국은 탁씬 파 정당들에 대한 해산 명령과 탁씬 파가 승리를 거뒀던 선거 결과의 무효 판결, 탁씬 파 수상들에 대한 해임 판결을 누차 반복하게 되었다.[35]

중산층이 선거를 부정해버림으로써 선거는 더는 정치적 이해를 조정하는 기능을 발휘치 못하게 되었고, 농촌 지역 빈곤층을 기반으로 하는 탁씬 파[레드 셔츠 파][36]와 도시 중산층·관료·군부가 지지하는 탁씬 반대파[옐로우 셔츠

34) 2006년 4월에 국왕에게 퇴진 의사를 밝혔던 탁씬은 9월에 일어난 19번째 군사 쿠데타로 실각했고, 그 자신도 2006년 9월 이후 해외로 망명해 현재까지도 각국을 전전하며 망명 생활을 이어가고 있다. 탁씬이 해외망명 생활을 하는 동안 타이 법원은 그에게 부정부패 혐의에 대해 유죄 판결을 내린 바 있다.

35) 2006년 쿠데타 이후 군사정권에서 개정된 헌법에 따라 새로 치러진 2007년 12월 총선에서 탁씬 파가 창당한 팔랑쁘라차촌Phalang Prachachon당[인민의 힘 당]이 승리해 집권했으나, 법원은 다시 총선에 부정 선거가 있었다는 이유로 연립 정권에 참여한 3개 정당에 대해 해산 명령을 내렸다. 이에 '레드 셔츠 파'는 2001년·2004년·2006년·2007년 자신들이 선거를 통해 세운 정권이 군사 쿠데타와 사법부에 의해 차례로 좌초되자 커다란 좌절을 맛보게 되었다. 이윽고 군부가 헌법을 개정하고 치렀던 2011년 총선에서 다시 탁씬 파가 승리하면서 탁씬의 여동생 잉락 친나왓Yingluck Shinawatra이 역사상 첫 여성 수상으로 집권하게 되었다. 하지만 그녀 역시 20번째 쿠데타로 권좌에서 밀려났고, 군사정권의 헌법재판소에서 그녀에 대해 권력 남용 및 부정부패 혐의로 유죄 판결이 남으로써 끝내 실각하고 말았다. 이윽고 잉락은 해외로 도피했고 타이 대법원은 비리 관련 혐의로 그녀에게 5년 실형을 선고했다.

36) 2006년부터 탁씬 수상과 그의 일가들이 저지른 탈세와 부정 축재의 진상이 드러나자 반정부 시위가 격화되었다. 이렇듯 탁씬이 정치적으로 궁지에 몰리자 이번에는 그를 지지하는 세력이 조직되어 거리로 쏟아져 나왔다. 이들은 집회·시위를 할 적에 빨간색 셔츠를 입었는데, 이때부터 '레드 셔츠 파'는 탁씬 파 세력을 가리키는 말이 되었다.

파)[37]의 대립은 교착 상태에 빠지고 말았다. 오랫동안 타이 정치에서 중재 역할을 자임해왔던 푸미폰 국왕 역시 만년에는 탁신 반대파 쪽으로 기울었던 입장을 강하게 드러냈고, 이윽고 2016년에 서거했다.[38]

2014년에는 (강경파) 육군참모총장 쁘라윳 짠오차Prayuth Chan-o-cha가 (20번째) 쿠데타를 일으켜 탁신 파 정권을 무너뜨리고 그 자신이 수상에 취임했다. 쁘라윳 수상의 퇴진을 요구하는 학생들은 2020년에 이르러 지금껏 금기시되어왔던 왕실 비판과 왕실 개혁을 공공연히 제기하게 되었다. 바야흐로 타이의 '국왕을 국가원수로 하는 민주주의'는 엄혹한 시련에 처해있는 것이다.

---

37) 탁신과 탁신 파 정권을 반대하는 주요 정치 세력은 왕실을 등에 업은 엘리트 중산층으로, 이들은 국왕이 태어난 월요일을 상징하는 색인 노란색 셔츠를 입고 집회를 열었다. 그래서 '옐로우 셔츠 파'는 왕실을 옹호하고 탁신을 반대하는 쪽의 정치 세력을 지칭하는 말이 되었다.

38) 푸미폰 국왕(라마 9세)은 1946년 열아홉 살의 나이로 즉위한 이후로 70년 동안 재위함으로써 현대 세계에서 가장 오랫동안 통치했던 군주로도 잘 알려져 있다.

3. 필리핀-'서민파' 대통령의 등장

1998년에 영화배우로 얻은 인기를 바탕으로 정치에 입문했던 조셉 에스트라다Joseph Estrada가 빈곤 대책을 전면에 내세우고 대통령에 취임했다. 서민층의 열렬한 지지를 받았지만, 불법 도박과 담뱃세를 유용한 정치 자금 상납 의혹 등으로 탄핵 재판의 궁지에 몰리자 2001년에 자진 사임했다.[39)]

그의 뒤를 승계했던 (부통령) 글로리아 아로요Gloria Arroyo는 2004년 선거에서 에스트라다 진영의 후보를 물리치고 대통령직을 유지해, 2010년까지 정권을 담당했지만, 부패 의혹이 잇따르면서 정치 불신이 극에 달했다. 2010년 대통령 선거에서는 청렴한 이미지의, 코라손 아키노 전 대통령의 아들 베니그노 아키노Benigno Aquino가 당선되었다. 아키노 정권은 순조로운 경제 발전에 힘입어 부정부패 추방과 행정의 투명화 부문에서 치적을 쌓고 정치적 안정을 이루었으나, 2016년 선거에서는 아키노를 계승한 후보가 패배하고, 마약 퇴치 및 강력한 리더십에

---

39) 2001년 1월 그의 퇴진을 요구하며 일어났던 일련의 민중 시위를, 1986년 마르코스 대통령을 축출했던 '에드사 혁명'에 빗대어 '제2차 에드사 혁명Second EDSA Revolution'이라고 부르기도 한다.

바탕한 치안과 인프라 개선을 내세웠던 로드리고 두테르테Rodrigo Duterte가 대통령에 당선되었다. 국민은 안정보다도 변화를 원했고, 서민적인 두테르테 대통령에 대한 지지율은 높았으나, 마약 단속 과정에서 발생한 인권 침해, 반중친미의 외교 스타일 등에 대한 비판도 제기되고 있다.

이렇듯 21세기 필리핀 정치에서는, 대통령 선거에서 후보자의 개성이 유권자에게 더욱 어필하는 큰 의미를 지니게 되었다. 여당은 대통령의 개인 정당 같은 색채를 강하게 띠게 되었고, 안정과 변화의 양극단 사이에서 심하게 요동치는 상황이 계속 이어지고 있다.

4. 말레이시아-정권 교체

마하티르가 2003년 수상에서 물러나자 말레이시아 정치에는 커다란 변화가 일어났다. 여당 연합인 국민전선BN의 개혁에 대한 대처가 미흡했던 탓에, 레포르마시

reformasi(개혁) 운동[40]을 통해 형성된 야당 연합이 지지세를 넓혀서 2008년 총선에서는 BN의 득표율이 51.4퍼센트까지 떨어졌고, BN 결성 이후로 처음으로 하원의 3분의 2를 점하는 안정 의석 다수의 정국이 붕괴되었다.

2009년에 탄생한 나집 라작Najib Razak 정권은 말레이시아가 '중진국의 덫'에 빠졌다는 인식을 근거로, 부미뿌뜨라 우대 정책 및 저임금 노동에 대한 개선책을 포함한 (새로운 장기 경제 정책) '신경제 모델'(NEM, New Economic Model)을 발표했다.[41] 하지만 NEM에 근거한 개혁이 충분히 진척되지 못했던 상황에서 치르게 되었던 2013년의 총선에서 (역사상 최초로) 야당연합 인민연맹(PR, Pakatan Rakyat)이 (여당을 웃도는) 50.9퍼센트의 득표율을 기록했으나, 선거에 있어 표의 등가성 및 선거구 획정 등이 BN의

---

40) 말레이시아는 동남아시아에서 정치적으로 완전히 공정하지는 않지만 비교적 높은 수준의 사회적 정통성을 지녔고, 상대적으로 경쟁성이 높은 선거 제도를 했던 '경쟁적 권위주의competitive authoritarianism' 체제를 유지해왔다. 하지만 아시아 금융 위기 이후 1998년에 시작되었던 '레포르마시 운동'을 계기로 시민적 자유 및 정치 참가의 확대를 요구하는 민주화 요구가 분출되기 시작했다. 그러한 민의의 요구는 2008년 총선에서 예상을 뒤엎은 여당 BN의 역사적 큰 패배로 분명하게 드러났고, 2013년 총선에서 다시 한번 그러한 민의가 확인됨으로써 이후에는 불가역적인 정치적 흐름으로 정착하게 되었다.
41) 나집 정권이 제시한 신경제 모델NEM은 1970년대 부미뿌뜨라 우대를 내세웠던 신경제정책NEP에서 벗어나 '민족과 관계없는 포괄적 경제 성장inclusive growth irrespective of race'을 강조했다. 아울러 미숙련·저임금의 외국인 노동력을 삭감하고 대신에 숙련 노동력을 육성·활용해 생산성 주도형의 투자 활동을 촉진한다는 식으로 종래의 개발주의에서 벗어나 시장경제주의로 이행하려는 정책을 펼쳤다. 이러한 NEM에 대해 말레이계 정치 조직·단체들은 강력 반발하면서 반대의 목소리를 높였다.

지지 기반인 농촌 지역에 유리하게 되어있던 까닭[42]에 여야 간에 정권 교체는 이루어지지 않았다.

그 후 야당 연합 내부에서 이슬람주의를 둘러싼 대립이 발생했고, 그 여파로 희망연맹〔PH, Pakatan Harapan〕이 새로 결성되는 등 야당 연합에도 쇠퇴의 기미가 나타났다.[43] 그런데 2015년에 정부 산하 투자회사 원·말레이시아 개발공사〔1MDB, 1Malaysia Development Berhad〕에서 나집 수상의 개인 구좌로 거액의 자금이 불법 송금되었다는 의혹이 표면화됨으로써 집권당인 BN 내부에서도 비판이 한꺼번에 터져 나왔다.[44] 이윽고 (그러한 의혹에 반발해) UNMO를 탈당한 세력이 마하티르 전 수상과 함

---

42) 2013년 총선에서 야권의 득표율이 50.9퍼센트였으나, 의석수는 여권이 60퍼센트를 차지하는 결과가 되고 말았다. 이렇듯 말레이시아에서 선거를 통한 정권 교체가 곤란한 이유로는, 우선 현직 의원에게 절대 유리한 소선거구 방식과 극단적 게리맨더링(선거구 획정)의 문제를 들 수가 있다. 다음으로 사바주·사라와주에서 나타나듯이 압도적인 BN 지지율의 문제를 지적할 수 있다. 2013년 총선의 경우 BN은 이들 지역에서 총 56석 중 47석을 차지할 정도로 압도적인 점유율을 나타냈다.

43) 본래 마하티르와 앙숙이던 정적 안와르 빈 이브라힘의 인민정의당PKR과 중국계·인도계가 주력인 민주행동당DAP은 2008년 총선 직후부터 범凡 말레이시아·이슬람당PAS과 더불어 세 당이 손잡고 인민연맹PK를 결성·활동했다. 하지만 2013년 총선 후에 이슬람주의 정당 PAS와 나머지 두 당 간에 종교 정책에 관한 격렬한 대립이 일어났고, 그 여파로 2015년 6월에 인민연맹PK는 와해되었다. 그 후에 PAS 내의 진보 세력이 탈당·창당한 정당인 국민신탁당AMANAH과 함께 2015년 9월에 연합 정당 희망연맹PH가 발족되었고, 1년 후 마하티르 전 수상이 이끄는 PPBM이 합류해, 마하티르가 연맹의 회장에 취임함으로써 PH는 네 당이 결합한 야당 연합 세력이 되었다. 2018년 총선에서 승리했던 PH는 2018년 5월부터 2020년 2월까지 집권했고 이후에 와해되었다.

44) 2009년부터 집권했다가 2018년 5월 수상직에서 물러난 나집 라작은 2018년 부패 혐의로 기소되었다. 2020년 7월 말레이시아 고등법원은 1MDB에서 45억 달러를 빼돌린 혐의를 비롯한 나집의 여러 부패 행위에 대해 징역 12년형과 거액의 벌금을 선고했다.

께 말레이시아 원주민 연합당(PPBM, Parti Pribumi Bersatu Malaysia)을 결성해 PH에 가입했다. 2018년의 총선에서 PH는 (하원 222석 가운데) 113석을 획득하였고, 79석을 얻는 데 머무른 BN은 처음으로 정권을 내놓는 처지가 되고 말았다.[45]

마하티르가 재등판함으로써 전임 BN 정권이 행한 부패를 일소하고 말레이시아 경제를 재건할 것이라는 기대가 상당했으나, 후계자 문제를 둘러싼 PH 내부의 대립으로 인해 2020년 2월에 마하티르는 수상직의 사의를 표명했다.[46] 이윽고 같은 해 3월에는 PPBM과 (집권당에서) 야당이 되었던 UNMO 세력 등을 규합해서 무히딘 야신 Muhyiddin Yassin이 수상에 취임했으나, 마하티르가 이에 대항하면서 정치적 혼란은 지속되고 있다.

---

45) 이것은 말레이시아 역사상 최초의 정권 교체로 기록되었고, 전 수상 마하티르는 92세의 나이에 야당으로 출마해 집권 여당의 수상에 재취임하는 진기록을 세웠다.

46) 서로 앙숙이던 마하티르와 안와르 빈 이브라힘은 2018년 마하티르가 야권연합 PH에 가담해 총선 승리를 통해 수상이 됨으로써 약 20년 만에 다시 상호 협력하는 관계가 되었다. 마하티르는 안와르 빈 이브라힘이 의원에 당선해 정계에 복귀하면 그에게 수상직을 넘겨주겠다고 여러 차례 공언했다. 그러나 마하티르가 사임한 이후 PH가 분열·와해되면서 수상 자리는 UMNO와 손잡은 무히딘 야신에게 넘어가고 말았다. 참고로 무히딘 야신 정권도 2020년 8월 내분으로 인해 붕괴했고, 무히딘 야신 정권에서 UMNO 출신으로 부수상을 지낸 이스마일 샤브리 야콥Ismail Sabri Yaakob이 수상직을 승계했다.

5. 싱가포르-인민행동당의 지속되는 통치

말레이시아에서 정권 교체가 이루어지면서, ASEAN 선발 가맹국 5개국 가운데 건국 이후로 동일 정당이 지속해서 통치하는 국가는 이제 싱가포르가 유일하게 되었다.

2004년에 리콴유 아들 리셴룽이 수상에 취임했던 싱가포르에서는, 2011년 총선에서 당시까지 의석의 태반을 독점했던 인민행동당PAP의 득표율이 독립 이후로 가장 낮은 60.1퍼센트까지 하락했고, 야당인 싱가포르노동자당Workers' Party of Singapore이 6석을 차지하는 결과가 나왔다. [47] 여기에는 21세기에 접어들어 외국인 노동자가 증가하고, 상대적으로 시민의 취업 기회가 감소했던 상황 등에 대한 중하층민의 불만이 표심에 작용했던 것으로 보인다.

이윽고 PAP 정권은 비숙련 인력에 대한 노동 허가증 발급 제한 및 임금을 인상하는 등의 발 빠른 대응책을 제시함으로써 2015년 총선에서는 득표율을 69.9퍼센트까지 끌어올렸다. 하지만 2020년 7월 총선에서 PAP 득표율은 또다시 61.2퍼센트로 떨어졌고, 야당인 싱가포르노동

---

47) 집권당인 인민행동당은 전체 의석 87석 가운데 81석을 차지했다.

자당은 10석을 차지했다.[48] 싱가포르 정치에서 PAP의 절대다수 우위는 계속되겠지만, 세계화된 환경 속에서 경쟁력을 유지하는 한편으로 그 같은 경제 성장의 과실을 누리지 못하는 계층까지도 배려할 수 있는가가 향후 PAP 지배의 운명을 좌우하게 될 것으로 보인다.

6. 미얀마-민주화의 진전

미얀마에서는 군사정권이 민주화 운동을 억압하며 질서를 회복하고자 했다. 특히 승려들까지 가세했던 2007년 민주화 요구 시위를 군사정권이 가혹하게 탄압했던 일은 국제적인 비판 여론을 들끓게 했다. 2008년에 제정된 신헌법에는 민정 이양 후에도 군부가 권력을 유지하게끔 해주는 장치가 마련되었다. 헌법 개정에는 의회 4분의 3 이상의 찬성이 필요토록 규정되는 한편 의원 정수의 4분의 1은 국군 대표로 채우게끔 해서 군부가 동의

---

48) 집권당 인민행동당이 전체 93석 가운데 83석을 차지했으나, 야당 역시 창당 이래 최초로 두 자리 수 의석을 차지하게 되었다.

치 않으면 헌법 개정이 가능할 수 없는 구조로 바꾸어놓았다.[49] 또한 국방장관·내무장관·외무장관은 국군 사령관에 의해 지명·임명토록 했다. 게다가 의회에서 선출되는 대통령은 친족 가운데 외국 국적을 가진 자가 없어야 한다는 자격 단서까지 달아서, 영국 국적도 보유한 아웅산 수찌는 대통령에 아예 취임할 수 없도록 하는 장치도 마련해놓았다.

이와 같은 신헌법에 근거한 총선이 2010년에 실시되었다. 이를 1990년의 총선 결과를 무효화하기 위한 선거로 여겼던 전국민주연맹NLD은 선거를 거부했고, 군사정권의 어용 정당이 승리를 거둬서 국군 장교 출신의 떼잉 쎄인Thein Sein이 대통령으로 선출되었다. 그 후에 떼잉 쎄인과 아웅산 수찌의 직접 대화가 실현됨으로써 미얀마 정세는 급속히 민주화로 향하게 되었다. 이는 미얀마가 국제적 고립에서 벗어나 경제 발전을 이루기 위해서는 무엇보다도 방침의 전환이 불가결하다고 신정권이 판단했었기 때문이라고 하겠다. 2012년에 치러진 보궐 선거에서 아웅산 수찌의 입후보가 허가되었고, 이어서 2015년에

49) 개정된 헌법·선거법에 따르면 연방의회 및 주의회 의석 664석 가운데 166석은 선출 과정 없이 군부에 의해 배정·임명되고 나머지 498석을 선거를 통해 선출토록 규정하고 있다.

실시된 총선에서는 NLD도 참여해서 압승을 거뒀다. 아 웅산 수찌는 대통령에 취임할 수 없었으므로 '대통령 위에 자리하는' 국가 고문State Counsellor of Myanmar이 되었고, 이로써 사실상 그녀가 최고 실권자로 군림하는 정부가 탄생했다.[50] 국제 사회는 미얀마의 민주화를 환영했고 이어서 원조를 재개했다. 외국 투자자의 움직임도 본격화되었고 경제 성장도 본궤도에 진입하게 되었다.

한편 이 같은 정치 민주화 흐름 속에서 국민 통합을 둘러싼 문제가 표면화하기 시작했다. 소수민족 무장 세력의 존재는 독립 이래 국가에 의한 폭력의 일원적 관리를 달성치 못했던, 미얀마가 안고 있는 커다란 문제였다. 소수민족 측은 미얀마 국군과 소수민족 군대의 대등한 합병, 버마인이 거주하는 관구管區를 통합한 버마 주와 소수민족이 거주하는 주들로 구성된 연방제 도입, 주에 중앙 정부의 권한을 대폭 이양하는 등의 사항을 요구하지만, 그러한 연방제를 하려면 헌법 개정이 필요한데 군부가 거부권을 쥐고 있는 상황에서는 실현되기 어려운 형

---

50) 2015년 11월 총선에서 의석의 80퍼센트를 차지하는 압승을 거뒀던 NLD는 정권을 꾸려서 틴 쪼Htin Kyaw를 대통령으로 내세웠다. 그리고 NLD의 당수 아웅산 수찌는 외무대신·대통령부大統領府 대신 및 신설된 국가고문 직을 겸임함으로써 정권의 실세로 등장했다.

편이라 하겠다.

또한 로힝자족Rohingya people〔로힝가Rohinga〕문제도 부상하고 있다. 미얀마에서는 (민주화 이후) 다수파인 불교도 사이에서 무슬림을 향한 배척 운동이 일어나고 있다. 군사정권 시대라면 손쉽게 억눌렀을 이런 유형의 움직임을 민주화 이후로는 강압적으로 해결하기 어려운 상황이 되고 말았다. 그러한 배척 운동의 표적이 되었던 대상이 서부 여카잉Rakhine주로부터 방글라데시에 걸쳐서 거주하는 무슬림 로힝자족이었다. 미얀마 정부는 로힝자족을 방글라데시에서 건너온 불법 이민으로 간주해 국적을 주지도 않고 보호 대상으로 여기지도 않는다.[51] 2010년대에는 미얀마 정부와 국군에 의한 박해를 피해 피난했던 로힝자족 난민이 보트피플이 되어서 동남아시아 연안 각국에 표착하는 사태가 잇달아서 커다란 국제 문제가 되었다.[52] 2017년에는 로힝자족 일부 무장 세력이 미얀마

51) 이슬람교도인 무슬림이 미얀마에 이주하기 시작한 것은 20세기 초반 영국의 식민지 시대에 경제적 필요성에 의한 인도인들의 대규모 유입에 따른 것이었다. 한편으로 미얀마 서부의 여카잉주는 무슬림이 많이 사는 방글라데시와 인접했던 이유로 이슬람교도의 미얀마 정착의 역사는 15세기까지 거슬러 올라갈 정도로 유래가 깊다고 하겠다.
52) 2012년 6월 여카잉주에서 무슬림과 불교도 간의 충돌로 폭동이 일어나 200명 이상이 살해당했다. 이윽고 로힝자족 마을이 약탈당하고 학살이 벌어지면서 13~14만 명의 난민이 발생하는 사태가 벌어졌다. 이윽고 2015년에는 수천 명의 로힝자족 피난민이 바닷길을 이용해 보트피플이 되어 각국 연안에 표착하는 사태가 벌어져 국제적인 주목을 받기도 했다.

치안 부대를 공격했던 사건을 빌미로 국군에 의한 대규모 소탕 작전이 벌어져 60만 명 이상의 로힝자족 난민이 발생함으로써, 미얀마 정부에 대한 국제 사회의 비판 여론이 들끓었다. 국방·치안 문제에는 민선 정치가의 영향력이 닿기 어려운 구조로 되어있던 탓에, 아웅산 수찌 정권은 국제 여론과 강경한 입장의 군부 및 일부 불교도 세력 사이에서 옴짝달싹 못 하는 곤란한 처지에 놓였던 것이다.

그런데도 2020년 11월에 실시된 총선에서 NLD는 다시 2015년의 총선 결과를 웃도는 압도적인 승리를 거뒀다.[53] 미얀마 군부는 군의 특권적 지위를 보장하는 현행 헌법이 개정되는 사태를 우려해 선거에서 '부정'이 저질러졌다고 트집을 잡아 2021년 2월 1일에 쿠데타를 단행하고 아웅산 수찌 국가 고문 등 정권 핵심 인사를 구속하는 동시에 권력을 장악했다. 이에 대해 시민들이 강력하게 반발하고 항의 활동이 거세게 일어났으나, 군부는

---

53) 하원에서는 2015년 총선에서 총 323석 가운데 225석(득표율 78.95퍼센트)을 얻었으나, 2020년에는 총 315석 가운데 258석(득표율 81.9퍼센트)을 차지했다. 상원에서도 2015년에는 총 168석 가운데 135석(득표율 80.36퍼센트)이었으나, 2020년 총선에서는 161석 가운데 138석(득표율 85.7퍼센트)을 획득했다.

이를 무력으로 탄압하며 억누르려 하고 있다.[54] 2020년 총선에서 선출된 의원들은 연방의회 대표위원회(CRPH, Committee Representing Pyidaungsu Hluttaw)를 결성했고,[55] 4월 16일에는 잠정 정부로서 국민통합정부(NUG, National Unity Government of Myanmar)를 수립해 군부와 대결하고 있다.[56] 일부 소수민족 무장 세력과 국군의 무력 충돌 소식도 알려지는데, 이 책을 집필하는 2021년 4월 말 시점에서는 향후의 전망 또한 불투명한 상황이라 하겠다.[57]

---

54) 미얀마 군부는 쿠데타를 일으켜 2011년 3월부터 2021년 2월까지 10년 동안 지속되었던 문민정권을 전복한 다음 날인 2021년 2월 2일에 과도정부 성격의 국가통치 평의회(SAC, State Administration Council)를 출범시켰다. 그리고 쿠데타 주역인 국군 최고사령관 민 아웅 흘라잉Min Aung Hlaing이 평의회 의장을 맡았고, 다시 8월 1일부터는 잠정 수상 직을 겸임하고 있다.

55) 쿠데타의 정당성을 부정하는 연방의회 의원들이 2021년 2월 5일에 조직한 정치 조직으로 3월 2일부터 사실상의 임시정부의 역할을 맡아서 기능했다. 이윽고 4월 16일에 NUG가 발족된 이후에는 동 정부의 입법 기관의 역할을 맡고 있다.

56) NUG는 출범하면서 미얀마의 모든 민주주의 세력의 연립정부로 집단지도 체제를 구성하겠다고 밝혔고, 실제로 NUG의 장관 열세 명 중 여섯 명은 소수민족 출신이 맡고 있다. 현재 NUG의 주요 인사들은 미얀마 국내 소수민족 무장세력의 지배 지역으로 은신하거나, 국외로 망명한 것으로 알려져 있다. 한편 NUG는 군부에 의한 SAC가 위법임을 선언하고, 군사정권에 맞서 무력 혁명을 시작하기 위한 무장조직으로 국민방위대(PDF, People's Defence Force)의 결성을 공표하기도 했다.

57) 아웅산 수찌 국가고문은 쿠데타 이후 가택에 연금된 상태로 재판에 회부되었고, 2022년 2월 시점에서 군사 법원에서 선동 등의 혐의로 징역 6년형을 선고받은 상태이다. 쿠데타에 반발하는 미얀마 시민 세력은 이후 소수민족 무장세력과도 손을 잡고 투쟁을 벌이고 있는데, 군부와의 충돌 및 무력을 동원한 탄압 등으로 인해 쿠데타 발생 후 1년이 넘는 기간 동안 약 1,500명 이상의 사망자가 발생했다고 알려져 있다.

7. 베트남-'하나의 세계' 속의 베트남

베트남은 정권을 담당하는 공산당 지도부 내부에, 세계는 '자본주의와 사회주의 세계'라는 '두 개의 세계'로 이루어진다는 냉전 시대의 교조적 사고가 잔존해있었다. 하지만 아시아 금융 위기를 겪으며 베트남은 한층 더 세계화와 지역 통합을 향해 나아가게 되었고 이윽고 그러한 교조적 사고에서 벗어나게 되었다. 2001년에 개최된 공산당 제9차 당대회에서는 베트남을 세계경제와 지역 경제에 '주도적'으로 통합시켜야 할 필요성이 강조되었다. 아울러 당대회에서는 베트남 경제를 '사회주의 지향 시장경제'라고 규정하는 문구가 등장했다. 그 같은 베트남의 '사회주의 지향 시장경제'는 자본주의 세계경제와 별개로 존재하는 '사회주의 세계경제'가 아니라, 세계화 과정 속에서 통합을 가속화하는 단일한 세계경제의 일부를 이루는 단위로 간주하려는 달라진 사고를 나타내는 것이기도 하였다.

그 같은 변화를 바탕으로 외교 정책의 전환이 명확해졌던 시기는 2003년이었다. 같은 해에 개최된 중앙위원회 총회에서 미·중을 포함한 강대국과의 관계에 대해,

'각국의 베트남에 대한 이익을 상호 절충해서, 대립·고립 또는 예속이라는 사태로 치닫지 않도록 한다'라는 발상에 근거해, 이념 측면에서의 '친구와 적'의 논리가 아닌, 과제와 국면에 상응하는 '파트너'(동반자)라는 논리로 강대국과의 관계를 조율해간다는 방침을 확인했다. 미·중·일 등 강대국의 영향력에 맞서 (치우침 없이) 안정감 있게 균형을 잡음으로써 베트남의 자율·안전을 확보한다는 외교 방침으로의 전환을 단행했던 것이다. '두 개의 세계'관에서 벗어나서, 세계화가 가속화되는 '하나의 세계' 쪽으로 베트남을 연결해가려는 방침은 2007년에 베트남이 세계무역기구WTO에 가입함으로써 한층 더 결정적인 흐름이 되었다고 보아도 좋을 것이다.

그 같은 외교 정책을 반영해서 이후에 베트남은 주요 국가들과 '전략적 파트너십'을 맺는 일을 중시하게 되었다. '전략적 파트너십' 합의는 러시아(2001), 일본(합의 2006, 확인 2009)[58], 인도(2007), 중국(2008), 한국(2009), 영국(2010), 독일(2011), 이탈리아·타이·인도네시아·싱가포르·프랑

---

58) 2008년은 베트남과 일본이 외교 관계를 수립한 지 35주년 되는 해로서, 이 해에 페루에서 개최되었던 APEC 정상회담에서 만났던 두 나라 정상은 2006년에 양국 간에 합의했던 '전략적 파트너십'의 효율적인 구축을 위해 양국 관계를 더욱 강화·확대해가는 방침을 확인하고 있다.

스(이상 2013) 등으로 계속 확대되고 있다. 또한 미국과는 2013년에 '포괄적 파트너십'을 합의하기에 이르렀다. 아울러 근년에 중국이 G2로 부상함에 따라 베트남은 미국과의 관계를 포함해서 기존의 '전방위 외교'에 더 박차를 가하고 있는데, 2016년에는 미국의 대베트남 무기금수 조치가 해제됨으로써 양국의 군사적 협력 관계는 더욱 심화된다.[59]

베트남 공산당은 순조로운 경제 발전에 힘입어 정치적 안정을 달성했으나, 한편으로 시장 경제하에서 다원화되어가는 사회를 통치하려면 다양한 이해관계를 정치적으로 조정하는 장이 필요하다는 사실도 인식하게 되었다. 정권에 반대하는 야당이 있는 정치적 다원주의를 거부했던 공산당이 중시하는 바는 국회 등 이른바 민선 의회를 활성화하는 일이었다. 그러한 정황을 상징하는 사건이 2010년에 일어났다.

같은 해 6월에 베트남 국회는 정부가 제출했던 남북 종

---

59) 미국·베트남 간의 긴밀해지는 군사적 협력 관계를 상징하는 사건으로 2018년 3월 5∼9일에 미 해군 칼빈슨호 항공모함이 다낭에 기항했던 일을 들 수 있다. 다낭은 미국이 1965년 3월 8일에 3,500명의 미 해병대 지상부대를 상륙시킴으로써 베트남전에 본격 개입함을 전 세계에 알렸던 역사적 의미를 지니는 장소이다. 바로 그러한 역사적 의미를 지니는 다낭에 미국 항모가 43년 만에 기항함으로써, 중국의 남중국해 진출과 군사 요새화 및 패권 확대를 견제키 위해 베트남이 과거의 기억을 청산하고 새로이 미국과의 군사 협력을 강화하겠다는 의지를 국내외에 선언하는 함의를 지니는 사건으로 볼 수 있기 때문이다.

단 고속열차 계획안을 심의했다. 심의의 초점은 당시 국가 예산 2.5배 규모에 달하는 막대한 사업비가 소요되는 고속열차 건설이 과연 베트남 경제력의 실상에 부합하는 사업인가에 대해서 집중되었다. 그로 인해 정부에서는 건설 계획을 몇 단계로 분할하는 방안을 제출해 국회 동의를 구했으나, 표결에서는 회의장에 재석한 의원 427명 중에 찬성표가 겨우 158명에 그침으로써 정부안은 부결되고 말았다.

고속열차 정도의 막대한 예산이 소요되는 안건은 공산당 최고 지도부의 동의 아래 정부가 결정해서 국회에 제출하게 되어있었다. 그렇다면 공산당 지도부가 사전에 승인했던 안건이 공산당원이 90퍼센트가량을 차지하는 국회에서 부결되는 사태가 어째서 일어났던 것일까? 그것은 공산당이 예외적인 경우를 제외하고 당원인 의원들에게 공산당의 결정을 따르도록 요구하는, 이른바 '정당 규율party discipline'[60]을 강요하지 않았기 때문이라고 하겠다. 공산당원 신분일지라도 의원 각자의 판단에 따라 투표하도록 허용되었던 만큼 다원적 이해관계가 국회에서 표출될 가능성이 얼마든지 있었다.

---

60) 한국에서는 흔히 '당론 투표'라고 일컫고 있다.

공산당이 주도하는 그 같은 정치 시스템 개혁이 얼마나 국민의 불만을 흡수하는 탄력성을 지닐 수 있는가가 향후 베트남의 정치 동향을 결정할 것으로 예상된다 하겠다.

8. 라오스-인접국과의 관계 설정의 문제

라오스도 21세기에 접어들어 비교적 순탄한 경제 성장을 이룩했고, 2013년에는 WTO 가입을 실현했다. 그 같은 발전의 배경에는 동·금·은 및 석탄 같은 광물 자원과 수력발전에 의한 전력 수출[61]이 경제 성장을 견인했던 것이 주효했다고 하겠다. 2010년대 이후에는 타이·베트남에서 인건비가 급등했던 탓에 라오스로 공장을 이전하는 외국 기업이 늘었고, 섬유 등의 제조업도 비중이 확대되었다. 그중에서도 눈에 띄는 정황은 차관·투자·무역 등을 둘러싸고 중국의 존재감이 부쩍 강화되었

---

61) 2018년 7월에 한국의 SK건설이 라오스 남부 아타푸Attapeu 지역에 짓고 있는 수력발전 댐이 붕괴해 대규모 인명 피해가 발생했다. 라오스 현지 언론에 따르면 약 1,300가구, 6,600명 정도의 이재민이 발생했던 것으로 알려져 있다.

다는 점이다. 중국과의 국경 지대인 보텐Boten에서 고도 루앙 프라방을 경유해 수도 위양짠에 이르는 철도 건설 사업이 중국 원조로 이루어지고 있지만(2021년 개통),[62] 그로 인한 경제적 효과를 기대하는 한편으로 거액의 외채가 누적되는 데 따른 우려도 생겨나고 있다.[63] 앞서 언급했던 동서 경제 회랑과 중국·라오스·타이를 연결하는 남북 경제 회랑[64]이 라오스 경제 발전에 분명히 이바지하는 바가 있지만, 내륙국인 라오스가 인접국 중국·베트남·타이와의 관계를 향후 어떻게 조정해나갈지가 커다란 과제로 등장하고 있다고 하겠다.

---

62) 전장 422.4킬로미터에 달하는 이 고속철도는 중국의 일대일로一帶一路 사업의 일환으로 추진되었다. 같은 시기에 개통된, 중국 윈난雲南성을 관통하는 위모玉磨선(위시玉溪와 모한磨憨을 연결, '모한'은 '보텐'의 중국식 지명)과 접속하는 까닭에 일반적으로 '중국-라오스 철도China-Laos Railway'로 불리고 있다.

63) 전체 사업비 59억 달러 가운데 70퍼센트를 중국이 제공한 차관으로 조달했던 까닭에 현재 라오스의 대중 채무는 GDP의 64.8퍼센트에 이르고 있다. 이로 인해 현재 '채무의 덫'에 빠져있는 라오스의 향후 외채 상환 능력을 의문시하는 견해가 많은 편이다.

64) 영어로는 '쿤밍-방콕 고속도로Kunming-Bangkok Expressway'로 불리는데, 중국 최초의 국제 고속도로로 알려져 있다. 중국에서 시작되어 인도차이나반도를 남북으로 관통하는, 전장 2,000킬로미터의 이 같은 고속도로의 개통으로 중국의 경제적 영향력이 인도차이나 전역으로 확대될 것으로 예측하고 있다. 10강 주석 20)참조.

9. 캄보디아-인민당 일당 지배체제

캄보디아에서는 21세기에 들어서서 인민당의 일당 지배체제가 강화되고 있다.[65] 2004년에는 시하누크가 국왕에서 퇴위하고 아들 시하모니Sihamoni가 즉위했으나 국왕의 정치적 영향력은 감소했다. 2006년에 인민당은 내각 신임에 필요한 의회 의결 정족수를 3분의 2에서 과반으로 낮추는 헌법 개정안을 통과시켰고, 이로써 인민당 단독의 조각組閣이 가능케 되었다. 2008년의 총선에서 인민당은 70퍼센트가 넘는 의석을 차지하며 대승을 거뒀고 이후 훈신펙당에 배정하던 장관직마저 없애버렸다. 하지만 2013년의 총선에서는, 삼 레인시가 이끄는 삼 레인시(SRP, Sam-Rainsy Party)당과 인권당Human Rights Party이 통합해 구국당Cambodia National Rescue Party을 결성한 결과, 야당세가 크게 약진해 여당 인민당 의석수

---

65) 현재 캄보디아에서는 1985년 1월에 34세의 나이로 세계 최연소 수상이 되었던 훈 센에 의한 장기 집권이 37년째 지속되고 있다. 더욱이 현 집권 여당인 인민당 역시 당 규약에 따라 5년마다 새로운 지도부가 선출되어야 한데도 불구하고, 1985년 10월에 제5기 중앙위원회가 선출된 이래 단 한 차례도 정식으로 지도부의 개선改選이 이루어지지 않는 등, 훈 센을 중심으로 한 소수 지배 집단이 국가 권력을 임의로 독점하는 상황이 장기간 이어지고 있다.

에 근접했다.[66] 2015년에 구국당 총재인 삼 레인시의 의원 자격과 불체포 특권이 박탈되었고, 2017년에는 최고 재판소가 구국당에 대해 해산 명령을 내렸다.[67] 이윽고 2018년에 치러진 총선에서는 여당 인민당이 모든 의석을 독점하게 되었다.[68] 근래의 인민당 내부에서는 수상직을 맡았던 훈 센 개인의 권한이 더욱더 강화되었다.[69]

---

66) 2013년 7월에 치러진 총선에서 집권당 인민당은 총 123석 가운데 68석(2008년 대비 22석 감소)과 득표율 48.83퍼센트를 얻었고, 야당인 구국당은 2008년의 야당 세력보다도 26석이 많은 55석과 득표율 44.46퍼센트를 기록했다. 야당은 인민당 정권의 장기 집권에 따른 부패상과 경제 격차 시정을 요구함으로써 도시 지역의 청년 세대를 비롯해 지지층을 크게 확대할 수 있었다.

67) 2009년에 야당 세력을 이끌었던 삼 레인시는 베트남과의 국경선 확정 문제를 놓고 베트남 정부 및 캄보디아 여당과 갈등을 빚었다. 이윽고 같은 해 11월 민족 간 대립 유발과 기물파손 혐의로 기소된 그에 대해 캄보디아 국회는 불체포 특권을 박탈했다. 이어 체포를 피하려고 프랑스로 망명한 그에게 법원은 10년형을 선고했다. 2013년 7월에 시하모니 국왕의 특사로 삼 레인시는 캄보디아에 돌아왔다가 다시 체포를 면하려고 2015년 11월부터 사실상 프랑스로 망명을 했다. 2016년 법원은 그에 대한 궐석 재판에서 '캄보디아·베트남 국경에 관한 허위 내용의 문서 작성'의 혐의로 금고 5년형 실형을 선고했다. 이윽고 삼 레인시는 2017년 7월에 구국당 당수를 사임하고 탈당 의사를 밝혔다. 훈 센 정권은 정당 지도자가 죄를 저지른 경우, 해당 정당을 해산할 수 있도록 하는 정당법 개정을 통과시켜 2017년 11월 최고재판소는 캄보디아 구국당에 대해 해산 명령을 내리게 되었다. 참고로 2022년 3월에 캄보디아 법원은 다시 삼 레인시에게 훈센 수상 퇴진과 민중 봉기 등을 촉구했다는 반역 행위의 죄목으로 징역 10년형을 선고하고 있다. 현재 이 같이 훈 센 정권에 의해 반역 및 선동 혐의로 기소된 정치인·시민 활동가들은 150명 정도에 달하고 있다.

68) 구국당 등 주요 야당이 해산 명령으로 소멸한 상태에서 치러진 총선에서 여당 인민당은 득표율 76.85퍼센트를 기록하며 125석 전부를 싹쓸이하는 압승을 거뒀다.

69) 2018년 인민당 당 대회부터 '캄보디아 인민당의 핵심인 훈 센 전하'라는 표현을 공식적으로 사용하는 등 훈 센 수상의 일인 독재 체제는 더욱더 강화되고 있는 추세이다. 한편으로 어떤 반정부 여성 활동가가 훈 센의 사진에 신발을 던졌다는 죄목으로 기소되어 4년 형을 선고받을 정도로 훈 센에 대한 개인 숭배의 풍조가 점차 만연하고 있는 실정이다. 그런데 훈 센의 이러한 독재 체제의 완결은 자기 아들인 훈 마넷Hun Manet에게 권력을 승계하는 것으로 화룡점정을 이룰 것으로 보인다. 그는 2013년 총선에서 크게 고전하고 난 뒤에 자신은 74세까지 통치하겠다는 야심을 여러 차례 드러낸 바 있는데, 2022년 올해로 69세인 훈 센은 아마도 2023년 총선을 기회로 44세인 장남인 훈 마넷을 수상 후계자로 지명해 권력 승계를 공식화할 것으로 예상된다. 훈 마넷은 미 육군사관학교를 졸업하고 현재 캄보디아군 부사령관 및 합참 의장을 맡고 있고 인민당 중앙위원회 상임위원을 맡고 있다.

2000년대 중반 이후 캄보디아는 중국과의 경제 협력이 강화되었고, 중국 측의 차관 원조·투자·무역의 규모가 큰 폭으로 증가했다. 이러한 중국 쪽으로의 치우침은 인민당 독재 체제에 대한 서구의 비판이 고조되는 가운데 한층 더 강화되었으며, ASEAN 내부에서는 종종 중국의 입장을 옹호하는 자세를 공공연히 드러내는 지경에 이르렀다. 한편으로 종래부터 인민당과는 긴밀한 관계에 있던 베트남은 그 같은 캄보디아의 대중 접근 자세를 꺼림칙하게 여기면서도, 반베트남 입장이 굳건한 야당보다는 인민당 정권 쪽이 그래도 낫다고 판단하는 이상 별달리 대결적 자세를 취하고 있지는 않다. 그 같은 주변적 상황도 '낙후된 권위주의 체제'라고 말할 수 있는 훈 센의 독재 정치에 유리하게 작용하고 있다고 하겠다.

IV. 맺음말에 가름하여-코로나 사태와 동남아시아

2020년에 전 세계를 엄습했던 코로나 사태는 동남아시아에도 커다란 영향을 미치고 있다. 〈표1〉은 2021년 5월 15일 시점의 코로나 감염 현황을 보여준다. 변이 바이러스 감염 확대로 상황이 유동적이지만 동남아시아 전체로는 인구 100만 명당 감염자가 5,487명, 사망자가 108명으로 전 세계 평균치보다는 낮고, 일본과는 감염자 수가 거의 동일하며 사망자는 조금 많은 수치를 나타내는 상황에 놓여있다.

국가별로 보면 상황이 아주 다양한데, 통계를 믿을 수 있는 ASEAN 초기 가맹국들과 베트남 등 총 6개국을 살펴보면, 인도네시아·필리핀은 감염이 확대되어 인구 100만 명당 사망자도 세 자리 수에 달했던 데 반해, 말레이시아·싱가포르·타이는 감염은 확대되었지만 사망자 수가 낮은 수치에 머물러있고, 베트남의 경우는 감염 억제에 현 단계에서는 성공했다고 말할 수 있겠다. 이렇듯 다양성이 나타나는 요인은 여러 가지가 있겠지만, 감염

⟨표1⟩ 세계와 동남아시아의 코로나19 감염 상황
(Worldometer's Covid-19 Data, 2021년 5월 15일)

	감염자 수	100만 명 당 감염자 수	사망자 수	100만 명 당 사망자 수
전 세계	162,520,099	20,850	3,370,159	432
미국	33,663,765	101,188	599,302	1,801
일본	665,547	5,276	11,255	89
영국	4,446,824	65,207	127,668	1,872
중국	90,815	63	4,636	3
인도네시아	1,734,285	6,283	47,823	173
필리핀	1,131,467	10,208	18,958	171
말레이시아	462,190	14,124	1,822	56
미얀마	143,035	2,614	3,212	59
타이	96,050	1,373	548	8
싱가포르	61,505	10,442	31	5
캄보디아	21,499	1,271	147	9
동티모르	3,879	2,895	8	6
베트남	3,816	39	35	0.4
라오스	1,498	203	2	0.3
브루나이	232	526	3	7

억제의 성과 여부를 과도하게 국가의 통치 형태에서 찾으려 하는 것은 동남아시아 사례에 즉해서 볼 때 문제가 있다고 할 수 있다.

베트남의 성공은 종종 중국과 같은 공산당 일당 지배라는 통치 형태로 설명되는 경우가 많으나, 일당 지배체제의 관리국가라는 점에서 공통점을 지녔던 싱가포르는 감염을 억제하지 못했다. 그 이유는 싱가포르가 받아들였던, 방글라데시·인도·말레이시아 등에서 온 외국인 노동자들 사이에 집단 감염이 확산되었기 때문이었다. 베트남 경우도 북방, 곧 중국발 위협에 대해 역사적으로 축적된 경험을 통해, 민중 차원에서 강한 위기감을 공유했던 정황적 배경이 공산당과 정부의 신속·과감한 대응을 가능케 했던 것으로 볼 수 있다. 어쨌든 코로나는 아직도 확산일로에 있으므로, 말하자면 '중간보고'를 근거로 지역과 국가별 상황을 비교하는 것은 위험하다 하겠다.

코로나 사태로 동남아시아는 경제적 측면에서 심대한 타격을 입었다. 주요국 중에 플러스 성장을 달성한 나라는 베트남(2.91퍼센트)뿐이고, 여타 국가는 모두 필리핀 -9.5퍼센트, 타이 -6.1퍼센트, 싱가포르 -5.4퍼센트, 인도네시아 -2.0퍼센트 등 마이너스 성장을 기록했다.

경제의 세계화, 특히 민간 기업에 의해 국경을 초월한 공급망supply chain 확장이 급속히 진행되었던 동남아시아에서는, 코로나 사태로 각국이 국경 폐쇄 조치를 함으로써 공급망이 차단되었고, 그로 인해 조업을 중지·축소할 수밖에 없는 기업들이 속출했다. 2020년 3~4월에 각국이 실시했던 이동 제한 조치는 말레이시아가 특히 엄격했고, 타이·미얀마에 진출한 일본계 화학·가전 기업 등에도 심각한 영향을 미쳤던 일은 그 전형적 사례라 하겠다.

경제의 세계화 추세에 따라 자연히 노동력의 이동이 늘어났다. 동남아시아에서는 타이·말레이시아·싱가포르가 외국인 노동자의 '수입국'이고 베트남·필리핀·인도네시아·캄보디아·라오스는 '송출국送出國'의 입장인데, 코로나 사태는 외국인 노동력에 의존하는 상황의 문제점을 부각하는 계기가 되었다. 싱가포르에서 취업한 외국인 노동자 사이에서의 감염 확산 사태나, 일본에서 코로나 사태로 실직해 귀국도 못 한 채 체류 기간이 끝난 베트남 기능실습생이 겪는 생활고 등은 '수입국' 쪽에서 발생했던 전형적 사례이다. 한편 '송출국' 쪽에서도 해외 노동자가 본국으로 보내는 송금액의 감소, 귀국한 근로자들에 의한 감염 확산 및 실업 문제의 악화 등 갖가지 문제들이 일어나고 있다.

또한 근래에 '서비스 경제화'[70]가 진척되었던 상황도

---

70) 산업 구조에 있어 서비스업이 차지하는 비중이 높아지는 현상을 가리킨다. 경제 사회가 고도화·성숙화됨에 따라 경제 활동의 중점이 1차 산업·2차 산업(제조업)에서 비제조업, 곧 3차 산업·서비스업으로 옮겨가는데, '서비스 경제화'도 그 연장선에 있다 하겠다. 경제학에서는 영국의 경제학자 콜린 클라크Colin Clark의 '페티의 법칙Petty's Law'으로 알려져 있다.

동남아시아 경제에 미친 타격을 키웠던 요인으로 들어야 하겠다. 특히 외국인 관광객 수가 급감하면서 관광 산업을 통해 획득하는 외화 수입이 수출액의 25퍼센트에 달하는 타이·캄보디아를 비롯해, 이른바 '관광 입국' 정책을 추진했던 국가가 많은 동남아시아에는 커다란 타격이 되었다.

그렇지만 코로나 사태가 던져준 가장 커다란 시련은 코로나 감염 방지 대책으로 각국이 어쩔 수 없이 국경의 벽을 높이는 조치를 하는 상황에서, 동남아시아가 전 세계는 물론 지역 내에서도 열려있는 동남아시아로서의 기존 노선을 굳건히 견지해갈 수 있는가에 있다고 하겠다.

한편으로 코로나 사태 속에서 국가의 역할에 대한 재인식이 이루어지고 있다. 그것은 '이동의 자유freedom of movement'를 이념으로 내세웠던 EU가 감염 확산을 막기위해 역내 국가의 국경을 부득이 봉쇄했던 사실에서 전형적으로 보듯이, 국가에 의한 국경 관리 중요성의 부각, 코로나 사태에서의 국민 생활 보장, 고용 보장 및 경기회복을 위한 재정 정책 등 국가 주도 경제 정책의 필요성, 의료복지 서비스의 지나친 시장화에 대한 반성 등에 근거해 국가의 역할이 새삼 중시되는 것이다.

이렇듯 국가의 역할이 지나치게 강화되면 '자국제일주의'로 이어질 위험성이 크다. 게다가 중국이 감염 억제에 성공했던 사례를 보고서 위기관리에는 민주주의적 통치보다는 일당 지배와 같은 강권 체제가 좀 더 효율적이라는 인식이 생겨나고 있다. 동남아시아에 즉해서 본다면, 앞서도 논한 바 있듯이 이러한 주장의 타당성은 그다지 높지 않으리라고 필자는 판단했으나, 2021년 2월에 쿠데타를 일으켰던 미얀마 군부 등은 이러한 풍조의 영향을 받았던 경우로 생각할 수도 있겠다.

미얀마에서 일어난 군사 쿠데타는 ASEAN에는 커다란 시련이다. ASEAN은 2021년 4월 16일에 긴급 정상회의를 열어서 무력 행사의 즉시 중지 및 관계 당사자 상호 간의 건설적 대화를 촉구하고, ASEAN 특사 파견 등을 제안했는데, UN 안보리 또한 그 같은 ASEAN의 이니셔티브를 환영했으나 아직은 실효성을 발휘하지 못하는 형편이다. 미얀마에 대한 강력한 조치는 ASEAN 내부에서의 일치된 의견을 도출하기 힘든 측면도 있지만, 그 같은 사태에 유효한 해결책을 제시하지 못한다면 향후 ASEAN의 존재 가치 자체가 의심을 받는지도 모를 일이다.

또한 경제 방면에서도, 각 나라마다 의료기기 및 의약

품 등의 부족 사태가 표면화되면서, 전략 물자의 국산화를 추구하는 동향도 일어나고, 지금껏 분산을 강조해왔던 공급망에 대해서도 단축화shortening를 중시하는 쪽의 움직임도 가시화되고 있다. 다만 ASEAN 현지의 일본인 상공회의소 연합회와 JETRO(일본무역진흥기구)가 2020년 7월에 실시한, ASEAN 각국의 일본인상공회의소 소속 기업들 상대의 조사에서는 당면 과제인 조달·생산 관리의 개선책으로 제조업의 45.5퍼센트가 '조달처의 다원화'를 제기하고 있다는 점에서, 여전히 공급망을 분산시키려는 생각이 강하다는 사실을 알 수 있게 해준다(JETRO 지역·분석 리포트 『ASEAN에서의 신종 코로나바이러스 사태를 되돌아본다(ASEANでの新型コロナ禍を振り返る)』, 2020년 11월 6일).

공급망을 분산·강화할 경우, 동남아시아 쪽에 유리한 측면이 존재한다. 미·중 대립의 격화와 코로나 사태 초기 중국에서의 감염 확산 사태 속에서, 공급망이 과도하게 중국에 의존해있는 상황을 재검토하려는 움직임이 일어났다. 그 결과 생산 거점을 중국에서 베트남·타이·말레이시아 등 ASEAN 국가 쪽으로 옮기려는 움직임이 일본 기업 등에서도 나타나고 있어서, 향후 동남아시아에 유리하게 작용할 가능성이 크다고 하겠다.

어쨌든 코로나 사태로 국제적 공급망 전개와 노동력 이동이 끊겼던 반면에 국가의 역할이 커짐으로써, '자국 제일주의' 풍조가 표면화될지 아니면 이 같은 위기를 계기로 한층 더 국제적 협조를 강화해 사태를 극복해갈 것인지의 선택지가 동남아시아 국가들에게는 과제로 주어졌다고 할 수 있다. 2020년 11월, 애초 계획에서 인도는 빠졌지만, 한·중·일·ASEAN 10·오스트레일리아·뉴질랜드 등 15개국이 참여하는 '역내 포괄적 경제동반자 협정RCEP'을 발족하기로 정상회담에서 합의가 이루어진 일은,[71] 역내에서는 변함없이 앞의 선택지 가운데 후자의 경향이 기조로 정착했다는 사실을 보여준다고 말할 수 있겠다. 동남아시아의 발전을 유지하고, 세계적 불황에서 조기에 벗어나려 애썼던 동시에 바깥을 향해 스스로 개방하면서 자율성을 높여왔던, 발족 이후 반세기 동안 걸어왔던 ASEAN의 행보를 자기 부정하지 않기 위해서는 이런 성향을 굳건히 견지해가는 자세가 무엇보다도 요구되는 것이다.

2021년 신년 벽두에 개최된 베트남 공산당 제13차 당

---

71) 10강 주석 14), 15) 참조.

대회[72]에서는 베트남이 독립 100주년을 맞는 2045년까지 '개발도상국'에서 벗어나 고소득 선진국이 되겠다는 목표를 제시했다.[73] 이는 그동안의 도이 머이 정책을 통해 이뤘던 순탄한 경제 발전과 코로나 방역에서 거둔 성공(2021년 당 대회 시점까지의 결과)[74] 등으로 베트남이 자신감을 얻게 되었다는 사실을 보여준다. 1995년 ASEAN에 가입할 당시만 해도 (ASEAN의) '짐 덩어리'가 되지 않을까 하는 우려를 자아냈던 베트남이 사반세기만에 개발도상국을 탈피한다는 목표를 제시하고 있다는 사실은 지극히 인상적인 장면이라 하겠다.

이제 막 산업화가 본궤도에 진입했다고 할 동남아시아 국가들은, IT 분야 등에서는 일본보다도 앞서가는 면모를 보여주고 있다. 인터넷을 통해 국경을 넘나들며 오가는 데이터양을 측정하는 국제 비교(2019)에서 중국·홍콩이 1위, 인도가 4위를 차지했고, 동남아시아에서도 싱가포르가 5위, 베트남이 10위를 기록하고 있다. 2001년에

---

72) 2021년 1월 25일에 개최되었다.

73) 남북통일 50주년을 맞이하는 2025년까지 근대적 산업구조를 보유한 개발도상국으로 하위 중소득국에서 벗어나고, 공산당 창당 100주년이 되는 2030년까지는 상위 중소득국이 되며, 독립 100주년을 맞이하는 2045년까지 고소득의 선진국이 되겠다는 목표를 제시했다.

74) 참고로 2022년 3월 시점에서 전 세계에서 한국·독일·베트남 세 나라가 신종 코로나 바이러스(오미크론 변이) 신규 확진자 수가 가장 많은 국가로 집계되고 있다.

는 5위였던 일본은 이 조사에서 11위로 밀리고 있다.

이 같은 상황을 배경으로 이제 ASEAN은 10강의 첫머리에서 언급했던 환경 문제 등, 지구적 규모의 사안에 적극적으로 관여하는 등, 세계적인 발신력을 강화하는 추세이다. 이것은 지금까지 자체의 독자적 문화는 발전시켜 왔으나, '문명의 발상지'는 결코 아니었던 동남아시아로서는 그러한 역사에 도전하는 과제라고 하겠다. 코로나 사태로 EU의 통합 모델의 문제점이 부각되는 와중에 ASEAN은 코로나 이후의 세계에서 EU와는 또 다른 지역통합의 모델을 제시할 수 있을 것인가? ASEAN 대부분 국가가 독립한 지 100주년을 맞이하게 되는 21세기 중반까지의 행보가 새삼 주목된다. 또한 이러한 동남아시아에 대해서 향후 일본은 개발도상국과 원조 공여국의 관계가 아닌, 이들 나라와 좀 더 '대등한 파트너십'을 구축해가야 하는 시급한 과제가 강력히 요구된다.

주요 참고문헌

일본어 50음 순, 『이와나미 강좌 동남아시아사岩波講座 東南アジア史』는 사쿠라이 유미오櫻井由躬雄 항목에 한데 정리했다. (국내 번역본의 경우 서지사항을 병기했다.-역주)

- 아카시 요지明石陽至 편, 『일본 점령하의 영국령 말라야·싱가포르日本占領下の英領マラヤ·シンガポール』, 이와나미 서점, 2001년
- 아마카와 나오코天川直子, 『캄보디아 신시대カンボジア新時代』, 아시아경제연구소アジア經濟研究所, 2004년
- 앤더슨, 베네딕트Anderson, Benedict, 『정본 상상의 공동체 민족주의의 기원과 유행定本 想像の共同體 ナショナリズムの起源と流行』, 이라이시 다카시白石隆·이라이시 사야白石さや 옮김, 서적공방 하야마書籍工房早山, 2007년(서지원 옮김, 『상상된 공동체-민족주의의 기원과 보급에 대한 고찰』, 도서출판 길)
- 이케하타 세쓰호池端雪浦, 『필리핀 혁명과 가톨리시즘フィリピン革命とカトリシズム』, 게소쇼보勁草書房, 1987년
- 이케하타 세쓰호 편, 『변화하는 동남아시아 역사상變わる東南アジア史像』, 야마카와 출판사山川出版社, 1994년
- 이케하타 세쓰호 편, 『일본 점령하의 필리핀日本占領下のフィリピン』, 이와나미 서점, 1996년
- 이케하타 세쓰호 편, 『동남아시아사②(도서부)東南アジア史②(島嶼部)』, 야마카와 출판사, 1999년
- 이시이 요네오石井米雄 외 감수, 『신판 동남아시아를 아는 사전新版 東南アジアを知る事典』, 헤본샤平凡社, 2008년

- 이시이 요네오石井米雄·사쿠라이 유미오櫻井由躬雄 편『동남아시아사① 대륙부東南アジア史① 大陸部』, 야마카와 출판사, 1999년
- 이와사키 이쿠오岩崎育夫, 『리·콴유—서양과 아시아의 사이에서リー·クアンユー—西洋とアジアのはざまで』, 이와나미 서점, 1996년
- 이와사키 이쿠오, 『싱가포르 국가 연구—「질서와 성장」의 제도화·기능·주역シンガポール國家の研究—「秩序と成長」の制度化·機能·アクター』, 후쿄샤風響社, 2005년
- 이와사키 이쿠오, 『이야기 싱가포르의 역사—엘리트 개발주의 국가의 200년物語シンガポールの歷史—エリート開發主義國家の200年』, 주코신서中公新書, 2013년
- 이와사키 이쿠오, 『입문 동남아시아 근현대사入門 東南アジア近現代史』, 고단샤 겐다이신서講談社現代新書, 2017년
- 엔도 아키라遠藤聰, 『베트남전쟁을 생각한다—전쟁과 평화의 관계ベトナム戰爭を考える—戰爭と平和の關係』, 아카시서점明石書店, 2005년
- 오타 아쓰시太田淳, 『근세 동남아시아의 변용—글로벌 경제와 쟈바섬 지역사회近世東南アジア世界の變容—グローバル経濟とジャワ島地域社會』, 나고야대학 출판회名古屋大學出版會, 2014년
- 가키자키 이치로柿崎一郎, 『이야기 타이의 역사—미소의 나라의 진실物語タイの歷史—微笑みの國の眞實』, 주코신서, 2007년
- 가네코 요시키金子芳樹, 『말레이시아의 정치와 에스니시티—화인 정치와 국민 통합マレーシアの政治とエスニシティ—華人政治と國民統合』, 고요쇼보晃洋書房, 2001년
- 가노 히로요시加納啓良, 『도쿄대 강의 동남아시아 근현대사東大講義 東南アジア近現代史』, 메콩めこん, 2012년
- 기쿠치 유리코菊池百合子, 『북부 베트남에 있어서 무역항의 고고학적 연구—번 돈과 포 히엔을 중심으로ベトナム北部における貿易港の考古學的研究—ヴァンドンとフォーヒエンを中心に』, 유잔카쿠雄山閣, 2017년
- 기시모토 미오岸本美緒 편, 『이와나미 강좌 세계역사 13 동아시아·동남아시아 전통사회의 형성岩波講座 世界歷史13 東アジア·東南アジア傳統社會の形成』, 이와나미 서점, 1998년
- 기시모토 미오, 『동아시아의「근세」東アジアの「近世」』, 야마카와 출판사,

1998년

- 기바다 요이치木畑洋一 편, 『이와나미 강좌 동아시아 근현대 통사 7 아시아 여러 전쟁의 시대 1945~1960년岩波講座 東アジア近現代通史 7 アジア諸戦争の時代 1945~1960年』, 이와나미 서점, 2011년

- 기리야마 노보루桐山昇·구리하라 히로히데栗原浩英·네모토 다카시根本敬, 『동남아시아 역사—인·물·문화의 교류사東南アジアの歴史—人·物·文化の交流史』, 유희카쿠有斐閣, 2003년

- 구사카 와타루日下沙, 『반시민의 정치학:필리핀 민주주의와 도덕反市民の政治學:フィリピンの民主主義と道德』, 호세대학 출판국法政大學出版局, 2013년

- 구도 도시히로工藤年博 편, 『포스트 군정의 미얀마: 개혁의 실상ポスト軍政のミャンマー:改革の實像』, 아시아경제연구소アジア経済研究所, 2015년

- 구라사와 아이코倉澤愛子, 『동남아시아사 속의 일본 점령東南アジア史のなかの日本占領』, 와세다대학 출판부早稻田大學出版部, 1997년

- 구라사와 아이코 외 편, 『이와나미 강좌 아시아·태평양 전쟁岩波講座アジア·太平洋戦争』, 전9권, 이와나미 서점, 2005~2015년

- 구리하라 히로히데栗原浩英, 『코민테른·시스템과 인도차이나 공산당コミンテルン·システムとインドシナ共産党』, 도쿄대학 출판회東京大學出版會, 2005년

- 구로야나기 요네지黑柳米司 편저, 『『미중 대치』 시대의 ASEAN—공동체로의 심화와 대외 관여의 확대『米中對峙』時代のASEAN—共同體への深化と對外關與の擴大』, 아카시明石 서점, 2014년

- 그로리에, 베르나르·PGroslier, Bernard·P, 『서구가 보았던 앙코르—수리 도시 앙코르의 번영과 몰락西歐が見たアンコール—水利都市アンコールの繁榮と沒落』, 이시자와 요시아키石澤良昭, 나카지마 세쓰코中島節子 옮김, 렌고출판連合出版, 1997년

- 고토 겐이치後藤乾一 편, 『이와나미 강좌 동아시아 근현대 통사 6 아시아·태평양 전쟁과 「대동아공영권」 1935~1945년岩波講座 東アジア近現代通史 6 アジア·太平洋戦争と「大東亞共榮圈」1935~1945年』, 이와나미 서점, 2011년

- 고바야시 야스코小林寧子, 『인도네시아—전개하는 이슬람インドネシア—展開するイスラーム』, 나고야대학 출판회, 2008년

- 사쿠라이 유미오櫻井由躬雄, 「동남아시아 전근대국가의 유형적 고찰東南アジア前近代國家の類型的考察」, 이시이 요네오石井米雄 편 『동남아시아 세계의

구조와 변용東南アジア世界の構造と變容』, 소분샤創文社, 1986년

- 사쿠라이 유미오, 『전근대의 동남아시아前近代の東南アジア』, 방송대학 교육진흥회放送大學教育振興會, 2006년

- 사쿠라이 유미오, 『이와나미 강좌 동남아시아사 1 원사 동남아시아 세계岩波講座 東南アジア史 1 原史東南アジア世界』, 이와나미 서점, 2011년

- 이시자와 요시아키石澤良昭, 『이와나미 강좌 동남아시아사 2 동남아시아 고대국가의 성립과 전개岩波講座 東南アジア史 2 東南アジア古代國家の成立と展開』, 이와나미 서점, 2001년

- 이시이 요네오石井米雄 편, 『이와나미 강좌 동남아시아사 3 동남아시아 근세의 성립岩波講座 東南アジア史 3 東南アジア近世の成立』, 이와나미 서점, 2001년

- 사쿠라이 유미오 편, 『이와나미 강좌 동남아시아사 4 동남아시아 근세국가군의 전개岩波講座 東南アジア史 4 東南アジア近世國家群の展開』, 이와나미 서점, 2001년

- 사이토 데루코齋藤照子 편, 『이와나미 강좌 동남아시아사 5 동남아시아 세계의 재편岩波講座 東南アジア史 5 東南アジア世界の再編』, 이와나미 서점, 2001년

- 가노 히로요시加納啓良 편, 『이와나미 강좌 동남아시아사 6 식민지 경제의 번영과 조락岩波講座 東南アジア史 6 植民地經濟の繁榮と凋落』, 이와나미 서점, 2001년

- 이케하타 세쓰호池端雪浦 편, 『이와나미 강좌 동남아시아사岩波講座 東南アジア史 7 植民地抵抗運動とナショナリズムの展開』, 이와나미 서점, 2002년

- 고토 겐이치後藤乾一 편, 『이와나미 강좌 동남아시아사 8 국민국가 형성의 시대岩波講座 東南アジア史 8 國民國家形成の時代』, 이와나미 서점, 2002년

- 스에히라 아키라末廣昭 편, 『이와나미 강좌 동남아시아사 「개발」의 시대와 「모색」의 시대岩波講座 東南アジア史 9 「開發」の時代と「模索」の時代』, 이와나미 서점, 2002년

- 하야세 신조早瀨晉三·모모키 시로桃木至朗 편, 『이와나미 강좌 동남아시아사 별권 동남아시아사 연구 안내岩波講座 東南アジア史 別卷 東南アジア史研究案內』, 이와나미 서점, 2003년

- 사토 고이치佐藤考一, 『「중국위협론」과 ASEAN 국가들—안전보장·경제를 둘러싼 회의 외교의 전개「中國脅威論」とASEAN諸國—安全保障·經濟をめぐる會議外交の展開』, 게소쇼보, 2012년

- 사토 유리佐藤百合 편, 『민주화 시대의 인도네시아—정치경제 변동과 제도 개혁民主化時代のインドネシア—政治經濟變動と制度改革』, 아시아경제연구소, 2002년

- 시미즈 가즈시清水一史·다무라 게이코田村慶子·요코야마 다케시横山豪志 편저『동남아시아 현대정치 입문東南アジア現代政治入門』(개정판), 미네르바쇼보ミネルヴァ書房, 2018년

- 이라이시 다카시白石隆, 『수카르노와 수하르토—위대한 인도네시아를 향하여スカルノとスハルト—偉大なるインドネシアをめざして』, 이와나미 서점, 1997년

- 이라이시 다카시白石隆, 『바다의 제국—아시아를 어떻게 생각할 것인가海の帝國—アジアをどう考えるか』, 주코신서, 2000년

- 시라이시 마사야白石昌也, 『베트남 민족운동과 일본·아시아: 판 보이 쩌우의 혁명사상과 대외 인식ベトナム民族運動と日本·アジア:ファン·ボイ·チャウの革命思想と對外認識』, 간난도巖南堂 서점, 1993년

- 시라이시 마사야 편, 『제2차 세계대전 시기의 인도차이나·타이, 그리고 일본·프랑스에 관한 연구 축적과 일차 자료의 개관—더욱 진전된 연구를 향하여第二次世界大戰期のインドシナ·タイ、そして日本·フランスに關する研究蓄積と一次資料の槪觀—研究のさらなる進展を目指して』, 와세다대학 아시아태평양연구센터早稻田大學 アジア太平洋研究センター, 2015년

- 스에히라 아키라末廣昭, 『타이—중진국의 모색タイ—中進國の模索』, 이와나미신서, 2009년

- 스에히라 아키라, 『신흥 아시아 경제론—따라잡기를 넘어서서新興アジア經濟論—キャッチアップを超えて』, 이와나미 서점, 2014년

- 스기하라 가오루杉原薰, 『아시아 역내 무역의 형성과 구조アジア間貿易の形成と構造』, 미네르바 쇼보ミネルヴァ書房, 1996년

- 스콧, 제임스 CScott, James C, 『모랄 에코노미—동남아시아의 농민 반란과 생존 유지モーラル·エコノミー—東南アジアの農民反亂と生存維持』, 다카하시 아키라高橋彰 옮김, 게소쇼보, 1999년

- 스콧, 제임스 C, 『조미아—탈국가의 세계사ゾミア—脫國家の世界史』, 사토 진佐藤仁 감역監譯, 미스즈쇼보みすず書房, 2013년

- 스즈키 아야매鈴木絢女, 『「민주정치」의 자유와 질서—말레이시아 정치체제

론의 재구축「民主政治」の自由と秩序─マレーシア政治體制論の再構築』, 교토대학 학술출판회京都大學學術出版會, 2010년

- 스즈키 사나에鈴木早苗, 『합의형성 모델로서의 ASEAN─국제정치에 있어서 의장국 제도合意形成モデルとしてのASEAN─國際政治における議長國制度』, 도쿄대학 출판회, 2014년

- 세데스, 조르주Cœdès, George, 『인도차이나 문명사インドシナ文明史』, 가라시마 노보루辛島昇·우치다 아키코內田晶子·사쿠라이 유미오櫻井由躬雄 옮김, 미스즈쇼보, 1969년

- 다마다 요시후미玉田芳史, 『민주화의 허상과 실상─타이 현대정치 변동의 메커니즘民主化の虚像と實像─タイ現代政治變動のメカニズム』, 교토대학 학술출판회, 2003년

- 다무라 게이코田村慶子, 『싱가포르의 국가 건설─민족주의·에스니시티·젠더シンガポールの國家建設─ナショナリズム·エスニシティ·ジェンダー』 아카시明石 서점, 2000년

- 다무라 게이코, 『싱가포르의 기초 지식シンガポールの基礎知識』, 메콩, 2016년

- 쓰보이 유지坪井祐司, 『래플즈─바다의 동남아시아 세계와 「근대」ラッフルズ─海の東南アジア世界と「近代」』, 야마카와 출판사, 2009년

- 도쿄대학 사회과학연 현대중국연구거점東京大學社會科學現代中國研究據點 편, 『코로나 이후의 동아시아─변동의 역학コロナ以後の東アジア─變動の力學』, 도쿄대학 출판회, 2020년

- 동남아시아 학회東南アジア學會 감수, 『동남아시아사 연구의 전개東南アジア史研究の展開』, 야마카와 출판사, 2009년

- 도미나가 야스요富永泰代, 『작은 학교─까르띠니에 의한 네덜란드어 서간집 연구小さな學校─カルティニによるオランダ語書簡集研究』, 교토대학 출판회, 2019년

- 도요카 야스후미豊岡康史·오하시 아쓰코大橋厚子 편, 『은의 유통과 중국·동남아시아銀の流通と中國·東南アジア』, 야마카와 출판사, 2019년

- 쩐 반 토Trần Văn Thọ, 가리코미 순지苅込俊二, 『중소득국의 함정과 중국·ASEAN中所得國の罠と中國·ASEAN』, 게소쇼보, 2019년

- 통차이·위니짜꾼Thongchai·Winichakul, 『지도가 만든 타이─국민국가 탄생의 역사地圖がつくったタイー』, 이시이 요네오石井米雄 옮김, 아카시 서점,

2003년

- 나가이 히로시永井浩·다나베 히사오田邊壽夫·네모토 다카시根本敬 편저, 『아웅산 수찌 정권의 미얀마—민주화의 행방과 새로운 발전 모델ア ウンサンスーチー政權のミャンマー—民主化の行方と新たな發展モデル』, 아카시 서점, 2016년
- 나가즈미 아키라永積昭, 『인도네시아 민족의식의 형성インドネシア民族意識の形成』, 도쿄대학 출판회, 1980년
- 나카니시 요시히로中西嘉宏, 『군정 버마의 권력—네 윈 체제하의 국가와 군대 1962~1998軍政ビルマの權力構造—ネー·ウィン體制下の國家と軍隊1962~1998』, 교토대학 학술출판회, 2009년
- 나카노 사토시中野聰 편, 『이와나미 강좌 동아시아 근현대통사 8 베트남전쟁의 시대 1960~1975岩波講座 東アジア近現代通史 8 ベトナム戰爭の時代1960~1975』, 이와나미 서점, 2011년
- 나카루라 사토루中村哲, 『동아시아 자본주의 형성사론東アジア資本主義形成史論』, 규코쇼인汲古書院, 2019년
- 나카무라 마사시中村正志, 『권력 분담—다민족 국가 말레이시아의 경험パワーシェアリング—多民族國家マレーシアの經驗』, 도쿄대학 출판회, 2015년
- 니시구치 기요카쓰西口淸勝·니시자와 노부요시西澤信善 편저, 『메콩 지역 개발과 ASEAN 공동체—역내 격차의 시정을 향해서メコン地域開發とASEAN共同體—域內格差の是正を目指して』, 고요쇼보晃洋書房, 2014년
- 네모토 다카시根本敬, 『아웅산—봉인된 독립 버마의 꿈アウン·サン—封印された獨立ビルマの夢』, 이와나미 서점, 1996년
- 네모토 다카시, 『이야기 버마의 역사—왕조 시대부터 현대까지ビルマの歷史—王朝時代から現代まで』, 주코신서, 2014년
- 하기와라 요시유키萩原宜之, 『라만과 마하티르—부미뿌뜨라의 도전ラーマンとマハティール—ブミプトラの挑戰』, 이와나미 서점, 1996년
- 하타노 스미오波多野澄雄, 『태평양 전쟁과 아시아 외교太平洋戰爭とアジア外交』, 도쿄대학 출판회, 1996년
- 하마시타 다케시濱下武志·가와카쓰 헤타川勝平太 편, 『아시아 교역권과 일본 산업화アジア交易圈と日本工業化 1500~1900』, 리브로포트リブロポート, 1991년

- 하야세 신조早瀬晉三, 『해역 이슬람 사회의 역사—민다나오·에스노 히스토리海域イスラーム社會の歷史—ミンダナオ·エスノヒストリー』, 이와나미 서점, 2003년
- 히로스에 마사시弘末雅士, 『동남아시아의 항시 세계—지역 사회의 형성과 세계 질서東南アジアの港市世界—地域社會の形成と世界秩序』, 이와나미 서점, 2004년
- 후이 둑Huy Đức, 『베트남—승리의 이면ベトナム—勝利の裏側』 나카노 아리中野亞里 옮김, 메콩, 2015년
- 후루타 가즈코古田和子, 『도시로부터 배우는 아시아 경제사都市から學ぶアジア經濟史』, 게이오기주쿠대학 동아시아연구소慶應義塾大學東アジア研究所, 2019년
- 후루타 모토오古田元夫, 『역사로서의 베트남전쟁歷史としてのベトナム戰爭』 오쓰키大月 서점, 1991년
- 후루타 모토오, 『호찌민—민족해방과 도이 머이ホー·チ·ミン—民族解放とドイモイ』, 이와나미 서점, 1996년
- 후루타 모토오, 『베트남의 세계사—중화세계에서 동남아시아 세계로ベトナムの世界史—中華世界から東南アジア世界へ』(증보신장판), 도쿄대학 출판회, 2015년
- 후루타 모토오, 『베트남의 기초 지식ベトナムの基礎知識』, 메콩, 2017년
- 혼나 준本名純, 『민주화의 역설—인도네시아에서 보는 아시아 정치의 심층民主化のパラドックス—インドネシアにみるアジア政治の深層』, 이와나미 서점, 2013년
- 마키 노리오牧紀男·야마모토 히로유키山本博之, 『국제협력과 방재—만들다·접근하다·훈련하다國際協力と防災—つくる·よりそう·きたえる』, 교토대학 학술출판회, 2015년
- 마스하라 아야코増原綾子, 『수하르토 체제의 인도네시아—개인 지배의 변용과 1998년 정변スハルト體制のインドネシア—個人支配の變容と1998年政變』, 도쿄대학 출판회, 2010년
- 마스하라 아야코·스즈키 아야매鈴木絢女·가타오카 다쓰키片岡樹·미야와키 사토시宮脇聰史·후루야 히로코古屋博子, 『동남아시아 정치 입문はじめての東南アジア政治』, 유희카쿠有斐閣, 2018년

- 미즈시마 쓰카사水島司·가토 히로시加藤博·구보 도루久保亨, 『아시아 경제사 연구 입문アジア經濟史研究入門』, 나고야대학 출판회, 2015년
- 무라시마 에지村嶋英治, 『피분—독립 타이 왕국의 입헌혁명ピブーン—獨立タイ王國の立憲革命』, 이와나미 서점, 1996년
- 모모키 시로桃木至朗, 『역사 세계로서의 동남아시아歷史世界としての東南アジア』, 야마카와 출판사, 1996년
- 모모키 시로 편, 『해역 아시아사 연구 입문海域アジア史研究入門』, 이와나미 서점, 2008년
- 모모키 시로, 『중세 다이 비엣 국가의 성립과 변용中世大越國家の成立と變容』, 오사카대학 출판회大阪大學出版會, 2011년
- 야오 다카오八尾隆生, 『레 왕조 초기 베트남의 정치와 사회黎初ヴェトナムの政治と社會』, 히로시마대학 출판회廣島大學出版會, 2009년
- 야마카게 스스무山影進, 『ASEAN—싱가포르로부터 시스템으로ASEAN—シンボルからシステムへ』, 도쿄대학 출판회, 1991년
- 야마카게 스스무, 『ASEAN 파워—아시아·태평양의 중핵으로ASEANパワー—アジア太平洋の中核へ』, 도쿄대학 출판회, 1997년
- 야마카게 스스무 편, 『새로운 ASEAN—지역공동체와 아시아의 중심성을 지향해서新しいASEAN—地域共同體とアジアの中心性を目指して』, 아시아경제연구소, 2011년
- 야마자키 겐이치山崎元一·이시자와 요시아키石澤良昭 편, 『이와나미 강좌 세계역사 6 남아시아 세계·동남아시아 세계의 형성과 전개 15세기岩波講座世界歷史6 南アジア世界·東南アジア世界の形成と展開 15世紀』, 이와나미 서점, 1999년
- 야마다 노리히코山田紀彦 편, 『독재 체제에 있어서 의회와 정당성: 중국·라오스·베트남·캄보디아獨裁體制における議會と正當性: 中國·ラオス·ベトナム·カンボジア』, 아시아경제연구소, 2015년
- 야마다 노리히코, 『라오스의 기초 지식ラオスの基礎知識』, 메콩, 2016년
- 야마모토 히로유키山本博之, 『탈식민지화와 민족주의—영국령 북보르네오에 있어서 민족 형성脫植民地化とナショナリズム—英領北ボルネオにおける民族形成』, 도쿄대학 출판회, 2006년
- 유이 다이자부로油井大三郎·후루타 모토오, 『세계의 역사 28 제2차 세계

대전으로부터 미소 대립으로世界の歴史28 第二次世界大戰から米ソ對立へ』, 주코 문고中公文庫, 2010년

- 리드, 안소니Reid, Anthony, 『대항해 시대의 동남아시아大航海時代の東南アジア』 I · II, 히라노 히데아키平野秀秋 · 다나카 유코田中優子 옮김, 호세대학 출판회, 2002년

- 역사학연구회歷史學研究會 편, 『세계사 사료 3 동아시아·내륙 아시아·동남 아시아 I世界史史料3 東アジア·內陸アジア·東南アジア I』, 이와나미 서점, 2009년

- 역사학연구회 편, 『세계사 사료 3 동아시아·내륙 아시아·동남아시아 II 世界史史料3 東アジア·內陸アジア·東南アジア II』, 이와나미 서점, 2010년

- 와다 하루키和田春樹 외 편, 『이와나미 강좌 동아시아 근현대통사 10 화해 와 협력의 미래로 1990년 이후岩波講座 東アジア近現代通史 10 和解と協力の未來 へ 1990年以降』, 이와나미 서점, 2011년

- Wolters, O.W., *History, Culture and Region in Southeast Asian Perspectives(revised version)*, Cornell University Southeast Asia Program Publications, 1999

옮긴이 후기

번역 단상 1:

　조금 엉뚱하게 들릴지 모르나 옮긴이의 동남아시아에 관한 관심의 발단은 대학 시절 한국 한자음漢字音에 대한 학문적 관심에서 비롯되었다. 대학에서 전공을 국문학과로 정했다가 이윽고 한문학 쪽 공부에 힘을 쏟으며 이른바 한자문화권에서의 한자음 문제에 개인적 관심을 가졌던 것이 하나의 계기였다. 그러던 차에 한국 한자음에 관한 역사적 연구에는 베트남 한자음 연구가 필수적이라는, 국어학사 수업 중 어느 노교수가 행했던 발언이 당시의 옮긴이에게는 신선한 충격으로 다가오게 되었다. 노교수의 그 같은 발언에 이끌려 인터넷은커녕 복사기도 변변히 없던 시절에 도서관을 이리저리 뒤져서 찾아낸 관련 문헌이 다름 아닌 프랑스 동양학자 앙리 마스페로 Henri Maspero의 저 유명한 「당대장안방언고唐代長安方言考, Le dialecte de Tch'ang-ng'an sous les T'ang」라는 논문이었다. 복수 전공을 할 요량으로 공부했던 프랑스어 실력으로 논문의 대체적 얼개는 이해했으나, 중국과 베트남 그리고 한국·일본 등을 종횡으로 넘나들며 고대 한자음에 관해 박인방증(博引旁證, 널리 자료를 인용하여 증명함)하는 마스페로의 학문 세계가 대학생 시절 옮긴이에게는 시쳇말로 '넘사벽'의 압도적 수준으로 느껴졌던 일은 지금도 생생한 기억으로 남아있다고 하겠다.

번역 단상 2:

　이윽고 알게 된 사실이지만, 한자음뿐만이 아니라 도교와 베트남 및 고대 중국 연구에 대한 세계적 석학인 마스페로가 자신만의 독특한 학문 세계를 구축했던 데에는 그가 20대 초반부터 베트남 하노이에 설립되었던 프랑스 극동학원École française d'Extrême-Orient(약칭 'EFEO')에 관여하며 13년 동안 인도차이나 및 중국에 관한 현지 연구를 수행했던 경험이 주된 배경으로 작용했다고 하겠다. 아울러 EFEO 또한 마스페로 이후에도 조르주 세데스George Cœdès와 같은 뛰어난 학자들의 활약에 힘입어 오늘날의 동남아시아학 연구의 초석을 놓았던 학술 기관으로 자리 잡게 되었다. 그런데 특기할 만한 사실은 1930년대에 EFEO의 원장으로서 동남아시아학을 창시했다고 할 세데스와 함께 활동했던 인물로 김영건金永鍵이라는 한국인 연구자의 존재이다. 십 년간 EFEO에서 활약했던 김영건은 당시로서는 보기 드물게 한문, 베트남어, 프랑스어, 일본어를 구사하며 한국 최초로 '베트남학'을 개척했는데, 해방 이후에는 연구 범위를 동남아시아 전체로 확대하는 한편 그를 바탕으로 한 새로운 차원의 '조선학' 수립을 모색하는 등, 한국에서의 동남아시아학의 선구자적 행적을 보여주었다. 하지만 김영건은 한편으로 문학평론가로 해방 정국의 공간에서 임화林和 등과 협력하며 조선문학가동맹에 가담하는 등의 좌익적 문학 활동을 활발히 펼치다가 1949년 이후로는 종적이 묘연해지고 말았던 것이다.

번역 단상 3:

이렇듯 하노이의 EFEO를 중심으로 김영건과 학문적으로 교유했던 프랑스 조르주 세데스와 일본 마쓰모토 노부히로松本信廣가 훗날 모두 자국에서 동남아시아학의 개척자 역할을 했던 점에 견주어보면 김영건이 해방 정국의 와중에서 실종되었던 일은 한국의 동남아시아학 성립에 있어서 가장 뼈아픈 손실이었다고 하겠다. 오늘날 한국 학계에서 흔히 '동북아 중심주의'로 인해 동남아시아학의 발전이 저해·지연된다는 식의 연구자들의 푸념은 아마도 김영건이 꿈꾸었던 '조선학'과의 상보적 관계에 놓인 '동남아시아학'이 온전히 계승·발전되었다면 애초에 성립되지도 않았을 문제의식이라고 느끼는 것은 옮긴이만의 독단적인 생각은 아닐 것이다. 코로나 팬데믹 이전 몇 차례 여행했던 하노이에서, 이제는 베트남 국립 역사박물관으로 변모해버린 EFEO 건물 앞에 서서 김영건이라는 한 한국인 학자가 밟았던 비극적 삶을 반추하며 느꼈던 감정은, 이 책을 번역하는 과정 내내 옮긴이의 뇌리를 맴돌고 있었다. 그러한 맥락에서 개인적으로는 김영건이라는 한 역사적 인물에 대한 사적인 오마주로도 느껴졌던 이 책의 번역·출간이 향후 한국의 동남아시아학 연구의 발전에 있어 작은 마중물 역할이라도 할 수 있게 된다면 옮긴이로서는 더할 나위 없는 기쁨이라고 해야 할 것이다.

2022년 6월

옮긴이 장원철

IWANAMI 076

동남아시아사
-선사시대부터 21세기까지-

초판 1쇄 인쇄 2022년 8월 10일
초판 1쇄 발행 2022년 8월 15일

저자 : 후루타 모토오
번역 : 장원철

펴낸이 : 이동섭
편집 : 이민규
디자인 : 조세연
표지 디자인 : 공중정원
영업·마케팅 : 송정환, 조정훈
e-BOOK : 홍인표, 최정수, 서찬웅, 김은혜, 이홍비, 김영은
관리 : 이윤미

㈜에이케이커뮤니케이션즈
등록 1996년 7월 9일(제302-1996-00026호)
주소 : 04002 서울 마포구 동교로 17안길 28, 2층
TEL : 02-702-7963~5 FAX : 02-702-7988
http://www.amusementkorea.co.kr

ISBN 979-11-274-5478-4 04910
ISBN 979-11-7024-600-8 04080 (세트)

TONAN ASIA SHI 10KO
by Motoo Furuta
Copyright © 2021 by Motoo Furuta
Originally published in 2021 by Iwanami Shoten, Publishers, Tokyo.
This Korean print edition published 2022
by AK Communications, Inc., Seoul
by arrangement with Iwanami Shoten, Publishers, Tokyo

지성과 양심 이와나미岩波 시리즈

<u>001</u> 이와나미 신서의 역사 가노 마사나오 지음 | 기미정 옮김
이와나미 신서의 사상·학문적 성과의 발자취

002 논문 잘 쓰는 법 시미즈 이쿠타로 지음 | 김수희 옮김
글의 시작과 전개, 마무리를 위한 실천적 조언

003 자유와 규율 이케다 기요시 지음 | 김수희 옮김
엄격한 규율 속에서 자유의 정신을 배양하는 영국의 교육

004 외국어 잘 하는 법 지노 에이이치 지음 | 김수희 옮김
외국어 습득을 위한 저자의 체험과 외국어 달인들의 지혜

005 일본병 가네코 마사루, 고다마 다쓰히코 지음 | 김준 옮김
일본의 사회·문화·정치적 쇠퇴, 일본병

006 강상중과 함께 읽는 나쓰메 소세키 강상중 지음 | 김수희 옮김
강상중의 탁월한 해석으로 나쓰메 소세키 작품 세계를 통찰

007 잉카의 세계를 알다 기무라 히데오, 다카노 준 지음 | 남지연 옮김
위대하고 신비로운 「잉카 제국」의 흔적

008 수학 공부법 도야마 히라쿠 지음 | 박미정 옮김
수학의 개념을 바로잡는 참신한 교육법

009 우주론 입문 사토 가쓰히코 지음 | 김효진 옮김
물리학과 천체 관측의 파란만장한 역사

010 우경화하는 일본 정치 나카노 고이치 지음 | 김수희 옮김
낱낱이 밝히는 일본 정치 우경화의 현주소

011 악이란 무엇인가 나카지마 요시미치 지음 | 박미정 옮김
선한 행위 속에 녹아든 악에 대한 철학적 고찰

012 포스트 자본주의 히로이 요시노리 지음 | 박제이 옮김
자본주의·사회주의·생태학이 교차하는 미래 사회상

013 인간 시황제 쓰루마 가즈유키 지음 | 김경호 옮김
기존의 폭군상이 아닌 한 인간으로서의 시황제를 조명

014 콤플렉스 가와이 하야오 지음 | 위정훈 옮김
탐험의 가능성으로 가득 찬 미답의 영역, 콤플렉스

015 배움이란 무엇인가 이마이 무쓰미 지음 | 김수희 옮김
인지과학의 성과를 바탕으로 알아보는 배움의 구조

016 프랑스 혁명 지즈카 다다미 지음 | 남지연 옮김
막대한 희생을 치른 프랑스 혁명의 빛과 어둠

017 철학을 사용하는 법 와시다 기요카즈 지음 | 김진희 옮김
'지성의 폐활량'을 기르기 위한 실천적 방법

018 르포 트럼프 왕국 가나리 류이치 지음 | 김진희 옮김
트럼프를 지지하는 사람들의 생생한 목소리

019 사이토 다카시의 교육력 사이토 다카시 지음 | 남지연 옮김
가르치는 사람의 교육력을 위한 창조적 교육의 원리

020 원전 프로파간다 혼마 류 지음 | 박제이 옮김
진실을 일깨우는 원전 프로파간다의 구조와 역사

021 허블 이에 마사노리 지음 | 김효진 옮김
허블의 영광과 좌절의 생애, 인간적인 면모를 조명

022 한자 시라카와 시즈카 지음 | 심경호 옮김
문자학적 성과를 바탕으로 보는 한자의 기원과 발달

023 지적 생산의 기술 우메사오 다다오 지음 | 김욱 옮김
지적인 정보 생산을 위한 여러 연구 비법의 정수

024 조세 피난처 시가 사쿠라 지음 | 김효진 옮김
조세 피난처의 실태를 둘러싼 어둠의 내막

025 고사성어를 알면 중국사가 보인다
이나미 리쓰코 지음 | 이동철, 박은희 옮김
중국사의 명장면 속에서 피어난 고사성어의 깊은 울림

026 수면장애와 우울증 시미즈 데쓰오 지음 | 김수희 옮김
우울증을 예방하기 위한 수면 개선과 숙면법

027 아이의 사회력   가도와키 아쓰시 지음 | 김수희 옮김
아이들의 행복한 성장을 위한 교육법

028 쑨원   후카마치 히데오 지음 | 박제이 옮김
독재 지향의 민주주의자이자 희대의 트릭스터 쑨원

029 중국사가 낳은 천재들   이나미 리쓰코 지음 | 이동철, 박은희 옮김
중국사를 빛낸 걸출한 재능과 독특한 캐릭터의 인물들

030 마르틴 루터   도쿠젠 요시카즈 지음 | 김진희 옮김
평생 성서의 '말'을 설파한 루터의 감동적인 여정

031 고민의 정체   가야마 리카 지음 | 김수희 옮김
고민을 고민으로 만들지 않을 방법에 대한 힌트

032 나쓰메 소세키 평전   도가와 신스케 지음 | 김수희 옮김
일본의 대문호 나쓰메 소세키의 일생

033 이슬람문화   이즈쓰 도시히코 지음 | 조영렬 옮김
이슬람 세계 구조를 지탱하는 종교·문화적 밑바탕

034 아인슈타인의 생각   사토 후미타카 지음 | 김효진 옮김
아인슈타인이 개척한 우주의 새로운 지식

035 음악의 기초   아쿠타가와 야스시 지음 | 김수희 옮김
음악을 더욱 깊게 즐기는 특별한 음악 입문서

036 우주와 별 이야기   하타나카 다케오 지음 | 김세원 옮김
거대한 우주 진화의 비밀과 신비한 아름다움

037 과학의 방법   나카야 우키치로 지음 | 김수희 옮김
과학의 본질을 꿰뚫어본 과학론의 명저

038 교토   하야시야 다쓰사부로 지음 | 김효진 옮김
일본 역사학자가 들려주는 진짜 교토 이야기

039 다윈의 생애   야스기 류이치 지음 | 박제이 옮김
위대한 과학자 다윈이 걸어온 인간적인 발전

040 일본 과학기술 총력전   야마모토 요시타카 지음 | 서의동 옮김
구로후네에서 후쿠시마 원전까지, 근대일본 150년 역사

041 밥 딜런 유아사 마나부 지음 | 김수희 옮김
시대를 노래했던 밥 딜런의 인생 이야기

042 감자로 보는 세계사 야마모토 노리오 지음 | 김효진 옮김
인류 역사와 문명에 기여해온 감자

043 중국 5대 소설 삼국지연의 · 서유기 편 이나미 리쓰코 지음 | 장원철 옮김
중국문학의 전문가가 안내하는 중국 고전소설의 매력

044 99세 하루 한마디 무노 다케지 지음 | 김진희 옮김
99세 저널리스트의 인생 통찰과 역사적 증언

045 불교입문 사이구사 미쓰요시 지음 | 이동철 옮김
불교 사상의 전개와 그 진정한 의미

046 중국 5대 소설 수호전 · 금병매 · 홍루몽 편 이나미 리쓰코 지음 | 장원철 옮김
「수호전」, 「금병매」, 「홍루몽」의 상호 불가분의 인과관계

047 로마 산책 가와시마 히데아키 지음 | 김효진 옮김
'영원의 도시' 로마의 거리마다 담긴 흥미로운 이야기

048 카레로 보는 인도 문화 가라시마 노보루 지음 | 김진희 옮김
인도 요리를 테마로 풀어내는 인도 문화론

049 애덤 스미스 다카시마 젠야 지음 | 김동환 옮김
애덤 스미스의 전모와 그가 추구한 사상의 본뜻

050 프리덤, 어떻게 자유로 번역되었는가 야나부 아키라 지음 | 김옥희 옮김
실증적인 자료로 알아보는 근대 서양 개념어의 번역사

051 농경은 어떻게 시작되었는가 나카오 사스케 지음 | 김효진 옮김
인간의 생활과 뗄 수 없는 재배 식물의 기원

052 말과 국가 다나카 가쓰히코 지음 | 김수희 옮김
국가의 사회와 정치가 언어 형성 과정에 미치는 영향

053 헤이세이(平成) 일본의 잃어버린 30년 요시미 순야 지음 | 서의동 옮김
헤이세이의 좌절을 보여주는 일본 최신 사정 설명서

054 미야모토 무사시 우오즈미 다카시 지음 | 김수희 옮김
『오륜서』를 중심으로 보는 미야모토 무사시의 삶의 궤적

055 만요슈 선집　사이토 모키치 지음 | 김수희 옮김
시대를 넘어 사랑받는 만요슈 걸작선

056 주자학과 양명학　시마다 겐지 지음 | 김석근 옮김
같으면서도 달랐던 주자학과 양명학의 역사적 역할

057 메이지 유신　다나카 아키라 지음 | 김정희 옮김
다양한 사료를 통해 분석하는 메이지 유신의 명과 암

058 쉽게 따라하는 행동경제학　오타케 후미오 지음 | 김동환 옮김
보다 좋은 행동을 이끌어내는 넛지의 설계법

059 독소전쟁　오키 다케시 지음 | 박삼헌 옮김
2차 세계대전의 향방을 결정지은 독소전쟁의 다양한 측면

060 문학이란 무엇인가　구와바라 다케오 지음 | 김수희 옮김
바람직한 문학의 모습과 향유 방법에 관한 명쾌한 해답

061 우키요에　오쿠보 준이치 지음 | 이연식 옮김
전 세계 화가들을 단숨에 매료시킨 우키요에의 모든 것

062 한무제　요시카와 고지로 지음 | 장원철 옮김
생동감 있는 표현과 꼽진한 묘사로 되살려낸 무제의 시대

063 동시대 일본 소설을 만나러 가다　사이토 미나코 지음 | 김정희 옮김
문학의 시대 정신으로 알아보는 동시대 문학의 존재 의미

064 인도철학강의　아카마쓰 아키히코 지음 | 권서용 옮김
난해한 인도철학의 재미와 넓이를 향한 지적 자극

065 무한과 연속　도야마 히라쿠 지음 | 위정훈 옮김
현대수학을 복잡한 수식 없이 친절하게 설명하는 개념서

066 나쓰메 소세키, 문명을 논하다　미요시 유키오 지음 | 김수희 옮김
나쓰메 소세키의 신랄한 근대와 문명 비판론

067 미국 흑인의 역사　혼다 소조 지음 | 김효진 옮김
진정한 해방을 위해 고군분투해온 미국 흑인들의 발자취

068 소크라테스, 죽음으로 자신의 철학을 증명하다
다나카 미치타로 지음 | 김지윤 옮김
철학자 소크라테스가 보여주는 철학적 삶에 대한 옹호

069 사상으로서의 근대경제학 모리시마 미치오 지음 | 이승무 옮김
20세기를 뜨겁게 달군 근대경제학을 쉽게 설명

070 사회과학 방법론 오쓰카 히사오 지음 | 김석근 옮김
여러 사회과학 주제의 이해를 돕고 사회과학의 나아갈 길을 제시

071 무가와 천황 이마타니 아키라 지음 | 이근우 옮김
무가 권력과 길항하며 천황제가 존속할 수 있었던 이유

072 혼자 하는 영어 공부 이마이 무쓰미 지음 | 김수희 옮김
인지과학 지식을 활용한 합리적인 영어 독학

073 도교 사상 가미쓰카 요시코 지음 | 장원철, 이동철 옮김
도교 원전을 통해 도교의 전체상을 파악

074 한일관계사 기미야 다다시 지음 | 이원덕 옮김
한일 교류의 역사를 통해 관계 개선을 모색

075 데이터로 읽는 세계경제 미야자키 이사무, 다야 데이조 지음 | 여인만 옮김
세계경제의 기본구조에 관한 주요 흐름과 현안의 핵심을 파악